田雪原

文 集 一

社会科学文献出版社
SOCIAL SCIENCES ACADEMIC PRESS (CHINA)

目　录
CONTENTS

导　论 …………………………………………………………………… 1

人口与可持续发展

人口发展走向良性循环的途径探索 ……………………………… 15

以人为本的可持续发展理论及其理论体系 …………………… 35

人口与可持续发展 ……………………………………………… 44

人口与资源的可持续发展 ……………………………………… 50

谋求 21 世纪人口与环境的可持续发展 ………………………… 60

论人口与国民经济的可持续发展 ……………………………… 69

人口与社会的可持续发展 ……………………………………… 80

12 亿人口与可持续发展 ………………………………………… 90

人口也要走可持续发展之路 …………………………………… 94

人口与市场经济

市场经济条件下的人口问题和人口科学研究 ………………… 99

生育转变与市场经济
　　——对海峡两岸有关人口现象的分析 ……………………… 110

市场经济体制下的人口控制 …………………………………………… 119

中国 1992 年家庭经济与生育 10 省市抽样调查报告 ………………… 133

技术进步与孩子成本的转移 …………………………………………… 147

我国劳动用工制度的重大改革

    ——论 5 天工作日与提高劳动生产率 ……………………………… 159

人口与社区发展

"中观"人口控制与社区综合发展 …………………………………… 165

"人口控制与社区发展研究"报告 …………………………………… 174

人口控制、"三结合"与可持续发展 ………………………………… 189

先进地区计划生育上新水平、新台阶的两种思路选择 ……………… 199

人口与计划生育立法势在必行 ………………………………………… 201

人口与经济发展

扩大内需与人口再生产 ………………………………………………… 207

迈向 21 世纪的中国人口城市化 ……………………………………… 220

流动人口激增的理论思考及其政策选择 ……………………………… 229

解决流动人口问题应坚持治理与疏导相结合 ………………………… 232

人口老龄化与发展

现代化·老龄化·社会保障 …………………………………………… 237

驾驭老龄化新变动，延长老年人健康期 ……………………………… 246

中国内地人口老龄化与养老保障改革 ………………………………… 255

迎接"银色浪潮"挑战 ………………………………………………… 263

老龄化的三大社会"冲击波" ………………………………………… 267

市场经济体制下的老龄问题和老年科学研究 ……………………… 276

人口发展趋势与政策选择

中国人口政策与人口问题研究 …………………………………… 283

未来中国人口变动趋势及其宏观调节基本思路 ………………… 300

21 世纪中国人口发展趋势与决策选择问题研究 ……………… 307

迈向 2020 年的中国人口 ………………………………………… 321

人口科学研究

20 世纪人口科学发展一瞥 ……………………………………… 341

人口研究动态 ……………………………………………………… 346

论孩子社会附加成本—效益 …………………………………… 350

论"传宗接代"生育观及姓氏改革 ……………………………… 358

关于"人口文化" ………………………………………………… 365

近年来人口科学研究取得的新进展 …………………………… 375

附　　录

中华人口奖复选结果揭晓 ………………………………………… 381

第二届中华人口奖遴选揭晓 ……………………………………… 383

第二届"中华人口奖"颁发 ……………………………………… 384

彭珮云同志在第二届中华人口奖颁奖大会上的讲话 ………… 386

田雪原获第二届中华人口奖 2 万元奖金全部捐赠人口所 …… 388

FIVE THOUSAND PERSONALITIES OF THE WORLD ………… 393

立足现实　着眼未来

　　——记饮誉海内外的人口学家田雪原研究员 ……………… 394

让中国走下人口生育巅峰

    ——访人口学家田雪原 …………………………………… 396

中外学者共同探讨中国文化与人口发展 ………………………… 398

市场经济与人口控制机制

    ——中国社会科学院人口研究所所长田雪原访谈录 …………… 402

面向新世纪的我国人口对策 ……………………………………… 406

学海有舟

    ——记著名人口学家田雪原 ……………………………… 409

中国人口控制之路 ………………………………………………… 413

人口学如何有所作为 ……………………………………………… 416

西部开发中的人口问题 …………………………………………… 418

《大国之难》在日翻译出版 ……………………………………… 421

导　　论

《田雪原文集》（二），为笔者 1991～2000 年发表的 40 篇中文论文和研究报告，以及作为"附录"刊载于后的相关报道 16 篇。40 篇论文和研究报告分为 7 个专题：人口与可持续发展 9 篇，人口与市场经济 6 篇，人口与社区发展 5 篇，人口与经济发展 4 篇，人口老龄化与发展 6 篇，人口发展趋势与政策选择 4 篇，人口科学研究 6 篇。阐述的主要内容和专题结构，概述如下。

第一专题，人口与可持续发展。借鉴国际社会可持续发展研究取得的新成果，联系中国实际，提出和阐述人口、资源、环境、经济、社会可持续发展的理论框架，论证资源是可持续发展的前提，人口是可持续发展的关键，环境是可持续发展的最终目标，经济发展和社会发展是可持续发展的推进器；研究人口与可持续发展的主要方面、基本内容；从实际出发，提出和阐述相应的决策选择。在《人口与资源的可持续发展》一文中，提出随着社会经济的发展和经济技术的不断进步，人口增长对资源消耗"加权效应"的显现，从而加剧着资源的稀缺性。在《谋求 21 世纪人口与环境的可持续发展》一文中，考察了历史上环境如何随着人口的增加而走向恶化，尤其是产业革命发生后，这种恶化的趋势加速推进，当前发达国家与发展中国家面临不同的人口环境问题。在《人口与社会的可持续发展》一文中，运用社会分层理论，对每个阶层人口数量、素质、结构作出综合分析，剖析诸如消除贫困和经济增长、满足生产资料和就业需求、兼顾效率与公平、高科技与风险等"热点"问题，提出解决的对策建议。由于人口与经济可持续发展是全部可持续发展的基础，对世界和中国践行《21 世纪议程》具有决定性意义，因而论述较多，提出和阐发了具有一定独立见解的理论观点和政策建议。在《论人口与国民经济的可持续发展》等文章中，从 6 个层面作出进一步的分析。

其一，总体人口与生活资料的可持续发展。总体人口与生活资料，从宏观上反映人口与经济发展的全局，是衡量是否可持续发展的指示器。除了一般性的论述生活资料要随着人口的增长而增加外，还特别注意人口增长率与消费资料增长率简单类比可能掩盖的矛盾，像中国这样人口众多的国家，必须保证主要消费资料增长的可持续性；粮食等消费资料的持续增长，更应当摆在突出的位置。

其二，生产年龄人口与生产资料的可持续发展。指出生产年龄人口与生产资料之间的比例变动以及与之相适应的劳动就业，是决定人口与经济可持续发展的核心。面对未来在相当长时间内生产年龄人口绝对数量和所占比例持续上升的趋势，强调要抓住并用好人口年龄结构变动的"黄金时代"、发挥劳动力雄厚优势、保持国民经济长期持续地较快增长的重要性。同时也指出，在就业与生产资料增长成正比、与劳动者技术装备成反比规律作用下，劳动力供给加大了对就业形成的压力，加快了就业战略重点转移的必要性。

其三，人口质量与经济技术进步的可持续发展。18 世纪中叶产业革命发生后，科学技术转化为生产力提速，劳动生产率提高依靠科技进步由 20 世纪初的 20%，提高到目前的 70% 左右，人口教育、科学、文化素质的提高显示出日益强大的力量。新中国成立以来人口科教文化素质有了显著提高，但是总体水平还不够高，同经济技术进步的可持续发展有很大距离，提高的任务仍很艰巨。

其四，人口年龄结构老龄化与养老保障事业的可持续发展。出生率长期持续下降和预期寿命的延长，造成中国人口年龄结构老龄化具有速度比较快、达到的水平比较高和城乡、地域分布不平衡的特点。立足于可持续发展视角，更需要强调积极发展社会供养、继续提倡子女供养、适当组织老年劳动自养相结合，建立容"三养"于一体的养老保障体系。但是由于老龄化和经济发展"时间差"各地差异很大，不同地区"三养"的侧重面应有所不同。还要处理好在老年人口从事力所能及的劳动方面，尽可能避免与成年人口争夺劳动力市场，寻求与老年体力、技能、心理相适应的岗位。

其五，人口城市化与产业结构合理化的可持续发展。改革开放以来，人口城市化速度加快，人口城乡结构发生很大变化。人口城市化的实质是变农村人口为城镇人口的过程，因而农村剩余劳动力的转移要同产业结构的合理调整相适应、相协调。从可持续发展角度观察，"农转非"应更多地转到非物质生产部门，不能妨碍物质生产部门劳动生产率的提高。

其六，人口地区分布与生产力布局的可持续发展。从东部、中部、西部的自然条件，经济发达程度，人口数量和素质状况实际出发，确定不同的发展方略，明确发展的重点和支柱产业。在调整人口地区分布和生产力布局时，需要审慎地对待较大规模的人口迁移，吸取以往成功和不成功的正反两方面经验。

第二专题，人口与市场经济。在市场经济大背景下，研究人口的变动和发展。结合进行中国 10 省市家庭经济与生育抽样调查，从理论与实践的结合上，主要阐发以下两个方面的问题。

第一，在《市场经济条件下的人口问题和人口科学研究》《生育转变与市场经济》《市场经济体制下的人口控制》《技术进步与孩子成本的转移》几篇文章中，重点阐发市场经济与人口生产之间的关系、对人口生产的作用和影响、谋求市场取向改革三个问题。

其一，市场经济与人口生产的关系。笔者既不赞同"无关论"，即市场经济通行的是市场主体法人化、要素流动市场化、宏观调控间接化、经济运行法治化一套市场规则，人口和计划生育通行的是计划管理体制一套办法，二者是两股道上跑的车，互不搭界；也不赞同简单的"接轨论"，即将人口生产和计划生育推向市场，与市场经济接轨，纳入市场管理体制，将现行人口目标管理变为"指导性计划"，生育行为家庭化，推行类似西方国家"家庭计划"一类办法。笔者认为，对市场经济与人口生产的关系，要作具体分析，既不能以"无关论"无视市场经济的客观存在，也不能用简单的"接轨"办法将人口生产纳入市场体制。要认识到尽管市场经济与人口生产属于不同范畴，但是市场经济对人口生产的作用和影响不可低估，对人口数量、素质、结构变动和发展的影响是明显的，从发展上看是相当深刻的。人口生产调控机制和管理需要改革，逐步同市场经济体制改革协调起来。中国自20 世纪 70 年代大力控制人口增长、切实加强计划生育取得卓越成绩，控制人口增长政策强有力地贯彻实施起到了关键的作用；同时也要看到，改革开放以来经济持续高速增长，医疗、卫生、教育、科学事业等的蓬勃发展是基础，是生育率、出生率稳步下降的基础。中国 1992 年家庭经济与生育抽样调查加权汇总的数据显示，家庭生育子女的数量同家庭收入成反比是普遍的规律。随着改革开放的深入和社会经济的不断发展，这种基础作用呈增强的态势，越来越明显地表现出来。

其二，市场经济对人口生产的作用和影响。当前在控制人口增长方面，最主要的有利作用和影响表现在：一是诱导家庭由投入孩子数量成本向孩子质量成本转移。市场经济打破劳动就业"大锅饭"制度，推崇市场竞争，择优就业，按照技能高低、贡献大小合理取酬，对就业人口素质的要求提高了，必然影响家庭孩子投资追加，特别是用在教育、科学上面成本的追加。长此以往，人们的选择偏好，便发生了由追求孩子的数量，转向追求孩子的质量，自觉选择少生优育优教道路。不过要清楚，这是一个比较长时间的发展过程，是经济和技术进步不断提升的过程。二是商品和市场经济的发展，驱使孩子养老—保险效益显著下降。这有 6 个方面的原因：市场经济促使资源合理有效配置，经济的快速发展为社会养老保障事业的举办提供了物质基础；家庭收入不断增加，为父母达到老年之前储蓄和投保养老保险提供了可能；商品经济发展和交换价值升值，传统的"养儿防老"观念减弱；市场经济刺激人们新的追求，孩子具有的"天伦之乐"精神效益呈弱化趋势；市场经济影响父母与子女之间的"社会毛细管"效应，父母迫于市场竞争用于自身发展的时间增多；市场经济发展带动人口流动，子女更多流进城市增强了老年人口自身的独立性。

市场经济对人口控制的不利影响，从孩子成本—效益方面分析，主要表现在：一是边际孩子劳动—经济效益升值。尤其是农村生产责任制实施后，家庭又恢复了生产的职能，男性孩子劳动—经济效益增值凸显。二是某些地方孩子养老—保险效益增值的反向变动。上面市场经济的发展会诱使边际孩子养老—保险效益下降的分析，是从发展角度观察和对经济比较发达的地区而言的，毫无疑问，这样的地区已经出现和明显存在；然而对经济发展水平较低或者在短期内还不可能达到较高水平的广大地区，特别是中西部落后的农村，社会保障制度很少光顾到他们身上，过去人民公社时期敬老院一类养老组织又不复存在，养老不得不在颇大的程度上寄希望于生育男性孩子。三是孩子继承家业兴衰的风险效益加大，富裕起来的家庭财产需要子女继承。四是市场经济开辟了由孩子数量成本向质量成本转移之路，但要有一个前提——追加的质量成本能够带来相应的效益。由于改革开放不久脑体分配的不尽合理现象普遍存在，某些家庭孩子智力投资不能带来足够的效益，从而影响孩子成本的转移。此外，在生育观念和生育行为方面，商品意识渗透到人们的婚育中来，买卖婚姻、早婚早恋、未婚先孕、离婚率升高、包二奶、拐卖儿童等，在一些地方死灰复燃，加大了人口控制管理的难度。

其三，市场取向的改革。阐述人口生产适应市场经济体制要求，在微观上，要增大独生子女和计划内生育子女的效益，同时增加超生子女成本，适当提高脑力劳动者待遇，加速由投入孩子数量成本向质量成本转移，建立利益调节型人口控制机制。在中观上，要通过发展社区经济、文化和服务，从根本上改变孩子成本—效益作用的客观条件，使之向着有利于生育率下降的方向倾斜；转变人们的生育观念，落实人口生育政策，以实现人口控制与家庭生育行为利益选择的对接。在宏观上，要在人口发展战略、基本方针、人口政策、管理机制与措施、人口科学研究与宣传等方面，增强政府综合调控的能力。为此，提出设立直属国务院的人口委员会建议，从上至下建立起各级人口委员会，有效增强国家宏观综合调控能力，实现"三观"有机、有效地整合。

第二，组织和开展 10 省市抽样调查，利用取得的第一手资料，在"中国 1992 年家庭经济与生育 10 省市抽样调查报告"中，具体地阐释了当前孩子成本—效益现状、发展趋势和应对的决策选择；进而通过理论与实践相结合的研究，推进孩子成本—效益理论的应用和发展。该调查为国内首次进行这方面大规模的抽样调查，应用调查得来的第一手系统资料进行研究和分析，得出有价值的结论。在孩子成本方面，一是家庭人均收入与生育子女数量的关系。当时有一种颇为流行的观点，叫做"临界点"论——人均收入在"临界点"以内，生育率随着收入的增加而上升；超过这个"临界点"，生育率随着收入的增加而下降。然而 10 省市抽样调查加权汇总起来的数据显示：没有比较明显的"临界点"，总体上生育率随着收入的增加而下降，初婚和怀孕时间随着收入的增加而提高，生育率与家庭人均收入成反比是普遍的规律。二是孩子成本构成。在直接成本和间接成本构成上，家庭用来满足孩子吃、穿、用、住等支出的直接成本，总的趋势是随着家庭人均收入的增加而上升；用在孩子身上以劳务（时间）表现出来的间接成本，同收入高低关系不大，无一定的规律可循。在不变（数量）成本和可变（质量）成本构成上，用在孩子教育上面的可变（质量）成本偏差很大，城乡、地区变动呈现复杂情况，并没有一成不变的规律。为什么出现这一现象？同改革开放不久脑体分配不尽合理，人们对教育的认识不到位有关。调查发现，各地计划外子女费多为一次性征收，全国平均征收的额度，第二个孩子为计划外的征收额相当于人均收入的 62% 左右，第三个孩子为计划外征收额相当于人均收入 30% 左右。可见，计划外子女费增加了该孩子的成本，但是增加不多，不足以起有效抑制超生的作用。

在孩子效益方面，一是体现了发展中国家孩子效益特征：精神享乐效益和养老保险效益所占比例较高，其次为劳动经济效益和代际延续效益，虽然安全保卫效益和继承家业效益所占比例低一些，但是低得并不很多，体现由偏重经济效益向偏重精神效益过渡的特点。二是孩子效益结构特征。分城乡的孩子效益结构，城市精神效益所占比例高一些，农村经济效益所占比例高一些，城乡孩子效益结构差别比较明显。分不同家庭收入的孩子效益结构，总的趋势是子女提供给家庭的经济效益同家庭经济收入成正比，孩子提供的经济效益越多，家庭平均收入越高；分不同职业的孩子效益结构，总体上差别很大，商饮服务业向家庭父母提供的效益最多，其次为个体劳动者，再次为办事人员、科技人员等，以干部提供给家庭父母的效益为最低，农村不在学分居子女提供的仅为商饮服务人员的1/5。

将孩子成本和效益放到一起综合考察，1992年以货币形式计算的孩子成本—效益变动，城市边际孩子净成本为正值，即成本大于效益已很明显，农村总体上依然为负值，但是已经开始由负值向正值过渡。实施控制人口数量、提高人口素质、调整人口结构相结合的人口发展战略和人口发展目标，就是要加速由孩子净成本为负值向正值的转变，诱导人们由多生多育自觉转变到少生优育。实现这一转变的根本途径，是发展经济，推动技术进步。1992年抽样调查城市与农村，东部与中部、西部在孩子成本—效益上表现出来的差别，充分说明了这一点。但是笔者不赞同"自然而然"转变论，要运用体制和政策的驱动力，加速这种转变。为此，提出几条实证研究建议：一为调整脑体分配，改变当时脑体分配不尽合理和一定程度的"倒挂"现象，激发家庭孩子智力投资的热情；二为加大笔者提出的孩子社会附加效益，特别是养老保险效益。办法是对独生子女和计划内生育子女父母，进行老年社会保险，解除他们的后顾之忧；三为适当增加计划外超生子女成本，改变目前超生子女成本—效益的不利倾斜；四为进行姓氏改革，改变单一的父姓传统，实行父母复姓制，给女儿赋予延续后代效益。

第三专题，人口与社区发展。在《"中观"人口控制与社区综合发展》《"人口控制与社区发展研究"报告》两篇文章中，提出长期以来我国人口问题的解决和人口科学研究，重宏观、薄微观、轻"中观"——甚至在此之前还不曾提及"中观"的倾向，应当加强"中观"研究论题。提出并论证，"中观"人口研究的基本领域是社区。参考国内外关于社区的论述，将社区定义为"在共同经济利益基础上，并在政治、文化、社会生活方面有着某些相同属性的特定地理区域"。这一定义突破了国内将社区限定在行政区划以内的误区，更突出共同利益、共同属性内涵。指出在地域上，社区可以同行政区划一致，也可以不一致；在实质上，社区与行政组织有着不同的机制和管理方式；在发展上，社区需要走出一条有别于行政更强调自身发展规律的新路子。依据这样的定义，将人口与社区发展归纳为传统农业型、现代产业结构型、过渡产业结构型三种基本类型；按规模划分，亦可分为小、中、大三种类型。通过调查研究和解剖海南人口与社区综合发展，提出并论证了社区不可替代的作用，表现在宏观人口控制与微观家庭生育行为之间的4个"对接"：宏观人口控制机制与深化改革扩大开放的"对接"、人口数量控制与人口素质提高的"对接"、贯彻计划生育基本国策与社区经济发展的"对接"、人口控制与社区综合发展的"对接"，展现社区作为中观人口控制基本领域的地位。在《人口控制、'三结合'与可持续发展》等文章中，论证了"三结合"是实现人口与可持续发展的一种有效形式，社区在"三结合"发展中扮演着重要的角色。

第四专题，人口与经济发展。立足于人口学视角，就当时人口与经济发展关系最为密切的扩大内需、人口城市化和流动人口问题，收录4篇文章。《扩大内需与人口再生产》一文，指出经济发展单纯依靠投资拉动，有一定的局限性；依靠扩大内需、增加消费拉动，同人口再生产状况密不可分，因为消费资料作为物质资料生产的最终产品，归根到底要靠人的消费实现，需求在最终意义上表现为满足人口再生产的需求，扩大消费需求要在人口再生产上另辟蹊径。文中在评价凯恩斯（J. M. Keynes）的投资、需求理论，特别是生育率下降会引起有效需求不足理论后，指出对此要作出具体分析，注重需求中的人口因素的杠杆作用。从实际出发，提出提高人口教育素质，发展教育产业；加速人口城市化，降低城乡人口消费比；适应人口年龄结构变动，积极发展社会保障事业等建议。今天看来，这样的研究和所提建议，仍有一定现实意义。《迈向21世纪的中国人口城市化》《流动人口激增的理论思考及其政策选择》两篇文章，除对中华人民共和国成立以来人口城乡结构数据和城市划分标准作出评价，对原因作出历史的分析外，还结合中国人口城市化走过的曲折道路，世界人口城市化发展的趋势，认为应当加快21世纪中国人口城市化步伐，并作出低、中、高三种方案的预测。加快人口城市化和解决好流动人口激增问题，要破除"部门观"，不能站在各自部门的立场，而要从有利于社会生产力发展、有利于精神文明建设、有利于提高居民生活水平原则出发，实行治理与疏导相结合的方针。尤其要在建立规范化的流动人口劳动力市场、发挥流动人口集中区的社区功能、加强法治化管理上下功夫。针对改革开放以来流动人口迅速增长评价不一，指出应当全面评价其正负效应，适应市场经济体制要求，积极引导，兴利除弊，加快发展。

第五专题，人口老龄化与发展。在改革开放以来的科学研究中，老龄化是笔者始终关注的问题之一。20 世纪 80 年代后期，笔者主持国家社科重点项目"中国老年人口调查和老年社会保障改革研究"，1987 年进行全国 60岁以上老年人口抽样调查，随后推出《中国老年人口》（人口、经济、社会）三卷专著；20 世纪 90 年代将老龄化纳入现代化建设和可持续发展视野，重点向老龄化形成的冲击力、增进老年健康和加强老年科学研究方向深入。

（1）现代化、市场经济与老龄化的关系。在《现代化·老龄化·社会保障》和《市场经济体制下的老龄问题和老年科学研究》两篇文章中，论述了现代化、市场经济对人口老龄化的影响。现代化和市场经济体制的建立，将经济增长、技术进步送入快车道，从而使孩子成本尤其是教育成本大幅度提升，孩子效益尤其是提供给家庭父母的养老—保险效益、劳动—经济效益等显著下降，导致家庭父母由投入孩子数量成本向质量成本转移，遂使生育率、出生率下降，加速人口老龄化进程。联系中国实际，由于现代化、市场经济体制进展的不平衡，可分为三种类型：一类为现代化、市场经济发达型，老龄化水平较高，人口生产转入少生优育优教型；二类为现代化、市场经济不发达，年龄结构距离老龄化尚远，人口生产仍然停留在多生多育型；三类为介于二者之间，处于由多生多育向少生优育过渡阶段。总体状况是一、二类所占比例较低，三类所占比例最高，呈两头小中间大的"橄榄型"结构。

（2）老龄化形成的冲击力。《迎接'银色浪潮'挑战》和《老龄化的三大社会"冲击波"》两篇文章中，分析了随着老龄化的加速到来和阶段性推进的特点，一是 21 世纪上半叶老年抚养系数"冲击波"将一浪高过一浪，预测中叶可达到波峰阶段。二是婚姻家庭"冲击波"。老年人口具有的未婚率低、初婚有配偶率低、再婚有配偶率高、丧偶率高的特点，将随着老龄化的加深，影响到总体人口婚姻的"两低两高"；在我国，家庭是婚姻的主要载体，家庭小型化特别是空巢老年家庭"冲击波"，也不可避免地发生了。

三是社会参与"冲击波"。在老年人口与日俱增和预期寿命不断延长的背景下，老年在政治、劳动、技术、文化等的参与要求增强了，达到一定阶段以后，相关劳动就业不排除重新洗牌的可能。

（3）增进老年健康。《驾驭老龄化新变动，延长老年人健康期》一文，在分析比较国内外相关资料基础上，立足于中国人口老龄化加速推进特点，引进国际社会研究成果，分析 20 世纪 90 年代中国老年人口平均预期健康期、带病期、伤残期现状，形成的主要原因，提出延长健康期和缩短带病期、伤残期，在养老保障体系、医疗养生方式、激活社会交往等方面的决策选择。

（4）加强老年科学研究。《市场经济体制下的老龄问题和老年科学研究》一文，强调老龄问题研究要面对市场经济，寻求适应市场经济发展的老龄问题的解决途径。分析市场经济发展引起的孩子成本—效益变动，对老年人口规模和地区分布的影响；老年人口婚姻和家庭发生的新情况、新问题，家庭成员关系的改变；老年人口价值观和地位的改变，挖掘潜在的老年人力资源；老年社会保障和市场取向改革，加大养老保障市场调节分量，建立适应市场经济发展的养老保障体系。

第六专题，人口发展趋势与政策选择。收录本专题的 4 篇文章，《未来中国人口变动趋势及其宏观调节基本思想》等前 3 篇，在明确人口变动和发展趋势基础上，重点研究相应的决策选择；最后一篇《迈向 2020 年的中国人口》，为发展趋势和政策研究的具体化，可视为具体的案例分析。这几篇文章主要阐述：其一，在人口数量控制方面，提出双方均为独生子女者结婚，可以生育两个孩子；超生子女成年结婚后，应继续实行生育一个孩子的政策。这不仅对于控制人口增长来说是必要的，而且符合 1980 年提出"提倡一对夫妇生育一个孩子"时的初衷，也体现公平原则。其二，在提高人口文化教育素质方面，提出一要建立激励人们受教育的分配机制，改变当时脑体分配不尽合理的状况；二要提高高等学校办学效率，提高教师的劳动生产率，吸纳更多的学生入学。其三，在生产年龄人口就业方面，提出一要建立合理的立体层次经济技术结构，增强就业能力；二要提高就业效益，实现由生产年龄人口就业率较高、总人口就业率较低，向总体人口就业率提升转变；三要深化企业改革，完善劳动力市场；四要合理实施兼并与破产，加快发展失业保障。其四，在人口老龄化与养老保障方面，提出贯彻 1991 年国务院关于企业养老保险改革《决定》，要有法治观念，必须严格执行，坚持如期交费和个人账户制度；农村也要积极发展个人储蓄养老保险，推动有条件的乡镇企业按《决定》精神推行养老保障制度改革。

第七专题，人口科学研究。20世纪90年代是中国人口科学发展的重要时期，前期经历一段不景气，中后期经历复苏并有较大发展。特别是借1997年第23届国际人口科学大会在北京召开之机，人口科学提升为独立学科，对人口科学的发展起到了很大的推进作用。《20世纪人口科学发展一瞥》一文，对1662年人口学诞生以来的发展加以梳理和概括，扼要地介绍了前期人口学从提出到初步发展，逐步形成包括人口经济、人口社会等分支学科在内的一门科学；后期在人口转变、人口经济、人口社会、数理人口、人口与发展等领域取得广泛突破，形成有自己特定的研究对象、方法、学科体系比较成熟的一门科学。《人口研究动态》和《近年来人口科学研究取得的新进展》2篇文章，对改革开放以来中国人口科学发展作出评价，无论狭义的人口学还是广义的人口学，均取得相当大的进展，形成有中国特色的人口科学。对20世纪90年代取得明显进展的"热点"问题作出概述，包括人口控制理论与实践相结合的研究、人口与可持续发展研究、女性人口研究、市场经济体制下的人口问题研究、人口流动与人口城市化研究、老年人口科学研究、生育（殖）健康研究、人口学理论研究等。通过这些理论与实践相结合的研究，推动人口科学不断向前发展。

收录本专题的"论孩子社会附加成本—效益"，是笔者运用西方相关理论研究中国孩子成本—效益后，作出的理论概括和实际应用。众所周知，西方孩子成本—效益理论有两个前提，一是社会是自由竞争的市场经济，二是家庭是完全自主决定的生育。然而第二次世界大战后，发展中国家干预人口生育却突破了这两个条件的限制，特别是中国推行旨在控制人口增长的计划生育政策60年，前30年长期面对的是计划经济，改革开放以来才逐步转向市场经济轨道，政策实施的目的在于影响家庭的生育决策，达到以控制人口增长为主的目的。在实践中，运用行政的、经济的、法律的等各种手段，并强调以宣传教育、经常性工作、避孕节育"三为主"。其中经济手段的运用，即通过征收计划外生育子女费加大超生成本，同时通过发给独生子女奖励费增加该孩子的效益，就是力图利用外在力量改变孩子成本—效益的不利倾斜，选择少生优生，达到有效控制人口增长的目的。因此，孩子社会附加成本—效益，就是按照一定的政策规定，因超过或满足计划内生育子女数量而增加或减少的孩子成本与效益。它是社会附加到家庭生育孩子之上的，因而称之为孩子社会附加成本—效益。孩子社会附加成本占该边际孩子总成本的比例，孩子社会附加效益占该边际孩子总效益的比例，是可以度量和计算的，因而可以通过社会附加成本—效益的适当调节，影响生育子女的数量和生育行为。不过需要注意的是，孩子成本包括直接成本和间接成本，孩子效益也包括物质和非物质两方面的效益，二者均可以通过影子价格进行度量，因而增加或减少的成本或效益，也是可以计算出来的。

在此 10 年期间，笔者科研工作和发表的成果，产生一定社会影响并获得相应的奖励。获部委级以上主要奖项有：

1996 年获第二届中华人口奖（人口最高奖），颁发证书、奖杯、奖金。

1996 年《论人口与国民经济的可持续发展》论文，获精神文明建设"五个一"工程奖。1991 年英国剑桥国际名人传记中心（CBI）授予"国际知识分子名人"称号，颁发证书，《成功的人》作了业绩介绍。

1995 年美国传记协会（ABI）列入《世界 5000 名人录》，作了业绩简介。

《"中观"人口控制与社区综合发展》论文，获中国社会科学院第二届优秀科研成果奖（单一奖项，1998）。

《人口与可持续发展》论文，获第二届中国人口科学优秀成果一等奖（1998）。

《中国家庭经济与生育研究》专著（主编），获第二届中国人口科学优秀成果一等奖（1998）。

《先进地区计划生育上新水平、新台阶的两种思路选择》报告，获 1998 年度中国社会科学院优秀对策研究成果奖（1999）。

附录。对研究工作和取得的科研成果，学术界和相关媒体曾发表一些评论和报道。这些评论和报道不一定十分准确，不过还是表达出一种观点，提出一些值得思考的问题。因而选出有代表性的几篇，附录于后，供参考和指正。

人口与可持续发展

人口发展走向良性循环的途径探索[*]

随着联合国"人口警示钟"跳过 5388870417 这个数字，时间把我们带入 20 世纪的最后 10 年。这个人口数字中有 21.5% 为中国人口，其中内地 30 个省、自治区、直辖市人口达 114333 万人，占世界人口的 21.2%。这不能不引起海内外有识之士的关注，人们为与日俱增的中国人口担忧，提出各种从严控制的主张。然而何谓人口过多，多到何种程度，控制人口增长要达到什么样的目的，单纯就人口自身来说是难以阐述清楚的，需要将人口放在资源等环境之中，放在经济、科技等的社会发展之中，从建立人口与发展之间良性循环的角度去观察，才能始见端倪，揭示问题的实质，找到治本的方略。

一 人口与经济发展的良性循环

在当今世界上，存在着两类不同的人口问题，属于两种不同的人口与经济发展之间的循环。一类表现为人口过剩，属于高生育率——低劳动生产率——高生育率循环模式；另一类为人口和劳动力供给不足，属于低生育率——高劳动生产率——低生育率循环模式。前一类可称之为人口与经济发展的初级循环模式，后一类可称之为人口与经济发展的高级循环模式。然而就全球观察而言，1990 年世界人口中发展中国家和地区约占 77.2%，其总生育率（TFR）为 4.6（不含中国，下同），出生率为 35‰，自然增长率为 2.4%，1988 年人均国民生产总值为 870 美元，大体上属于高生育率——低劳动生产率——高生育率初级循环模式。发达国家和地区约占世界人口的 22.8%，其总生育率为 2.0，出生率为 15‰，自然增长率为 0.5%，1988 年

＊ 本文原载《发展与抉择——1991 年中国发展形势分析研究》，科学技术文献出版社，1993。

人均国民生产总值为 15830 美元，进入低生育率——高劳动生产率——低生育率高级循环模式。[①] 显然就主导方面说，世界人口问题主要是人口数量过多，增长过快，同经济发展不相适应，属于前者人口与经济发展初级循环一类的问题。

中国是世界上人口最多的国家，又是发展中国家，中国人口问题的性质也属于前一种类型，即初级循环阶段的问题。众所周知，1949 年新中国成立以前，人口再生产处于高出生、高死亡、低增长状态。随着中华人民共和国的诞生，国民经济得到迅速恢复和发展，医疗、卫生条件改善了，人民生活得到迅速恢复和发展，医疗、卫生条件改善了，人民生活得到提高，人口死亡率迅速降了下来。1949 年以前人口死亡率在 20‰以上，到 1952 年下降到 17‰，1953 年下降到 14‰，而人口出生率却仍维持在 37‰的高水平之上，这就出现了人口自然增长率的大幅度上升，人口再生产很快步入高出生、低死亡、高增长类型，紧接着出现 20 世纪 50 年代中期的一次生育高潮。其后由于国民经济发展几起几落，十年动乱无政府思潮影响很大，到 20 世纪 70 年代中期大力加强计划生育和控制人口增长，人口再生产表现出 1958～1961 年的生育低潮，1962～1973 年的又一次生育高潮，1974～1985 年的又一次生育低潮，以及从 1986 年开始并将持续到 1997 年左右的新的一次生育高潮。尽管在这 40 多年中人口出生率、死亡率、自然增长率变动很大，目前的人口增长率在发展中国家属最低水平之列，但全国人口（未包括台湾省，下同）由 1949 年的 54167 万人增加到 1990 年的 114333 万人，41 年时间净增 60166 万人，年平均增长率达 1.84%，亦显得偏高。诚然，自 20 世纪 70 年代中期起，国家大力控制人口增长，加强计划生育工作以来取得卓著成绩，为实现人口与经济发展由初级向高级循环转变奠定了一定的基础，但一是由于中国经济基础薄弱，41 年中虽然发生很大变化，但生产力仍不够发达；二是人口倍增有余，在很大程度上将新增国民收入一部分消耗掉了，使我们基本上还处在人口与经济发展的初级循环阶段。如过去"六五""七五"分别被公认为国力增长最快、人民所得实惠最多的 10 年，按当年价格计算的国民生产总值，由 1980 年的 4470 亿元增加到 1990 年的 17400 亿元，按可比价格计算增长了 1.36 倍；同期国民收入由 3688 亿元增加到 14300 亿元，按可比价格计算增长了 1.31 倍。然而由于同期人口由

---

① 美国人口咨询局编《1990 年世界人口资料表》（英文），1990。

98705 万人增加到 114333 万人，增长 15.8%，使得按可比价格计算的人均国民生产总值仅增长 1.04 倍，新增国民生产总值中的 32% 被新增人口均分掉了；人均国民收入仅增长 99.17%，其中 31.8% 也是被新增人口均分了[①]。虽然过去 10 年人口出生率和自然增长率均有较大下降，"六五"期间人口年平均增长率下降到 1.41%，"七五"期间下降到 1.55%，但从总体上看仍不能摆脱人口压迫生产力的被动局面，没有跳出人口与经济发展初级循环的圈子。

这里有一个需要讨论的问题，即对我国人均国民生产总值、人均国民收入等项指标的确定进行国际比较的问题。如按当年人民币与美元兑换率折算，1980 年按 100 美元兑换 160 元人民币，1990 年按 100 美元兑换 520 元人民币，则 1980 年人均国民生产总值 283 美元，人均国民收入 234 美元；1990 年人均国民生产总值 293 美元，人均国民收入 241 美元。如此 10 年中间人均国民生产总值仅增加 10 美元，增长 3.5%；人均国民收入仅增加 7 美元，增长 3.0%，显然是与实际不符的。这主要是受人民币外汇比价不断下调的影响。如按 1980 年比价计算，我国 1990 年的人均国民生产总值应为 577 美元，人均国民收入应为 465 美元。由于比价不合理，国内外对于中国人均国民生产总值、人均国民收入等的估计出入不小，甚至大相径庭，从人均 300 美元至 1000 多美元不等。而依据美国人口咨询局《1990 年世界人口数据表》提供的资料，该年发展中国家和地区人均国民生产总值已达 870 美元，我国只能居于发展中国家的中等水平，或者居于中等水平和较低水平之间。劳动生产率不高，处于由高生育率——低劳动生产率——高生育率循环模式向低生育率——高劳动生产率——低生育率循环模式过渡，但基本属于前一种初级循环模式阶段。

那么如何加速这种过渡，寻求达到人口与经济发展良性循环的途径呢？从我国实际出发，最重要的，一是大力发展经济，二是严格控制人口增长，并使二者紧密结合起来。这里仅从二者相结合并且主要从运用经济手段控制人口增长角度，作若干探讨。

历史唯物主义认为，存在决定意识，生产力决定生产关系，经济基础决定上层建筑，人口变动最终由经济变动决定，人口问题说到底是经济问题。前面提到的人口与经济发展之间之所以发生两种不同的循环，除了不同国家

---

① 根据《过去十年：国力增长最快，人民实惠最多》计算，1991 年 3 月 22 日《人民日报》。

有不同的人口政策，传统的、文化的影响之外，归根结底是由社会经济发展水平决定的。处于高生育率——低劳动生产率——高生育率初级人口与经济发展循环模式，根本的原因是在生产力发展水平较低条件下，高生育率可以给父母和家庭带来更大的经济效益。这就需要对孩子的成本—效益理论概括地加以说明。自从资产阶级工业革命发生后，由于资本主义生产关系的确立和泛商品观念的发展，一些微观人口经济学家也从商品生产角度看待人口再生产，提出孩子成本—效益理论。他们提出，生产孩子的成本可由直接成本，即养育一个孩子直接的货币支出，以及间接成本，即抚育一个孩子父母特别是母亲因消耗时间而减少的收入两部分组成。然而孩子对父母也是有效益的，最重要的是劳动—经济效益，养老—保险效益，消费—享乐效益，继承家产的效益，振兴家业兴衰的风险效益，安全保卫效益。这6种效益中，最主要的又是前3种效益。那么父母要不要生产某个边际孩子，取决于投入孩子身上的成本效益：成本大于效益就不需要，成本小于效益就需要，成本等于效益则取决于随机因素。应当指出，这种孩子成本—效益理论有其局限性，资产阶级人口经济学家各派之间也不尽一致；但把人们的生育行为和利益得失之间联系起来，作出量上的考察，则有现实的意义，揭示了生育行为受经济利益支配的一般规律。这个一般规律尤为重要的一点是由初级循环向着高级循环的过渡，过渡过程中孩子成本—效益的变化。在成本方面，在一定社会生产力发展水平条件下，用于孩子的基本生活费用和母亲怀孕、分娩期间的直接和间接成本是相对稳定的，构成孩子的不变成本或数量成本；用于医疗保健提高孩子身体素质上面的费用，用于教育提高孩子文化素质上面的费用是不断增加的，构成孩子的可变成本或质量成本。在效益方面，由于技术进步，父母和家庭经济收入的增加，主要不是依靠劳动力数量的增加，而是劳动力质量的提高，复杂劳动等于简单劳动的倍加，边际孩子劳动经济效益是不断下降的。孩子的养老—保险效益迅速下降。其他继承效益、振兴效益、安全效益等也随着社会经济发展呈不同程度的下降，唯消费—享乐效益无定论，可称变化不明显。因此从发展观点看，孩子成本特别是孩子质量成本大幅度上升，孩子效益特别是经济效益显著下降，人们的选择偏好便由投入孩子的数量成本或不变成本，转入投向孩子的质量成本或可变成本，遂使生育率下降，逐步完成由高生育率——低劳动生产率——高生育率向着低生育率——高劳动生产率——低生育率过渡，人口出生率大幅度降下来。

前面提到，从总体上看，目前中国处于人口与经济发展的初级循环阶段，多生产一个边际孩子具有较明显的经济效益。但笔者以为，由于中国幅员辽阔，经济、文化、社会发展很不平衡，从城乡和地区来看，情形则有很大不同，发达城市和地区已进入较高级循环阶段，一些地区正向高级循环过渡。这可从图 1 中人均国民收入和人口出生率之间关系看出来①。

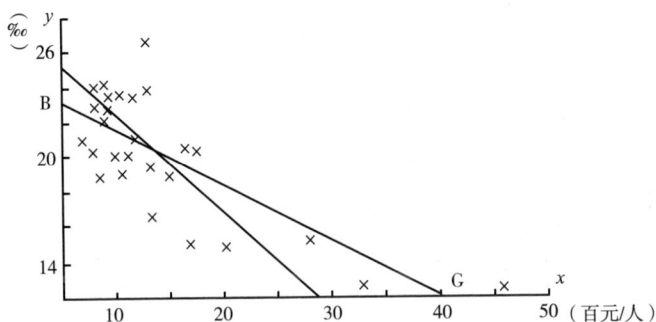

图 1　中国 1989 年部分地区人均国民收入和人口出生率

图中从左至右依次为：贵州、广西、云南、西藏、四川、江西、河南、甘肃、陕西、湖南、安徽、宁夏、内蒙古、山西、青海、河北、海南、湖北、福建、吉林、山东、黑龙江、江苏、浙江、广东、辽宁、天津、北京、上海、新疆（缺）

　　图 1 的 x 轴代表人均国民收入，y 轴代表人口出生率，斜线 BG 为全国（除台湾、新疆外）出生率 y 随着人均国民收入 x 变动而变动的回归模型。1989 年全国按人口平均的国民收入为 1189 元，除新疆外，计有上海、北京、天津、辽宁、广东、浙江、江苏、黑龙江、山东、吉林、福建 11 个省、直辖市高于全国平均水平，其余 18 个省、自治区低于全国平均水平。人口出生率全国为 20.83‰，人均国民收入高于全国水平的 11 个省、直辖市，除福建特殊外，其余 10 个省市的人口出生率均低于全国水平。其中上海人均国民收入达到 4599 元，出生率下降到 12.53‰；北京人均国民收入 3248 元，出生率 12.84‰；天津人均国民收入 2738 元，出生率 15.48‰；辽宁人均国民收入 1989 元，出生率 15.04‰；浙江人均国民收入 1660 元，出生率 15.20‰，不仅京、津、沪直辖市人均国民收入同出生率呈负相关显得明朗，而且发达地区特别是沿海发达省份也已显得比较清楚。人均国民收入低于全

---

① 《中国统计年鉴 1990》，中国统计出版社，1990。曾蒙高嘉陵副研究员帮助上机制图和计算，谨致谢意。

国平均水平的地区，从总体上看出生率较高，在 18 个人均国民收入低于全国平均水平的省、自治区中，有 12 个省、自治区的人口出生率高于全国水平，如云南人均国民收入 771 元，人口出生率达到 23.07‰；西藏人均国民收入 778 元，人口出生率 24.17‰；河南人均国民收入 836 元，人口出生率 24.25‰。但也有 6 个省、自治区或者受到人口年龄结构的影响，或者人口政策执行效果较好，或者其他经济、社会、文化等原因，发生人均国民收入低于全国平均水平、人口出生率也低于全国水平的情况。不过就图 1 中 29 个省、自治区、直辖市总体上考察，人均国民收入同人口出生率呈负相关关系十分清楚，其相关系数为 −0.764，属于强相关范围，总的趋势是人均国民收入越高，人口出生率越低；相反，人均国民收入越低，人口出生率越高。人口出生率随着人均国民收入变动的回归模型如斜线 BG 所示：

$$y = -0.318x + 24.648$$

由于人口出生率同人均国民收入具有很强的相关关系，而城乡之间、不同地区之间人均国民收入相差很大，如 1989 年上海市人均国民收入相当于福建的 3.7 倍，安徽的 5.1 倍，贵州的 7.4 倍，使得人口与经济发展处在不同的循环阶段。目前在京、津、沪等特大城市和经济、文化比较发达的大、中城市，少数中小城市，以及改革开放中迅速发展起来的个别乡村，养育一个孩子成本，主要是孩子的可变成本或质量成本急剧增加，同时边际孩子的劳动—经济效益、养老—保险效益等却显著下降了。尤其值得重视的是，孩子养老—保险效益的下降，这是当前人们要不要继续生育的动机。由于这些地区基本上解决了老年社会保障，普遍实行了退休年金制度，从根本上解除了养老保险后顾之忧，少生优育才具备坚实的基础。城市的例子几乎随处可见，一些经济高度发达的乡村也已有了这类典型。笔者 1990 年 10 月赴辽宁考察，可举鞍山市东鞍山乡四方台村为例说明。该村 280 户，1004 口人，全村住一个大院，共 7 栋 7 层楼房，自来水、煤气、电气化水平同鞍山市内无异，甚至比某些机关、企业的宿舍大院水平还要高一些。全村人均收入 1596 元，且房租由公家负担，其他还有许多优待，村民男 60 岁退休，女 55 岁退休，退休后一年发给养老补助金 300 元，加上原有积蓄，解除了老年人经济生活的忧虑。在这种情况下，孩子的养老—效益等下降到很低，群众说："有了自来水，等于半个儿"，不用为老人无人担水发愁，一些人自动交回独女户准生第二个孩子的指标。人们对生育的追求是：少生、优育、成才，很自然地实现了由投入孩子的数量成本向质量成本的转移，使生育率降低。

　　然而像四方台村这样的例子毕竟是少数，就主导因素而言，近年来并没有形成孩子的质量成本或可变成本随着经济的发展和收入的增长而提高，孩子的效益也没有随之降下来，相反却发生了不利的倾斜。自改革开放以来，国民经济获得迅速发展，居民生活水平迅速提高，从 1980～1990 年的 10 年间，实际消费水平年平均提高 5.9%①。但是边际孩子的成本特别是用在健康、教育方面的质量成本或可变成本，却没有得到相应的增加，缺少孩子可变成本增加的政策和机制，这点后面还将谈到。在孩子的效用方面，一是由于乡村实行联产承包责任制和城镇个体、联营经济以后，使得过去丧失了很长时间的家庭的生产职能、经营管理职能在很大程度上得以恢复，家庭经济需要劳动力尤其是男性劳动力显得很迫切，从而使孩子的劳动—经济效益大为提高，刺激了生育子女特别是生育男孩子的积极性。二是乡村在旧人民公社体制下，形成一套以"五保户""敬老院"等为主体的社会养老保障机制，相对于不发达的经济来说，这是一套水准较高、体系较完备的社会养老保障机制，对于解决无子女、少子女老年人口的老年赡养，起到过重要的作用。随着经济体制改革和乡村新政权组织的确立，原有的一些老年社会保障组织有的保留下来，有些则解散或撤销，从总体上看是削弱而不是加强了。人们从实践中看到，依靠子女养老仍然是目前条件下保险系数最大、方式最好的一条路子，孩子的养老—保险效益有所增值。

　　发生在广大乡村和经济不发达城镇的上述孩子成本—效益的不利倾斜，使得多生产一个边际孩子具有明显的经济效益，刺激了生育的积极性，严重地阻碍了人口与经济发展由初级循环向高级循环的过渡。不过从辩证唯物主义观点看，这种阻碍同时也就包含着清除的因素存在，办法从增加孩子的成本主要是质量成本，缩减孩子的效益两方面入手。

　　在孩子成本方面，一要增大超生子女的成本，可以考虑适当提高超生子女的罚金。要改变一次性超生子女罚款的做法，罚款的时间应同独生子女奖励的时间一样长，在 14 年左右。罚款数额和时间长短应服从一个总的目标：使超生子女父母明确意识到，他们付出的超生子女成本在未来孩子提供的效益中不能得到等价的补偿，成本大于效益。二要有效地提高孩子的质量成本，特别是要稳步提高用在孩子身上的教育费用。这就要求父母用在孩子身上的智力投资能够得到相应甚至是加倍的补偿，在有关政策和机制上加以调整。

---

① 《过去十年：国力增长最快人民实惠最多》，1991 年 3 月 22 日《人民日报》。

在孩子效益方面，一要提高一个孩子和计划内生育子女对父母的效益。可以考虑适当提高独生子女奖金，并保证按时兑现。同时要发展劳务市场，使缺少劳动力的无子女和独生子女户可以通过市场取得劳务，或通过社区服务取得劳务，弥补因未生或少生子女而损失的劳动—经济效益。还要通过对独生子女和计划内生育子女父母逐步实行养老保险，包括变独生子女费为养老基金等措施，对独生子女保险等办法，提高独生子女和计划内生育子女的养老—保险效益。还可以考虑通过对独生子女优先入托、入学、招工、户口农转非、分房等优先政策，为独生子女成长创造较为有利的外部环境，提高其继承家业兴衰和维护家庭地位的风险效益。二要通过对超生子女入托、入学、招工、户口农转非、住房等的必要限制，削减其对父母的劳动—经济效益、养老—保险效益等，使边际子女效益显著下降，不足以补偿父母付出的成本。

需要指出，在上述孩子成本和孩子效益两方面采取的相应政策和措施，是决定能否向着人口与经济发展良性循环的关键，这在从1991年起的整个90年代异常重要；但是不要忘记经济是基础，国民经济的不断发展是步入良性循环的基础。只有国民经济的不断发展，才能对劳动力，从而对孩子的质量成本提出更高的要求，人们也才有能力增加孩子质量成本。同时只有经济发展了，生产工具改进了，劳动者的质量比数量显得更为重要，才有孩子劳动—经济效益的不断下降；也只有经济发展了，社会、企业、劳动者本人都具备为将来储蓄养老准备一笔基金，孩子的养老—保险效益才会迅速下降。因此，经济的不断发展既是有效提高边际孩子成本的基础，也是导致孩子各种效益下降的基础。在这个意义上说，确保我国国民经济稳定、持续、协调发展不仅是实现今后10年第二步战略目标的中心，而且对能否实现由高生育率——低劳动生产率——高生育率向着低生育率——高劳动生产率——低生育率转变，关系极大，是实现人口与经济发展良性循环的客观基础。

二 人口与技术进步的良性循环

在人口与经济发展两种类型循环中，实际上是在不同经济技术基础上的两种循环。在人类自身发展的历史长河中，长期以来人口的数量增长是极其缓慢的，因为尽管出生率很高，而死亡率也很高，如果遇到战争、瘟疫、自然灾害，还会出现死亡人口大于出生人口的情况，人口规模徘徊不前。工业革命发生后情形大为改观，人口这一高速开来的列车才真正发动起来，

1750～1900 年的世界人口年平均增长率达到 0.5%，其中工业化国家人口增长尤为迅速。进入 20 世纪世界人口增长速度倍增，1900～1950 年的人口增长达到 1.0%；20 世纪 50 年代以后进一步加快，1950～1990 年达到 1.9%。不过这一时期世界人口增长的重心已由发达国家转向发展中国家，发达国家大致在 20 世纪中叶完成由高生育率——低劳动生产率——高生育率向低生育率——高劳动生产率——低生育率的过渡。我们将发达国家作一个总体考察，出生率于 20 世纪 60 年代下降到 20‰以内，总生育率（TFR）于 70 年代下降到 2.1 替换水平以下，浮再生产率（NFR）下降到 1.0 以下①，标志着人口生产已进入低生育阶段。即长期保持这样的生育水平，若干年后将会出现总体人口数量减少的情况。从经济技术进步方面看，20 世纪中叶发达国家发生了怎样的变化呢？众所周知，这一时期发生了新的技术革命。以动力革命为例，工业革命后发生了蒸汽机、内燃机、电动机等划时代的革命，使用的主要能源也由煤转向石油、电力。到 20 世纪中叶，一方面传统动力机械正向世界扩散，传统能源得到广泛开发利用；另一方面发达国家积极开辟新能源，应用新材料、新工艺制造新的动力机械。最突出的是核能的开发和利用，核反应堆、核电站的大量建立，以核能为动力的宇宙飞船、航空母舰、潜艇等的发展，以及在利用太阳能、风能、地热能、海洋波力能可再生能源上面取得的新突破，表明一次新的能源革命正在加速进行。而且这一革命同以微电子技术为前导的新材料技术、航天技术、海洋技术、生物工程等结合在一起，构成新技术革命的一套体系，使传统产业得到革命性改造，从而使发达国家与发展中国家的传统工业沟加深。同时随着新技术的发展而建立起来的高技术产业，如雨后春笋般涌现，又产生新的现代工业沟。这一切都对人口素质提出新的要求，尤其是对科学、技术、文化素质提出更高要求，导致社会和个人家庭用在孩子身上的质量成本，主要是用在孩子身上的教育费用大幅度增加，数量成本相对下降，致使生育率迅速下降。而质量成本上升和人口文化素质的提高，大大推动着科技进步和劳动生产率的提高，反过来又要求孩子质量成本增加，如此推动着人口、科技、经济发展在更高层次上的循环。20 世纪中叶以来，发达国家和发展中国家发展的情况，可以说明这点。1965 年发达国家中欧洲、美国、日本的小学入学率为 104%，发展中国家中低收入国家为 73%，中等收入国家或地区为 92%；中学入学率分别

---

① United Nations, *World Population Prospects 1988*, New York, 1989.

为62%、20%、26%；高等学校入学率分别为21%、2%、6%，发达国家与发展中国家相差悬殊。这种差距在60~80年代并没有消除，相反却有拉大的趋势，高等教育最为明显。1987年上述发达国家和发展中低收入国家、中等收入国家或地区，小学入学率分别变动到102%、104%、104%，中学入学率分别上升到93%、37%、54%，高等学校入学率分别上升到39%、3%、17%[1]。发达国家占据这种孩子质量成本和人口文化素质较高的优势，保证了劳动生产率的提高和经济的增长。按照世界银行提供的资料，1955年与1988年相比，发展中国家中低收入国家、中等收入国家和地区、上述发达国家人均国民生产总值之比由1∶2.1∶14.5变动到1∶6.0∶50[2]，发达国家与发展中国家之间的经济差距不是缩小，反而更扩大了。人口生产也相类似，1988年上述发达国家的人口出生率下降到14‰，总生育率下降到1.8；发展中国家中低收入国家分别为31‰和4.0，中等收入国家或地区分别为29‰和3.8。由此看到，科学技术作为提高劳动生产率的最重要手段，在人口与经济发展两种不同类型循环中所起的作用，亦即同人口与经济发展两种循环相对应的人口与科技文化发展的两种循环，一种为高生育率——低科技文化——高生育率的初级循环，社会和家庭更多地关心孩子数量成本的增加，孩子的质量成本不能得到相应的提高，阻碍着科技进步；而经济技术构成越低吸收劳动者的弹性越大，越是刺激人们投向孩子的数量成本，生育率长期居高不下。另一种为低生育率——高科技文化——低生育率的高级循环，社会和家庭所追求的不是孩子数量成本而是孩子质量成本的增加，特别是用在教育方面质量成本的增加，促进科技进步和文化水平的提高，推动劳动生产率增长，从而缩减吸收劳动者的弹性，诱导人们由投入孩子的数量成本更多地转向质量成本，发生生育率长期稳步下降。纵观当今世界人口发展与技术进步，可以说发达国家已经完成由初级循环向高级循环的过渡；发展中国家或地区除个别特殊情况外，则基本上处在初级循环阶段，科技进步和文化水平的提高在降低生育率方面的作用，远未发挥出来。

中国情况怎样呢？笔者以为同人口与经济发展循环由初级向高级过渡雷同，总体上处于由高生育率——低科技文化——高生育率向低生育率——高科技文化——低生育率过渡阶段。这可从生育水平和人口的文化程度的变动中看出来。根据中国1988年生育节育抽样调查提供的资料，育龄妇女总生

---

① 世界银行：《1990年世界发展报告》，中国财政经济出版社，1990。
② 世界银行：《1982年世界发展报告》《1990年世界发展报告》，中国财政经济出版社，1990。

育率 20 世纪 70 年代为 4.01，进入 80 年代下降到 2.20~2.86，1980~1987 年平均为 2.47，比 70 年代下降 1.54，下降的幅度很大；但至今尚没有一年下降到替换水平 2.10 以下，而且近年来还略有回升。所以从总体上看，尽管生育率下降很快，但尚未达到低生育阶段，处在由高生育向低生育过渡过程中。据美国人口咨询局估计，1990 年世界人口的育龄妇女总生育率为 3.5，发达国家为 2.0，发展中国家为 4.6，中国为 2.3①；显然中国已过渡到同发展中国家拉开的距离，同发达国家比较接近的水平。就科学技术而论，可从两方面说明。一方面自 1949 年新中国成立以来培养了大批专家、教授、技术人才，就绝对数量说已居世界前列。例如 1988 年中国全民所有制单位受过高等教育的自然科学家和工程师达 463 万人，仅少于苏联和日本，居世界第 3 位；1987 年中国拥有各类高等学校教师人数达 38.5 万人，仅次于美国，略多于苏联，居世界第 2 位。因此在整体上，中国已形成一支力量较强、在某些现代科学技术领域能够站到前沿的科技大军，科技水平获得很大提高。另一方面不要忘记我国是一个拥有 11 亿多人口的大国，按人口平均的科技水平则比较低。例如，1987 年中国具有大学文化程度的居民仅占 1.1%，发达国家则占 10% 以上，甚至超过 30%，印度、泰国、墨西哥等发展中国家也高出我国许多②。总起来看，我国同发达国家在科技上的差距是很大的，不同于生育率上的差距比较接近，在实现人口与技术进步由初级向高级阶段过渡上还有很长的路要走。

然而由于中国幅员辽阔，人口、经济文化发展不平衡，在由高生育率——低科技文化——高生育率向低生育率——高科技文化——低生育率过渡中，表现出很大的差异。差异就是矛盾，并包含着解决的手段。为了比较不同地区人口的科技和文化程度，首先要解决一个技术问题，计算出某地区人口平均具有的文化水平。现有统计和调查资料中，居民的文化程度均以大、中、小学和文盲半文盲人数及其所占比例表示，甲地区具有大学文化程度人口比例高于乙地区，但可能出现文盲半文盲比例也高于乙地区，使甲、乙两地区居民文化程度谁高谁低难以确定，需要一个统一的、可比较的指标。这个指标就是居民平均所受教育的年限或平均具有的文化程度。但由于不同历史时期各类学校学制长短不一，同时毕业与肄业中间可能相差几年不等，故居民平均所受教育年限是一个难以精确度量的指标，只能取其近似值，笔者在以往的论著中称

---

① 《1990 年世界人口数据表》。

② 《中国统计年鉴 1990》，中国统计出版社，1990。

之为人口文化素质指数。按照这种方法计算下来，1987 年全国人口文化素质指数为 4.76，其物理意义相当于每一居民平均接受教育 4.76 年①。值得引起重视的是，人口文化素质指数同生育率之间相关度很强，这可由女性人口文化素质指数同总生育率变动图中看出来（见图 2）。

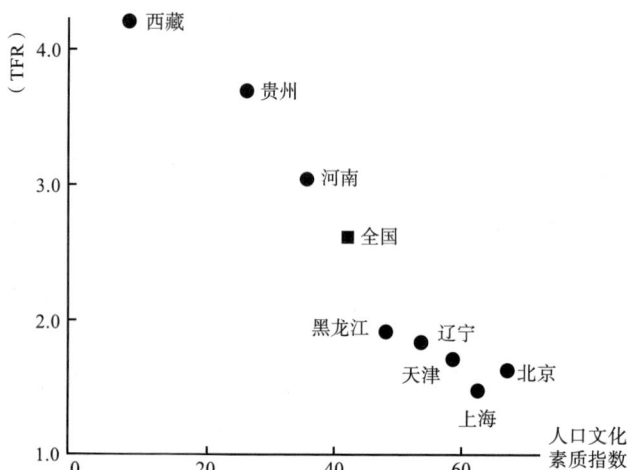

图 2　1987 年部分地区女性人口文化素质指数与总生育率

资料来源：根据《中国人口统计年鉴 1988》计算；《中国人口统计年鉴 1989》。

　　图 2 表明，1987 年全国女性人口文化素质指数为 4.35，总生育率为 2.59。除个别地区外，女性人口文化素质指数高于全国水平的，其总生育率一般均低于全国水平，如图 2 中北京女性人口文化素质指数为 6.70，总生育率为 1.58；辽宁分别为 5.51 和 1.88；黑龙江分别为 5.09 和 1.90。相反，女性人口文化素质指数低于全国水平的，其总生育率一般高于全国水平，如图 2 中西藏女性人口文化素质指数为 1.19，总生育率高达 4.26；贵州分别为 2.80 和 3.69；河南分别为 3.77 和 3.06。可见，人口特别是女性人口所具有的文化程度同生育率成反比，是普遍存在的客观规律，并由此找到人口与技术进步由初级转变到高级循环的基本途径。即一方面大力控制人口增长，

---

① 参见田雪原《中国 1987 年 60 岁以上老年人口抽样调查报告》，《中国人口科学》1988 年增刊（1）。其中具有大学文化程度人口以平均接受教育 16 年，高中 11 年，初中 8 年，小学 4 年，不识字或识字很少 0.25 年计算。

在减少国家用于培养未成年人口费用的同时，减少父母和家庭用于孩子身上的数量成本，这有助于提高孩子的质量成本；另一方面则必须大力发展科学技术，发展教育事业，提高全民族的文化水平，发挥科技在提高劳动生产率中的巨大作用。因为科技发展了，对劳动者的科学、技术、文化的要求提高了，由孩子的数量成本向质量成本的转移，才有扎实的基础。事实上在中国目前条件下，在像北京、上海等特大城市，辽宁等少数最发达的沿海乡村，已开始步入低生育率——高科技文化——低生育率的高级循环阶段，揭开了全国向着这种高级循环过渡的序幕。不过序幕毕竟是序幕，它既不是高潮，也不是剧终，就全国情况来说，距达到高级循环阶段相差甚远。我们的任务，就是要加速向高级循环过渡。

加速人口与技术进步由初级循环向高级循环过渡，如前所述，以中国目前条件要在控制人口增长和提高全民族的科学、技术、文化水平两方面同时采取有效措施，才能取得显著效果。而从这两个方面相结合角度，如何稳步增加孩子的质量成本，特别是用在边际孩子上的教育费用的质量成本的增加是关键所在。因为增加孩子的质量成本，意味着人们的选择偏好由热衷于生育孩子的数量转向孩子的质量，必然导致生育率下降，生育数量减少。同时人口的科技文化素质提高后，必然推动技术革新和技术革命的发展，加快四个现代化建设的步伐；而"四化"步伐的加快，反过来又要求人口智力投资的增加，人口文化素质的提高。可见，有效增加用在教育上面的孩子质量成本，从人口和科技两个方面并从相互促进中，加快人口与科技进步向着高级循环过渡，应着力寻求增加这种孩子质量成本的途径。

要使人们乐于选择增加孩子质量成本，就必须保证增加的质量成本能够带来相应的经济效益，但目前在这方面存在着较大的问题。统计资料说明，1989 年全民所有制单位分行业职工平均工资为 2055 元，最高为地质普查和勘探业 2563 元，其次为交通、邮电通信业 2490 元，再次为建筑业 2413 元。科技和文化人才高度集中的科学、研究和综合技术服务事业仅为 2123 元，排在工业 2177 元之后；教育、文化艺术和广播电视业仅为 1899 元，比平均工资还少 156 元；国家机关、党政机关和社会团体仅为 1875 元，排在教育、文化艺术和广播电视业之后，低于平均工资 180 元[①]。这种分配上不合理的，"脑体倒挂"现象，若再加上个体经营者、外资、合资企业等高劳动收入行

---

① 《中国统计年鉴1990》，中国统计出版社，1990。

业，则"倒挂"更为严重，有使知识贬值，产生新的"读书无用论""读书吃亏论"的危险。一些地方中、小学学生辍学较多，流行所谓"读书不如经商""花钱念书不如赚钱跑运输"等说法，这不仅不利于我国社会向着人口与技术进步高级循环转变，而且从本质上说不符合社会主义按劳分配原则，必须进行改革。改革的方向，是保证父母和家庭投入的孩子质量成本能够得到相应或加倍的补偿，收到明显经济效益，通过使孩子质量成本的稳步上升，达到促使生育率稳步下降和推动科技进步，逐步过渡到低生育率——高科技文化——低生育率高级循环的目的。

三 人口与生态环境的良性循环

人口、粮食、工业化、污染、资源等被公认为当今世界发展面临的最主要问题。在这些问题中，如果以人口作为一方，另一方则表现为人口生存和发展条件方面的问题，人口在各种问题中居于主导地位，是关键因素。其他问题趋于严重，在一定意义上同人口变动，尤其是人口的数量增长有着密切关系。

人口增长对人口赖以生存和发展的生态环境的影响，可从直接影响和间接影响两方面考察。所谓直接影响，系指由于人口数量的增加由生理活动造成的影响。据科学家们估计，地球的形成已有46亿年的历史，地球上开始有生物也已有20亿年的历史，长期形成的生物圈保持着相对的稳定。但是自工业革命人口大幅度增长以来，这种相对稳定的生物圈和生态环境受到震动。如前所述，1650年世界仅有约5亿人口，到1990年增加到54亿人，350年间增长近10倍，即使以简单的倍加计算，世界人口呼吸、粪便、洗浴量也要增长10倍，二氧化碳、脏水等的排放量增长10倍，不能不对生态环境造成一定的影响。在城市，这种影响表现尤为明显，空气、淡水质量下降，花费在环境卫生上面的开支不断增加。

然而这种直接的影响不是主要的，甚至是微乎其微的。主要的是间接影响，即非因人口增加直接生理作用的间接影响。主要表现在下述一些方面。

其一，人口增长与森林、草场的破坏。人口的迅速增长，要求粮食等食物的相应增加。怎样增加呢？一是提高农业劳动生产率，进一步对农业进行集约化耕作；二是大规模扩大耕地面积，提高农作物总产量。据一般估计，19世纪初世界有耕地4.5亿公顷，到1987年扩大到13.7亿公顷，增长2倍有余。这些新辟的耕地大部分是毁林开荒、变牧为农的结果，使森林和草场遭到很大破坏。据联合国环境规划署提供的资料，1981～1985 年封闭式森林每年以 750 万公顷的速度被采伐，疏林地总采伐量也达到 380 万公顷，二者合计达到 1130 万公顷，数字惊人。虽然造林的呼声越来越高，但目前的年造林量仅相当于毁林的 1/10 左右[1]。森林、草场的这种大面积破坏，不能不造成严重后果。因为除森林、草场具有明显的生产上的价值和功能外，还具有大地植被的保护价值和功能：缓冲、吸收、疏导、散发降水、辐射、风力的作用，保护水土，保护包括人类在内的动植物生存环境。具有调节的价值和功能：通过吸收、储存、释放氧和二氧化碳等气体，改善空气条件；通过吸收、储存、释放水分，吸收、转换热能和辐射能，调节空气的温度和湿度；通过吸收烟尘等悬浮物，净化空气。自然随着大片森林、草场的破坏，这些作用大为削弱。部分地区在相当大的程度上，失去对空气温度、湿度、清洁度、透明度等的调节作用，气候变得恶劣干燥，水、旱等自然灾害大大加重，失去大地天然卫士的保护作用。其结果是大气条件恶化，土壤退化和沙漠化。据估计，全球每年有 600 万公顷土地变成沙漠，另有 2100 万公顷肥沃土地丧失其经济价值[2]。与此同时，大量动植物在森林、草场破坏中死亡，有的已经灭种，其中热带雨林的滥砍滥伐尤使人担忧，因为全世界一半左右物种集中在那里，大片热带雨林消失后对那里的生态环境，对全球生物圈可能发生怎样的影响，成为当今有识之士关注的"热点"之一。

其二，人口与能源消费的增长。在世界人口迅速增长过程中，按人口平均计算的国民收入和消费水平，都大大增长了，能源消费的增长，相当突出。据统计，包括煤、石油、页岩油、天然气、发电的世界人均能源（不包括薪柴和木炭）消费量，由 1960 年的 38×10^9 焦耳/人增加到 1984 年的 55×10^9 焦耳/人，增长 44.7%。加上在此期间世界人口绝对数量的增加，世界能源消费总量由 115009×10^{15} 焦耳增加到 259542×10^{15} 焦耳，增长 1.3 倍[3]。能源消费的巨大增长，尤其是煤炭、石油、薪柴等消费的巨大增长，释放出大量有害气体和废渣等废弃物，对生态环境的破坏越来越严重。

其三，人口与工业化的发展。如前所述，世界人口是在工业革命发生后，适应工业化对劳动力的增长需求而发展起来的。同时人口数量的增长、素质的提高和结构、地理分布的改变，又成为工业化发展的一个前提条件。

① 《世界环境数据手册》，中国科学技术出版社，1990。
② 《世界环境数据手册》，中国科学技术出版社，1990。
③ 《世界环境数据手册》，中国科学技术出版社，1990。

可见人口同工业化关系十分密切。不过人口增长同工业化的加速进行并不都是相互促进的，当前工业化造成的环境污染的加剧，已经威胁到人口本身。工业化造成巨大生产力，同时它所排放出来的废气、废水、废渣数量之多，危害之严重，确已达到再也不能不重视的程度。以二氧化碳为例，工业革命前大气中二氧化碳浓度估计在 260ppm ~ 280ppm（体积），目前已超过340ppm（体积），呈稳步上升趋势。主要在采暖、发电、运输过程中燃烧化石燃料人为产生的二氧化碳排放量，全球由 1950 年的 1639×10^6 吨碳，增长到 1984 年的 5330×10^6 吨碳，34 年间增长 2.3 倍。二氧化硫的人为排放量更为惊人：1960 与 1985 年相比，全球硫排放量由 2.5×10^6 吨增加到 90×10^6 吨。增长 35 倍[1]。此外，甲烷、氯氟烃、空气中悬浮颗粒物等的大量增加，使大气污染越来越严重。二氧化碳等气体具有截留太阳辐射到地球表面反射回来的长波辐射的能力，其大量增加可使地球变暖，即"温室效应"，改变气候，导致两极冰雪融化，海平面上升；氯氟烃大量增加不仅加剧"温室效应"，而且会使同温层臭氧损耗，形成臭氧洞，太阳紫外线长期直射地球，改变人类生存活动条件；二氧化硫、一氧化二氮等硫氧化物、氮氧化物排放量的增加，在大气环境中的复杂化学转化，形成湿酸沉降和干酸沉降。工业化发展形成的大量废渣，对环境构成日趋严重的威胁；而排放出来的滚滚废水和有毒液体，或流入江河湖海造成水体污染，使众多鱼类、鸟类、水生动物死亡；或渗入地下，造成水质污染，直接威胁人类的健康和生存。值得注意的是，随着现代科技和现代工业的发展，核爆炸、核溢漏等放射性污染造成的危害大有增加，其潜在的危害很大。据报道，20 世纪 70 年代以来每年全球有 360 多个生物物种灭绝，580 多亿立方米的水被污染，并有 900多万人因饮用污染水引起疾病或因缺水而死亡，1000 多万公顷森林从地球上消失，600 亿吨表土被冲刷流入江河湖海[2]。这表明历史发展到全球人口增长至 54 亿的今天，大自然不是在个别地方、个别方面发出危机的警告，而是带有全球性、全面性的警告，迫使人们必须正视。在大自然和人类发生、发展的历史长河中，在其源头，人类渺小且单薄，在与洪水猛兽等险恶的自然环境搏斗中一步步发展壮大起来，人口的高生育率曾经立下不朽的功勋，靠着它人类得以不断繁衍壮大。随着人口数量的增加和人口身体、文化素质的提高，生产的发展，技术的不断进步，人类在大自然面前越发高大起

---

① 《世界环境数据手册》，中国科学技术出版社，1990。

② 参见 1990 年 6 月 17 日《人民日报》。

来，在斗争中取得一次又一次的辉煌胜利。今天，在某些重要领域，大自然只能听从人类的摆布，不过，作用力与反作用力相等的自然法则是普遍存在的，人类的每一次摆布，大自然都以同样的反作用力摆布着人类：人类大面积毁林开荒种田，大自然以土壤沙化、气候变得恶劣摆布人类；人类拼命开采煤炭、石油等化石燃料，能源消费量直线上升，大自然以"温室效应"、酸沉降、臭氧洞摆布人类；人类加速推进工业化，大自然以大气、水、土壤质量的全面下降、污染的加重和生物的大量死亡摆布人类。今天，在人类同大自然的关系中，已经结束了谁战胜谁的时代，一味掠夺性地向大自然索取已经危及到索取者自身，从而进入彼此尊重，努力创造一个人口与环境良性循环，维持正常生态平衡的时代。

世界生态环境的破坏，工业化发达国家应负主要责任。自工业革命以来，人口、工业化、污染成比例地增长，发达国家是包括能源在内的资源的主要消耗者和废弃物的主要排放者。目前占世界人口 23% 的发达国家，消耗世界资源接近 80% ，废气、废水、废渣的排放量也占了大部分。某些发展中国家人口激增，经济发展却极其缓慢，负债日增，只好靠开采和出卖资源维持，造成环境破坏。另有一些发展中国家，或者由于资金短缺，或者由于环境意识较差，或者由于二者兼而有之，在工业化过程中对环境注意不够，基本上重复某些发达国家先污染后治理的道路，也是造成环境恶化的重要原因。值得注意的是，一些发达国家在饱尝污染之苦之后，人口的生育率大大下降了，目前已降到替换水平以下，长此下去，将会出现总人口减少的趋势；治理环境污染取得明显成绩，普遍规定了废气、废水等的排放标准，有迹象表明，探索走向人口与生态环境良性循环的路子正在开通。有些发展中国家在环境治理中取得了一定进步，但从总体上看则进步甚微，大多数国家则有恶化趋势，人口在高速增长，热带雨林等大面积森林资源遭到破坏，土壤加速退化，大气、水质污染严重。

中国是发展中国家，在人口不断增长和工业化加速进行过程中环境问题相当突出，形势严峻。特别值得引起重视的是，面临着以下几个方面的基本态势。

（1）人口数量继续增长，对环境的压力不断增大。1990 年全国人口普查表明，"七五"计划人口指标有较大突破，"八五"期间又值生育高潮期，人口增长势能颇强。七届四次全国人大通过的国民经济和社会发展十年规划和第八个五年计划纲要规定：争取今后 10 年平均年人口自然增长率控制在 12.5‰ 以内，即使实现这一目标，20 世纪末内地总人口也接近 13 亿。到 21 世纪中叶，全国人口则可能达到 16 亿左右。也就是说，由于从总体上看人口年龄结构还比较年轻，在达到老龄化程度较高水平之前具有较强的增长势能，在未来 60 年一个甲子期间，全国人口总数将再增加 5 亿人左右在预料之中，然后才有可能实现人口的零增长。人口数量的这一增长态势，无疑加大了对环境的压力，给步入人口与环境的良性循环增加了困难。

（2）人均资源水平低，潜在着环境恶化的威胁。我国向来以地大物博、人口众多著称于世，然而对此必须作具体分析。一般来说，中国资源比较丰富，像煤、铁矿、镍、钨等矿藏资源在世界各国中位居前列，海洋资源也比较丰富；但某些矿产资源不够丰富，水、土资源不足。尤应重视的是，即使是比较丰富的资源，由于人口数量多，按人口平均占有的水平也比较低；而那些不足的资源其人均占有量更低，大大低于世界平均水平。如目前我国按人口平均占有的耕地面积仅相当于世界平均水平的 1/3，人均草原面积相当于 1/3，人均淡水资源相当于 1/4，人均森林面积仅相当于 13%。由于人均资源水平低，出路必然是提高对资源的使用效益。以土地为例，由于人均耕地面积少，就要在农业集约化上打主意，深耕细作，增加肥料特别是化肥的施放量，其结果加剧着土壤的退化和水土的污染。由于资源短缺，对短缺资源的过度索取，如土地的过度使用，森林的过度采伐，草场的过度放牧，地下水的过度开采等，都将对环境造成严重影响。

（3）资金不足，消除工业化与污染的矛盾困难很大。发达国家工业化的历史表明，先建设和污染后再对环境进行治理已经产生严重后果，我们不应重蹈这个覆辙。但由于我们是发展中国家，基础薄弱，进行工业化和现代化建设的资金有限，一些项目的建设难以做到同时配备相应的防污染设施，在不同程度上沿袭着先建设和污染后再治理的旧路子，建设、生产、污染、治理同时并存，从而加剧着生态环境的恶化。

自 1949 年新中国成立以来，环境问题越来越受到重视，对环境的治理取得显著效果。然而由于上述一些原因，环境问题日趋严重，成为现代化建设中必须认真对待和解决的最基本的问题之一。为此，中国已将保护环境列为一项基本国策。笔者以为，要认真贯彻这一基本国策，除举国上下人人重视，采取有效措施组织实施外，要特别注意下述两方面的关系。

（1）控制生态破坏和治理环境污染之间的关系。要针对我国目前在这两方面存在的主要问题，从实际出发认真治理。在控制生态破坏方面，当前突出的问题是加强大地植被,包括对森林的合理采伐和更新、营造新的林木;草场的合理放牧,加强对草原的管理;农田的基本建设,道路、空地等的尽可能绿化。通过这些措施逐步减少水土流失,防止土壤进一步沙漠化、盐碱化。在治理环境污染方面,重点应放在城市以及由城市向乡村的"三废"扩散。当前,在人口稠密、工业特别是重工业比较发达地区,城镇以及城乡结合部的大气污染、水污染、噪声污染达到相当严重的程度,"三废"排放量远远高于国家规定标准,亟须抓紧治理。从战略高度观察,扼制生态破坏和治理环境污染之间是相互促进,相辅相成的。如林木、草地既是防止水土流失的"凝固剂",又是吸收大气尘埃、有毒气体的"清洁剂",还是削减各种噪声的"消声器",搞好以绿化为中心的包括城市在内的大地植被,不仅是扼制生态破坏的关键环节,而且也是治理环境污染的重要途径。同样的道理,如果环境污染得到有效治理,空气变得更清新,水质变得更清洁,气候变得更加风调雨顺,则可为动植物的生长发育创造良好的条件,有利于维持正常的生态平衡。因此对这两方面必须同时抓,抓好了就可以互相促进,收到事半功倍的效果;如果只抓住一个方面,忽视另一个方面,则难以收到理想效果,很可能事倍功半。

(2)控制人口增长与保护环境之间的关系。如前所述,环境怎样同人口变动特别是人口的数量增长,有着十分密切的关系。一方面表现为人口的过度增长造成对环境的巨大压力,促使环境恶化;另一方面,一个好的自然环境有利于人口素质的提高和生育率的降低,而一个生态平衡遭到破坏的环境,会降低人口的健康水准,不利于人口素质的提高和计划生育工作的开展。因此环境问题不是孤立的,它的核心是实现人口与环境的协调发展,并处于良性循环状态。要达到这一目的,从我国具体情况出发,最根本的一条是在强调改善环境、保护环境的同时,大力控制人口的增长,使二者有机地结合起来。令人感到欣慰的是,在我国仅有的几项基本国策中,实行计划生育和保护环境一同被列入基本国策。尽管目前这两个方面的情势颇为严重:20世纪90年代人口面临一次新的生育高潮,环境面临因工业化加深和扩散而恶化的趋势,但只要坚定不移地沿着这两项基本国策规定的方针和目标走下去,就能逐步扭转这种不利形势,为实现人口与环境的良性循环创造条件。

参考文献

[1]《中华人民共和国国民经济和社会发展十年规划和第八个五年计划纲要》，1991年4月16日《人民日报》。

[2] 刘国光：《加强生态经济学研究，促进经济、社会、生态协调发展》，《经济研究》1991年第4期。

[3] 彭珮云：《大力加强基层计划生育工作，为完成"八五"人口计划而努力奋斗》，《人口动态》1991年第1期。

[4] 田雪原：《发展经济，促进转变，寻求人口与经济发展的良性循环》，《中国人口科学》1991年第1期。

[5] 曾毅：《中国未来人口发展过程中的几个问题》，《中国社会科学》1991年第3期。

[6] Lester R. Brown et al., *State of the World 1991*, A Worldwatch Institute Report on Progress Toward A Sustainable Society, W. W. Nortons & Company, New York, London.

[7] United Nations, *World Population Prospects 1988*, New York, 1989.

[8] 世界银行：《1990年世界发展报告》，中国财政经济出版社，1990。

[9] 联合国环境规划署：《世界环境数据手册》，中国科学技术出版社，1990。

以人为本的可持续发展理论及其理论体系[*]

迄今为止，一般将可持续发展作为一种发展战略或国际行动纲领提出和阐发。那么这一发展战略或行动纲领有无理论依据，如有，支撑的理论基础和理论体系又是什么，对此近二三十年特别是近 10 多年来不少学者曾经作出一定探讨，提出诸如环境决定论、人口中心论、增长方式转变核心论等不同观点。不过，一是这种理论探讨为数不够多，二是探讨的深度有限，大多作为实证研究的一种铺垫。因而形成可持续发展研究理论落后于实际现状，迫切需要深入探讨。

结合可持续发展实践进行理论抽象，笔者以为，以人为本的发展观及其理论更具有本质特征，可构成可持续发展的理论基础。它的基本点是：发展的宗旨为了满足人的需要，满足人的生理、心理、交往、文化等全面发展的需要；发展的途径为实现资源的合理有效配置，尤须注重人力资源的开发和利用，逐步过渡到以人力资本的积聚和集中为主要手段的发展；发展的基本模式为人口、资源、环境、经济、社会相互促进和协调发展，由此形成的可持续发展理论体系基本框架为全方位的适度人口论、资源稀缺论、生态系统论、总体经济效益论、社会协调发展论。

一　以人的全面发展需要为宗旨

发展为了满足人的需要本属天经地义，然而随着社会生产力的发展，特别是工业革命后竞争的日趋激烈，空前积聚起来的资本强烈地表现出自我增值的本性，片面追求增值速度和积聚规模，以最大限度的自我增值为己任，

---

　*　原载《中国人口科学》1999 年第 1 期。

使其脱离满足人的需要，走上为发展而发展的道路。第二次世界大战后，以苏联为样板的高度集中统一的社会主义计划经济体制的确立，理论上以满足"人民群众日益增长的物质文化的需要"为目的，实践上却走入短缺经济的死胡同，背离了满足人的需要的宗旨。这两种殊途同归的发展，遵循的基本轨迹是"经济增长＝发展"。这样的发展即使可以满足人的某些方面的需要，也不能满足人的全面发展的需要，甚至以牺牲其他方面的需要为代价换取发展。如毁林开荒、变牧为农和加快农药、化肥生产的发展，一时间满足了人口增长对粮食和其他食物的需要，但却以水土流失、气候变得干燥恶劣和水、土污染为代价，最终损害人的身心健康发展。1998 年发生在长江中下游的特大洪水，就是一例。据载，20 世纪 50 年代中期到 80 年代中期，长江流域森林覆盖率由 22% 减少到 10%，水土流失面积由占流域总面积的 20.2% 上升到占 41%，致使广大地区天上降水携泥沙直奔长江，使河床、湖底越淤越高。同时在"变湖泊为粮仓"口号下加速围湖造田，湖水面积减少 45% 以上，八百里洞庭基本失去"吞长江"功能，其余湖泊作为"天然蓄水池"调节长江水量的能力也大大下降，使长江变得酷似历史上危害最甚的第二条黄河①。40 多年砍伐围垦带来的收益远远抵不过一场洪水造成的损失，而当年却是何等豪迈地赞赏过"向大自然进军"的"发展"！痛定思痛，以人为本的可持续发展观着眼于人的全面发展，摒弃有利于一个方面而损害其他方面的发展。1994 年在开罗召开的国际人口与发展会议通过的《行动纲领》，提出"可持续发展问题的中心是人"，通观《纲领》基本精神，这里的"人"指的即是人的全面发展，以人的全面发展为出发点和归宿的发展。

人的生理、心理、交往、文化等全面发展的需要，按层次可分成生存、享乐、发展三种需要。最基本的是生存需要，它是任何社会人口再生产得以正常进行的条件，是社会稳定的基础。若不能满足总体人口对生活资料的需要，就难免"饥寒起盗心"，造成社会秩序混乱；若不能满足生产年龄人口对生产资料、产业结构的需要，存在大量"无事生非"失业人口，社会也难以维持安定团结的局面，发展就会受到影响，更谈不上可持续发展。不过生存需要有个限度，当经济发展到一定阶段以后这种需要相对容易满足；而人们追求高生活质量的享乐需要无限，但由于这样的享乐需要同样为发展提

---

① 夏斐：《如何根治长江水患》，1998 年 8 月 28 日《光明日报》；金辉文：《20 世纪中国重灾百录》，1998 年 8 月 27 日《文摘报》。

供需求动力，因而也是人的全面发展需要之一。只是正常的享乐需要限定在有益于人的生理和心理健康，有利于社会进步的范围内。至于发展需要特别是提高人口科学、技术、文化素质方面的发展需要，不仅为人的全面发展需要所必需，而且是实现可持续发展的主要手段，本文后面对此专有论述。

满足人的全面发展需要中的"人"，既包括现实的当代人，也包括他们的子孙后代，可持续发展要求摆正和处理好代际之间发展需要的关系。传统发展观谈到满足人的发展需要时，不言而喻，一般指当代人的需要，忽视了为满足当代人需要会给后代人带来什么样的结果。近来有的研究又出现一种偏向，在对 1987 年联合国环境与发展委员会《我们共同的未来》报告作出诠释时，将"既满足当代人的需要，又不对后代人满足其需要的能力构成危害的发展"解释成主要是考虑子孙后代的发展，将当代人放到次要或无足轻重的地位，造成理论上的错位或本末倒置。可持续发展的前提是发展，是满足当代人全面发展需要的发展，忽视满足当代人全面发展需要的发展是不能有效推进的。只是这种满足当代人全面发展需要的发展不应损害后代人的利益，不能建立在危及后代人需求能力基础上。传统的经济增长 = 发展导致环境恶化和资源枯竭，是典型的功利向当代人倾斜的发展；以满足人的全面发展需要为宗旨的可持续发展意在改变这种倾斜，强调发展的代际公平性、持续性、共同性，强调既利在当代又荫及子孙，有益于代际延续的发展。

二　以人力资本为主要驱动力

可持续发展的前提是发展，什么是发展？就词语解释，发展指事物由小到大、由简单到复杂、由低级到高级的变化过程。如从资源角度观察，则一切发展可归结为资源的物质变换，发展表现为资源进行物质变换过程。一般情况下，经济的发展表现为直接的物质变换，社会的发展有的表现为资源的直接物质变换，如旨在提高人口素质的教育事业的发展，在教育的劳动生产率不变情况下，主要依靠教育投资的增长，教师和教室、实验室、图书馆等设备增加的物质变换；有的表现为非直接的物质变换，但要以一定的物质变换为前提，如社会科学研究的发展常常借助于抽象力，不过这种抽象力离不开社会实践，而社会实践即是资源物质变换的运动形态。这里，资源的物质变换既包括土地、森林、草地、河湖、空气、金属和非金属矿藏等自然资源的物质变换，也包括人力、知识、信息、技术、管理等社会资源的物质变换，主要的则是自然资源与社会资源相结合的物质变换。有"两种资源"和"两种资源结合"存在，就存在主从、支配与被支配关系，亦即发展以哪一种资源的物质变换为主导的问题。正是在这一点上，可持续发展观与传统发展观表现出原则的不同。"经济增长＝发展"的传统发展观，着力于自然资源的物质变换，追求自然资源最大限度的开发利用，结果造成资源的巨大浪费和环境质量下降，走上不可持续发展道路。目前许多发展中国家仍旧没有摆脱这种资源型的经济发展，重自然资源，轻社会资源，经济和社会的发展基本处在传统工业化阶段，表现出很大的不可持续性。某些发达国家则相反，它们依靠本国人力资本、技术资本雄厚等的比较优势，将本国和进口来的原材料进行深加工，大大提高其附加值后，再行销售和出口而获取更多利润和自然资源，并伴之以某些传统产业向国外转移，大力发展高新技术产业，以科学技术的生产和传播即知识经济作为经济发展的核心，将社会资源的物质变换提到主导地位，由此达到自然资源与社会资源的合理配置。以人为本的可持续发展在重视自然资源的同时，高度重视社会资源，实现物质变换由以自然资源为主导向社会资源为主的转变。

第二次世界大战后兴起的以微电子技术为前导的新技术革命，使科技在劳动生产率提升中的作用由中期的30%左右，上升到目前的70%～80%，一些高新技术部门甚至达到100%。当前这一新技术革命推进到以生命科学为带头学科的更高阶段，即由以往人的体能的外在化、物质化进到人的智能外在化、物质化阶段。生物工程取得的最新成果，"克隆"技术的某些新的突破，知识经济和知识管理被提高到决定未来经济发展命运的高度，预示着人类社会向智力工具过渡的时代已经到来。对于人类已经历过的手工工具和正在经历的机器工具时代来说，智力工具是一个全新的时代，它将人的智力开发放在首位，人口智力投资的增长、人力资本的积聚正成为经济和社会发展的强大推动力，可持续发展的推进器。有的国家、地区经济和社会发展建立在以自然资源物质变换基础之上，经过一个时期比较迅速的发展以后，陷入技术落后，金融危机和经济不景气之中，表现出发展的难以持续性；有的国家、地区重视社会资源在物质变换发展中的地位和作用，重视人力以及信息、技术、资本等的积聚和增长，在当前经济不景气大环境中获得较快发展，表现出很强的发展后劲儿，创造出历史上发展的最好时期。正反两种发展实践表明，社会资源的开发利用，以人力资本为核心的资本的积聚和增长，构成可持续发展的基本条件，成为推动可持续发展的基本要素。在这个意义上说，可持续发展科技是关键，基础在教育，推动力在人力资本。

三　以人为本的理论体系

以人为本的发展观不仅体现在发展的出发点和目的、发展的决定性因素和路径上，而且贯穿于人口、资源、环境、经济、社会发展各个方面，形成不同方面的交叉发展。可持续发展的一项基本要求是这诸多交叉发展的协调性和连续性，而这一点只有坚持以人为本才能做到。即建立涉及发展主要方面和交叉发展的以人为本或曰人本理论的可持续发展理论体系。不过这里的人本理论和哲学上的人本主义还不尽相同。按照罗森塔尔、尤金编著的哲学词典解释，人本主义是一种"离开具体的历史的社会关系而把人主要看做生物学上的生物的哲学原则"；我们讲的人本理论的人是处在 20 世纪末和 21世纪即将来临，经济和社会发展达到前所未有高度的人，具体时代人的抽象，而不是脱离社会发展的纯生物人的抽象。至于人本主义中的唯物主义思想，则是合理和有益的。如此确立在人本理论基础上的可持续发展理论体系，可由下述五方面支撑的理论组成。

其一，全方位适度人口论。适度人口论产生于 20 世纪初，在对人口规模与资源之间关系的讨论中，提出人口过剩和人口不足两个概念。当人口规模处于再增加或减少均不能带来好处时，便称这一人口为适度人口。如以 O 表示适度人口，A 表示实际人口，M 表示人口数量失调程度，则：

$$M = \frac{A - O}{O}$$

若 M 为正值，说明人口过剩；M 为负值，则人口不足；$M = 0$ 为适度人口。其后适度人口研究提出和论证了带来最大经济福利效益的经济适度人口，带来国家实力最大化的实力适度人口或社会适度人口等，取得不少进展。不过至今适度人口研究还主要限于人口数量上的考察，很少涉及其他方面；而随着 21 世纪新技术革命的到来，世界人口出生率的下降和过渡到零增长，人口质量、分布和结构等方面的问题将凸现出来。适应这种新的发展，适度人口概念需要更新，从仅仅是人口数量上的探讨，进而包括人口质量、结构等方面的全方位的"适度"。就世界人口总体和中国 21 世纪人口变动走势而论，实现适度人口需要控制人口数量，提高人口质量，注意人口年龄、性别结构和城乡、地区分布的调节，实行控制、提高、调节相结合并以控制为重点的方针。从动态上制定一项集控制、提高、调节于一体的适度人口目标难度很大，但是结合具体发展进程，一定时期适度人口目标的制定是可能的。按照这一赋予新含义的适度人口理论，实现人口自身以及人口与资源、环境、经济、社会交叉发展的可持续发展，是有现实可行性的。

其二，稀缺资源论。既然发展是资源的物质变换，当然包括自然资源和社会资源的总体资源状况怎样，就成为决定发展的前提条件。笔者以为，资源特别是自然资源如同绝对真理和相对真理一样，既是绝对的、无限的，又是相对的、有限的。总体上是稀缺的，是绝对的和无限的，指随着科学和技术的不断进步，人类认识、开发和利用资源能力提高无限，资源的范围不断扩大，原本未列入资源范畴的成为新的资源，甚至是价值更高的资源。是相对的和有限的，指在一定经济技术水平条件下，人类认识、开发和利用资源的能力受到限制，任何资源都有一定限度，并非永久取之不尽，用之不竭。而在总体上资源是短缺的：非再生资源消耗后不可复得，绝对数量在减少；可再生资源若再生的速度赶不上人口、经济等的增长，稀缺的程度也会加深。由于人们普遍追求高生活质量，人均消耗的资源数量不断上升，人口增长对资源消耗表现出很强的"加权效益"，人均资源消耗增长速度急剧加快。面对 21 世纪中国加速走向现代化和上半叶人口增加 3 亿左右方可实现零增长，可持续发展需要进一步树立资源稀缺意识，以稀缺资源论作指导。

其三，生态系统论。建立在时空的分离性和认识来源的物理经验性基础上的近代科学，发展沿着"分解""还原"的路径延伸，导致自然界与人类社会的分割，自然界中有机界与无机界分割的认识论和实践，使人类越来越生活在间接的人造环境之中，而很少过问这种间接的人造环境是否符合客观世界运动规律，是否具有科学的连续性。新兴的现代科学一反这种"分解""还原"的思维方式，发展具有交叉、边缘、融合的特点，给建立在生命科学和地球科学基础上的生态系统科学，注入新的生机和活力。生态系统科学强调人类社会与自然界、有机物与无机物的统一，强调生命是包括大气圈、水圈、岩石圈、生物圈在内的地球系统的中心，从生态学角度解释地球的存在、演进和发展。由于自然界自身反馈机制具有的自我调节能力，生产者、消费者、分解者、无生命物质之间进行着连续不断的能量转换和物质变换，维持着一定的生态平衡，形成稳定的生态系统。一旦来自外界的干扰超过生态系统自身的调解能力，平衡就要被打破，能量物质交换遭到破坏，使生物与环境之间失去平衡，发展变得不可持续。当今最主要的"外界干扰"来自人类社会。传统的发展已使大量物种灭绝并制造出一批"人工物种"，震撼着生态系统的稳定。以人为本的可持续发展要重新审视人类在自然界的位置，自觉而又积极地归入生态系统。

其四，总体经济效益论。自20世纪30年代凯恩斯（J. M. Keynes）主义盛行把国民生产总值（GNP）作为衡量经济发展最主要甚至是唯一指标以来，工业化规模经济膨胀造成的不良后果在很大程度上抵消了它所带来的效益。以人为本的可持续发展不能无视这种传统经济发展产生的负效益，必须在注重企业个体经济效益的同时，注重社会总体经济效益；顾及近期经济效益的同时顾及长期经济效益，树立新的社会总体经济效益发展观。

一是质量效益发展观。传统的经济发展片面追求产量、产值和利润，主要通过生产规模数量上的扩大，即外延式扩大再生产实现，造成资源利用率不高、污染严重等"工业病"。可持续发展立足于社会总体经济效益最大化，要尽可能地减少资源的浪费和治理污染的费用，就不能一味地走外延式扩大再生产道路，转向以提高产品质量、提高劳动生产率为主的内涵式扩大再生产。在经济增长数量和质量问题上更强调质量，以质量求发展，靠质量实现总体经济效益最大化，是可持续发展经济的一个显著特点。

二是广义空间效益发展观。有两种不同的投入产出：狭义的投入产出为生产经营产出与投入成本之比，广义为全社会产出与投入成本之比。传统经济发展只注重前一种，可持续发展更注重后一种投入产出。在发展指标设定上，可持续发展也要跳出单一的国民生产总值、国内生产总值（GDP）的束缚，选择包括经济、社会、文化、环境、健康、生活质量等在内的更能反映广义空间效益的指标。采用这类综合指标不仅有利于比较科学地评价可持续发展的能力和达到的水平，而且可以清除国际外汇比价不尽合理等因素影响。广义空间效益发展观要打破仅就本企业、本地区看待经济效益的狭隘观念，把包括资源、环境、社会发展在内的外部效应收入评价视野，从经济增长和发展造成的内部结合上看待效益，对待发展。

三是长远时间效益发展观。经济发展当前的效益自不待言，可持续发展总体经济效益发展观，要求在重视近期经济效益的同时重视长远时间效益，不能以牺牲长期效益为代价换取近期效益。《我们共同的未来》报告提出的"不对后代人满足其需求的能力构成危害"的发展，既有人口生产的代际问题，又有近期和长期时间效益的关系问题，可持续发展更注重长远时间效益是区别于传统发展的一个标志。由于更注重长远时间效益，发展不仅需要经济成果的积累，还需要看这种发展对自身能力的影响，有利于还是不利于自身发展的势力，削弱自身能力的发展是不可持续的。长远时间效益发展观应将重点放在可持续发展能力的培育上，保证新的发展潜力的不断涌现。

其五，社会协调发展论。社会表现为物质生产、人口生产、环境生产、精神产品生产交叉生产过程，交叉组合形成的生产力与生产关系、经济基础与上层建筑的总和。以人为本可持续发展的社会协调发展观，就是要随着生产力和生产关系的改变，发展相应的社会事业，建立起促进人的全面发展的经济基础；上层建筑也要随着改变，进步的意识形态以及先进的政治的、法律的等政府组织、管理应运而生。可见，社会的协调发展带有整合的性质，是多种生产能否有条不紊发展的整合器，应予充分重视。结合可持续发展实践，以下三个方面的协调发展更应引起关注。

一是经济与社会的协调发展。发达国家和某些发展中国家发展的历史表明，先发展经济，待到经济发展后再来解决人口、失业、污染、贫困等社会问题的路子是不可取的。这不仅增加了解决社会问题的难度，同满足人的全面发展需要宗旨背道而驰；而且社会问题积累到一定程度，也会妨碍经济的发展。可持续发展主张在发展经济的同时，及时公平地解决社会问题，使经济和社会协调发展，同步发展。

二是第一、二、三产业的协调发展。产业结构怎样，既表明经济发展的不同阶段，也说明社会进步的程度，医疗、卫生、教育、科研、环保、商饮、服务等第三产业占国内生产总值的比例，从一个重要的方面反映经济、社会发展的水平和协调状况。从理论上说，处在不同发展阶段上的国家第三产业应占适当的比例，过高可能陷入福利国家的泥潭而妨碍发展，过低则可能阻碍技术进步和革新，同样不利于发展。

三是内部与外部的协调发展。随着经济的发展和科学技术的巨大进步，国家、地区之间的距离拉近了，联系和相互影响空前加强起来。当前，在可持续发展深入人心和一系列国际公约公之于众的情况下，不仅一个国家的经济、人口、环境发展受到周边以及更多国家关注，而且政治、文化、法律等社会状况同样受到关注。可持续发展推进到今天，各国都在塑造自己的形象，集人口、资源、环境、经济、社会发展于一体，求得发展互动平衡的总体形象。协调好内部与外部的发展关系，忠实履行国家承诺，不仅有助于这一良好形象的塑造，而且为切实推进本国乃至全人类的可持续发展所必需。

参考文献

［1］《21 世纪议程》，联合国 1992 年里约热内卢环境与发展会议，国家环境保护局译，中国环境科学出版社，1993。

［2］《中国 21 世纪议程——中国 21 世纪人口、环境与发展白皮书》，中国环境科学出版社，1994。

［3］陈耀邦主编《可持续发展战略读本》，中国计划出版社，1996。

［4］中国 21 世纪议程管理中心编《论中国的可持续发展》，海洋出版社，1994。

［5］张维庆：《中国可持续发展的核心是人口问题》，《中国人口科学》1997 年第 1 期。

［6］田雪原：《大国之难——当代中国的人口问题》，今日中国出版社，1997。

［7］《田雪原文集》（二），中国经济出版社，1995。

［8］United Nations, Program of Action at the International Conference on Population and Development, Cairo 1994. Population and Development, Volume I , 1995.

［9］United Nations, *Population Environment and Development*, New York, 1994.

人口与可持续发展[*]

进一步控制人口数量、提高人口素质，实现人口与其他因素之间的协调发展和良性循环，是总体可持续发展战略的关键。

一 人口与资源的可持续发展

从长期和总体上观察，人口与资源是实现可持续发展的基本条件，是制约可持续发展的终极因素。就短期（一定历史阶段）和个案（具体国家或地区）说来，资源丰富不等于发展快，资源贫乏不等于发展慢，甚至可能出现相反情况；但将人类社会作为长期历史过程和将世界作为一个整体看待，则人口、经济、社会的发展最终都离不开自然资源，一切发展都是资源的物质变换。发展同资源紧密相连，是自己已有资源或通过贸易等手段取得所需资源的物质变换过程，直接或间接受制于资源的供给。

我国是世界上人口最多的国家，也是自然资源比较丰富、品种比较齐全的国家，是世界上少数可以依靠自己资源建立独立经济体系的国家之一。然而我国又是自然资源短缺的国家：一是重要自然资源的人均占有量短缺，如人均耕地面积仅相当于世界平均水平的 1/3，人均森林面积不足 1/6，人均草原面积不足 1/2，人均矿产资源也只有 1/2。二是严重的结构性短缺：总体资源的结构性短缺，如全部资源中除煤炭十分丰富外，其余较丰富的多为经济建设需求量小的金属和非金属矿藏；同类资源的结构性短缺，如在化石能源中石油、天然气等优质能源所占比例偏低，煤等劣质能源所占比例过高；开发条件的结构性短缺，如铁、磷等矿产资源也较丰富，但多为贫矿，增加了采炼的成本和难度。我们在考察资源时，不仅要注意到资源人均占有

---

* 原载 1996 年 4 月 11 日《人民日报》。

量的短缺，而且应特别注意资源的结构性短缺。

从发展看，尽管中国控制人口增长取得举世公认的成绩，但是仍有一定的增长势能，国内外大同小异的预测表明，2000 年全国人口可达 13 亿人，2010 年可达 14 亿人，到 2050 年达到 16 亿人左右时才有可能实现零增长。这对资源形成巨大压力，非更生性资源呈绝对减少，可更生性资源也现出明显衰减态势，自然资源的稀缺性将越来越明显地暴露出来。不仅如此，人口对资源的压力还来自每个人资源消耗的增加，在人均资源减少过程中表现出强烈加权效应。据联合国提供的资料，1960～1985 年世界人口增长 60%，同期世界能源消费增长 130%，倍加于人口增长率的最主要原因，在于人均能源消耗增长 45% 所致。中国正全力奔向"三步走"发展战略目标，处于居民收入和消费增长较快，人口城市化加速进行，消费结构向现代型转变的历史时期，三者形成的合力将推动消费超出一般预料的速度增长。这种增长对生产和整个国民经济发展提供广阔市场和强有力刺激，并且体现着发展的根本目的，理应为之奋斗和保证合理发展目标的实现；但是不要忘记，生活水平提高的背后是人均资源消耗以加权速度的增长，人口过剩与资源稀缺矛盾的加剧，因而需要审视传统消费模式利弊，寻求一条与人口增长"分母加权效应"相适应的节约资源消耗的可持续发展路子。

二　人口与环境的可持续发展

从一个特定角度观察，一部人类发展史就是人口与环境互相作用的历史。一方面人类的生存和发展离不开一定的环境，环境质量对人口的数量、质量、分布等产生重要影响；另一方面人口数量、质量和结构的变动直接作用于环境，尤其是人口数量长期持续的增长，引起不同程度的环境恶化，已经开始危及人口自身的生存与发展。可持续发展由环境问题而生，最早由1972 年斯德哥尔摩世界环境大会提出，并由 1987 年世界环发委员会在《我们共同的未来》报告中作出定义性解释：可持续发展为"既满足当代人需要，又不对后代人满足其需要的能力构成危害的发展"。中国是人口众多，同时又是一个时期以来国民经济超高速增长的国家，其对环境的压力超乎寻常地增长着。据《中国统计年鉴》提供的资料，1994 与 1990 年比较，全国用于废水、废气、固体废物和噪声治理费用由 45.5 亿元增加到 83.3 亿元，增长 83.4%，"三废一噪"治理取得很大成绩；但在同期废水总量仍旧增加

11.5亿吨，废气增加2.8亿吨，固体废物增加0.4亿吨，"三废"总量有增无减。多年来，在理论和原则上我国已经摒弃了先建设、后治理，以牺牲环境质量为代价的发展模式，确立了先治理、后建设的方针，保持环境与控制人口一样并驾齐驱于基本国策之列；但由于资金和技术的限制，环境意识淡薄，实践中很大部分难以做到，很大程度上是边建设、边治理；一般程度上是先建设、后治理；极少数仍旧是我行我素，只建设、不治理。面对这一现实和未来半个多世纪里人口再增加4亿人，经济快速发展而引起环境压力加大的严峻形势，实现人口与环境的可持续发展，必须坚持控制人口与保持环境两大基本国策并重，纠正"一硬一软"的不正确认识。关于这一点，江泽民同志在《正确处理社会主义现代化建设中的若干重大关系》的一文中，明确指出："必须切实保护资源和环境，不仅要安排好当前的发展，还要为子孙后代着想，决不能吃祖宗饭，断子孙路，走浪费资源和先污染、后治理的路子"。人口与环境的可持续发展是总体可持续发展的前提，可持续发展不仅着眼于经济效益，还要着眼于环境和社会效益，牺牲环境和社会效益的发展不可取。

三 人口与经济的可持续发展

这是总体可持续发展的基础。因为国民经济发展水平，按人口平均计算的国民生产总值、国民收入等的高低，标志着一定的技术装备能力和对自然资源探测、开发、利用的程度，也标志着对环境进行保护和治理的能力与程度，因而同时构成决定社会文明和实现人口与社会可持续发展的物质基础。目前我国存在的主要问题，可以用过剩人口与短缺经济的矛盾加以概括。这是确立我国人口与经济可持续发展战略的基本立足点。从这一点出发，可持续发展涉及人口数量、素质、结构与经济发展的主要方面，分述如下。

其一，总体人口与生活资料增长的可持续发展。总体人口与生活资料，一端为一定时空的人口规模，另一端为最终产品的生活资料，在宏观上二者最能体现人口与经济协调可持续发展的程度。从价值形态考察，由于受固定资产投资系数影响，要保持原有居民生活水平不至于降低，需满足新增人口投资增长率＝人口增长率×投资系数条件。我国1994年人口自然增长率为1.12%，新增人口投资增长率需在3.92%以上（投资系数按3.5计算），才能使居民生活水平不至于下降。从实物形态考察问题更大一些。以粮食生产为例,未来 50 多年全国人口将增加 1/3,而全部后备耕地资源不足现有耕地面积的 1/3,即使这些后备耕地全部垦用,并确保现有耕地面积不被占用,也只能维持现有人均耕地面积水平,事实上这是绝难做到的。其他生活资料的增长情况也相类似。面对与日俱增的人口和对生活资料的加权需求,人口过剩和生活资料不足将长期存在,必须将控制人口数量增长、提倡适度消费、大力发展生活资料生产三者结合起来,逐步实现三者的良性循环。

其二,人口质量与经济技术进步的可持续发展。人口与经济的可持续发展不仅包括数量方面,也包括质量方面,包括人口的身体素质和文化素质。自产业革命后机器大工业迅速发展以来,社会生产力的发展由主要依靠劳动者数量的增加转变到质量的提高,劳动者技术、文化等人口质量方面因素的作用越显重要。据估计,20 世纪初劳动生产率的提高 20% 来自技术进步,中期提高到 30%,目前达到近 80%,有的部门甚至达到 100%,科学技术转化为现实生产力显示出强大力量。中国自 1949 年以来人口质量不断提高,文化素质提高也相当显著,有力地推动了经济技术进步;但全民的人口文化素质仍不够高,受过高等教育人口所占比例不仅比发达国家低,而且比不上某些发展中国家,时至今日全国尚有 1.5 亿文盲半文盲,同现代化建设很不相适应。在人口质量与经济技术进步交互发展两种循环模式中,即高生育率——低人口文化素质——低劳动生产率——高生育率初级循环模式,低生育率——高人口文化素质——高劳动生产率——低生育率高级循环模式,目前中国在总体上处于由初级向高级循环模式转变阶段。完成这种转变,需要在大力控制人口数量的同时,努力提高人口质量,发展科学和教育事业。为此增加经费投入固不可少,但更重要的是改革。目前世界大学教师与学生之比为 1∶14,中国为 1∶6,相比之下我们国的劳动生产率过低,大有潜力可挖。从这个意义上说,只有真正改变"学校办社会",走改革之路,才能将"科教兴国"落到实处。

其三,人口结构与经济结构的可持续发展。主要是:生产年龄人口与就业手段、就业结构的可持续发展。2020 年以前我国面临生产年龄人口激增趋势,可谓确切意义的机遇与挑战、动力与压力并存。机遇和动力,由于生产年龄人口所占比例高,致使老年和少年人口之和所占比例下降,社会负担减轻,这是有利于加快经济发展的人口年龄结构变动的"黄金时代";挑战与压力,劳动力在过剩情况下继续大幅度增加,21 世纪的前一二十年,就业问题将更为突出。可持续发展战略应抓住机遇,运用动力,加快发展;同时奋起应战，增加活力，制定出相应的方略。即在控制人口增长因而也就控制了未来生产年龄人口数量基础上，从实际出发，加快由以农业栽培业为主向以多种经营为主，由以农业为主向以工商业为主，由以第一、第二产业为主向以第三产业为主的就业战略重点的转移。

人口年龄结构老龄化与养老保障事业的可持续发展。根据预测，20世纪末我国65岁以上老年人口所占比例将上升到6.8%，接近老年型年龄结构；2020年将步入老龄化严重阶段，到2040年达到峰值年份的老年人口比例将超过17%，与国民经济发展比较起来人口老龄化具有提前到来和峰值较高的特点。有鉴于此，应付老龄化"银色浪潮"冲击的养老保障体系的建立，必须坚持在大力发展社会保障事业的同时，继续提倡子女供养式家庭养老保障，还要适当组织老年人口再就业的自养保障，建立起社养、家养、自养相互结合，"三位一体"的养老保障体系。

人口分布与产业结构、生产力布局的可持续发展。它包括人口城乡结构、地区分布结构与产业结构合理化的可持续发展。人口城乡结构变动或人口城市化，关键是农村剩余劳动力转移到城镇工商业，要坚定不移地坚持以转向第三产业为主的原则。人口地区分布与生产力合理布局的可持续发展，要正视人口地区分布格局长期未变的现实，东南沿海12个滨海省、市、区土地面积占全国的14%，人口却占41%，具有人口与经济可持续发展的多方面有利条件；中部腹地人口数量多，素质相对差一些，生产力布局需要依据具体情况，在劳动密集、资金密集、技术密集型结构中作出合理选择；西北广大边远地区有着地广人稀、自然资源丰富的优势，也存在人才短缺，经济基础较差的不利条件，人口与经济的可持续发展要充分用其长、补其短，另辟蹊径。调整人口的地区分布与生产力布局，要从实际情况出发，审慎地对待大规模的人口迁移，仅以人口密度为依据是不足取的。

四　人口与社会的可持续发展

社会是人们相互交往的产物，这种交往首先存在于生产过程之中，表现为一定的生产关系；其次存在于同生产关系相联系的文化的、政治的、法律等的上层建筑之中。由此可见，社会可持续发展牵涉面广，问题庞杂。结合我国人口和社会发展实际，提出下述几个重要问题。

一为消除贫困与公平分配。可持续发展的前提是发展，只有发展才能消除贫困，才能走出人口生产"越穷越生——越生越穷"的困境。办法一是控制多生多育，阻止"越生"环节；二是发展经济，除却"越穷"的根儿。但这两条还只是必要条件，加上公平分配方构成充分条件。因为如若分配不公，"两极分化"严重，贫富悬殊，许多人还难以摆脱"穷——生"不良循环困扰。只有真正确立公平分配原则并建立起相应的机制，才能实现共同富裕，为人口与社会进步的可持续发展开辟道路。

二为人口与文化的可持续发展。这里的文化系指技术、人文等科学知识，即通常所说的人口文化程度。当今世界，生育率与人口文化高低成反比是一种带有普遍规律的现象，在这个意义上，可以说人口文化素质的提高就是生育率的降低，是谋求人口与社会可持续发展的带有关键性的问题。前已述及提高全民性的科学和文化水平，增加教育经费投入和加大改革力度，提高教育的劳动生产率十分必要；但是这些还只是外部条件，需要从内在机理上激起个人和家庭进行人口智力投资的积极性。这就要从根本上改变脑体分配不尽合理和某些"倒挂"现象，实现复杂劳动是简单劳动倍加的按劳分配原则，建立起相应的利益导向机制。

三为人口与改革的互动平衡。中国社会可持续发展的根本出路在于改革，不过改革措施的出台和实施要充分估量到人口因素的作用，也要顾及对人口生产的影响。如目前全国企业职工人数高达 1.49 亿人，《破产法》的颁布和实施就要估量到因此而失业的职工数量，通过储备足够的失业保险金等手段加以解决，做到未雨绸缪。又如农村联产承包责任制的成功改革，大大解放了生产力，迅速改变着农村人口再生产的条件，已经显示出对人口控制的良好效应；但它客观上刺激了对劳动力特别是男性劳动力的需求，使得一些人增加了生育男孩的愿望，又有一定的负面影响。人口工作方面的改革亦如此，要兼顾社会效益，互动平衡。如近年来不少地方将生育与生产、生活结合起来的不同形式的"三结合"，不仅有效地控制了人口的增长，而且推动了那里生产的发展，生活水平的提高和精神文明的建设，收到良好社会效果。

人口与资源的可持续发展[*]

中国素以"地大物博，人口众多"著称，近一二十年的研究已使这一传统观念发生某些改变，然而传统观念转变的完成，特别是 21 世纪可持续发展战略目标的确立，要求对人口、资源以及二者之间的关系，作出进一步的科学分析和研究。

一 可持续发展的基本条件

可持续发展主要涉及人口、资源、环境、经济、社会等方面，由于不同学科所站角度不同，阐述的重点和强调的方面亦不尽相同。1994 年在开罗召开的联合国国际人口与发展会议通过的《行动纲领》指出："可持续发展问题的中心是人"，突出了人口在可持续发展中的地位和作用，强调可持续发展要确保当今和后世所有人公平享受福利的手段，充分认识和妥善处理人口、资源、环境和发展之间的相互关系，并使它们协调一致求得互动平衡。按照这样的思路探讨可持续发展，笔者以为，任何社会形态下人口与经济的可持续发展是基础，因为按人口平均计算达到的国民经济发展水平及其所能提供的技术装备，标志着对自然资源一定的探测、开发和利用的能力，为社会发展提供怎样的物质基础，以及对环境进行保护、治理的程度；人口与社会的可持续发展是目的，即建立既满足当代人需求又不对后代人满足其需求能力构成危害的社会体系，人人得以为自己和家庭获得适当的生活水平，消除贫困和走向富裕，是可持续发展追求的目标；人口与环境的可持续发展是前提，亦即追求人口与经济、社会的发展不得以牺牲环境质量为代价，而要以环境保护、维持生态的平衡为前提。然而人口与经济、社会、环境的可持

---

* 原载《中国人口科学》1996 年第 1 期。

续发展，归根结底还是要以人口与资源能否达到"协调一致"和"互动平衡"为转移，人口与资源的可持续发展是全部可持续发展的条件，是制约可持续发展的终极因素。

当然，这不是对个别国家或地区，而首先是对全人类和人类拥有的总体资源而言的。据科学家考证，地球的形成已有47亿年的历史，地球上有生物存在也已有了二三十亿年的历史。在漫长的历史进化中形成现今可供人类使用的各种资源，这本应全体人类共同拥有，而不应属于哪一部分人所有。但是由于私有制、家庭、国家的产生和历史演进的结果，形成现有资源中主要资源被不同国家或地区分割的局面。这就给资源的合理开发和使用，带来一定的障碍，而只能求助于国际或地区间的贸易来解决。同时自然会出现资源与发展之间的不等式：资源丰富≠发展快，资源贫乏≠发展慢；也自然会有等式发生：资源丰富的某些国家或地区发展迅速，资源贫乏的某些国家或地区发展缓慢。所以，就个案分析，很难找出一个国家或地区发展速度、发达程度同资源的固定模式，上述四种情况即可举出典型例证。然而将世界作为一个统一的整体观察，则人口、环境、经济、社会的发展都离不开资源，一切发展都是资源的物质变换。我们消费掉煤炭、石油等能源，取得热能、电能等功效，同时燃烧放出大量二氧化碳，绿色植物叶绿素在阳光作用下，又将二氧化碳和水合成有机物，成为新的资源。我们开采铁、铝、铜等金属和非金属矿产，经过冶炼和制造成为有用的生产资料和生活资料，也是在对这些资源进行有目的的物质变换。资源贫乏国家或地区通过贸易使短缺资源得到补充，然后在物质变换中提高其附加值，去换取更多的资源，一些发达国家和地区走的正是这种"贸易发展道路"；资源丰富的国家或地区通过贸易输出多余的资源，往往输入几经物质变换、附加值大大提高了的新的生产或生活资料资源，许多"资源型"发展中国家走的正是这样的道路。因此无论资源与发展等式还是不等式的国家或地区，发展都同资源紧密相连。

中国是世界上人口最多的国家，早在15年前，笔者曾撰文，阐述四个现代化要从中国有9亿人口出发，并结合中国的自然资源状况，论述了满足众多人口吃、穿、用等消费资料的需求，必须坚持自力更生为主的方针。到20世纪80年代中期人口总数突破10亿时再次撰文，阐述了相对10亿多人口说来，资源颇感不足，有些相当短缺，并从这一重要基本国情出发，合理确定发展目标、发展速度、经济技术结构、消费方式等发展战略。如今全国人口增加到 12 亿人以上，认识人口与资源的优势和劣势对经济、社会发展有利和不利的影响，树立起明确的人口与资源意识，将其作为基本的条件、立足点和出发点，乃是寻求长期的、可持续发展道路的首要之点。

二　资源的稀缺性

什么是资源？由于资源具有包罗万象、涉及学科广泛的特性，从数、物、化、生、地等自然科学，到文、史、哲、经、法等社会科学各个领域，许许多多学科都有自己的"资源观"。哲学家认为，大千世界不外是一定条件下的物质变换；化学家的一句至理名言是"世界无废物"；而在人口学家、经济学家眼里，人是生产力中最活跃的因素，人力资源是最重要的资源。语言学家考证汉语、英语"资源"（resource）一词的含义，作为复合意义的"资"字可分解为"次"与"贝"两层意思，即又一次的财富之义；而英语中 resource 的"re"有同汉语"次"字相近之义，如此汉、英语的"资源"（resource）即为又一次的财富来源作解。英国古典经济学家威廉·配第（William Petty）的一句名言是"劳动是财富之父，土地是财富之母"，将劳动与土地共同视为资源。马克思和恩格斯则指出，自然界为劳动提供材料，劳动把材料变成财富，劳动与自然界结合在一起才是财富的源泉。当今学术界和国际机构对资源解释颇多，联合国环境规划署（UNEP）归结为："所谓资源，特别是自然资源，是指在一定时间、地点条件下能够产生经济价值，以提高人类当前和未来福利的自然环境因素和条件。"[①] 笔者基本赞同对自然资源所下的这一定义，但认为一是表述较烦琐，二是未包括全部资源，故有进一步推敲之必要。笔者以为，"资源"作为一个抽象的概念，应当摒弃不同学科的偏见，揭示其固有的内涵与外延，且应尽量简明扼要，可表述为：自然界和人类社会一切有价值的物质，即为资源。这一定义有三层含义：一为资源不仅存在于自然界，主要为地球，以及直接供给或影响地球资源的太阳、月球等行星。如太阳直接供给太阳能，月球是潮汐形成的条件，若依据某些科学家动议"炸毁月球"，则潮汐电站将会由于失去潮汐资源而不复存在；而且存在于各种社会形态的人类社会，存在着社会资源。二

---

① 参见刘书楷等《农业资源经济学》，西南财经大学出版社，1989。

为资源的价值特征。这是资源固有的本质特征，不以人们的利用程度为转移。如某些贫矿，在该类富矿较充裕或开采、冶炼技术不高的情况下，不被看做资源；而当富矿枯竭或开采、冶炼技术提高后，则当做资源加以利用。但是无论哪种情况，贫矿始终是一种资源，只是这种资源的经济价值不高而已。三是资源的物质性。资源本身是物质的，如自然资源和部分社会资源；或者资源本身具有非物质性，但它依附于物质存在，如技术资源、管理资源等。1966 年美国微观人口经济学家莱宾斯坦（H. Leibenstein）在《美国经济评论》发表文章，提出和论证了潜藏在人的机体内、由人的心理支配的"看不见的资源"，引起某些经济学家特别是日本一些经济学家的重视。对这种"看不见的资源"作何评论，属不属于原本意义上的资源暂且不论，不过即使是一种资源，也没有离开人这个载体，"看不见"依赖"看得见"的人而存在，没有离开资源的物质属性。

从上述定义出发，可将资源划分成自然资源和社会资源两大类，本文探讨的资源的稀缺性，系指自然资源而言。关于自然资源分类，目前尚存异议，笔者主张分成非更生性、可更生性和恒定性资源三类，而无论哪类资源均存在稀缺问题。非更生性资源，顾名思义，以不可更生、不可循环为特点，如各种金属和非金属矿藏开采利用后不能复得，自然随着人口的增加和需求量的加大而减少，某些已亮出"黄牌警告"；土地、森林、牧场、渔业等可更生性资源，面对人口膨胀更生的速度和规模很不适应，过度开发利用已使这类资源显示衰减态势；而包括太阳、潮汐、风、水、原子等能源型恒定性资源，尽管数量巨大，但是由于受到一定时间、空间和技术条件的限制，一般仅能利用其中较小甚至是极小部分。相对人口增长和资源消耗增加说来，自然资源的稀缺性越来越明显地暴露出来。

中国"地大物博"，主要指自然资源丰富，无疑有它的根据。中国按国土面积居世界第 3 位，其自然资源总量也大致排在相似位置，种类比较齐全，具备主要依靠自己资源建立独立经济体系的基础，而世界多数国家是不具备这样的条件的。但是资源又显得颇为短缺：一是表现为绝对数量上的短缺，如目前 9540 万公顷耕地仅占世界耕地面积的 7.1%，使得人均耕地面积只相当于世界平均水平的 1/3，人均森林面积不足 1/6，人均草原面积不足 1/2，人均矿产资源也只有 1/2①。二是表现为结构性短缺，可区分为总体资

---

① 《中国统计年鉴 1995》，中国统计出版社，1995。

源结构性短缺、同类资源结构性短缺和开发利用条件结构性短缺 3 种。总体资源结构性短缺，指在全部资源中某些重要资源不足。中国煤炭资源十分丰富，其余比较丰富的多为经济建设需求量较少的金属和非金属矿藏，某些重要资源尤其是关系到众多人口生活消费的资源短缺。同类资源的结构性短缺，指在具有较强替代性同类资源中，优质与劣质的质量结构问题。如化石能源中石油、天然气优质能源所占比例低，煤炭等劣质能源所占比例高。开发条件的结构性短缺，指资源开采利用的难易程度和成本的高低。如目前草原面积 31333 万公顷占世界的 9.2%，人均面积也相当于世界的 43.0%，在各类广义农业资源中算是比较丰富的；然而由于草场多分布在降水量稀少的北部和西部，严重影响草场的载畜量①。从中国自然资源的实际情况出发，不仅要注意资源总量和按人均占有量的绝对数量短缺，而且要特别注意 3 种形式的结构性短缺。只有正确认识绝对性短缺和结构性短缺的实质，才能真正树立资源的稀缺意识，以及节约资源、合理利用资源的可持续发展战略思想。

三 人口增长的压力

与资源稀缺相对应的是人口过剩，而且同资源稀缺难以补偿一样，人口过剩在相当长时期内难以扭转。根据联合国提供的资料，目前世界总生育率（TFR）为 3.1，大大超出 2.1 的替换水平，故有很强的增长势能。中位预测可由 1995 年的 57.59 亿人，增加到 2000 年的 62.28 亿人，2010 年的 71.50 亿人，2050 年的 98.00 亿人。② 如果说世界人口总生育率 TFR > 2.1 替换水平许多，人口增长势头强劲实属必然；那么中国人口情况则有某些不同：经过 20 多年生育率长期持续下降，目前总生育率（TFR）估计在 2.0 水平，净再生产率（NRR）估计在 0.9 水平，即 TFR < 2.1、NRR < 1.0 替换水平；至于京、津、沪 3 市以及浙江、江苏、辽宁、山东、四川、吉林、黑龙江等省比全国水平又要低许多。依据洛特卡（Lotka）的稳定人口理论模型，表明人口长远变动趋势与内在人口自然增长率（intrinsic rate of natural increase）应有所不同。按公式：

---

① 《中国统计年鉴 1995》，中国统计出版社，1995。
② United Nations, *World Population prospects 1994*, New York, 1995.

$$r = \frac{\text{LnNRR}}{T}$$

其中 r 为内在自然增长率，NRR 为净再生产率，T 为平均世代间隔，Ln 为自然对数，根据中国现今实际情况，取 NRR = 0.9，T = 23.5，代入公式：

$$r = \text{Ln}0.9/23.5 = -0.0018$$

即中国当前的人口内在自然增长率为 -0.18%。它说明，如果在没有迁入、迁出封闭人口，且在足够长时间内（大体相当于出生时人口预期寿命时间）生育率和死亡率保持不变，达到稳定人口状态之后的自然增长率。只可惜我们现在不是稳定人口，并且由于 20 世纪 90 年代以前一直在 TFR > 2.1、NRR > 1 进行人口再生产，形成年复一年堆积起来的人口年龄结构。根据 1994 年全国人口抽样调查提供的资料，0 ~ 14 岁少年人口占总人口的比例为 26.8%，15 ~ 64 岁成年人口占 67.0%，65 岁以上老年人口占 6.2%，属成年型和由成年型向老年型年龄结构过渡类型人口。一方面这一类型已使人口增长的势能大为削弱，抑制了人口猛烈增长的态势；另一方面这一结构类型同时表明尚有一定增长惯性，即使国家控制人口增长的基本国策不变，按照"九五"计划和 2010 年远景规划目标，2000 年全国人口可达 13 亿人，2010 年可达 14 亿人。其后还要继续增长较长时间，国内外的预测大同小异，一般预计 2050 年增加到 16 亿人左右才有可能实现零增长。亦即在未来的半个多世纪时间里，中国人口总量还要再增加 1/3，即 4 亿人才有可能停止下来。这一前景几乎是不可改变的，稍有疏漏还有突破的危险。毫无疑问，人口的继续增长将直接导致人均占有的非更生性资源的下降，可更生性资源若更生的速度落后于人口增长速度，也难以摆脱下降的命运。近几年来美国世界观察研究所所长里斯特·布朗（Lester R. Brown）多次发表文章，提出世界谷物的供给将无法满足日益增长的人口的需要，21 世纪 30 年代可能发生的世界性粮食危机，并且提出届时"谁来养活中国"的挑战性问题。布朗的文章不仅在学术界、政界引起较大反响，眼前的一个现实效应是引起世界粮价的普遍上涨。据美国 1995 年 9 月份第 1 周期货市场提供的情况，9 月份小麦价格达到每蒲式耳（bu）4.70 美元；玉米价格达到每蒲式耳 2.89 美元；大豆达到每蒲式耳 6.22 美元，使世界谷物市场由买方市场转为卖方市场。我们对布朗的观点赞同与否另当别论，前已述及中国人口粮食问题的解决压根儿就没有指望由哪一个或哪几个国家供应，主要必须建立在自己供应基点上；但他有一点言中了，随着人口增加和耕地资源短缺的加剧，粮食紧缺将变得突出。中国后备耕地资源不足，相当于现耕地面积 1/3 左右，即使 1 公顷不留地全部加以垦植利用，并且保证现有耕地面积不再下降，充其量可维持现有人均耕地面积不变，实际上是绝难做到的。这在农业栽培技术没有取得重大突破的情况下，农业资源短缺是不容忽视的。其他资源情况也相类似，只是相对丰富的资源承受人口增长的压力强一些，相对贫乏的资源承受人口增长的压力弱一些而已。

四　分母的加权效应

人口对资源的压力不仅来自人口绝对数量的增加，而且来自每个人资源消耗的增长，在人均资源减少过程中显示出很强的加权效应。按照马克思主义经济学再生产理论，固然生产在生产、交换、分配、消费诸环节中起着决定性作用，但是其他环节也绝非仅仅是消极的，与生产是辩证统一的关系，生产与消费更是如此。一方面生产即是消费，物质资料生产即为劳动力和生产资料消费过程；另一方面消费即是生产，个人生活资料消费（经过交换和分配）即为劳动力再生产过程。生产与消费互为条件、相互依存：生产为消费提供对象，没有生产便没有消费；消费使生产得以最终完成，并为生产创造新的需要和动力，没有消费生产便失去了意义。从再生产角度观察，人类社会就是在生产与消费矛盾统一运动中演进发展，导致生产的不断扩大和消费水平的不断提高。在人类社会初级发展阶段，由于社会生产力发展水平不高，生产领域扩展受到很大限制，消费资料品种和数量受到限制，结构也是落后的。然而人们对消费资料的追求是无限的，正是这种无限的追求才不断向社会生产提出新的需求和动力，促使社会生产向前发展。当人类社会进入以工业革命为标志的高级发展阶段以后，社会生产力获得前所未有的巨大增长，消费资料在品种、数量和结构上则发生质的飞跃。尤其是各种耐用消费品的大量涌现，使人口增长的"分母加权效应"十分突出地显现出来。据联合国提供的资料，1960～1985 年世界人口由 30 亿人增加到 48 亿人，增长 60%；同期世界能源消耗增长 130%，倍加于人口的增长，最重要的原因在于人均消耗能源增长 45% 的"分母加权效应"①。如前所述，既

---

① United Nations, *Demographic Year book 1990*, New York, 1992.

然扩大消费和提高消费水平是发展生产的动力和终极目的，随着社会生产力的发展和新技术革命所提供的手段的增强，当今这种"分母的加权效应"在继续加强。

中国是一个消费水平不很高的发展中国家，同时又是近年来消费水平提高最快的发展中国家之一，从而大大强化了"分母的加权效应"，这可从以下几方面的统计数据中看出来①。

其一，居民纯收入和消费的增长。1978 与 1994 年比较，按当年价格计算乡村居民家庭人均纯收入由 133.6 元增加到 1221.0 元，按可比价格计算增长 355.5%；城镇居民家庭人均生活费收入由 316 元增加到 3179 元，按可比价格计算增长 273.7%。随着消费水平大幅度提高，农民人均消费由 138 元增加到 1087 元，按可比价格计算增长 285.2%；非农业居民由 405 元增加到 3956 元，按可比价格计算增长 289.1%。目前城乡居民消费水平大体相当于 1978 年的 3 倍。

其二，人口城市化的影响。比较上述城乡人均纯收入和消费水平增长情况，1978~1994 年，乡村人均纯收入增长幅度高于消费增长幅度，前者高出后者 70.3 个百分点；城镇居民则相反，人均消费增长幅度高出人均生活费收入增长幅度 15.4 个百分点。这一正一反，使得城乡消费水平对比发生较大变化，由 1978 年的 2.9∶1（农民＝1）变动到 1994 年的 3.6∶1。这一期间全国人口由 96259 万人增加到 119850 万人，增长 24.5%；乡村人口由 79014 万人增加到 85594 万人，增长 8.3%；市镇人口由 17245 万人增加到 34301 万人，增长 98.9%，成为中国乡村人口转移和人口城市化进展最快时期。市镇人口所占比例，相应由 17.9% 上升到 28.6%，16 年间升高 10.7 个百分点②。由于城市化的加速进行和城市居民消费水平的提高，对城市人口而言，"分母的加权效应"具有双重的意义。

其三，消费结构的改变。可分两个层次：第一层次为总体消费结构的改变，最突出的是耐用消费品特别是家电产品的巨大增长。1985 与 1994 年比较，平均每 100 户家庭的洗衣机拥有量，城镇由 48.3 台上升到 87.3 台，乡村由 1.9 台上升到 15.3 台；电冰箱拥有量，城镇由 6.6 台上升到 62.1 台，乡村由 0.1 台上升到 4.0 台；电视机拥有量，城镇（彩色电视机）由 17.2

① 《中国统计年鉴1995》，中国统计出版社，1995。
② 《中国统计年鉴1995》，中国统计出版社，1995。

台上升到 86.2 台，乡村由 11.7 台上升到 75.3 台[①]。这就使得家电等耐用消费品占全部消费支出的比例迅速上升。第二层次为同类消费资料中替代性结构改变。如目前在城镇居民食品消费中粮食数量稍有减少，猪、牛、羊肉和蛋、禽、水产品数量却增加较多，按照这些产品的粮食转换率折算下来，实际的人均粮食消费量还是增加了。乡村则是在粮食消费量略有增加的同时，食品消费结构也有所改变。无论是总体消费结构还是替代性消费结构的改变，都标志着由落后消费模式向现代消费模式的转变，是国民经济发展和居民生活水平提高的必然结果。

上述居民收入水平的提高、人口城市化的推进和居民消费结构的改变，其中的任何一项都足以造成消费的增长，而客观上我们正处在三者交互作用在一起，由三者形成的聚合力推动消费，这就是加权效应的巨大消费市场。这种聚合力的巨大市场产生对生产的强有力的刺激和需求，国民经济在这种强有力的刺激和需求下得以快速发展。如以 1978 与 1994 年比较，中国主要产品产量在世界各国中的位次发生显著变化：钢产量由第 5 位进到第 2 位；煤由第 3 位进到第 1 位；原油由第 8 位进到第 5 位；发电量由第 7 位进到第 2 位；电视机由第 8 位进到第 1 位；而谷物、肉类、棉花等进入 20 世纪 90 年代即占到第 1 位[②]。即使如此，中国人均消费水平仍旧不高，最近中共十四届五中全会通过的《中共中央关于制定国民经济和社会发展"九五"计划和 2010 年远景目标的建议》，重申了 20 世纪末人民生活达到小康水平，2010 年人民的小康生活更加宽裕的目标，我们理应为之奋斗并保证发展目标的实现。但是不要忘记，生活水平提高的背后是人均资源消耗的提高，人口与资源稀缺矛盾的加剧，需要重新审视传统消费模式，走出一条与人口"分母加权效应"相适应，适度消费的可持续发展道路。

参考文献

[1]《21 世纪议程》，联合国 1992 年里约热内卢环境与发展会议，国家环境保护局译，中国环境科学出版社，1993。

---

① 《中国统计年鉴 1995》，中国统计出版社，1995。
② 《中国统计年鉴 1995》，中国统计出版社，1995。

［2］联合国 1994 年开罗人口与发展会议通过《国际人口与发展行动纲领》，1994。

［3］《中国 21 世纪议程——中国 21 世纪人口、环境与发展白皮书》，中国环境科学出版社，1994。

［4］《田雪原文集》（二），中国经济出版社，1995。

［5］H. Leibenstein, A Theory of Economic Demographic Development, Princeton University Press, 1954, USA.

［6］Lester R. Brown and others, *State of the World 1995*, A Worldwatch Institute Report on Progress Toward a Sustainable Society, USA.

谋求 21 世纪人口与环境的
可持续发展[*]

一 人口增长与环境恶化

据科学家考证，地球的存在大约有 47 亿年的历史，地球上有生物存在约为 23 亿年，最早的人类出现在距今 230 万年以前。在这漫长的历史岁月中，绝大部分时间人类与大自然和睦相处，维持着比较良好的环境和生态平衡。人口自身的生产，绝大部分时间处在高出生、高死亡、低增长的简单再生产状态，对环境的压力不大。据统计，公元前 15000～前 8000 年的中石器时代，世界人口约 300 万～400 万人之间；至公元前 3000 年的新石器时代，约 500 万～1000 万人之间，人口的年平均增长率不超过 0.01%；其后由于人类自身的进化和生产力的发展，人口增长速度有所加快，以 1650 年世界有 5 亿人口计算，年平均增长率上升到 0.1%。此后人口增长速度进一步加快，1830 年首次突破 10 亿人大关。1930 年世界人口达到 20 亿人，增加第一个 10 亿人口用去 100 年时间；1960 年达到 30 亿人，增加第二个 10 亿人口用去 30 年时间；1975 年达到 40 亿人，增加第三个 10 亿人口用去 15 年时间；1987 年世界人口达到 50 亿人，预计 1999 年达到 60 亿人，增加第四个、第五个 10 亿人口分别用去 12 年时间，世界人口呈加速增长态势。[①]

人口加速增长是社会生产力提高，特别是发生在 18 世纪中叶的产业革命使生产力提高的直接后果，同时又给予经济和社会发展以深刻影响，最终

---

[*] 本文为 1999 年 2 月 19 日在日本"21 世纪人口、环境、粮食国际研讨会"上的特别演讲稿，并由日本公开发表。

[①] United Nations, *Demographic Year book 1994*, New York, 1996.

影响和改变着人类赖以生存的环境，使环境受到不同程度的破坏。人口增长对环境的破坏和影响，可从直接和间接两方面进行考察。

直接的影响和破坏，系指由于人口的数量增长，基于人的生理活动对环境的影响和破坏。前已述及，在人类诞生 230 万年以来的绝大部分时间里人口数量增长缓慢，人类不失为自然界家族中的一员，维持着比较良好的生态平衡。到了原始社会末期和奴隶社会初期，经历着由新石器时代向铜器时代的转变，随着生产力发展和人口的增加，生产工具和武器不断改进，部落之间战争不断，开始了人类对外部环境的"骚扰"。然而直至 1650 年世界人口仅有 5 亿人，这种"骚扰"性对环境的破坏还是有限的，局部性的。1650年以后世界人口增长速度加快起来，到 1998 年增加到 59.3 亿人，增长近 11倍，即使以简单的倍加计算，世界人口吸入的氧气、呼出的二氧化碳，食用、洗浴用水量，粪便和各种新陈代谢排泄物等也要增长 11 倍，各种废弃物丢失增加 11 倍，使环境遭到相应的破坏。在城市，由于人口居住集中，使空气变得污浊，淡水质量下降，绿地为房屋等水泥板块侵占，人口急骤增长带来的环境质量下降被每个人切身感受到。

不过人口数量增长的这种直接影响不是主要的，甚至是微不足道的。主要的是间接的影响，即人口增长生理作用之外的影响。主要有如下方面。

（1）农业社会人口增长与森林、草场的破坏。随着人口增长粮食等食品要相应增加，增加的路子不外提高农业劳动生产率和扩大耕地面积、增加农业劳动量两项。农业社会占据相当长历史阶段，至今许多发展中国家仍停留在农业社会或由农业向工业化社会过渡状态，满足众多人口对食品的需求，主要依据扩大耕地面积和增加单位面积上的劳动量投入。扩大耕地面积，免不了要毁林开荒、变牧为农、围湖造田一套办法，造成全球森林、草场、湖水面积锐减，目前森林面积每年减少 1000 万公顷以上。而年人工造林量只有 100 多万公顷，造成严重森林"赤字"。众所周知，森林、草场具有缓冲、吸收、疏导、散发水分，减缓光照辐射、风力等功能，对于调节空气温度、湿度、清洁度起着重要作用，大面积消失导致气候变得干燥和恶劣，水灾、旱灾等自然灾害加剧。

（2）人口增长对于能源和其他资源消耗的"加权效应"。所谓"加权效应"，是指人均消耗能源和其他资源量的上升，因而能源和其他资源生产的增长只有在超过人口增长速度时，才有可能满足人口增长的需要。如1960～1985 年，世界人口由 30 亿人增加到 48 亿人，增长 60%；同期世界能源消耗增长 130%，倍加于人口增长有余，使得人均能源消耗增长 45%。[1] 追求高生活质量是人类社会发展的自然规律，不但不应反对，相反是一种动力，是社会经济发展的一种原动力。但是需要看到，煤炭、石油、薪柴等能源消费的迅速增长，释放出大量废气、废水、固体废物，污染着大气和地表，严重损害环境质量。人口增长对于其他资源消耗的"加权效应"也是如此，人均消耗资源量的升高，使环境质量呈"加权式"下降。

（3）工业化和人口城市化的环境破坏最为严重。产业革命发生后，适应工业化发展对劳动力需求的不断增长，人口城市化加快进程，出现工业化与人口城市化相互促进、共同生长的局面。第二次世界大战后人口城市化步伐进一步加快，参见表 1。[2]

表 1   1950 年以来世界城市人口占总人口比例增长趋势

单位：%

年　　份	世　　界	发达国家	发展中国家
1950	29.2	53.8	17.0
1970	36.6	66.6	24.7
1990	45.2	72.6	37.1
1995	48.1	73.6	41.2
2000	51.1	74.9	45.1
2005	53.9	76.3	48.6
2010	56.5	77.9	51.8
2020	62.0	81.8	58.2
2025	64.6	82.5	61.2

联合国提供的这一组数据表明，如果以 25 年为一个时期划分成三个阶段，1950~1975 年为第一个 25 年，世界城市人口由 7.34 亿人增加到 15.41 亿人，净增 8.07 亿人；1976~2000 年为第二个 25 年，人口由 15.41 亿人增加到 31.98 亿人，净增 16.57 亿人；2001~2025 年人口由 31.98 亿人增加到 54.93 亿人，净增 22.95 亿人，城市人口数量呈累进增加趋势。发展中国家与发达国家比较，发展中国家城市人口以 1950 年 2.86 亿人为基期，三个 25 年人口分别达到 7.87 亿人、22.51 亿人、43.76 亿人，更具有累进增长性

---

①　United Nations, *Demographic Yearbook 1990*, New York, 1992.

②　United Nations, *World Urbanization Prospects 1990*, New York, 1991.

质。还有一点需要提及的是，超大城市人口增长更为迅速。1950 年世界人口超过 200 万人的超大城市有 30 个，1990 年这 30 个超大城市人口均超过 600 万人。到 2015 年 30 个人口最多的超大城市人口规模均达到 1000 万人以上，其中东京将超过 2800 万人，孟买将超过 2700 万人，其余如拉各斯、上海、雅加达、圣保罗、卡拉奇都将超过 2000 万人，发达国家所占比例将由 1990 年的 1/3 下降到 2015 年的 1/5，即 6 个。

以发展中国家城市人口迅速增长和超大城市人口规模迅速扩大为特征的 21 世纪人口城市化的加速发展，将对环境造成前所未有的巨大压力：工业化的加深和扩散，特别是发展中国家的传统工业化的发展将使污染加剧；人口城市化形成高度集中人口群，人的生理活动对环境的直接影响亦产生集中效应，表现出强烈的人均消耗能源和其他资源的"加权效应"。致使城市和工业区空气、水质、地表、地下面临全面考验，有可能成为一个个新的程度不同的污染点、污染源。而空气中二氧化碳、二氧化硫、氯氟烃等含量的升高，终使"温室效应"增强，臭氧洞增大，酸沉降和干酸沉降增加，地球温度增高，两极冰雪融化，海平面上升，大量动植物死亡，每年灭绝物种增加，这一切正是每日新闻社举办本次演讲会"地球温暖化——环境、人口、粮食的行动方案"的主题。

二 发达国家与发展中国家不同的人口压力

上述人口变动是就全球人口作为一个统一总体而言的。然而当今世界各地区和国家发展很不平衡，20 世纪 50 年代以来发生相反方向的变动。按照联合国人口年鉴提供的数据资料，1650～1950 年的 300 年间，人口年平均增长率最高为北美洲，达到 1.7%；其次为拉丁美洲，达到 0.9%；再次为欧洲和大洋洲，均为 0.6%；亚洲与全球速度持平，为 0.5%；最低为非洲，只有 0.3%。[①] 其实，就人口自然增长而论欧洲还要高一些，美洲和澳洲的人口增长有相当一部分来自欧洲的移民。为什么这一期间欧洲人口出生率和自然增长率很高？最主要的原因是欧洲为产业革命的发祥地，传统工业化和城市的兴起吸收了大量劳动力，农业生产工具的改进和农业劳动生产率的提高，又使大批农民流入城市成为可能。同时工业化和科学技术的发展，医药

---

① United Nations, *Demographic Yearbook 1994*, New York, 1996.

卫生条件的改善等大大降低了人口死亡率，完成人口再生产类型由高出生、高死亡、低增长，向着高出生、低死亡、高增长的转变。第二次世界大战后有一个席卷全球的"婴儿高潮"，不过进入 20 世纪 50 年代以后，发达国家很快从这个"婴儿高潮"中走出来，并迅速过渡到低出生、低死亡、低增长人口再生产类型，同发展中国家处于高出生、低死亡、高增长状态形成鲜明对照。依据联合国提供的资料，1995 年世界人口年龄构成 0 ~ 14 岁占 31.5%，65 岁以上占 6.5%；发达国家分别为 19.7% 和 13.5%，达到老年型严重阶段；发展中国家分别为 34.6% 和 4.7%，刚刚由年轻型跨入成年型。[①] 纵观产业革命以来并以 20 世纪 50 年代为转折点的发达国家与发展中国家人口变动的不同态势，考察其对环境产生的影响，可以有以下几个方面的明确认识。

第一，发达国家应对迄今为止的世界环境恶化负主要责任。至第二次世界大战前的产业革命带来人口的巨大增长，人口和劳动力的巨大增长推动了传统工业化和城市化不断向前发展，人口、工业化、城市化交互发展造成废气、废水、固体废物越积越多，污染越来越严重，世界环境质量每况愈下，无疑全人类都负有责任，但对环境恶化具有决定性影响的则是追求高消费的"加权效应"，人口城市化水平，发达国家要高出发展中国家许多（见表 2[②]）。

表 2   1995 年部分国家城市人口、人均 GDP 和能耗比较

国 别	城市人口（%）	人均 GDP（美元）	人均能耗（公斤油）
中 国	30	580	632
印 度	27	350	243
埃 及	45	820	576
巴 西	78	4320	666
美 国	76	26420	7918
英 国	89	18890	3718
法 国	73	26460	4031
德 国	87	29510	4170
日 本	78	40800	3642
俄 罗 斯	76	2340	4411
澳大利亚	85	19320	5316

---

① United Nations, *World Population Prospects*, *The 1994 Revision*, New York, 1995.

② Nails Sadik, *The State of World Population 1997*, New York, 1997, UNFPA.

目前，发达国家人口占接近世界总人口的 20%，而能源消耗占 80%，其中美国一个国家消耗的能源相当于全部发展中国家能耗总和，而其人口仅相当于发展中国家人口的 6%，不足世界人口的 5%。因此，1992 年在巴西里约热内卢召开的联合国环境与发展首脑会议，通过工业化国家每年拿出国内生产总值的 0.7% 作为海外援助基金（ODA），支援发展中国家摆脱贫困、改善环境，是完全必要的，发达国家理应履行这一承诺。

第二，21 世纪发展中国家将扮演主要角色。环境恶化发达国家应承担主要责任，但是不等于全部责任，也不等于发展中国家可以不负责任。一是许多发展中国家经济发展缓慢，负债日甚，只好依靠开采森林，矿产等资源出卖维持生计，给环境造成很大破坏。另有一些发展中国家，或者由于缺乏环境意识，或者由于资金匮乏，或者缺少环境治理技术，或者三者兼而有之，在工业化过程中不能有效地对污染作出相应治理，基本上重复历史上发达国家先建设、后治理，甚至不治理的路子。二是发展中国家来自人口方面的压力不断增大。据联合国预测，1950 年在世界 25.20 亿人口中发达国家占 32.1%，发展中国家占 67.9%；1998 年这个比例变动到占 19.9% 和 80.1%，48 年间发达国家人口下降和发展中国家人口上升 12.2 个百分点；2020 年这个比例将进一步变动为占 15.6% 和 84.4%，2050 年再变动为 12.3% 和 87.7%，21 世纪 30 年代开始发达国家人口数量将呈绝对减少态势，人口增长对环境压力的增大主要来自发展中国家。[①] 三是许多发达国家在饱尝了传统污染型工业化痛苦之后，伴随人口出生率和增长率的下降，加大了对环境的整治和保护力度，制订了不少行之有效的"行动计划"。如 1991 年日本向西方七国首脑会议提出 2000 年"地球恢复计划"，并自行制订了 1991～2010 年防止全球变暖计划；欧共体在 1992 年通过了解决全球环境问题的"发挥表率作用方案"，规定了限制二氧化碳排放标准；美国制订出拯救臭氧层、酸雨等的行动计划，发达国家在消除污染、保护环境方面正在作出努力，实现人口与环境可持续发展路子已经开通。发展中国家面临人口增长和工业化双重压力，一些国家认识高一些，解决好一些，如中国政府将控制人口增长和保护环境并列为两大基本国策，在实践中取得明显成效；也有一些国家认识不够高，或者资金、技术困难较大，陷入"人口增长——资源耗竭——环境破坏"不良循环之中。展望 21 世纪，环境整治和保护的重担历史地主要落在发展中国家肩上，有效控制人口

---

① United Nations, *World Population Prospects*, *The 1994 Revision*.

增长乃是治本方略之一。

三 控制人口增长与维护生态平衡

在即将到来的 21 世纪，世界人口仍将继续增长，大致同 20 世纪增加的数量相近，因此可以说 21 世纪仍旧是一个人口大幅度增长的世纪。根据联合国的预测，21 世纪前半叶世界人口变动如表 3、表 4 所示。①

表 3 1990～2050 年世界人口变动预测

单位：亿人

年　　份	1990	2000	2010	2020	2030	2040	2050
世　　界	52.85	61.58	70.32	78.88	86.71	93.18	98.33
发达国家	11.43	11.86	12.13	12.32	12.36	12.24	12.08
发展中国家	41.42	49.72	58.19	66.56	74.35	80.94	86.25

表 4 1990～2050 年世界人口自然变动预测

年　　份	1990～2000	2000～2010	2010～2020	2020～2030	2030～2040	2040～2050
增长率（%）	1.54	1.34	1.15	0.95	0.72	0.51
出生率（‰）	24.4	21.6	19.3	17.3	15.6	14.5
死亡率（‰）	9.1	8.3	7.9	7.9	8.4	9.1

从表 3 和表 4 可看出，由于受发展中国家人口增长强有力的拉动，世界人口在 21 世纪前半叶有着比较强劲的增长态势，如何有效控制人口增长是 21 世纪环境保护、维护生态平衡所面临的严峻课题。联合国人口活动基金主席沙迪克（Nalis Sadik）在 1997 年《选择的权利：生殖权与生殖健康》（*The Right to Choose：Reproductive Rights and Reproductive Health*）报告中说：在 1980～1985 年和 1990～1995 年间，许多中南亚和非洲撒哈拉以南国家的生育率有所下降，孟加拉国每个妇女生育孩子数从 6.2 个下降到 3.2 个，印度从 4.5 个下降到 3.4 个，巴基斯坦从 6.5 个下降到 5.5 个，土耳其从 4.1 个下降到 2.7 个，缅甸从 4.9 个下降到 3.6 个，叙利亚从 7.4 个下降到 4.7

---

① United Nations, *World Population Prospects*, *The 1994 Revision*.

个，肯尼亚从 7.5 个下降到 5.4 个，科特迪瓦从 7.4 个下降到 5.7 个。生育率下降的部分原因，是包括计划生育在内的生殖保健取得成功。但是，目前全球人口每年仍要增加 8100 万人，世界各国应在控制 21 世纪人口增长方面采取实际行动，尤其是开展计划生育和生殖保健服务。①

谋求 21 世纪人口与环境的可持续发展，维护应有的生态平衡，必须从根本上摆正人类在自然界的位置，处理好人口与环境的关系。地球 15 公里以下大气层和 11 公里厚度以内的地壳，是人类和其他动植物生存和活动的基本领域，也是一般讲环境的基本范畴，定义为生物圈。生物圈内绿色植物生产者、动物消费者、菌类分解和还原者的数量保持相对稳定，形成一定的生物链，维持着一定的生态平衡。人类的出现及其数量的巨大增长，生产力突飞猛进地提高及其手段神奇般地增强，对生物圈内的生产、消费、分解和还原进行全面干预的结果，从人类角度来说取得了无与伦比的伟大胜利；腾云驾雾的飞机、火箭太空飞行，破浪穿行的潜艇、轮船水中航行，上天入地无所不能，可谓改造自然得心应手。现在人类拥有的核当量足以将地球炸毁若干次，甚至炸毁月球也能做到。然而人们不要过于陶醉在这种胜利之中，因为每一次这样的胜利，自然界都以同样的手段报复了我们。人类毁林开荒、变牧为农，大自然便以土壤沙化、气候变得恶劣报复我们；围湖造田、向江河湖海要土地，大自然便以百年不遇的水灾或旱灾报复我们；加速工业化、实现人的体能外在化和物质化，满足人们追求高生活质量的需求，大自然便以空气、水、土污染的加剧，"温室效应"和臭氧洞的急剧增长，气候变得异常和各种顽症疾病的蔓延报复我们。在第二次世界大战后以微电子技术为前导的包括宇航技术、激光技术、新材料技术、生物工程、海洋工程等在内的新技术革命，使机器工具时代在 20 世纪末创造出前所未有的辉煌。以生命科学为主导的学科，以人的智力开发和外在化、物质化为特征的智力工具时代已经到来，生命基因的复制和克隆技术的发展揭开了 21 世纪新技术革命的序幕。在这样的时代，拥有 60 亿人口的人类确实可以无愧地说做了自然界的"主人"，实现了"战胜自然"的千年梦想。然而这又确实是一个认识的误区或"陷阱"。因为人类要做自然界的"主人"，自然界作为"仆人"，就可以同样的手段报复人类；人类要"战胜自然"，自然界就要进行殊死反抗，到头来弄得两败俱伤，动摇了人类赖以生存的基础也就危及到

---

① Nails Sadik, *The State of World Population 1997*.

了人口变动与环境保护这种相关关系的基础，1994 年联合国在开罗召开的人口与发展国际会议通过的《行动纲领》，提出并阐发了"可持续发展问题的中心是人"的重要观点。日本每日新闻社举办"地球温暖化——环境、人口、粮食的行动方案"特别演讲会，是 1992 年联合国里约热内卢环境与发展会议、1994 年联合国开罗人口与发展会议精神的继续，也是该社人口问题调查会成立 50 年来和 21 世纪危机警告委员会成立 3 年来倡导精神的继续，相信会议会取得良好效果，为推进 21 世纪人口、资源、环境、经济、社会的可持续发展作出应有的贡献！

参考文献

[1]《21 世纪议程》，联合国 1992 年里约热内卢环境与发展会议，国家环境保护局译，中国环境科学出版社，1993。

[2]《中国 21 世纪议程——中国 21 世纪人口、环境与发展白皮书》，中国环境科学出版社，1994。

[3] 联合国 1994 年开罗人口与发展会议通过《国际人口与发展行动纲领》，1994。

[4]《中国环境保护行政 20 年》（编委会编），中国环境科学出版社，1994。

[5] 国家环境保护总局编《中国环境保护 21 世纪议程》，中国环境科学出版社，1995。

[6] United Nations, Program of Action at the International Conference on Population and Development, Cairo 1994. *Population and Development*, Volume I, 1995.

[7] United Nations, *Population Environment and Development*, New York, 1994.

论人口与国民经济的可持续发展[*]

> 必须努力寻求一条人口、经济、社会、环境和资源互相协调的、既能满足当代人的需求而又不对满足后代人需求的能力构成危害的可持续发展的道路。
>
> ——摘自《中国 21 世纪议程》1994

人类在经过三次社会大分工、产业革命和当前正在进行的新技术革命之后，以 1992 年 6 月联合国环境与发展大会和 1994 年 9 月人口与发展大会为契机，正将可持续发展作为世纪转换之际最重要的命题提到世人面前。目前，关于"持续发展"的解释有的偏重环境方面，有的偏重经济方面，有的偏重社会方面，也有的偏重人口方面，说法不尽相同；但是随着讨论的深入，则逐渐形成较多的共识，较有权威性的定义是 1987 年世界环发大会《我们共同的未来》报告中的提法：持续发展是既满足当代人需要，又不对后代人满足需要的能力构成危害的发展。为此就要恢复增长，提高增长质量，消除贫困，适当的人口持续水平，满足人口生存发展基本需要，加强资源基础，调整技术，保护环境等，谋求建立适应可持续发展的经济、政治、社会、技术、管理、国际等体系。然而无论怎样定义或如何解释，人口与经济无疑是其中最重要的两项因素，人口与国民经济的可持续发展是全部可持续发展的基础。中国作为当今世界人口最多和经济发展比较快的国家，寻求人口与国民经济的可持续发展对于实现《中国 21 世纪议程》战略目标，更具有决定性的意义。结合实际，人口与国民经济的可持续发展，主要体现在下述几个方面。

---

* 原载《中国人口科学》1995 年第 1 期。

一 总体人口与生活资料的可持续发展

人口作为一种抽象，是生产者和消费者的统一。不过作为生产者是有条件的，作为消费者是无条件的，任何社会形态下都必须生产满足可供全体居民需要的消费资料，都必须使总体人口需要同物质生活资料保持一定的比例。这个比例，首先依赖于人口与国民经济增长速度之间的比例。衡量人口变动的指标是确定的，衡量国民经济增长指标则有国民生产总值、国内生产总值、国民收入多种价值指标，它们均可同人口增长速度比较。不过在这种比较中，一般情况下总是经济增长速度高出人口增长速度许多，二者之间的比例关系是否就协调了呢？不一定。因为就新增人口投资额 PI_1，等于新增人口数（$B_1 - D_1$）与每一新增人口平均所需费用 C、投资系数 K 的乘积，即 $PI_1 = (B_1 - C_1) \cdot C \cdot K$。其投资率 Pi_1 为新增人口投资总额 PI_1 与基年（上年）国民收入总额 N 之比，即 $Pi_1 = \dfrac{PI_1}{N}$。如 1993 年中国人口自然增长率为 1.15%，实际国民收入增长和人口投资率远高于此，才有居民生活水平的继续提高。在作人口与经济增长速度比较时，还应注意到原有的基础和形成的水平。在一个人口与经济发展相适应的国度，即使国民收入等增长速度低一些，人口增长速度稍高一些，二者之间的比例很可能还是适当的。相反，在一些人口与经济不相适应的发展中国家，短期内的经济高于人口增长速度并不能改变人口过剩的态势。

其次需要注意的是生活资料增长的实物形态，特别是基本生活资料的增长。以粮食为例，1983 年中国生产粮食 38728.0 万吨，1993 年增长到 45648.8 万吨，增长 17.9%；但由于同期人口增长 15.1%，致使人均占有粮食仅由 376 公斤提高到 385 公斤，仅增长 2.4%[①]。由于中国人口数量多，目前占世界总人口的 21.5%；耕地面积少，目前约占 7.0%，实现人口与粮食的可持续增长仍有很大困难。其他生活资料的增长也有类似情况，基本的态势是存在过剩人口和生活资料不足的矛盾，可持续发展必须长期面对这一现实，将控制人口数量增长同大力发展生活资料的生产结合起来。

---

① 《中国统计年鉴 1994》，中国统计出版社，1994。

二　生产年龄人口与生产资料的可持续发展

人口学一般将总体人口划分成 0～14 岁少儿人口，15～59（或 64）岁成年或生产年龄人口，60 岁或 65 岁以上老年人口三个基本组成部分。正常情况下，成年或生产年龄人口所占比例最高，其绝对人数不仅比少儿人口多，比老年人口多，且比老少人口之和还要多。从三部分人口在经济活动中的地位和作用看，成年或生产年龄人口显得更为重要。人是生产者和消费者的统一，但一个人不是一生下来就是一个生产者，需要经过婴儿、幼儿、儿童几个发育成长阶段以后，才有可能成长为一名劳动者和生产者。也就是说，0～14 岁少儿人口只是消费者，最多是潜在生产者；到了老年退出生产过程之后，又变成纯消费者。尽管对于一个正常的人来说，少年、成年、老年诸阶段同样是不可避免的，但是从经济和社会发展角度观察，必须充分注意到不同年龄组的不同作用，唯有生产年龄人口才真正是生产者和消费者的统一，是全社会财富生产的担当者。所以，生产年龄人口在总体人口中有着特殊的地位，是处于核心和支配地位的人口。

从经济过程角度观察，生产、交换、分配、消费四个环节是紧密相联、互相制约的，但是比较起来生产不能不居于首位，不能不占据支配的作用。因为生产不仅决定着可供交换、分配、消费的产品的数量和方式，而且决定着三者的性质。因此，生产年龄人口与生产资料之间的比例变动及其与之相适应的劳动就业，就成为人口与国民经济可持续发展的核心问题。

生产年龄人口包括适龄的劳动人口、在校人口、失业人口和非自立人口，主体是劳动力。从事物质生产的劳动力与生产性固定资产之间最基本的关系，是劳动力人数 V 同固定资产 C 成正比、同劳动者技术装备 K 成反比。假设基期劳动就业者人数为 V_0，则预期几年的就业人数如下式：

$$V_n = V_0 \cdot \left(\frac{1+C}{1+K} \right)^n$$

显然，该式可出现三种不同情况：

（1）$(1+C) > (1+K)$，即固定资产增长速度大于劳动者技术装备增长速度，就业人数增加。

（2）$(1+C) = (1+K)$，即固定资产增长速度等于劳动者技术装备增长速度，就业人数不增不减。

（3）$(1+C)<(1+K)$，即固定资产增长速度小于劳动者技术装备增长速度，就业人数减少。

一般地说，在经济发展过程中物质生产部门固定资产与就业之间要经过这样三个发展阶段，直接从事工农业物质生产的劳动力经历由增加、停滞到减少过程。中国在这一关系中存在的问题，一是原有工业固定资产薄弱，经过45年发展虽然大大增强，但仍难以满足城镇新增就业人口需要；农村劳动力多、耕地少的矛盾突出，目前估计农业剩余劳动力在1.2亿~1.5亿人[①]。二是遇到增加就业人数和提高劳动生产率的矛盾，许多时期难以两全。1953~1978年的26年间，工业劳动生产率比上年增长10%以上有11年，10%以下有7年，还有8年为负增长，其中5年比上年下降10%以上。农业劳动生产率更是长期停滞不前，许多年份是下降的。改革开放以来情况有所好转，工业劳动生产率仅有2年为负增长，社会劳动生产率则逐年有所提高，农业情况也比较好；不过无论工业还是农业劳动生产率提高缓慢，效益上不去一直是一个"老大难"问题。这中间固然有经济基础、结构、体制等方面的原因，但20世纪50~70年代社会劳动者年平均增加近800万人，80年代和90年代前3年更增加到1400万人左右，"人口压迫生产力"不能不是重要的原因。根据预测，未来15~64岁生产年龄人口还有一段继续增长的过程，所占比例也将有所升高，大致可持续到2010年前后。

立足于人口和国民经济可持续发展，需要辩证地认识今后一二十年内生产年龄人口绝对数量增长和所占比例上升趋势。一方面，不论技术怎样进步，劳动力始终是生产力中的活跃因素，生产年龄人口所占比例上升，意味着老少人口之和所占比例下降，社会负担较轻，是经济发展有利于人口年龄结构变动的"黄金时代"，应该抓住机遇，加快发展。亚洲新旧"四小龙"经济起飞阶段充分利用本国、本地区的人力资源，就是实际的例证。另一方面，面对人口和劳动力过剩情势还要继续增大就业压力，矛盾将相当突出。解决的办法除认真控制生育，因而也就控制了未来生产年龄人口增长以外，就是要加快就业战略重点的转移，特别是向以下几方面的转移。

首先是要加快由以农业栽培业为主向以多种经营为主的就业战略重点的转移。近年来在市场经济快速发展的新形势下，农业剩余劳动力相当大部分以流动人口"民工潮"形式表现出来，社会各界对此褒贬不一。笔者以为，

[①] 关于目前中国农村剩余劳动力数量的估计，国内外从1.0亿~2.0亿人不等。《中国21世纪议程》估计为1亿多人，2000年将达到2亿人左右。

"民工潮"的出现有它的必然性，学术界对其利弊的分析也大致认同；不过对其盲目性的克服，缺少指出其根本的出路。毫无疑问，农村人口流向城市，走人口城市化道路是解决农业剩余劳动力的重要途径，但不是唯一途径。中国耕地面积大约占国土面积的10%，而草原面积占33%，高原和山地占59%，淡水面积占2%，这同现有大农业的就业结构很不相称。解决农业问题主要是农业种植业的劳动力过剩问题，就要大力发展林、牧、副、渔业，向广义的大农业进军，从而将农业剩余劳动力"民工潮"分流一部分下来。

其次，应加快由以农业为主向以工商业为主的就业战略重点的转移。发展乡镇企业，实行乡村城市化，是中国人口城市化的主渠道，也是解决农业剩余劳动力的主要办法。大中城市规模在这一过程中必然要有所发展，只是它在农业剩余劳动力转移中所占比例不可能很高。改革开放以来的实践震撼着传统的人口城市化方针，但它的以发展小城镇为主，适当发展中等城市，限制大城市规模的基本点，同样证明是符合现阶段中国基本国情的，需要继续坚持，只是这种坚持应同改革开放结合起来，同本地区综合发展结合起来。

第三，还应加快由以工农业物质生产部门为主向以非物质生产部门为主，以提高就业率为主向以提高就业效益为主的就业战略重点的转移。改革开放前，片面追求高就业率，并且新增人口就业主要压向工农业物质生产部门，致使劳动生产率提高缓慢，到头来又影响经济增长。改革开放以来这种情况有所改变，第三产业发展较快，第一、二、三产业结构已由1978年的1.2：2.1：1变动到1993年的0.8：1.9：1[①]，为工农业劳动生产率的提高提供了一个方面的有利条件。坚持新增劳动力就业和剩余劳动力就业主要面向第三产业，坚持在不断提高就业效益前提下的比较充分就业，是实现人口与国民经济可持续发展的重要一环。

三 人口质量与经济技术进步的可持续发展

探讨人口与国民经济的可持续发展，不仅包括人口的数量方面，也包括人口的质量方面，即包括人口的身体素质和文化素质。不同历史阶段的生产力发展状况不同，对人口数量和质量方面的要求也有所不同。大体上来说，资本主义以前（包括工场手工业时期）诸社会形态，生产力发展水平差别

---

① 《中国统计年鉴1994》，中国统计出版社，1994。

很大，但一个共同的基本特征是以手工劳动为主要方式，故劳动者的数量对生产力具有举足轻重的作用。18 世纪后半叶产业革命发生后，手工劳动逐步为机器所取代，生产力的发展由主要依靠劳动者人数的增加变成主要依靠劳动生产率的提高，劳动者的技术和文化等人口质量方面的因素越来越显得重要。据估计，20 世纪初劳动生产率的提高大约 20% 是科学技术进步的结果，到了中叶提高到 30%，目前更提高到 70% ~ 80%，有的部门甚至达到100%，科学技术转化为现实的生产力正显示出日益强大的力量。

有这样一种观点，认为科技发展了，人的因素在生产力中的作用似乎不那么重要了，只需要先进的机器设备就够了。笔者以为这是不能成立的，至少是不够全面的。机器设备在现代化大生产中的地位和作用是空前地增强了，但是这种增强非但不能削弱人的因素的地位和作用，如果有削弱的话，也仅是人的数量方面，相反人的质量方面的地位和作用也随之增强了，人的智力的开发和应用成为现代经济发展的强有力的杠杆。以日本为例，1905 ~1960 年物化资本增长 6 倍，用在教育上面的人力资本投资增长 22 倍，在劳动者人数仅增长 70% 的情况下，取得国民收入增长 10 倍的显著经济效果。由于日本全国普及高中教育，大学和研究生更是成倍增长，培养了大批科技人才和熟练工人，在大量引进国外先进技术基础上创造性地发展起本国的技术，建立起一系列的新兴产业，才在 20 年时间里消除同欧美国家大约落后30 年的科技差距，达到经济大国和科技发达国家水平。

45 年来中国致力于增进人民健康和提高教育、科学、文化水平，取得显著成绩。目前，人口预期寿命达到 70 岁左右，物理意义为人均所受教育年限的人口文化素质指数 1990 年达到 5. 18，比 1987 年的 4. 65 提高 0. 53①，提高相当迅速。然而无论身体素质还是文化素质，同水平较高国家相比仍有相当大差距。身体素质直接同人口占有的食物量密切相关，1993 年中国人均占有的谷物量仅相当于美国的 1/4，法国的 1/3，德国的2/3；猪、牛、羊肉的人均占有量均为 1/3 多一些。同时应看到，这种较低水平的食物占有量，都占居民消费支出的较高比例，目前城镇的恩格尔系数为 52. 86%，乡村高达 56. 81%，反映出总体上处于温饱水平。加上医疗、保健、卫生水平

---

① 参见田雪原《中国 1987 年 60 岁以上老年人口抽样调查资料》，《中国人口科学》1988 年增刊（1）。计算公式为 $C = \dfrac{Uy_1 + Hy_2 + My_3 + Ly_4 + Iy_5}{U + H + M + L + I}$，其中 U、H、M、L、I 分别为大学、高中、初中、小学、文盲和半文盲人口，y_1、y_2、y_3、y_4、y_5 分别为平均所受教育年限，本式中分别为 16、11、8、4、0.25 年。

不够高，出生监测系统薄弱，包括"低能儿"等先天性致残率比较高。文化素质差距更大一些，受过高等教育人口所占比例等项指标不如发达国家，而且比不上某些发展中国家，尤其是时至今日尚有 18161 万 15 岁以上文盲半文盲人口。这同谋求可持续发展目标很不相称，大力提高人口素质特别是文化素质的任务相当艰巨。

四　人口年龄结构老龄化与养老保障事业的可持续发展

探索人口与国民经济可持续发展，除人口的数量和质量外，还应注意人口结构，首先是年龄结构老龄化趋势。1870 年法国 60 岁以上人口所占比例上升到 12%，42 年后瑞典也达到这一水平，揭开了 19 世纪与 20 世纪相交之际的世界人口老龄化的序幕。根据联合国的预测，1994 年世界 65 岁以上老年人口所占比例为 6.0%，2000 年可上升到 6.8%，2025 年可上升到 9.7%[1]。中国人口年龄结构将比世界人口变化快，老龄化来得比较急速，且达到的水平比较高。根据预测，65 岁以上老年人口比例由 1990 年的 5.6%，上升到 2000 年的 6.9%，2020 年的 10.6%，2040 年达到最高峰值 17.4%，然后才有可能稍有下降[2]。人口老龄化将给经济、文化、社会发展带来一系列问题，首要的问题是必须建立起适应老龄化发展进程需要的、可持续发展的养老保障体系。对此笔者过去曾多次撰文，论证积极发展社会供养，继续提倡子女供养，适当组织老年就业自养，将社养、家养、自养结合起来，建立"三位一体"的养老保障体系。从可持续发展角度看养老保障体系的建立和走势，更应强调这一体系，但在不同时间不同的地区，重点应有所不同。

积极发展社会供养是建立可持续发展养老保障体系的支柱，是国家经济体制改革的配套工程，也是削减边际孩子养老—保险效益、控制人口增长的基础工程。但是由于全国地区间经济发展的不平衡，进入老年型人口年龄结构时间的差异和老龄化达到程度高低的差异，发展老年社会保障事业同样不应全国"一刀切"。大致的情况是：自西北向东南，经济发展水平和人口老龄化程度逐渐上升，形成比较明显的边疆、内地、沿海地区三个阶梯层次。

---

[1]　U. N., *World Popalation Prospects*, *The 1992 Revision*, New York, 1993.

[2]　参见《田雪原文集》，中国经济出版社，1991。

因此，率先进入老龄化年龄结构并且经济相对比较发达的东南沿海地区，通过养老保障制度的改革，建立起比较完整的养老保障体系也应先行一步。中部腹地需要有计划地进行，西北边疆地区相对要滞后一些。不过无论哪一部分地区，都遇到在经济尚不够发达情况下迎来老龄化的挑战，积极发展社会养老面临很大困难。据有关方面估算，20世纪90年代每年离退休职工在200万人左右，2000～2030年可达300万人以上，如按现行退休金支付办法国家财政难以为继，十几年后退休金总额将超过工资总额25%的"警戒线"。出路在于改革，方向是国家、企事业单位和个人合理负担相应部分，逐步建立起雄厚的养老金储备。在集体和个体企业中，也应实施企业和劳动者个人的养老金储备制度，保证老有所养。

除了积极发展社会供养以外，继续提倡家庭子女赡养和组织老年再就业自养，是全方位社会养老保障体系中不可缺少的两部分。如前所述，由于中国存在人口老龄化较快与经济发展相对滞后的"时间差"，社会养老保障一是覆盖面较窄，二是保障水平不够高，只好依靠这两个方面加以分流。中国有着尊老、敬老、爱老、养老的传统，至今子女养老仍占较大比例。1987年全国抽样调查表明，市和镇老年人口经济来源中有1/4的老年户依靠子女供给，乡村更高达67.5%。从发展上看，这种子女赡养有弱化的趋势，家庭小型化、微型化在商品和市场经济条件下正加速进行，舆论导向和法律保障在相当长时间内需要继续强调。而老年人口再就业在城市老年经济来源中所占比例不足20%，然而在农村老年人口中却超过30%，亦即有1/3的农村老年人口仍在自食其力，构成养老保障重要支柱之一[①]。这里有一个问题，本来中国人口和劳动力已经过剩，部分老年人口重又加入就业大军，无疑增加了就业压力。但是实践表明，有一些工作岗位，如机关和企事业单位的门卫和传达人员，仓储保管人员，清洁工人和服务人员等，很适合老年人口的体力、性格和心理，以面向第三产业为主的老年人口再就业，在当前和今后较长一段时期里，不失为可持续老年社会保障的一个组成部分。

五 人口城市化与产业结构合理化的可持续发展

人口日益向城市集中，即人口的城市化，是世界人口发展的又一大趋

---

① 《中国1987年60岁以上老年人口抽样调查资料》。

势。据联合国的估计，1994 年世界城市人口比例为42%，发达国家为72%，发展中国家为34%，预计 20 世纪末世界城市人口比例可上升至50%，并将继续增长。同样，人口城市化过程在中国发生和发展着，但由于划分城市人口标准的变动，存在着一些需要讨论的问题。

在汉语里，城市本是一个复合名词。城原意为都邑四周为防御的目的而修建的墙垣，后发展为泛指都邑本身；市是指集中进行商品交换和做买卖的场所，《易·系辞下》中说："日中而市"，市罢即自行散去，当初并无全日制的市场。所以，城市合起来，即指都邑和经常做买卖的地方。从这一最初概念含义看出，城市首先是一个经济组织，以工商业为主的经济组织，是社会生产力发展到一定阶段的产物。最初的城市产生于原始公社解体和奴隶制国家发生时期，城乡之间一开始即表现出明显不同的社会分工。其次，城市是一种社会组织，它有着同乡村不同的生活方式和活动方式，城市的发生、发展同国家管理和社会组织的完善相关联，是历代统治阶级的政治中心。随着经济、技术、社会的发展，城市的功能和作用也在发展，范围扩展很快，工业革命之后产生质的飞跃。一方面工业化以城市为载体需要大量劳动力，另一方面农业劳动生产率的提高排挤出大量农业剩余劳动力，人口城市化成为所有实施工业化国家必然的伴侣。中国在进行工业化过程中也伴随着人口城市化过程，然而由于在划分城市人口标准上的几经变动，给研究工作带来某种困难。按照国家统计局提供的数字，1982 年以前市镇人口为辖区内全部人口，以后按市所辖区人口，不设区的市按街道人口，镇所辖居民委员会人口计算。40 多年的人口城市化进程大致可分成三个时期：20 世纪 50 年代为迅速发展时期，城市人口比例由 1950 年的 11.2% 提高到 1960 年的19.8%，升高 8.6 个百分点；60 ~ 70 年代为徘徊时期，经历了由下降到上升过程，直到 1980 年始回升至 19.4%，接近 1960 年的水平；80 年代以来为加速发展时期，1993 年城市人口比例上升到 28.1%，13 年间升高 8.7 个百分点。尽管学术界对这一统计数据尚存异义，笔者也认为这一数字比实际城市人口比例可能稍低一些；但是发展变动的趋势是毋庸置疑的，特别是改革开放以来给人口城市化注入前所未有的生机和活力，大大加快了人口城市化的进程，是现实的客观存在。问题在于从可持续发展角度观察，人口城市化的核心是农村剩余劳动力转移到城镇工商业，它必须同产业结构的调整和合理化相适应。

要实现这一目标，前已述及，从总体上说农业剩余劳动力转移到城镇工商业要坚持以第三产业为主，而不能大量涌向物质生产部门；在农业内部，还要首先强调由栽培业转移到林、牧、副、渔业。然而一部分农业劳动力进入城镇和乡镇企业的迅猛发展，使他们由农转工，还会涉及工业内部的结构问题。中国进行社会主义工业化，是在批判先发展轻工业、后发展重工业的资本主义工业化道路基础上，采取优先发展重工业方针进行的。如此，支撑工业化的重担几乎全部落在了农业上。这在负担不重的工业化初期尚可维持，"二五"开始农业难支的局面便屡屡暴露出来，以至于不得不放慢步伐，进行调整，待农业得到恢复和发展后再加快履步履发展。改革开放以来情况有很大改观，片面发展重工业的势头得到扭转，工业内部结构的调整取得很大进展；但要真正做到总体人口与生活资料的可持续发展，以满足居民生活需要为主要目标的轻工业，还需加快发展。因此，就农业剩余劳动力转入工业生产部门而言，无论进入乡镇工业还是进入城市作为农转非居民，主要不应面向重工业，而要面向轻工业，特别是以农副产品加工为主的轻工业。

六　人口地区分布与生产力布局的可持续发展

社会发展的历史表明，人口过多或过少对于经济的发展都是不利的。传统工业化时期的经济发展需要大量劳动力，产业革命和人口增长"同步起飞"；在当代，经济的发展和"后工业化"的深入，对劳动者素质尤其是科学文化素质的要求提到空前的高度，无论是社会还是家庭均需付出较高的孩子质量成本，发达地区完成或正在完成由投入孩子数量成本向质量成本的转变，遂使生育率有了长期稳定的下降。中国由于处在传统农业向现代工业转变的二元经济结构状态，不同地区转变程度的差异较大，对人口和劳动力的数量和素质的要求差异也比较大。就数量而言，瑷珲（黑河）——腾冲分布线长期未变；该线西北约占国土面积52%。仅居住5%的人口，东南占国土面积48%则居住着95%的人口。这一人口地理分布既是自然地理条件和经济发达程度的反映，反过来又对不同地区的经济发展产生重要影响。以京、津、沪、辽、冀、鲁、苏、浙、闽、粤、桂、海南12个滨海的省市区而论，土地面积约占全国的14%，人口却占41%，人口密度远远高出内地和边远省区。目前沿海地区的生育率较低，而成年人口和老年人口所占比例、城市人口比例、人口文化素质指数和预期寿命等反映人口素质的指标，却明显高出一截。这说明沿海地区不仅人口和生产年龄人口数量多，而且质量较高，结构相对较为合理，为改革开放、发展外向型经济提供了人口方面的有利条件。加上原有基础设施比较好、交通便捷、科技力量较强等因素，沿海地区经济理应发展更快一些，在生产力布局上应优先发展。中部腹地的人口条件要稍逊色一些，人口和劳动力数量过多，素质相对不够高的矛盾较为突出。在生产力布局上，需要依据具体情况在劳动密集、技术密集、资金密集型产业中，作出合理选择。西北广大边远地区有着地广人稀、自然资源丰富的优势，也有人才短缺、交通不便、基础较差的不利条件，需要将人口与经济条件结合起来，可持续发展须另辟蹊径。在调整人口地区分布与生产力的布局时，需要审慎地对待较大规模的人口迁移，吸取以往正反两方面的经验。

参考文献

[1] 《中国 21 世纪议程——中国 21 世纪人口、环境与发展白皮书》，中国环境科学出版社，1994。

[2] 《21 世纪议程》，联合国 1992 年里约热内卢环境与发展会议，国家环境保护局译，中国环境科学出版社，1993。

[3] 西奥尔多·W. 舒尔茨：《论人力资本投资》，吴珠华等译，北京经济学院出版社，1990。

[4] 约翰·奈斯比特：《大趋势——改变我们生活的十个新方向》，梅艳译，中国社会科学出版社，1984。

[5] 丹尼尔、贝尔：《后工业社会的来临》，王宏周等译，商务印书馆，1986。

[6] 西蒙·库兹涅茨：《现代经济增长》，北京经济学院出版社，1989。

[7] United Nations, *World Population Prospects*, *The 1992 Revision*, New York, 1993.

[8] United Nations, *Population Environment and Development*, New York, 1994.

人口与社会的可持续发展[*]

这是一个不好把握的题目，在讨论之前，有必要对人口、社会概念作出界定。人口（Population）与总体（Universe）本为同义词，不过在人口学中专指一定时间和空间的所有居民，指总体人口。社会（Society）按照牛津双解词典的解释为"群体生活"（Social Way of Living）；中国《辞海》解释为"以一定的物质生产活动为基础而相互联系的人们的总体"，包括生产关系总和的社会的经济基础和在这一基础之上形成的上层建筑。[①] 本文依据这样的界定来探讨人口与社会发展的关系，结合中国实际寻求人口与社会可持续发展的战略。

一 人口与社会分层

将人口自身的可持续发展与社会自身的可持续发展有机地结合起来，使之相互促进、协调发展，即为人口与社会可持续发展追求的目标，这种结合不是二者简单相加"两张皮"式的结合，而是将人口融于社会发展之中，社会作为人口发展的外部条件，在人口与社会互动平衡中实现，如此观察社会的调控，可分成如下 3 个子系统。

一为社会调控主体系统，主要是从中央到地方的政府系统，以及与政府相联系的社会和群众团体网络，是社会调控政策的制定者和推行者，社会发展意志人格化的代表。

二为社会调控媒介系统，即体现社会调控主体系统意志，作用于接受调控对象的方式、方法和手段。可分成两类：一类为"硬件式"社会调控媒

---

* 原载《东岳论丛》1997 年第 5 期。

① 《牛津现代高级英汉双解辞典》，第 3 版，牛津大学出版社（香港版），1990；《辞海》（修订版）语词分册（下），上海人民出版社，1977。

介，主要是具有法律或制度效应，全社会规范化的法律、政策、规定、制度等带有强制性调控的媒介；另一类为"软件式"社会调控媒介，主要是传统、舆论、道德、信仰等社会意识导向性调控媒介。

三为社会调控客体系统。社会调控主体通过一定的调控媒介，作用于个人、家庭及由个人、家庭组成的集合体，他们主要以承受社会调控的担当者面目出现。

上述3个子系统集纳了全部社会人口群，社会人口群依据其在3个子系统中的地位和作用，可分解成不同层次人口，由于人口与社会的本质内在联系互有交叉，不能将社会人口仅仅划分成这样3个系统。马克思说："人的本质是人的真正的社会联系，所以人在积极实现自己本质的过程中创造、生产人的社会联系、社会本质，而不是一种同单个人相对立的抽象的一般力量，而是每一个单个人的本质，是他自己的活动，他自己的生活，他自己的享受，他自己的财富。"① 由此，笔者以为可将社会人口按照社会调控体系分成如下4个层次7种类型。

第一层次为领导层人口，即社会调控主体系统中掌握不同决策权力的人口。他们或者是政策的制定者，主要在高级领导层；或者是政府政策、法令等贯彻落实的组织者，实际工作领导者。

第二层次为执行层人口，主要是在各级政府，团体社会调控媒介的工作人员，既包括从事法律、政务的各级"硬件式"干部，也包括新闻、出版、文化、教育等"软件式"工作者。

第三层次为承受层人口，即将由社会调控媒介传递过来的社会调控主体意志，化为社会活动的人口。

第四层次为结合层人口，表现为第一层次、第二层次、第三层次人口的不同结合。可分为4种类型：领导与执行结合层人口，表现为既是领导者又是执行者；领导与承受结合层人口，表现为既是领导者又是具体的承受者；执行与承受结合层人口，表现为既是执行者又是具体承受者；领导、执行、承受结合型人口，表现为三者合而为一，在决策制定、调控媒介、社会活动中的不同作用。这第四层次结合层人口普遍存在，因为身为领导层人口也有执行和承受的义务，亦官亦民；自身为执行层人口可能不同程度地参与决策，或者身体力行地去承受；就是承受层人口，也有可能通过不同社会组织

---

① 《马克思恩格斯全集》第42卷，人民出版社，1979，第24页。

参与决策和执行。从发展角度观察，废除终身制，能上能下，领导层人口、执行层人口、承受层人口是在不断变动的，要用动态观点看待社会人口分层。

二 分层与可持续发展

社会调控三系统、人口七分层的划分，为探讨人口与社会的可持续发展提供了一个别开生面的框架结构，分析现实问题的新的理论方法。联系当前中国现实，人口与社会的可持续发展，尤应重视以下问题。

其一，领导层人口与社会调控主体系统的可持续发展。社会调控主体系统主要指国家的政府机构，关于各种社会形态的国家政府机构的功能、设置、体系应当怎样，非本书所要研究范畴；本书着重阐明的是与特定人口的关系，存在的问题，可持续发展的战略选择。中国是共产党领导的社会主义国家，社会调控主体系核心是党的领导，而党是由人口中的特定成员——党员组成的，这部分人口的数量、素质、结构怎样，从根本上决定着社会调控系统的性质和功能的发挥。现在党的规模已相当庞大，数量方面不存在问题；随着人口再生产的不间断进行和不断吸收不同性别、年龄、民族、文化、职业等新党员，党的成员结构也在不断改善；最紧要的问题是素质，提高领导层人口素质是实现社会调控主体系统可持续发展的关键所在。

提高领导层人口素质，首要的是提高政治素质和思想素质，牢固地树立为共产主义人类进步事业奋斗终生和全心全意为人民服务的思想。对于执政党和领导层人口说来，尤为重要的是要认识"没有限制的权力会导致腐败"的至理名言，从思想到组织上开展反腐败斗争，制定行之有效的反腐倡廉措施，建立起相应的机制。其次要提高领导层人口科学文化素质，能够站到新技术革命的前面进行领导。前已述及，二次世界大战后以微电子技术为前导的新技术革命方兴未艾，极大地改变着世界的面貌，国家的面貌，人民的生活。科学技术从课堂和实验室走出来，进入并几乎囊括所有生产和生活领域，成为生产力和社会发展的巨大推动力，决定着发展的进程。中国加速走向现代化，面临着改造传统的旧有产业，大力发展新兴产业，不断提高经济增长的科技含量，发挥科技作为生产力作用的新形势，提高领导层人口科学文化素质任务十分急迫。统计资料显示，1993年国家机关副部、副省级领导平均学历为13.2年，司、局、厅级14.5年，副司、副局、副厅级14.6

年，县处级 13.8 年，副县处级 13.7 年，科级 12.9 年，副科级 12.9 年；企业副部、副省级 14.2 年，司、局、厅级 14.6 年、副司、副局、副厅级 14.5 年，县处级 13.7 年，副县处级 12.9 年，科级 12.8 年，副科级 12.3 年，同国家机关相仿，总起来看，虽然领导层人口文化素质有很大提高，但是仍然比较低，同现代化建设不相适应。

其二，执行层人口与社会调控媒介系统的可持续发展。一般地说，执行层人口比较接近领导层人口，比较了解领导意图；同时也比较接近承受层人口，在一定意义上他们本身即为执行层与承受层兼顾型人口。因此，执行层人口具有承上启下作用，应与社会调控媒介的发展相适应。就目前的现实情况而论，寻求执行层人口与社会调控媒介系统的可持续发展，最突出的问题有二：

一是执行层人口数量过大，增长过快。远者且不论，以改革开放以来强调精简机构、分流富余人员说起，执行层人口增长速度之快，也是不少其他行业从业人员无法比拟的。据统计，1978～1994 年全国从业人员由 40152 万人增加到 61470 万人，增长 53.1%，年平均增长 2.7%；而在农、林、牧、渔、采掘、制造、建筑、金融、社会服务等 16 类分行业从业人员中，国家机关、政党机关和社会团体从业人员由 467 万人增加到 1033 万人，增长 121.2%，年平均增长 5.1%，大大高出全国从业人员增长幅度和年平均增长速度。同期全国人口由 96259 万人增加到 119850 万人，增长 24.5%，年平均增长 1.4%，比较起来相差更为悬殊，机关、团体从业人员增长速度为人口增长速度的 3.6 倍。[①] 无须多加说明，尽管这部分从业人员中包括部分国家调控主体系统中的领导层人口，但一为这部分带"长"字的人口有限，科员、办事员带"员"字人口居绝大多数；二为计算的是增长速度，非绝对数相比，故无大的影响。可见，作为执行层人口"硬件式"的在党政机关和社会团体的从业人员，改革开放以来有增无减的势头颇强，使得机构臃肿、人浮于事成为"老大难"问题。可持续发展必须解决这个"老大难"问题。治本的方略，一要坚定不移地按照市场经济体制模式进行经济改革，真正实现政企分开，为国家机关、政党机关和社会团体按照自己独立运行的机制设置机构创造条件；二要坚定不移地进行政治体制改革，按照国家管理职能需要，本着精简、效率、统一的原则设置必要的行政机构。多年来，这

---

① 《中国统计年鉴1995》，中国统计出版社，1995。

方面的改革之所以收效不显著，虽然原因很多，但是最基本的原因没有解决或者理论上解决了行动中未能真正贯彻才是根本。按照历史唯物主义观点，政府机构原属国家上层建筑，上层建筑要适合经济基础，适合决定生产关系的社会生产力的性质。我们为什么要舍弃奋战 30 多年的高度集中统一的计划经济，选择了社会主义市场经济体制改革目标？或者说社会主义市场经济追求的目标、灵魂是什么？可以说实现资源的有效配置、社会产值最大化是追求的目标，以提高劳动生产率为主要手段的解放和发展生产力是灵魂。那么与以这样目的的经济改革相匹配的上层建筑政府机构改革的指导思想和总的原则是什么？笔者认为不是别的，而是效率原则：最大限度地提高各级机构执行中央决策的效率，下情上传的效率，及时处理和解决问题的效率。为什么一次次精简下来的机构却越来越臃肿、人员越来越多？认识论上未能真正树立效率观念，思想路线效率原则未真正扎根，遇到困难情况往往为传统观念、人情关系等"原则"所取代，这就是带根本性的原因。好比一个人的身体发育一样，按照效率原则进行的改革，行政机构作为骨骼正常发育，各部位肌肉丰满得当，全身血流畅通，就会体魄健康，身体潜能得到充分发挥。反之，原有的或不按效率原则进行的改革，由于机构骨骼畸形和肌肉丰满与萎缩分布不均，血液循环受阻，体魄健康受到影响，身体潜能下降且下降了的潜能也不易发挥出来。某些机构改革深入不下去的地方，或因人涉事、拖住不改，或"翻牌公司"、明改暗不改，实如这后一种情况。医治的良方，是认识并牢固地树立机构改革的效率原则。

二是执行层人口素质需要提高。随着经济的发展，人民生活的改善，科学、教育、文化事业的发展，执行层人口同全国人口一样，身体素质有很大提高，预期寿命延长，文化素质提高更为显著。根据《中国统计年鉴1995》提供的资料，1993 年国家机关科员级工作人员平均学历为 12.9 年，办事员级 12.1 年，企业办事员级 11.8 年。即平均在高中毕业，开始进入大专水平，比总体人口平均学历要高出一截。不过从执行层人口所处的媒介地位和作用看，处在高中与大专之间学历的文化素质显然偏低，不能不影响社会调控主体意志的贯彻。应当说，这一状况已经脱离了外行领导内行的不正常秩序，但尚未真正进入内行带头人领导内行的良性循环，多数执行层人口还不具备本身是有关方面专家和管理专家的条件。诚然，对执行层人口甚至是领导层人口不能都提出专家要求，那样的要求是不切实际的；但是至少有少数专家身居其中，多数是具有一定专门知识和管理知识的干部，二者有一个恰当的比例，现在的问题是，专家依然太少，专门知识和管理知识许多人尚不具备，甚至一些人既无专门知识又无管理知识却仍在岗位。可持续发展是符合科学规律的发展，提高执行层人口科学文化素质是必不可少的条件。

提高执行层人口素质，特别应提出提高人口的思想和道德素质，这在深化改革和扩大开放形势下具有重要意义。执行层人口不像领导层人口那样手中握有决策和决定权力，但有执行办事权力：同样的事情可以快办，也可以慢办；可以早办，也可以晚办，甚至拖着不办。于是就会出现事情办得顺利与不顺利，花费成本多与少的差别，从而给某些人搞行业不正之风等留下空隙，可谓"县官不如现管"也。因此，廉政建设主要是带"长"字的领导人口的事情，但不仅仅是他们，带"员"字的执行层人口也有责任，也有一个自律问题。我国实行公务员制度，对国家机关工作人员提出明确要求，使他们遵守职业道德和办事规范，是实现人口与社会可持续发展不可缺少的组成部分。

其三，承受层人口、结合层人口与社会调控客体系统的可持续发展。如前所述，个人、家庭、基层组织作为社会调控客体承受层人口出现，包含着结合层人口，即作为社会调控媒介的执行层人口，作为社会调控主体的领导层人口。如此说来，承受层人口、结合层人口与社会调控客体的可持续发展，具有总体人口与人类社会可持续发展的宏观意义，是人口与社会可持续发展的概括和终结。

就一般意义并结合中国人口社会实际而言，谋求人口与社会可持续发展战略，从人口方面说，要控制人口的数量，提高人口的质量，调节人口的结构，实行"控制、提高、调节"相结合，当前以数量控制为重点方针。中国自20世纪70年代大力加强计划生育以来，控制人口增长取得举世瞩目的成绩；然而由于仍具有一定的增长势能，国内外大同小异的预测表明，20世纪末全国人口可达13亿人左右，2050年达到最高峰值16亿人左右，控制人口的数量增长依然是第一位的问题。同时，总体人口身体、文化素质有待提高，特别是尚有1.45亿左右文盲、半文盲同现代化建设很不相称，人口结构，主要是年龄、性别结构，城乡、地区分布结构变动需要引起重视，加以适当调节。从社会方面说，就是要强调民主和法制建设。一方面要充分发挥人民是社会的主人，行使主人翁的权利和作用，建立起完善的民主制度和社会机制；另一方面要不断完善法制建设，使各种社会问题的解决都有法可依，执法必严，违法必究，使社会管理法制化。

三 可持续发展与人口社会"热点"问题

寻求人口与社会可持续发展战略除从根本上解决人口社会分层可持续发展，建立起相应机制外，还需着眼现实，解决现实生活中人口社会的"热点"问题，使之同长远发展目标联系起来。结合中国实际，主要有下述几个问题。

一是消除贫困和适度经济增长问题。中国是一个发展中国家，社会生产力发展水平不够高，且发展很不平衡，目前总体上处于由温饱向小康过渡阶段，但是还有 7000 万左右贫困层人口，消除贫困的任务仍很艰巨。改革开放以来国民经济发展迅速，人民生活水平提高很快，如以 1978 年为 100，1994 年农民为 285.2，非农业居民为 289.1，二者非常接近；但是由于原有差距较大，1978 年非农业居民与农民消费水平之比为 2.9∶1.0，按基本相同的指数增长，现在的差距进一步拉大了，1994 年拉大到 3.6∶1.0[①]。地区差距也进一步拉大，预计到 2000 年沿海地区占国民生产总值的比例将上升到 58.6%，比 20 世纪 90 年代初升高 5 个左右百分点；内地则下降 5 个百分点，其与沿海的差距扩大 30% 左右[②]。可见中国消除贫困主要在内陆地区，尤其是大西南、大西北广大边远山区。如何消除贫困，只能靠发展经济，而不能靠施舍和救济；但政府的扶持和倾斜是必要的，包括帮助内地深化改革和扩大开放，引进外来的资金和技术，发展本地区的支柱产业。可持续发展不是不要发展，而是需要适度的经济增长，长期的、稳定的经济增长对贫困地区来说是必要的和必须的，是实现人口与社会可持续发展的基础。

二是如何满足就业和生产资料的基本需求。实现人口与社会的可持续发展，保持社会的稳定是前提条件；而要保持社会稳定，满足就业和生活资料的需求又是最基本的条件。如果社会存在大批失业人群，就难免"无事生非"，一批无业流民型流动人口成为刑事案件高发群，就是证明。同样，居民生活需要的消费资料不能得到满足，就容易引发"饥寒起盗心"，影响社会秩序。关于我国如何谋求生产年龄人口与生产资料的可持续发展，总体人口与生活资料的可持续发展本文不多赘述，这里所要强调的是，可持续发展不仅表现在人口与经济发展方面，而且涉及人口与社会的可持续发展，是人

---

① 《中国统计年鉴 1995》，中国统计出版社，1995。

② 转引自 1993 年 3 月 16 日《中国商报》。

口与社会可持续发展所要解决的战略问题之一。

三是怎样兼顾效率与公平原则，所谓效率（efficiency），广义讲指劳动的效果与劳动量的比率。生产活动表现为劳动生产率，社会工作表现为工作效率，办事有效率问题，决策有效率问题，读书看报也有效率问题，效率关系到社会调控主体、媒介、客体所有人口，是影响社会可持续发展普遍存在的问题。由于近代以来中国经济、社会发展滞后，当西方工业革命如火如荼和商品贸易大潮涌来时，我们尚处在以手工劳动为标志的自然经济状态，劳动生产率低下，国人效率意识十分淡薄。经过民主革命，1949 年中华人民共和国成立后开创了社会主义革命和建设的新时代，提出了以社会主义工业化为主体的过渡时期总路线，"大跃进"又提出多、快、好、省地建设社会主义的总路线，应当说以提高劳动生产率为中心的效率问题已提到日程上来，领导层人口、执行层人口和部分承受层人口开始有了效率意识。然而"大跃进"中"人海战术"一冲，"文化大革命"中经济建设也要搞"群众运动"，混乱的经济和混乱的社会将效率逐出界外，形成"三个人的活、五个人干"，干与不干、干好干坏都一样的不计劳动、不讲效率的局面，客观地说，中国人口和劳动力过剩也帮了不讲效率的忙，以至于有人将不讲效率归结为人口多也能遮住不少人的视线；但是"遮住视线"不等于视线本身，它只是影响视野的外部条件，改革开放以来观念转变的标志之一，就是有了效率观念，甚至喊出"时间就是金钱，效率就是生命"的口号，这是一个伟大的转变，是由自然经济悠闲状态向市场经济激烈竞争意识上的飞跃，然而必须看到，时至今日效率仍是影响发展的一大问题，是国人需要认真解决的带有根本性的问题。人们开始看重效率，但真正看重并加以解决的比例并不很高，很多人还没有看重或虽然看重但是并未很好解决。15 年来经济发展博得世人交口称赞，可是效益不高像阴影一样一直跟随着我们，而效益不高的重要原因之一是劳动生产率不高，管理的效率不高，中国要加快发展包括人口与社会的可持续发展，必须解决这个"效率不高"的顽症。除了要深化改革，重视科技和教育发展，贯彻实施科教兴国战略，实现科技教育与经济、社会发展相结合之外，要坚定不移地实行对效率高低的市场主体，包括企业、个人等拉开收入上的差距，鼓励一部分企业先发展起来，一部分人先富裕起来。实践证明这一方针已经起到了很大的作用和影响，对更多人勤劳致富起到了典型的引路效应。

没有建立在效率和收入提高基础上的公平，就是过去的"大锅饭"，只能属滞缓社会发展的低水平的公平。同样，仅注意效率原则，仅顾及先富裕起来这一头，就容易忽视公平原则，忽略相对贫困的另一头。因此，这两种倾向都不足取，都不利于人口与社会的可持续发展，而必须实行兼顾效率与公平的原则。结合中国具体实际，首先需要强调效率，拉动效率杠杆提高社会总体水平。然后在总体水平提高的基础上，通过税收、价格、信贷等手段，解决贫富不均问题，使社会不至于产生过于富有的阶层，也不至于产生过于贫困的阶层，避免了两极分化。

四是注意推动技术进步和危险的有效控制。可持续发展追求技术进步，技术进步有利于人口自身的可持续发展，人口素质的提高和孩子质量成本的上升，是导致孩子数量成本下降和生育率降低的关键，是人口转变的决定性因素；技术进步为科学利用自然资源和进一步认识、探测、开发自然资源提供了技术手段，成为寻求人口与资源可持续发展的得力助手；技术进步使废气、废水、废渣的重新利用成为可能，融变废为宝与消除污染于一体，是协调人口与环境可持续发展最重要的工具；技术进步极大地推动着现代社会劳动生产率的提高，这对中国实现经济增长方式由粗放型向集约型转变有决定性意义，是国民经济持续、快速、健康发展的重要保证。所以，技术进步通过降低能源和原材料消耗，提高环境质量，促进经济增长为人口与社会的可持续发展创造条件，实现可持续发展需要大力推动技术进步。不仅如此，技术进步还直接关系到社会的进步和可持续发展：它使社会调控系统设置科学化，使该系统领导层人口具有现代科学技术知识和现代意识；使社会调控媒介系统得以用先进科技武装起来，执行层人口得以掌握现代化管理手段；也使社会调控客体系统跟上现代科技进步的步伐，承受层和结合层人口分享科技进步带来的社会现代化成果，将社会调控三个系统、七个层次人口有机地联系起来，有效地解决社会矛盾和问题。

技术进步有利于消除危险和保持社会稳定。如现代高科技侦察手段的运用，地面、水面、空中高性能交通工具和武器的配备，大大加强了对案件尤其是大型恶性案件的打击力度，构成对犯罪分子的强有力的威慑作用，有利于创造可持续发展的稳定社会环境。不过事物总是一分为二的，技术进步运用不当也可以造成危险，如核泄漏，核电站破坏，也可以成为阻碍、破坏可持续发展的因素，甚至可将最先进的技术用来制造杀伤武器。可以说，技术进步在给人口与可持续发展提供现代化手段和新的思维方式、管理方式的同时，也提供了新的妨碍、破坏可持续发展的手段和思维方式，提出了现实的危险有效控制问题。有两种情况：一种属于现代科技发展自身带来的危险的增加，诸如高速运转的交通工具带来的事故，核原料和平利用中的危险性一类；另一种属于国内外敌对势力有目的的利用，构成对社会安全的新的威胁。谋求人口与社会的可持续发展对这两种危险都应予以重视。前一种危险要依靠技术本身加以解决；后一种危险除重视技术本身加以解决外，还要树立起持续的防范意识，随时准备粉碎任何敌对势力的进犯，保持可持续发展需要的良好社会环境。

参考文献

［1］《中国 21 世纪议程——中国 21 世纪人口、环境与发展白皮书》，中国环境科学出版社，1994。

［2］《21 世纪议程》，联合国 1992 年里约热内卢环境与发展会议，国家环境保护局译，中国环境科学出版社，1993。

［3］国家计委政策研究室编《迈向 2020 年的中国》，中国计划出版社，1997。

［4］世界银行：《防止老龄化危机》，中国财政经济出版社，1996。

［5］斯泰因·汉森（Stain Hasen）：《人口：对经济学家和社会科学家的挑战》，中国社会科学院/联合国教科文组织《国际社会科学》（中文版）1995 年第 12 期。

［6］伊格纳西·萨什（Ingnacy Sachs）：《人口、发展与就业》，《国际社会科学》，1995 年第 8 期。

12 亿人口与可持续发展[*]

根据统计和预测，1995 年 2 月 15 日中国人口（内地人口数，下同）将达到 12 亿人。这是一个值得每个人铭记的历史记录，也是一个需要认真思考的记录。

众所周知，1949 年全国人口为 5.42 亿人，尽管 50 年代和 60 年代也提出过计划生育，但是并未认真严格执行，并且主要是出于对母亲和孩子健康方面的考虑。到 1970 年人口数量增加到 8.3 亿人，21 年间的人口年平均增长率达到 2.1%。20 世纪 70 年代国家大力提倡计划生育，严格控制人口数量增长以来，25 年时间内人口的年平均增长率下降至 1.6%，较前一阶段减少 0.5 个百分点。如果不是这样，仍按 70 年代初的人口出生率推算，25 年来则可比实际多出生大约 2 亿人。毋庸赘述，这是一种向回逆推的假定，实际上即使不实行旨在严格控制人口增长的政策，由于国民经济的发展和人民生活水平的改善，教育水平的普遍提高，传统观念的改变等也会使生育率下降；不过中国生育率下降 20 多年持之以恒，主要归功于计划生育，归功于认真贯彻执行从严控制人口增长政策的结果，国内外在认识上没有异议。它的一个直接后果，就是减缓了人口增长的速度，将 12 亿人口日向后推迟数年，并对推迟世界 50 亿人口日的到来起到关键的作用。

20 世纪 80 年代初，我国曾经制定过 20 世纪末全国人口控制在 12 亿以内的目标，按此说来，现在达到 12 亿岂不是提前达到？笔者以为，一是对此要作历史分析，制定 12 亿目标时有当时的具体情况，包括提供人口资料信息的能力，认识的水平，对实现确定目标的估计等；二是要有发展意识，即人口预测和规划目标的选择要依据实践结果作出必要的修订。对此学术界曾有过一定的讨论，如在 1984~1985 年完成的《2000 年的中国人口与就

---

* 原载 1995 年 2 月 20 日《中国人口报》。

业》研究中，就曾提出过 20 世纪末全国人口控制在 12 亿的低位预测、12.5 亿的中位预测、12.8 亿的高位预测三种方案，并认为实现低位预测方案困难极大，很可能走到中位或高位方案上去。终于，20 世纪 80 年代中期正式提出 20 世纪末全国人口控制在 12 亿人左右的目标。进入 90 年代，在经过 80 年代 10 年的实践，对人口变动的情况和实际工作可能影响程度的底数更加清楚以后，提出了 90 年代的人口年平均增长率控制在 12.5‰的水平，为此以 1990 年全国人口 114333 万人作为基期，预期 2000 年的全国人口应为 129456 万人。虽然这一指标未行公布，但确定 90 年代 12.5‰的人口年平均增长率，也就等于确定了 20 世纪末全国人口控制在 13 亿的目标。因此说 12 亿人口日推迟到来并不失真，其对缓解我国人口与粮食、资源、环境、经济、社会发展矛盾的效应，应予充分估价。然而同时必须看到，人口达到 12 亿数量如此巨大，上述诸种矛盾并未从根本上解决，人口问题仍是困扰现代化建设的焦点之一。我国 12 亿人口约占目前世界 56 亿人口的 21.4%。而 960 万平方公里国土面积仅占世界 13584 万平方公里的 7.1%，中国人口密度上升到每平方公里 125 人，为世界每平方公里 41 人的 3 倍，属于高人口密度国家。这对于我们正在进行的现代化建设说来，不能不是一种沉重的压力。如何满足众多人口的消费需求，生产年龄人口的就业需求，学龄人口的教育需求，老年人口的养老保障需求等，既是"三步走"发展战略目标的重要内容，又是实现后两步目标的难点所在。从一定意义上说，发展就是为了改变短缺经济与过剩人口的矛盾，以最大限度地满足国民日益增长的物质和文化需求，中国人口应当尽可能保持低增长和实现向零增长的过渡。那么达到 12 亿时的人口结构和特征怎样呢？一方面成功地实现了人口年龄结构由年轻型向成年型的转变，大大削减了人口继续增长的势能，人口文化素质的提高和城市人口比例的上升等，有利于生育率的下降；另一方面当前的成年型年龄结构仍有一定的增长势能，总体人口的文化素质和城市人口比例的不够高等，又妨碍着生育率的继续下降。因此，国内外各种大同小异的预测表明，20 世纪末全国人口可达 13 亿人，21 世纪中叶可达 16 亿人左右。也就是说，对于已经拥有 12 亿人之巨的泱泱人口大国说来，在未来的半个多世纪里还要再接受 4 亿人口，且它的前提还是生育率的继续下降。21 世纪中叶以后才有可能过渡到零增长和逐步达到理想人口数量，中国控制人口增长不能不是一项长期的艰巨任务。

12 亿人口日处于世纪转换之际，立足于发展全面解决中国人口问题，需要纳入可持续发展议程。这主要包括以下三个层次。

其一，就人口自身而言，全面解决中国人口问题包括控制人口数量，提高人口身体和文化素质，调节人口年龄和性别、城乡、地区分布等结构，实行"控制、提高、调节"相结合的方针。当前和今后一个时期内，必须明确人口的数量控制依然是重点，只有人口的数量控制解决得好，才能有效促进人口素质的提高和不合理结构的调节；同时也要明确，控制和提高也不是消极的，人口素质特别是文化素质的提高就是生育率的降低，人口年龄结构变动改变着人口增长的态势，人口城乡和地区分布的改变对人口控制也有明显影响。在总体上坚持以数量控制为主的前提下，随着时间的推移，在经济、文化高度发达和实现超低生育率地区，重心转向人口素质的提高和结构的调节，在意料之中。

其二，结合深化改革，寻求人口控制新的机制。目前的人口控制，无疑要继续运用以往实行计划生育成功的做法和经验，诸如领导重视，实行目标管理责任制的经验；加强法制观念，实行管理规范化的经验；贯彻"三为主"，提高服务质量的经验等。但是随着改革的深入，尤其是社会主义市场经济体制的建立和不断完善，某些行政办法有弱化的倾向，正呼唤着同改革相协调的利益导向办法的诞生。各地创造的不同形式的将生育、生产、生活结合起来的"三结合"工程，提供了新的思路。我们的目标在于，在大力加强宣传教育和转变人们生育观念的同时，宏观上有一套机制，使独生子女家庭和其他计划生育家庭，沿着这一机制尽快走上致富奔小康之路。

其三，在发展战略上同国际接轨，着眼于人口与环境、经济、社会的可持续发展。人口变动受到自然的、经济的、文化的、社会的各种因素影响，但是归根结底由经济发达程度制约，说到底是发展问题。这既是一个老问题，又是一个新问题，从古典学派到现代学派均有过许多论述；然而引起世界各国的普遍重视并成为共同为之奋斗的《行动纲领》，则是 20 世纪 70 年代以来特别是近年来的事情。1972 年在瑞典斯德哥尔摩召开的世界环境大会及以后的有关会议，提出并使用了"合乎环境要求的发展""无破坏情况下的发展""生态的发展""连续的或持续的发展"等概念，并最后选择了"持续发展"的提法。1987 年世界环发委员会在《我们共同的未来》报告中，将"持续发展"定义为"既满足当代人需要，又不对后代人满足其需要的能力构成危害的发展"。1992 年在巴西里约热内卢召开的有各国首脑出席的世界环发大会，通过的《里约宣言》和《21 世纪议程》，体现了《我们共同的未来》报告的基本精神，尖锐地提出人口不断迅速增长与有限资源的矛盾，分析了人类赖以生存的生物圈不断恶化的严峻形势，摒弃了传统的以大量能源和资源消耗，以环境破坏为代价的发展，选择了人口、环境、经济、社会可持续协调发展的战略。1994 年 9 月在开罗召开的世界人口与发展大会，明确提出"可持续发展问题的中心是人"，"要充分认识到和妥善处理人口、资源、环境和发展之间的相互关系，并使它们协调一致求得互动平衡"。呼吁"各国应当减少和消除无法持续的生产和消费方式，并推进适当的政策，包括与人口有关的政策，以便满足当代的需要又不影响后代满足自身需要的能力"。这些原则对中国同样适用，1994 年 3 月 25 日国务院第 16 次常务会议讨论通过的《中国 21 世纪议程——中国 21 世纪人口、环境与发展白皮书》，在世界各国中率先垂范承诺联合国世界环发大会《21 世纪议程》，勾画出 21 世纪中国可持续发展的蓝图。可持续发展以人为本，前提是发展，因为只有国民经济等的快速发展，才能消除贫困，提高妇女地位，完成生育转变，这对于经济不够发达且 70% 左右人口居住在农村的中国来说，显得尤其重要；中国人口基数庞大，人均资源较少，更需要摆脱传统的以高耗为特征的生产和消费方式；国民经济步入快速增长轨道，同时人口也要继续增长，从而加大对环境的压力，控制人口增长与保护环境两大基本国策并行不悖，相辅相成，等等。可见，在全国人口达到 12 亿的今天，继往开来，以数量控制为重点的全面人口问题的解决，需要拓宽视野，立足现在，着眼未来，同世界《21 世纪议程》接轨，将人口纳入同资源、环境、经济和社会可持续发展之中一道解决。

人口也要走可持续发展之路[*]

世纪之交，人们对中国人口的走向倍加关注，未来我们将生活在怎样的人类大家庭之中？它会给发展带来什么样的影响？

中国是世界上人口最多的国家，也是20多年来控制人口增长成绩最卓著的国家。更为重要的是出生率下降后人口年龄结构的改变，完成由年轻型向成年型的过渡，现已过渡到接近老年型，有效地削减了人口增长的势能。只是削减后的势能仍不可小视。国内外大同小异的预测表明，2000年我国人口可达13亿人左右，2050年前后增加到16亿人左右时"人口列车"才能完全停止下来。根据联合国的预测，中国将在21世纪40年代中期令人欣慰地从世界第一人口大国的位置上退下来，印度将率先向16亿人口挺进。但不要忘记：我们只有不懈地坚持计划生育基本国策，才有可能将愿望变成现实。

与世界人口老龄化进程相比，中国人口老龄化具有速度比较快、达到的水平比较高的特点。预测表明，20世纪末65岁以上老年人口比例上升到接近7%，开始步入老年型；2000~2040年老龄化程度累进加速上升，2040年可达18%左右，超过目前人口老龄化最严重国家水平，超过届时发展中国家4~5个百分点，超过世界3~4个百分点。人口老龄化将对储蓄、投资、消费等经济发展，传统、伦理、道德、文化等社会发展产生重要影响，是未来发展中不容忽视的一个人口因素；而最重要的则是发展养老保险事业，以应付老龄化"银色浪潮"的冲击，渡过老龄化严重阶段难关。我们的困难在于相对经济不够发达，老龄化来临具有超前性质，二者之间有一个明显的"时间差"，没有条件推行西方国家"从摇篮到坟墓"的那种全方位的社会养老保障。而是应当积极发展社会供养，继续提倡家庭子女供养，适当组织

---

    * 原载《瞭望》周刊《知名人士纵论中国的机遇与挑战》，1998年第33期。

老年再就业自养，集社养、家养、自养于一体，建立"三养"结合和互相补充的养老保障体系。人口年龄结构老龄化是生育率下降后通向人口零增长路上不可超越的必要阶段，一定程度的人口老龄化是必需的；只是要面对中国特殊的"时间差"，积极稳妥地推进养老保障制度改革，迎接"银色浪潮"的挑战。

人口城市化系指乡村人口向城镇转移，城镇人口比例不断上升的过程。这是经济、社会发展的必然结果，而它的加速进行又推动经济、社会的发展和现代化的进程。这种双向推进最终造成的住房、交通、污染等现代"城市病"，将是各国迈向 21 世纪面临的普遍性问题。

中国原本是一个农业国家，城市化水平很低，20 世纪 80 年代以来城市化步伐加快，目前上升到占 30% 左右，是发展既迅速又比较健康的历史时期。据预测 2000 年城市人口比例可上升到占 35.0%，2025 年可上升到占 68.1%，大致在 21 世纪 20 年代初赶上并超过世界总体水平。随着中国经济保持快速增长和产业结构的较快变动，人口城市化的步伐会有所加快，这是现代化建设的需要，但是面对中国基本国情，城市化步伐不可能太快，它必须同产业结构的升级相适应。而对于一个时期以来居高不下的流动人口"民工潮"，应当"三三制"分流：以农业栽培业为主的农村剩余劳动力，向林、牧、渔业广义农业转移 1/3，向乡镇企业转移 1/3，向城市"农转非"转移 1/3。通过源头"截流"和乡镇"分流"，改变农村剩余劳动力大多盲目流入城市的现状，亦可有效缓解城市职工下岗和失业的压力。

面对我国人口的变动趋势和问题，应变和解决的基本方略是可持续发展，摆正人类在自然界的位置，或曰"回归自然"的可持续发展。

人口与市场经济

市场经济条件下的人口问题和
人口科学研究*

中国人口科学经过十几年、近 20 年的恢复和发展，在一些方面已站到学科的前沿，取得突出成绩。下一步如何深入？笔者以为紧紧把握住社会主义市场经济体制的建立和完善，探讨这一过程中的新的人口问题，通过理论与实践相结合的研究得以升华，是关键所在。

一

中国自 20 世纪 70 年代后期实施改革开放以来，由"计划调节与市场调节相结合"到"社会主义商品经济"，再到"社会主义市场经济"，经济体制改革的目标终于确定下来。无疑，这不仅对国民经济发展会产生直接的作用和影响，而且对整个社会的物质生活、精神生活、文化生活都会产生深刻影响。对人口生产有无影响，影响到何种程度，当然目前和今后相当长时间主要是人口数量的控制，也是本文重点阐述所在，大致有如下三种观点。

一为社会主义市场经济与人口生产、计划生育属于不同的范畴，后者不受市场规律和市场活动支配，不要硬把二者强行拉到一起。其主要理由：一是市场经济并不排斥一定程度的经济自身发展的计划性，市场经济高度发达国家均实行政府计划性导向的干预，更不排斥人口生产的计划；二是我国控制人口增长今后仍将坚持以行政手段为主，而不能采取市场机制，二者属于不同的范畴。

二为将人口生产尤其是人口控制纳入市场经济体制，人口管理同市场经济接轨，推向市场。主张计划生育中的人口目标管理实行"指导性计划"，

---

* 本文为提供"第六次全国人口科学讨论会"论文，原载《中国人口科学》1994 年第 1 期。

生育行为家庭化，推行类似西方国家的"家庭计划"。

三为人口生产和计划生育本身虽属非市场范畴，但市场经济的制约和影响不可低估，需要寻求改革，逐步建立同市场经济相适应的人口调控机制。

笔者赞成最后一种观点，且有其形成和发展的过程：20 世纪 70 年代后期致力于人口理论的拨乱反正，力主为马寅初先生的新人口论平反；80 年代转入人口发展战略研究，阐发以人口控制为重点实行人口数量控制、素质提高、结构调整相结合的战略思想，前半段侧重人口数量控制研究，后半段侧重人口年龄结构老龄化研究；80 年代末重点转向微观人口经济学研究，吸取国外已有科学成果成分并同我国的改革开放相结合，阐发孩子的成本—效益理论及其在中国的实践，探索在社会主义商品经济、市场经济条件下解决人口问题的新思路。得出的基本结论如下。

第一，中国自 20 世纪 70 年代以来控制人口增长取得的突出成绩，主要是贯彻实行计划生育政策的结果。它既不同于西方发达国家出生率随着经济、文化发展自然而然地下降，也有别于当代某些发展中国家的"家庭计划"，而是根据中国人口、资源、经济发展、社会结构制定的一项基本国策。为了保证这一基本国策的落实，20 多年来在具体政策上有过一些调整，但从严控制人口增长的基本精神，以宣传教育为主的基本要求，各级领导总负责的基本做法等来看始终坚持如一。因此，以人口控制为核心的人口生产管理，从总体上看不属于市场经济范畴，而属于行政管理范畴，主要运用的也是行政管理手段。在当前市场经济条件下，这种行政管理体制和手段仍须坚持，不可盲目地将人口生产"推向市场"。

第二，强调政策因素在中国人口生育率下降中的作用，并不等于忽视经济因素对生育率转变的影响。由中国社会科学院人口研究所协调有关单位完成的中国 1992 年家庭经济与生育 10 省市抽样调查表明，加权汇总的家庭人均月收入同妇女生育子女数成反比，家庭人均月收入在 25 元以下的平均生育 2.64 个孩子[1]，26 元~100 元的生育 2.37 个孩子，101 元~300 元的生育 1.93 个孩子，301 元以上的生育 1.79 个孩子[2]。20 多年来尤其是改革开放以来，随着国民经济的发展，城乡居民收入有了较大幅度的增长，1978 与

---

[1] 田雪原：《中国 1992 年家庭经济与生育 10 省市抽样调查报告》，提交《中国家庭经济与生育国际学术研体会》论文。

[2] 田雪原：《中国 1992 年家庭经济与生育 10 省市抽样调查报告》，提交《中国家庭经济与生育国际学术研体会》论文。

1991 年比较农民家庭人均纯收入由 134 元增加到 709 元，城镇居民家庭人均收入由 316 元提高到 1544 元①，其对生育率下降的影响是不可忽视的。而经济体制改革中家庭经济职能的变化、市场和人才竞争的加剧、人口城市化步伐的加快、流动人口的膨胀、人们生育观念的更新等对生育率变动的影响更为深刻，本文后面将专门论述。所以，尽管人口生产属非市场范畴，但受经济发展和市场经济体制建立的影响不容忽视，否则就会陷入被动。

第三，从发展和动态上观察，虽然经济的发展和市场经济体制的建立是一个很长的过程，但是已经开始走上轨道，其对人口控制和整个人口生产的制约作用和影响呈增强的态势。同这种态势相适应，在家庭生育决策选择中，利益调节的作用有被强化的趋向，行政调节的作用则有被弱化的趋向。这种消长趋向向我们提出了一个严肃的问题：必须在全面分析市场经济对人口控制和整个人口生产有利及不利影响的基础上，作出相应的调整，寻求改革的出路。

二

从本质和长期发展战略上考察，确立社会主义市场经济体制对人口控制和其他人口问题的解决，将产生越来越明显的积极作用和有利影响。主要表现如下。

其一，市场经济体制的建立和不断完善，必将大大解放生产力和发展生产力，为人口问题的解决创造新的物质基础。众所周知，中国的经济改革先由乡村的联产承包责任制开始，形成"乡村包围城市"的态势。随后城市改革一步步深入展开：从扩大企业自主权到多种形式承包制，从独资、合资、外资到股份制企业，改革之路一步步踏上市场经济轨道，终于在党的十四大提出建立社会主义市场经济体制改革目标。实践证明，建立生产经营自主化、经济活动市场化、宏观调控中介化、经营管理规范化的市场经济体制，是摆脱过去高度集中统一计划经济"一统就死，一放就乱"困境的合理选择，相比之下更有利于人、财、物各种资源的合理配置，使国民经济变成源头活水，更有利于社会生产力的发展。改革开放以来，1979～1991 年国民生产总值年平均增长 8.6%，国民收入年平均增长 8.4%，居民消费水

---

① 《中国统计年鉴 1992》，中国统计出版社，1992。

平年平均增长 6.5%①，在世界性经济不景气中唯我"一枝独秀"就是证明。毋庸赘言，人口问题特别是人口和劳动力过剩一类人口压迫生产力问题，说到底是经济问题，是社会生产力发展水平问题。社会主义市场经济体制为国民经济发展注入新的活力和动力，也为以人口数量控制为主的全部人口问题的解决提供新的物质基础，产生越来越大的作用。

其二，劳务（劳动力）市场的形成和完善，人才竞争的加剧，从发展上看，正诱使家庭由投入孩子的数量成本向质量成本转移。当前，由于经济发展水平和市场化程度的不同，一些地方中、小学生流失，厌学之风有增无减；另一些地方，主要是经济发展水平和市场化程度较高的地方，人们的生育偏好已经发生由追求孩子的数量向追求孩子的质量转移，由投入孩子数量成本向投入孩子质量成本，尤其是用在孩子教育上面质量成本的转移。中国1992 年 10 省市家庭经济与生育抽样调查表明，全国加权汇总家庭愿将子女培养到小学、初中、高中、中专、大专、大学、研究生和没有要求 8 个层次，所占比例依次为 3.6%、18.8%、16.8%、9.6%、6.5%、29.2%、3.1% 和 12.3%②，比例最高为培养到大学毕业，其次为初中毕业，再次为高中毕业。这说明在市场经济条件下，已有相当一部分人认识到市场的竞争归根结底是人才的竞争，舍得进行家庭人口智力投资，"望子成龙"很自然地同市场经济联系起来。劳务（劳动力）市场是市场经济的一个组成部分，随着整个市场经济体制的建立和不断完善，人才的竞争更显得突出，人口质量成本增加到一定阶段会有一个质的飞跃，促使人们由多生多育型转向少生优育优教型。

其三，商品和市场经济的发展，使孩子养老—保险效益下降。这有如下三方面的情况。

一是市场经济体制的建立和国民经济的高速成长、劳动生产率的提高和社会积累的增加，为国家、企业和不同社会组织举办老年社会保障事业奠定了基础，养老社会化趋势增强。尤其是富裕起来的乡村，大都程度不同地兴办起养老保障事业，削弱了子女养老的地位和作用。

二是按现行离、退休政策规定不享有老年退休金的个体、集体企业职工，乡村广大劳动者，在富裕起来以后，有能力为养老储备一笔资金，投保养老保险。据统计，全国养老金保险费 1991 年达到 331378 万元，为 1985

---

① 《中国统计年鉴 1992》，中国统计出版社，1992。

② 参见田雪原《中国 1992 年家庭经济与生育 10 省市抽样调查报告》。

年的 18.8 倍①，足见增长之迅猛。数以千万计的劳动者的未来养老将脱离子女供养的传统轨道，孩子的养老—保险效益相对下降。

三是"养儿防老"传统观念淡化。商品和市场经济发展之后，对人们的思想是一种潜移默化的巨大销蚀剂，它改变着人们的价值观念，使感情色彩的东西贬值，传统的赡养父母老人观念在一部分人的头脑中淡薄下来，拒不赡养的案件增多，使人们对子女的养老—保险效益期望值下降。

其四，人们为了在激烈的市场竞争中获得胜利，不得不投入更多的精力，使闲暇时间减少，自然逗孩子取乐的时间也随着减少。同时，由于市场经济的紧张性和多样性、多变性，"三十亩地一头牛，老婆孩子热炕头"把孩子作为主要精神慰藉的小农乐趣也开始更张改弦，被更富有刺激性、科学性的现代娱乐方式所取代，孩子作为"天伦之乐"精神效益下降的势头，在市场经济高度发达的地区亦较明显。

其五，市场经济诱使人们将更多的财力用于市场竞争，用于提高竞争本领的自我发展，而不愿更多地用来养育子女。人口学中有一种称之为社会"毛细管理论"认为：在家庭收入一定的条件下，用在父母生存、发展和享乐需要部分越少，用在生育子女上面部分就越多，好比一个 U 型管连通器，此消彼长，此种情况下必然是多生多育；相反，用在父母需要部分增多，用在生养孩子部分就要减少，此种情况必然导致少生少育。市场经济体制建立将强化社会"毛细管效应"，从根本上动摇"多子多福"的传统生育观，有利于控制人口数量的增长。

其六，市场经济因推进产业结构合理化和加速人口城市化进程，为人口控制和其他人口问题的解决创造了有利条件。其实城市与市场原本有着天然的联系：在汉语里，城原意是都邑，四周为防御而修建的城垣，后发展为泛指都邑本身；市指集中做买卖和进行交易的场所，《易·系辞下》中说："日中而市"，市毕即自行散去，原来并无全日制的市场。在城市发展过程中，也同商品经济发达程度分不开，同市场发达程度分不开。建立社会主义市场经济体制，促使农业由过去单一型经营向多种经营方式转变，由自给半自给向商品经济转变，广大农民直接进入市场，进入城镇，成为"离土不离乡"或"离土又离乡"的实际上的城镇人口；而城镇工商业活跃起来之后，特别是城乡之间交流的扩大和第三产业发展的需要，吸引着大批农业剩余劳

① 《中国统计年鉴 1992》，中国统计出版社，1992。

动力转移过来，乡镇企业异军突起，人口城市化速度之快前所未有。而城镇人口出生率和自然增长率远较乡村为低，人口城市化的加速进行终将人口控制和其他人口问题的解决，引入一个新的阶段。

应当指出，上述市场经济对人口生产作用的几个方面——人口生产赖以进行的物质基础、边际孩子成本与效益、人口城市化进程——是紧密相连和互相促进的。市场经济发展越完备，越能促进社会生产力的发展和改变人口生产的物质基础，越是有利于边际孩子效益的下降和质量成本的上升，越能有效地加快人口城市化的步伐。某一方面取得进展固然有益，但成效可能不一定显著；只有当这几个方面都取得进展，市场经济对人口控制和整个人口问题解决的威力才能真正释放出来。因此要用发展的观点、历史的观点看待市场经济为中国人口问题的解决提供的机遇，将其视为较长时间的发展过程，不可能取得同步式的立竿见影效果。一般来说在市场经济发展初期，上述积极作用和有利影响不易充分发挥出来，而某些方面的消极作用和不利影响反倒比较突出，更应引起关注。

三

当前，市场经济建立初期对人口控制和其他人口问题的解决带来的消极作用和不利影响，主要表现在以下几个方面。

首先，同市场取向相关联的孩子成本—效益作用的不利倾斜。主要表现在如下几方面。

其一，边际孩子劳动—经济效益升值。改革开放和走向市场经济，乡村以联产承包责任制为主要形式的建立，使丧失已久的家庭的生产职能得以恢复。城镇个体、合营一类工商业的兴起，也使相当一部分家庭具有不同程度的生产和经营的职能。这类生产和经营职能得到恢复和扩展的家庭，对劳动力尤其是男性劳动力的需求变得比较迫切，孩子劳动—经济效益增值是这类家庭超生的重要原因。虽然孩子生下来要经过十几年以后才有可能成长为劳动力，似乎远水解不了近渴；但是在他们从劳务市场上取得劳动力来源后，如果同时生产出归自己家庭所有的指日可待的劳动力，在小生产者看来是最可靠、最廉价、最划得来的，对那些缺少男性劳动力的家庭来说更是如此。

其二，孩子养老—保险效益的反向变动。前面曾经论及，从根本上讲市场经济的建立会使孩子养老—保险效益下降，它的前提是老年社会保险的增强——老年人口和现在从事劳动的未来老年人口中自身养老能力的增强。这种情况已经出现，在沿海和内地一些经济高度发达、市场经济比较完备的地方，孩子养老—保险效益的下降已相当明显。然而在经济发展水平和市场化程度不高的广大地区，传统的子女养老仍占据主导地位，把生儿子作为将来养老的主要手段。在乡村特别在经济比较落后的乡村，相对过去人民公社时期落后的社会生产力来说，"敬老院""老年之家"一类养老保障事业超前发展，免除了相当多无子女的老年人的后顾之忧。改革开放和转向市场经济之后，不乏还有某些养老保障事业办得好的典型，但很多地方大大削弱了，农民从切身感受中体验到还是生个儿子最可靠，重又提高了"养儿防老"效应。

其三，在城乡富裕起来的个体经济家庭中，孩子继承家业的效益显著上升。尽人皆知，我们所要建立起来的社会主义市场经济体制，是在一个封建社会长达数千年，商品经济发展很不完善、1949年以来又长期把商品经济和市场当做资本主义批判的国度内进行的。因此，目前在市场经济中发展起来的个体户，很容易将产业和家业视为同一物，打上封建半封建的家庭包装，遗传给子孙后代。有的为使家业后继有人，不惜一切代价生了几个女孩之后还要再生，大有"不生儿子不罢休"之势。

其四，在孩子成本方面，如前所述，从根本和发展战略上考察，市场经济为提高孩子质量成本主要是用在教育上面的质量成本创造了条件，将在诱导人们由投入孩子数量成本向质量成本转移中发挥关键作用。不过这种转移的发生也要有一个前提，即追加的孩子质量成本能够带来相应的效益。如果说这一前提在某些经济和市场相当发达地区已经具备了的话，当前相当多的地区尚不具备，而在经济不够发达和市场影响又已波及过的地区，率先映入小生产者眼帘的是孩子的市场效应，把孩子推到市场中去赚钱。一些调查表明，这种"学生卖鸡蛋"现象在中小学生流失中所占比例最高，是流失的主要原因。

其次，发生了生育观念和生育行为市场化的偏向，即以金钱标准衡量和婚育金钱交易的倾向。

中华人民共和国成立后，曾经卓有成效地消除了旧社会遗留下来的买卖婚姻、卖淫嫖娼、拐卖妇女等丑恶现象。然而近年来随着改革开放和市场经济的发展，某些人变成货币拜物主义者并将其引入婚姻和家庭关系中来，旧社会的那些丑恶现象死灰复燃，并且出现了新的离婚率升高、婚外恋增多、未婚先孕上升等新问题。这种新旧现象交织在一起，兼具"传统"和"现代"双重特色，解决起来难度颇大。据某报报道，深居太行山区某农民学着生产专业化办法，发展成为"产子专业户"：让想买"议价儿"的男子来家小住与其妻子、女儿生育儿子（女儿价格要低得多），几年光景由一个贫困户变成数万元暴发户。这是极端的个别例子，但由拐卖妇女、婚外恋、离婚后再生等意外生育引起的超生问题，近年来上升较快，某些地区则具有一定的普遍性。

再次，管理跟不上市场经济和人口变动的新情况。

市场经济对人口生产的制约和影响，许多在量上难以作出准确的估计，形成一时间管理跟不上客观变化形势的矛盾。主要表现如下。

一是流动人口激增同管理跟不上的矛盾。随着改革开放和市场经济的发展，流动人口大量增加，目前估计全国在 5000 万 ~ 8000 万人，其中北京、上海、广州等大城市日流动人口量超过 100 万人，出现空前规模的流动人口大军，给人口控制带来新的难题。主管部门对此已制定出一定的管理办法，并且取得不少成效，但由于流动人口流动性大的基本特点，管理起来仍旧十分困难。对于同一流出地且流入相对比较集中的地方，如浙江省温州市流动人口之流向北京、广西、云南等，流出地派人到各地的"温州村"进行管理，有的还成立了专门的计生管理组织和计生协会，收到不小效果；然而，一是这样的遥控和长途跋涉开支甚大；二是流出地和流入地如此集中的流动人口群所占比例毕竟很小，多数地方无法效仿，只好依靠流入地。流入地管理起来确实有不少困难而且又要增加人力、物力、财力支出，形成额外负担。这样从总体上看，存在着流出地和流入地都在管、但都很难管好、投入很大和效益不够高的矛盾。

二是客观上要求强化管理同管理自身弱化的矛盾。面对市场经济条件下的人口问题，客观上需要强化人口管理，尤其是计划生育管理。然而市场经济的发展却有使管理弱化的可能：各级领导的精力更多地转向经济，转向市场，抓人口生产相对减弱；主管部门的人力，包括机构改革中的稳定和工作人员的某种市场取向，都产生了新的情况和问题；财力和物力也有更多流向市场经济，希望带来价值增值倾向，不同程度地影响到管理"硬件"的现代化，削弱了管理的手段和力量。

三是出现了新的特殊问题和矛盾。如 B 超胎儿性别鉴定屡禁不止，一个重要原因是罚款失效：接受 B 超鉴定者自动分担罚款，使 B 超技术与生育交易市场化。又如城市高级公寓日渐增多，某些经理、"大款"雇有保镖长期居住，给计生管理增加很大难度。随着市场经济和价值观念的改变，这类特殊问题还会不断增加，给市场经济条件下的人口控制和人口科学研究提出了新的课题和任务。

四

上述情况表明，市场经济对人口生产的影响不仅存在，而且其作用的强度和范围在不断加大和扩展，成为当前人口研究的首要问题。我们的研究要想取得切实成果，就要充分利用市场经济提供的丰富素材和生动的活动舞台，积极探索，勇于实践，用新的思想在继承和结合上实现新的突破。

继承。首先是认真总结马克思主义经典著作关于市场经济与人口的科学论述，用科学的世界观和方法论指导我们的研究工作。马克思和恩格斯以唯物史观为导线，从商品分析入手，揭示了生产的社会化和生产资料资本家占有之间的矛盾，对当时的市场经济作出精辟阐述，并在阐述中论证了资本主义相对人口过剩的规律。中国革命胜利后40多年，特别是近15年来的改革开放走向市场经济，产生了新的理论和实践，邓小平同志则给予创造性地概括，指出计划与市场"不是社会主义与资本主义的本质区别"，"必须大胆吸收和借鉴人类社会创造的一切文明成果，吸收和借鉴当今世界各国包括资本主义发达国家的一切反映现代社会化生产规律的先进经营方式、管理方法"等，为建立社会主义市场经济奠定理论基础，也为研究市场经济条件下的人口问题以有力思想武器。

马克思和恩格斯对当时资本主义条件下的市场经济以及人口问题作出光辉论述，然而自他们逝世后100多年来的世界形势发生了很大变化，尤其是第二次世界大战后新技术革命的兴起，给了资本主义以新的发展机会，发达国家"后工业化"或"再工业化"带动国民经济高速增长，现代市场经济增加了许多新的特点，最突出的是政府的干预明显增强。在这种情势下，探索人口和经济变动之间的相互影响、人口投资的经济效应、家庭规模与孩子成本—效益等的人口经济学，也迅速发展起来。20世纪60年代以前的人口经济学侧重于宏观，60年代以来更多地转向微观，实用性明显增强。这中间的许多研究，如增长极限论、新适度人口论等虽有不少可取之处，但从总体上看是虚无缥缈的；另有许多研究，特别是微观人口经济学中关于家庭规模和孩子成本—效益等的研究，尽管存在某些不妥之处，但是将人们的生育行为与利益选择结合起来，从本原上揭示人们的生育动机及其生育子女数量的家庭决策，则有相当普遍的意义。我们研究市场经济条件下的人口问题，对西方人口经济学已经取得的成果要作出具体分析，排除非科学的东西，借鉴其合理的科学成分。

结合。即理论联系实际，运用马克思主义及国内外一切有用科学成果同中国的实际情况相结合。当前这种结合要注意以下两方面的实际情况。

一是空间的不平衡性。所谓空间不平衡是指城市与乡村之间、地区与地区之间的不平衡性形成的市场经济与人口生产的差异。由于目前城乡之间在经济、文化、社会生产等诸方面表现出明显的差别，市场经济对控制人口和其他人口问题的积极作用和有利影响，城市比乡村强烈许多：一方面是边际孩子劳动—经济效益、养老—保险效益等的迅速下降，另一方面是边际孩子成本上升，发达城市孩子净成本已为正值，家庭已具备由投入孩子数量成本向质量成本转移的现实基础，使生育率长期持续下降。在乡村，从总体上看孩子的主要效益仍在上升，成本方面又缺乏刺激孩子质量成本增加的机制，使得边际孩子净成本保持负值，多生多育有着明显效益，这是形成乡村生育率较高的根本内在原因。地区之间的差别也值得重视，总体上是经济、文化较为落后的广大西北部地区，市场经济对人口的不利影响比较突出；而经济、文化较为发达的东南沿海地区，市场经济对人口的有利影响已经开始发挥。因此研究市场经济条件下的人口问题，需要充分注意到城乡之间、地区之间在经济、文化、市场发育程度等的不平衡状况，从实际出发作出中肯的分析。

二是时间的延续性。即将时间作为一个序列看待，从动态上去研究。如从总的趋势上看，是经济和文化发展水平越高，市场经济越完善，生育率就越低。然而实践上存在站在市场经济前沿，经济和文化发展较快的某省的生育率却比较高。从某一年的时点上看是如此，若将时间序列展开，就会发现，近年来生育率一定程度的下降表明，市场经济对控制人口生产的积极作用正在显示出来。事实上市场经济对人口的正效应的发挥需要一个过程，我们要从动态和发展意义上去把握。

社会主义市场经济是一件前无古人的事业，其对人口控制和其他人口问题的积极作用和消极作用、有利影响和不利影响并存，呈现错综复杂的情况，使人口科学研究的任务变得更为艰巨。面对这一艰巨任务，需要在强调以马克思主义的立场、观点、方法，观察和开展科学研究，强调借鉴西方已有研究的科学成果的同时，特别强调理论同实践相结合，强调深入实际，调查研究，解放思想，实事求是，这是能否正确探索出市场经济条件下人口变动规律的关键，将人口科学研究提高到一个新的水平的关键所在。

参考文献

[1] 《邓小平文选》第 3 卷，人民出版社，1993。

[2] 彭珮云：《关于当前人口形势和计划生育工作的指导方针》，《人口与计划生育》，1993 年 3 月。

[3] 田雪原：《市场经济体制下的人口控制》，《中国社会科学》1993 年第 6 期。

[4] 谢明道：《试论社会主义市场经济的发展对计划生育工作的影响及对策》，《人口与计划生育》1993 年第 3 期。

[5] 李竞能：《全面认识社会主义市场经济对人口控制工作的影响》，提交 1993 年《社会主义市场经济与人口控制研讨会》论文，下同。

[6] 彭志良：《试论社会主义市场经济下的计划生育》。

[7] 顾耀德：《论市场经济条件下继续坚持生育的计划性》。

[8] 张学梅：《计划生育工作必须适应、服从、服务于社会主义市场经济建设的需要》。

[9] 黄公元：《浅析市场经济条件下的人口控制》。

[10] 王瑞梓、泮祖先：《试论市场经济与人口控制》。

生育转变与市场经济

——对海峡两岸有关人口现象的分析[*]

> 人口学研究常常注重人口现象的描述，但笔者以为人口现象不过是经济、社会常青之树结出的一只果实而已。

中国作为世界上人口最多的国家由来已久。更远且不论，1950 年进入 20 世纪中叶伊始，大陆和台湾已共有人口 56661.4 万人，占当时世界人口的 22.5％。到 1992 年增加到 119246.2 万人。增长 1 倍有余，但占世界人口比例却降至 21.8％，减少了 0.7 个百分点。减少的 0.7 个百分点非比寻常，如果 1992 年仍维持原来的比例，中国人口就要多出 4032.3 万人；更为重要的是，它表明中国人口慢于世界人口增长速度，目前已进入较低增长行列，同发达国家比较接近。这表明我们正在经历一场前所未有的生育转变。就海峡两岸比较而言，这种转变有相似之处，也有很大不同。从宏观上的考察，在台湾发生的基本上是西方发达地区经历过的转变；在大陆发生的则令一些人神往，是在经济不够发达条件下。本文着力阐发其独具特色的转变。

一 生育的转变

人口学一般将人口再生产类型分做高出生、高死亡、低增长，高出生、低死亡、高增长和低出生、低死亡、低增长三个阶段。由第一向第二阶段过渡是死亡率下降引起的，由第二向第三阶段过渡关键是出生率下降，而出生率下降的直接原因是生育率的降低。

生育率是衡量生育强度的一项指际，通常以不同性别生育年龄人口的

---

* 本文为提供 "海峡两岸人口现象分析" 学术研讨会论文，1994 年 5 月。

活产婴儿数的千分率计算。但是由于直接的生育行为属于女性，因此多数以女性人口尤其是育龄妇女作基准来计算生育率。应用较多的有育龄妇女的年龄别生育率、一般生育率、累计生育率、终身生育率、总（和）生育率等。其中总（和）生育率（TFR）的应用率很高，目前公认的定义为育龄妇女年龄别生育率之和，当然是正确的。然而它还有另一层定义，即假定某一个（或组群）育龄妇女按照某一不变的年龄别生育率生育模式通过其全部生育期所生子女数。当然单独一个育龄妇女不可能这样生育，这是一种理论和逻辑上的抽象；可是它却给予一个清晰的理论概念，消除把总（和）生育率简单地等同于妇女所生子女数，舍去假设前提的误区。并且，这一定义也给我们探讨稳态人口下生育率的相对稳定，寻求理想生育目标以方法论上的意义。故在笔者的论著中均采用总生育率（TFR），而不用总和生育率字样。

历史上中国的生育率就比较高。春秋战国时期《韩非子·五蠹》篇中说："今人五子不为多，子又有五子，大父（祖父）未死而有二十五孙"便是这种高生育率的真实写照。历代封建王朝统治者都将人丁兴旺作为追求的目标，国家富强的象征，高生育率受到青睐，到1950年大陆总生育率（TFR）在5.0左右，台湾省在6.0左右。1950年以来海峡两岸的总生育率变动，如图1所示。

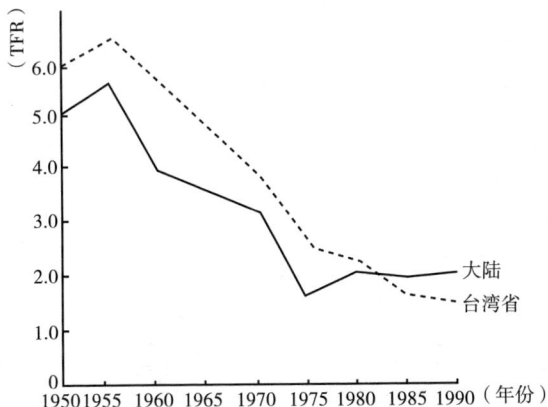

图1　1950～1990年大陆与台湾省总生育率下降比较

由图1看出，40年大陆与台湾的总生育率下降有着基本相同的趋势，只是 1950～1990 年大陆由 5.0 下降至 2.25，降低 2.75；台湾由 6.0 下降至 1.68（1989 年），降低 4.32，比大陆下降更为急速一些罢了。① 20 世纪 90 年代以来大陆的总生育率进一步下降，目前已降至 1.90 左右。所以按总生育率在 4.0 以上为高生育，2.1～4.0 为中生育、2.1 以下为低生育划分、大体上大陆在 20 世纪 50 年代为高生育时期，60 和 70 年代为中等水平生育时期。80 年代开始步入低生育时期；台湾省在 50 和 60 年代处于高生育时期，70 年代处于中生育时期，80 年代即转向低生育时期。

考察中国的生育转变尤其是大陆人口的生育转变，除上述基本趋势外，尚须注意结构性差异的特点。主要特点如下。

一为城乡之间的结构性差异。这种差异最明显地反映在一般生育率即育龄妇女生育率及其孩次分布上。根据人口普查提供的资料，1989 年市一般生育率为 54.19‰，其中第一个孩子比例为 65.98%；县一般生育率为 88.75‰，其中第一个孩子比例为 44.41%。按市、镇、县排列，妇女的生育率依次升高，镇比市高出 5.87 个千分点，县比镇高出 28.69 个千分点；生育第一个孩子所占比例依次降低，镇比市下降 5.34 个百分点，县比镇下降 21.57 个百分点②。从总体上观察，市与镇差距较小，市镇与县差距较大。

二为地区之间的结构性差异。1990 年普查育龄妇女的一般生育率为 79.54‰，低于这一水平的有 11 个省、自治区、直辖市，高于这一水平的有 19 个省、自治区。其中最低为上海 41.132%，其次为北京 47.41‰，再次为浙江 52.67‰，辽宁 53.73%；最高为西藏 121.54‰，其次为海南 103.36‰，再次为新疆 98.96‰，河南 97.26‰③。从总体上看，由西向东形成生育率由高至低倾斜之势，地区结构性差异比较明显。

三为不同文化层次之间的结构性差异。1990 年普查提供的 1989 年不同文化程度育龄妇女的一般生育率分别为：文盲和半文盲 67.55‰，小学 80.87‰，初中 90.97‰，高中 72.18‰，中专 44.74‰，大学专科 61.18%，大学本科 39.92‰。看起来育龄妇女文化程度同生育率高低之间没有形成逐层次反比关系，而是以现有初中文化程度为生育率最高点，形成"两头低中间高"的状态，除中专情况特殊外，这同以往的传统认识有矛盾，不过分析

① 《中国人口年鉴1985》，中国社会科学出版社，1986；《中国人口年鉴1989》，科学技术文献出版社，1989；《中国人口·台湾分册》，中国财政经济出版社，1990；柴松林：《1986～1990年台湾地区人口变动状况综述》，《中国人口年鉴1991》，经济管理出版社，1992。
② 《中国1990年人口普查资料》第3册，中国统计出版社，1993。
③ 《中华人民共和国国家统计局关于1990年人口普查主要数据的公报》，1991年7月。

一下孩次构成便茅塞顿开。以文盲、半文盲和现有初中文化程度育龄妇女生育率而论，虽然后者较前者一般生育率高出 23.42 个千分点，但文盲、半文盲生育第一个孩子所占比例为 30.42%，第二个孩子为 31.61%，第三个孩子 20.30%，第四个孩子为 9.73%，第五个孩子及以上为 7.95%；而初中生育第一个孩子比例为 57.08%，第二个孩子为 30.96%，第三个孩子为 9.18%，第四个孩子为 2.09%，第五个孩子及以上为 0.7%。二者相比文盲、半文盲育龄妇女生育第一个孩子比例比初中低 26.66 个百分点，第二个孩子高 0.65 个百分点，第三个孩子高 11.12 个百分点，第四个孩子高 7.65 个百分点，第五个孩子及以上高 7.25 个百分点[1]。结论是：文盲半文盲育龄妇女一般生育率低于初中水平育龄妇女，但二孩比例即开始超出，三孩以上多孩率竟超出 26.01 个百分点，可谓各层文化育龄妇女中"超生大户"之最。

四为不同职业之间的结构差异。1990 年普查按职业大类划分的育龄妇女一般生育率分别为：各类职业总计 82.50‰，专业技术人员 59.23‰，国家机关党群组织、企事业单位负责人 20.41‰，办事人员和有关人员 49.39‰，农林牧渔业劳动者 93.86‰，生产工人、运输工人和有关人员 49.68‰，不便分类的其他劳动者 64.84‰[2]。大致的状况是：第一产业育龄妇女的生育率最高，第二产业次之，第三产业较低；如以"蓝领"和"白领"职工区分，则"蓝领"要高出"白领"许多。

二　基本经验

中国在较短时间内实现由高生育率向低生育率的转变，原因是多方面的，并且大陆与台湾的情况有所不同。影响生育率变动的原因很多，不过依据唯物主义见解，归根结底是由经济的原因决定的，是社会经济发展一定阶段的结果。台湾生育率的下降，可以说是由于社会经济、文化发展造成孩子成本—效益改变，人们由追求孩子数量向追求孩子质量转移的合乎逻辑的发展。大陆生育率的下降，政府大力推行计划生育起了关键的作用，但笔者以为经济的发展仍然是基础，是严格控制人口增长政策得以实施的基础。由于资料的残缺不全，这里探讨海峡两岸经济增长与生育率下

① 《中国 1990 年人口普查资料》第 3 册。
② 《中国 1990 年人口普查资料》第 3 册。

降时，台湾的经济增长使用的是国民生产总值，以 1951 年 802 亿新台币按不变价格进行计算。大陆原来的统计无国民生产总值项目，近年的统计增加了该项目，但仅仅向前推移到改革开放前夕的 1978 年。不过这样一来，便可从 1978 年以来国民生产总值与社会总产值、国内生产总值、国民收入等的变动中计算出大致的比率，如计算结果表明，国民生产总值与社会总产值的比率为 0.459 左右。为了说明经济发展与人口变动的关系，经济发展怎样制约生育率的变动，有必要提出经济人口增长倍率（简称经人倍率）概念，它定义为国民经济（一般采用国民生产总值）增长率与人口增长率之比。如以 E' 代表经济增长率，P' 代表人口增长率，R' 代表经济人口增长倍率，则：

$$R' = \frac{E'}{P'}$$

这里有三种情况可能发生：一是 $R' > 1$，即 $E' > P'$，经济的增长率大于人口增长率；二是 $R' = 1$，即 $E' = P'$，经济的增长率等于人口增长率；三是 $R' < 1$，即 $E' < P'$，经济的增长率小于人口增长率，如图 2 所示。[1]

图 2 表明，无论是大陆还是台湾省，也无论是 20 世纪 50 年代、60 年代还是 70 年代、80 年代，R' 均大于 1，即人均国民生产总值呈上升趋势。不过大陆与台湾有所不同：大陆在 20 世纪 60 年代经济发展遭到挫折，国民生产总值与人口年平均增长速度几乎持平，前者仅略高于后者；台湾则表现出

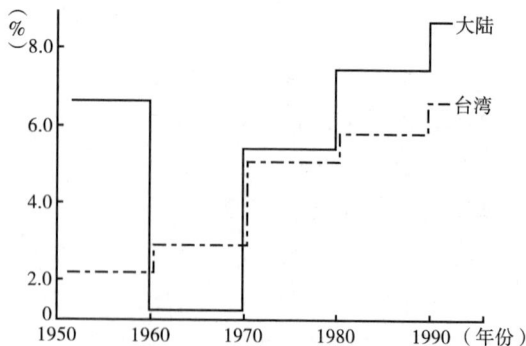

图 2　1951～1992 年大陆与台湾经人增长倍率比较

---

[1] 《中国人口统计年鉴 1992、1993》，中国统计出版社；《中国人口·台湾分册》。

R'值的稳定上升，每 10 年均上升到一个新的水平。具体说来，在大陆，50年代 $R' = 6.68$，主要是经济的高增长率造成的，人口增长率年平均达到2.26%，亦比较高；20 世纪 60 年代人口增长率有所下降但下降不多，而经济增长率年平均不足 2%，使得 $R' = 1.07$；70 年代经济增长率有了比较大的提高，人口的年平均增长率下降到 1.7%，使得 $R' = 5.45$；80 年代一方面经济增长率大幅度上升，另一方面人口增长率下降到年平均只有 1.46% 的较低水平，使得 $R' = 7.47$；1990 年、1991 年、1992 年经济增长达到年平均增长率 10.0% 为最高，依次为 60 年代、50 年代、80 年代、90 年代。最近 3年经济增长率虽然有所下降，但是仍在 6.6% 左右，在西方经济不景气中算是相当高的；而人口的增长率则由 50 年代的 3.65%、60 年代的 3.23%、70年代的 2.00%、80 年代的 1.41% 降低到 90 年代的 1.00%，呈每况愈下之势。正是由于经济和人口增长的这一高一低的作用，才使得 R' 逐步升高。从总体上看，尽管在经济与人口关系上大陆与台湾有着某种差别，但是除20 世纪 60 年代大陆特殊情况外，在 $R' = E'/P'$ 关系式中 E' 始终保持较高水平，对 P' 下降的作用是值得高度重视的。按照美国哈佛大学教授 H. 莱宾斯坦的孩子成本—效益理论和芝加哥大学著名经济学家 G.S. 贝克尔的人力资本理论，长时间的经济持续发展必然导致边际孩子对于家庭劳动经济效益、养老保险效益等的下降，成本主要是用于健康和教育上面的孩子质量成本的上升。这样，家庭受孩子投资效用最大化规律支配，人们的选择偏好便由追求孩子的数量转向追求孩子的质量，由多生多育转向少生优育优教。虽然这样的分析抽象掉了传统、宗教、社会结构等的影响，但它从一个最重要的方面揭示了家庭生育决策的经济动机，抓住了生育的本质，具有一定的普遍性。如前所述，台湾生育率的下降和人口自然增长率的降低，基本上是这种经济—人口发展变动的自然结果。大陆正处在向低生育率转变时期，经济成长的作用正日益明显地表现出来。目前在城市尤其是大中城市和少数经济、文化比较发达的乡村，已经发生了边际孩子对于家庭主要效益下降、质量成本上升、人们不同程度地由追求孩子的数量转变到追求孩子质量的情况，自愿选择少生、优育、优教道路，出现经济与人口增长一高一低的"苏南模式"等类型。就是说，即使在大陆，考察生育率的下降也离不开经济的发展，离不开家庭经济变动之后在孩子成本—效益上产生的影响。

当然，大陆自 20 世纪 70 年代以来生育率的大幅度降低除去经济发展这一客观基础原因之外，主要政府制定了明确的旨在控制人口增长的政策，认真实行计划生育的结果。

基于人口与粮食、资源、工业化、环境的矛盾，减轻人口对现代化建设的压力，自 20 世纪 70 年代以来大力实施了控制人口增长的政策。据统计，中国大陆土地面积为 960 万平方公里，相当于除南极洲外世界土地面积的 7.1%，耕地也占世界耕地的 7%。

除此之外，人口却占到 21% 强，致使人口密度达到世界的 2.9 倍，耕地和其他农业资源颇感不足；矿产资源比较丰富，但人均占有量却比较低；经过 40 多年的建设，煤、水泥、电视机、棉布等的生产量在世界上已居首位，钢、发电量、化纤、化肥等的产量也已名列前茅，但按 12 亿人口人均产量计算则又名落孙山了。[①] 因此，要想彻底摆脱贫困落后面貌，使中华民族真正立于世界自强民族之林，必须在发展经济、推进社会进步的同时，严格控制人口的过快增长。事实上早在 20 世纪 50 年代就有过不少节育的主张，政府也曾提倡过节育，只是没有推广起来，60 年代又被那场史无前例的"文化大革命"搁浅了。进入 70 年代，大陆人口总数突破 8 亿大关，上述矛盾日益突出，迫切感到人口非控制不行，国家计划委员会在编制第四个五年计划时，对城乡人口增长率提出具体要求，1973 年正式将人口列入国民经济计划，同年成立了国务院计划生育领导小组，并提出"一个不少、两个正好、三个多了"的家庭生育目标和生育"晚、稀、少"的要求。到 20 世纪 70 年代末 80 年代初经过讨论和论证，提出"提倡一对夫妇生育一个孩子"的号召，并且经过 10 年的实践，形成目前的生育政策。即提倡晚婚晚育，少生优生；提倡一对夫妇生育一个孩子。农村中确有实际困难的夫妇间隔几年以后可以生育第二个孩子。少数民族也要实行计划生育，具体要求和做法由各自治区或所在省决定。不难看出，这样的计划生育政策是将控制人口数量增长和提高人口质量放在一起，将少生与优生结合起来考虑；将有效控制人口数量增长、大力提倡一对夫妇生育一个孩子同实际情况相结合，是从城乡、民族等的具体情况出发，而不是"一刀切"的。

20 多年来的实践表明，上述生育政策是行之有效的，并在实施过程积累了比较完整的经验。诸如领导重视，实行人口目标管理责任制的经验；以宣传教育为主、避孕为主、经常性工作为主的"三为主"经验；提高计生干部素质，注重队伍建设的经验；推行技术进步，不断改善基础技术设施的

---

① 《中国统计年鉴 1993》，中国统计出版社，1993。

经验等。实际上，各地从本地区的实际出发，创造了许多丰富多彩、群众容易接受的做法和经验，如四川省的独生子女"两金保险"及其父母的养老保险，辽宁省的计划生育中心户，江苏省盐城地区的少生快富合作社等。这些做法和经验的共同点，是将计划生育与群众的脱贫致富、解决实际生活困难结合起来，使之成为直接造福于民的进步事业，因而受到群众的拥护。相反，不注意或者虽然注意但是解决不够好的做法和措施，取得的效果就逊色一截。实行计划生育需要宣传教育，同时要尽可能地同群众的直接利益联系起来，开展积极的利益导向，则是一条基本的经验。

三 历史机遇

星移斗转，再过6年多时间20世纪即宣告结束。国际学者曾有预言：21世纪是亚太世纪，也有人称之为中国文化圈的世纪。自然这些不足为凭，但有一点是准确无误的：在当今世界经济发展不景气的条件下，中国（包括大陆、台湾）和东亚、南亚某些国家经济却持续高速增长，并且面临新的发展机遇，前景看好。对中国的生育转变来说，无疑也是一个新的机遇。前已述及，由于台湾已基本完成生育率由高向低的转变，以下的阐述则主要分析大陆的情况，分析市场经济给生育转变带来的新的机遇和挑战。

第二次世界大战后新技术革命的兴起，给世界经济、技术发展带来新的生机和活力。改革开放前由于高度集中统一的计划体制造成的封闭或半封闭状态，给经济发展造成严重妨碍。实行改革开放并且明确建立社会主义市场经济体制改革目标，必然影响到经济生活、政治生活、文化生活以及整个社会生活各个方面，人口生产也受到一定影响。需要明确，大陆控制人口增长和实行计划生育本身不属于市场范畴，因此实现现阶段的生育率转变还必须运用以往成功的做法和经验，包括上述领导重视等一整套做法和经验，不能简单地将人口生产推向市场。同时也要看到，随着市场经济体制的建立和不断完善，其对人口生产和生育率变动的作用和影响将以增强的态势表现出来，在人们的生育决策中利益调节有强化的趋势，行政调节则有被弱化的可能。这种消长趋向告诉我们：必须全面分析市场经济对生育率下降的有利和不利影响，以便加以引导，寻求改革的出路。一方面要看到市场经济体制的建立和不断完善必将从根本上解放生产力，促进国民经济快速健康发展，为生育率的继续稳定下降打下基础，使孩子成本—效益变动向着有利于少生、优生、优育、优教方向发展；另一方面也可看到在市场经济建立初期边际孩子成本—效益变动的某些不利倾斜，妨碍着家庭由投入孩子数量成本向质量成本的转移，尤其是在经济发展比较落后和市场化程度不高的地区。从发展角度观察，建立社会主义市场经济体制对生育率下降的作用会随着时间的推移越来越明显地显示出来，这是没有异议的；从现实角度观察，在市场经济体制初期阶段的不利影响则可能表现更突出一些，应当着眼全局，深入调查研究，制定出相应的决策，使之向着有利的方向转化。

参考文献

［1］《中华人民共和国人口与发展报告》，中国人口出版社，1994。

［2］彭珮云：《关于当前人口形势和计划生育工作的指导方针》，《人口与计划生育》，1993 年 3 月。

［3］柴松林：《1986～1990 年台湾地区人口变动状况综述》，《中国人口年鉴1991》，经济管理出版社，1992。

［4］田雪原：《市场经济体制下的人口控制》，《中国社会科学》，1993 年第 6 期。

［5］《田雪原文集》，中国经济出版社，1991。

［6］史成礼：《中国计划生育活动史》，新疆人民出版社，1988。

［7］陈永山、陈碧笙主编《中国人口·台湾分册》，中国财政经济出版社，1990。

市场经济体制下的人口控制[*]

　　本文运用微观人口经济学的孩子成本—效益理论结合改革开放以来我国的新经验新情况，对社会主义市场经济体制下的人口控制机制作了多层面的探讨。文章认为，适应新体制的要求，在微观上，要增大独生子女和计划内生育子女的效益，同时增大超生子女成本，提高脑力劳动者的物质待遇和收入水平，以加大利益调节分量和建立利益调节型人口控制机制；在中观上，要通过发展社区经济、文化和服务，从根本上改变孩子成本—效益作用的客观条件，使之向有利于生育率下降方向倾斜，同时改变人们的生育观念，落实人口政策，以实现人口控制与家庭生育行为利益选择的对接；在宏观上，要在人口政策、发展战略方针、管理机制与措施、人口科学研究与宣传等诸方面，增强政府宏观综合调控的能力。

　　建立社会主义市场经济新体制对中国人口再生产，尤其是对人口数量控制的关系至关重要，它决定着今后人口控制①机制改革的方向。改革开放捷足先登的沿海 2 亿人口和内地若干率先建设市场经济的地区的实践所积累的经验，为探讨这些问题提供了新的思路。

一　微观人口控制：加大利益调节分量

　　按照西方微观人口经济学的孩子成本—效益理论，生产任何一个孩子，从怀胎到成长为正常劳动力，均需支付用于该孩子生活费用、教育费用、婚姻费用等直接成本，以及父母因抚育孩子花费时间减少收入的间接成本。当

＊　本文原载《中国社会科学》1993 年第 6 期。
①　本文所讲的人口控制是针对人口数量控制而言的。

然人们养育孩子的目的不是为了支付成本，而是想从孩子身上取得相应的效益。主要是：劳动—经济效益，孩子成长为劳动力后可为父母和家庭从事一定劳务并带来经济收入；养老—保险效益，农业型国家养老主要靠子女供养；消费—享乐效益，孩子这种特殊"消费品"可带来天伦之乐之类的精神效益。此外还有继承家产的效益、承担家庭事业兴衰的风险效益、安全保卫效益等，但主要是前面一、二、三种效益。从这一理论出发，父母想不想生育某一个边际孩子，取决于对该边际孩子成本—效益的估量：若净成本为正值，不需要；若净成本为负值，需要；若净成本为零，取决于随机因素。在经济发展相同情况下，不同家庭用于同一序列边际孩子的生活费用及其父母支付的间接成本大致相同，这些费用可称之为数量成本或不变成本；而用于该边际孩子医疗保健，尤其是教育方面的支出则不同家庭会相差很大，这些费用可称之为质量成本或可变成本。随着经济的发展，科学技术的不断进步，孩子数量成本相对下降，质量成本上升，人们的选择偏好也会由追求孩子的数量转变到追求孩子的质量，从而生育率下降。尽管人们对这一孩子成本—效益理论评价不一，该理论主要代表人物的若干观点也不尽一致，但是他们将生育行为与家庭经济得失挂起钩来以揭示生育率下降的本原动因的分析方法，则具有普遍意义，对我们分析伴随改革开放、市场经济体制建立过程中经济发展对人口控制的影响，有一定的参考价值。

20多年来中国控制人口增长取得的成绩主要是贯彻执行计划生育基本国策的结果，但这并不等于我们的生育行为不受孩子成本—效益法则的影响。如政策规定对生育第二个孩子还有着明显的效益，只生育一个孩子是为国家和民族利益作出的一种个人牺牲，奖励是对不再生育第二个孩子损失效益的一种补偿，尽管这种补偿还很不够。征收超生子女费也是一样，它是社会外在力量增大超生子女成本的一种强制行为，以期通过征收费用改变超生子女孩子成本—效益的平衡，虽然这种改变在大多数情况下尚不能真正奏效。改革开放特别是建立社会主义市场经济体制，对人口控制来说既是一次挑战，又是一个机会。一方面，中国经济改革首先从农村以家庭联产承包责任制为主要形式展开，使劳动力与土地经营使用权统一，劳动与报酬统一，丧失20多年的家庭生产职能得以恢复和强化，提高了孩子的劳动—经济效益、养老—保险效益，刺激了人们生育孩子尤其是生育男孩的欲望。城镇经济改革中个体经济、私营经济、外资经济的迅速发展也具有同样的性质，使边际孩子特别是边际男孩的成本—效益失衡加剧，人口控制出现新的困难和问题。另一方面，从根本上来说改革开放和市场经济体制的建立，必然大大解放生产力，发展生产力，推动科技进步，到一定阶段后将导致孩子成本主要是质量成本上升；同时孩子劳动—经济效益、养老—保险效益等的下降，有利于人们由孩子的数量成本投入向质量成本投入转移，最终使生育率下降。改革开放和市场经济对人口控制的这种二重作用不是平分秋色，一般说来，在社会生产力不发达的改革前期，刺激生育的作用可以是主要的；随着生产力的发展和改革的不断深入，到一定程度以后刺激的作用就会变弱，抑制的作用转而成为主要的，致使生育率下降。学术界已有同志经过调查和论证，对这个转折点的人均收入水平作了比较确切的估算，这无论如何都起着推进研究的作用。但一是由于影响生育率变动除经济因素外尚有其他多种社会因素，确定转折点时不能不考虑到；二是就经济因素而言，人均收入固然是最主要的一项指标，也还有其他一些具有举足轻重作用的指标，尤其是技术构成对由孩子数量成本向质量成本转移的作用。因此，这个转折点的确定还是一个需要进一步研究的课题，突破的难点是如何将诸多相关指标综合在一起，找出在目前经济、文化、人口等社会结构情况下，构成转折点的指标体系及其量值。而且要注意到地区之间的差异，不同地区间的转折点的量值可能有较大出入，要作具体的分析。不过可以肯定地讲，在特定人口、经济、技术结构下改革开放和经济发展迅速的地区，如长江三角洲、环渤海等沿海开放一带，在相当大的程度上已经实现了这种转变。这些地区除了经济调整度成长给进行人口智力投资以现实的可能外，"无农不稳，无工不富，没有科技走不上新路"这种改革开放带来的新思潮和发展趋势，对劳动力的素质提出更高要求，不具备中学以上文化程度和相应的专业知识很难找到理想就业岗位，从而为实现由孩子数量成本投入向质量成本投入的转移提供了客观上的要求和动力。有的地区改革开放和市场经济建设走在前列，经济增长速度也很高，但却没有形成由孩子数量成本投入向质量成本投入的转移，究其原因，恐怕一方面是由那里特殊的人口与经济结构决定的，另一方面也同贯彻落实计划生育基本国策的具体要求和措施有关，因而构成转折点量值的要求可能更高一些。但笔者以为，仔细考察一下这些地区近年来的人口变动，则很可能发现它们已处于转折的临界状态，一旦越过这个临界点，其转移的速度和力度，可能更具有典型性。

　　就全国而言，改革开放和市场经济体制的逐步形成对人口生育的影响，已初见端倪，具有明显的阶段性质。这可由 10 多年来全国人口的自然变动看出来。受 1953～1957 年生育高潮和 1958～1961 年生育低潮影响，按照年龄结构推移，1976～1980 年应为一个新的生育高潮期，1981～1984 年应为一个新的生育低潮期。然而实际情况却不是这样，按算术平均数计算的 1976～1980 年的人口出生率为 18.62‰，人口自然增长率为 1.30%；1981～1984 年的人口出生率为 20.83‰，人口自然增长率为 1.41%。出现按年龄结构推移应是生育率高潮期的人口出生率和自增率，反比应是生育低潮期的人口出生率和自然增长率低的现象。诚然，这种现象的出现主要受到人口政策的某些调整和计划生育工作力度的影响，但笔者以为，在生产力水平很低的改革开放初期和市场经济起步阶段，孩子成本—效益变动对微观生育行为的制约，不应作过低的估计。同样的作用发生在其后的变动中，只是作用的性质由刺激人口增长为主转向以抑制人口增长为主罢了。1962～1973 年为 40 多年来最大的一次生育高潮，形成异常庞大的人口年龄结构群，推移下来 1986～1997 年应为一次很大的生育高潮。可是在 1986～1991 年 6 年中，按算术平均数计算的人口出生率仅为 21.74‰，自然增长率仅为 1.50%[①]，比 1981～1984 年高出不多，发生生育高潮期生育率不高的情况。当然，这种"高潮不高"首先应归功于从中央到地方各级政府对人口工作的重视，计划生育政策的稳定、党政干部的努力以及人们生育观念的转变；同时改革开放和市场经济的迅速发展，以及由此带动的整个国民经济的高速成长，正在强有力地推动孩子成本—效益作用的杠杆向着有利于抑制人口增长的方向倾斜。即一方面通过市场竞争，优胜劣汰，加剧了产品和企业的竞争，而这种竞争的背后是人才的竞争、人力资源开发和培养的竞争，从而刺激了人们增加智力投资以提高人口素质的积极性；另一方面科技致富的示范效应和科技人才报酬的某种改善，削减了边际孩子可能提供的效益，一批市场经济条件下由投入孩子数量成本转向质量成本、由追求多生多育转向少生优育和少生快富的典型已经出现，浙、苏、鲁、辽等沿海开放地区更产生了具有自己特点的若干模式的雏形。虽然目前就全国而论受改革开放的深度和广度以及相应的经济和技术进步发达程度的限制，刺激与抑制人口数量增长的因素并存，但若改革开放进展顺利，社会主义市场经济体制不断培育和完善，国民经济发展在效益提高前提下保持较高速度，就可以加快由以刺激作用为主向以抑制作用为主的转变，加速由孩子数量成本投入向质量成本投入的转移。

---

① 《中国统计年鉴 1992》，中国统计出版社，1992。

从这一层意义上说，人口控制和人口转变的最终完成也要依赖改革开放、经济发展和技术进步。

但是我们不能等待由经济的改革和发展实现人口控制的最终转变，过去没有这样做，现在和今后也不能依赖这种"自然而然的转变"。既然市场经济体制的确立会为我们加速这种转变提供有利的条件，那么通过加大利益调节调节个人和家庭的生育行为和生育子女数量就成为可能。一些地方的实践也提供了可供借鉴的经验。亦即从我国经济、人口和社会结构承受能力等实际情况出发，在尽可能不增加国家和集体财政负担、绝大多数群众愿意的情况下，增大独生子女和计划内生育子女的效益，削减超生子女的效益并增大其成本，使人从关心自己的经济利益得失上，主动调整生育子女的数量，逐步实现人口数量控制的自我约束机制。笔者以为实行以下几方面的改革尤为重要。

其一，有效增大独生子女和计划内生育子女效益。目前的改革比较现实可行的办法有二。

一是在落实独生子女奖励费基础上，开展独生子女伤亡保险并在 15 岁停发奖励费用后，转为为父母提供养老保险基金。办法是将每月 10 元（有的地方 5 元）的独生子女奖励费，不发给个人而作为独生子女伤、亡保险基金储存起来，即使孩子发生夭折或残废，其父母仍可收到一定的效益；而绝大多数子女在无伤、亡后，从 15 岁起转入父母养老保险金，父母退休后可按年或按月领取定额养老金，从而大大提高独生子女的养老——保险效益。据计算，若一对夫妇从 25 岁起开始领取独生子女奖励金并以 10% 的年平均增长率增值，14 年后可增至 3357 元；再过 21 年到 60 岁退休时，可增至 24843 元，届时年增值可达 2484 元，月平均 207 元，基本上解决了老年收入保险问题。中国社会科学院人口研究所和四川省计划生育委员会、中国人民保险公司四川省分公司等共同组织这方面的理论论证和实践总结，并在四川全省推广，大大巩固和提高了独生子女率，收到良好效果。在基本上依赖子女养老的广大农村，收效尤为显著。

二是对独生子女和计划内生育子女，在入托、医疗、城市住房分配、乡村到乡镇企业就业和户口农转非等方面，落实优先政策。这些优先政策既体现了增大独生子女和计划内生育子女效益的作用，又具有同超生子女相比节约成本提高同等素质的作用，是利益调节中不可忽视的方面。

其二，适当增加超生子女成本，并实行某些效益滞后政策。

对超生子女父母各地普遍征收一定的超生子女费，但是征收少了，会出现某些人"有钱不怕罚"、花几千元买个"议价儿"的现象，起不到控制生育的作用，征收过高，则有些"无钱罚不怕"，反正拿不出来，由你罚去，同样不能起到抑制生育的作用。所以，罚款客观适度、征收办法得当是关键所在。鉴于地区间经济、科技水平差别较大，对超生子女父母罚款量多少不能全国"一刀切"，中国社会科学院人口研究所人口对策课题组早在1989年的报告中就提出超生一个孩子的年罚款额，应大体上相当于当地年人均收入水平，具体可由省一级人民政府依据本省不同地区的实际情况制定相应标准，由计生委协同政法、税务、民政等部门组织实施。在办法和时间上，也应变一次性罚款为同独生子女奖励年限一样长的年限罚款，即连罚14年当地人均收入数额。这样一是超生子女费用的征收容易落实，一般均能负担得起；二是改变超生子女父母"痛苦一时（一次性罚款），享福（子女提供效益）一世"的心理，14年之内每年都要为超生子女付出一笔额外成本，使之意识到这笔代价是沉重的，虽然超生子女费总额不一定比一次性罚款更多。此外，为了增大超生子女的负效应并同独生子女和计划内生育子女的各种优先待遇相对应，对超生子女在入托、医疗、城市住房分配、乡村到乡镇企业就业和户口农转非等方面，在与独生子女同等条件下实行滞后政策，建立起规范化的配套管理制度。

其三，在分配上实行逐步向脑力劳动倾斜的政策。

目前脑力劳动与体力劳动分配不够合理，"拿手术刀不如拿剃头刀""教授的笔杆赶不上小贩的秤杆"一类分配不公现象不利于技术进步和国民经济发展，不利于人们由孩子的数量成本投入向质量成本投入转移，不利于生育率下降，不利于人口文化素质的提高。据报道，一个时期以来中小学生流失人数之多以千万计，仅从人口控制角度来说，问题也是相当严重的。治本的出路，就是要通过改革真正兑现复杂劳动是简单劳动倍加的分配原则，依据国民经济发展可能，尽量采取一些分配上向脑力劳动倾斜的政策，提高个人和家庭进行人口智力投资的积极性，提高智力投资的经济效益。只有这样才能从根本上诱导人们的选择偏好由追求孩子的数量，转变到追求孩子的质量，把优教纳入最重要的养育过程。

其四，建立利益调节型人口控制机制。

上述增大独生子女和计划内生育子女效益、增加超生子女成本并实行某些效益滞后政策，以及在分配上适当向脑力劳动倾斜这一改革思路的基本出发点，在于通过强化利益导向的诸多举措，从根本上改革微观家庭"多子多福"的现状，逐步过渡到谁少生孩子谁付出的成本少，获得的效益却比较高；谁多生孩子谁付出的成本多，得到的效益并不高，以让人们更多地从自己利益得失上权衡生育子女的数量，自动选择少生、优生、优育、优教的道路。人口控制机制也要进行相应的改革和调整，实现以现行行政管理为主向以利益调节为主、协同有关部门依法履行各种奖罚规定及其体制正常运行的过渡。

二 中观人口控制：发挥社区调节功能

社会主义市场经济体制下孩子成本—效益的复杂变动，除由微观家庭经济、文化等因素决定外，还受所在环境，尤其是城市镇、区以下街道、居委会，乡村县以下乡、村具体环境中观人口控制强度的制约。然而自改革开放特别是最近几年加速市场经济体制的成长以来，充任国家宏观人口控制和个人家庭微观人口控制"对接"的中观人口控制环节，出现了不同程度削弱的情况。表现在市场经济条件下，一些地方领导的精力、投入的财力，在人口与物质资料"两种生产"天平上失去平衡，人口生产这一头显得更轻；有的地方在精简改革中，将计生部门并入卫生组织，使其地位和作用大为减弱；有的专职干部在市场经济"热点"辐射下，求富思商，队伍的稳定受到干扰；以往一些以行政管理为主的某些办法，同市场经济取向不协调，实施起来难度加大，收效降低。这种情况表明，中观人口控制在坚持原有建制和一整套成功管理经验的同时，还要在观念、办法和机制等方面进行更新和改革，寻求将行政管理与利益调节、国家宏观人口政策同人口家庭孩子成本—效益变动相结合的新的形式，社区正处在这种结合的关键环节点上。

对社区（Community）这个概念，从人口学、社会学、经济学、民族学、地理学、宗教学等不同的角度，可以给出不同的定义。笔者把它定义为在共同经济利益基础上，并在政治、文化、社会生活方面有着某些相同属性的特定地理区域。其核心是社区内成员之间具有共同利益尤其是共同的经济利益，因而有着内在的向心力，以及由这种内在向心力决定的行为规范；它的外延为社区成员共同利益和受向心力强度决定的地理区域。这个区域可以同行政区划相一致，也可能不一致。一定历史阶段社区的形成，同人口、经济、民族、文化、社会状况密切相关，但主要还是由社会经济发展水平及其结构决定的。目前我国的社区大致可分成三类：一类为传统农业型社区，社区成员以从事农业传统产业生产为主，生产力不发达，收入水平低，处于由饥饿向温饱过渡或处于初级温饱状态，社区呈封闭或半封闭型。在这种社区内生产边际孩子成本低，处于高生育率——低劳动生产率——高生育率的人口与经济发展落后循环状态。二类为现代产业结构型社区，社区内一、二、三次产业结构合理，生产专业化和商品化程度较高，技术水平、劳动生产率和人均收入较高，已进入小康或由较高水平的小康向富裕型过渡阶段，人口智力投资能够获得相应效益，具备较好的由孩子数量成本向质量成本转移条件，人口与经济发展进入低生育率——高劳动生产率——低生育率循环模式。三类为过渡产业结构型社区，即由单一的传统农业向多种经营过渡，生产手段由以手工为主向半机械化、机械化为主过渡，劳动生产率和经济收入由低水平向高水平过渡，是介于前面两种类型之间的社区，人口与经济发展，也由高生育率——低劳动生产率——高生育率向着低生育率——高劳动生产率——低生育率类型过渡。就目前而言，全国处于两头小中间大的状况：传统农业型社区所占比例在缩小，现代产业结构型社区所占比例增大，但所占比例最大的还是过渡结构型，即由第一种类型向第二种类型过渡的社区。但是城市与乡村的差别值得重视，城市已基本进入现代产业结构型或过渡产业结构型后期，而乡村总体上看处在过渡产业结构型或传统农业结构型后期。同是城市或乡村由于经济发达程度、市场经济完善程度不同，社区类型也有很大差别。正是这种差别才形成孩子成本—效益的不同环境，才造成城乡之间、经济发达与不发达地区之间生育率的明显差异。根据 1990 年人口普查 10% 抽样调查计算的 1989 年的总生育率（TFR），最低为北京 1.33，其次为上海 1.34，再次为浙江 1.40，以下是辽宁 1.51、天津 1.66，均为经济比较发达、人均收入较高、改革开放较有成效的地区。相反，经济相对不够发达，人均收入较低、改革开放较缓慢的地区主要是西北和西南内陆地区，总生育率就比较高，有些相差悬殊。这种差别表明，社区作为中观人口的主要领域，在社会主义市场经济体制下能够发挥更大的作用，一些地方的实践，如海南经济特区开办的"人口与社区综合发展试验区"，苏南通过发展商品经济、改变社区环境形成的人口与经济协调发展的"苏南模式"，苏北盐城市射阳县等地兴办的"少生快富合作社"，吉林将发展生产、提高生活质量、节制生育三者结合起来的"三生工程"，辽宁经营多年的"计划生育中心户"等，已从不同侧面提供了通过发挥社区功能达到控制人口增长的经验。按照社会主义市场经济体制目标要求，用改革精神总结这些经验，着眼于国家宏观人口控制与个人家庭生育行为利益选择"对接"这个关键所在，建立、培育、发展以社区为主要环节点的中观人口控制机制，主要应立足于以下一些方面。

其一，通过发展社区经济，从根本上改变孩子成本—效益作用的客观条件。

前面的分析已经说明，个人家庭微观生育行为和生育子女的数量归根结底受孩子成本—效益制约，而这种制约紧紧同家庭经济结合在一起。然而家庭经济的发展既取决于不同家庭本身的人力、物力、财力状况，又取决于家庭的外部环境，尤其是所处的社区的具体环境。虽然同一个社区内不同社区成员家庭有着一定的经济差距，有的差距颇大，但是从总体上观察，绝大多数社区成员各自处在同一经济类型之中，经济的发达程度和生活质量比较接近，边际孩子的成本和效益也比较接近，由此决定着一定的生育水平。将不同经济发达程度的社区加以比较，一般来说生育率同经济发展水平成反比具有普遍性。所以发展社区经济，提高社区成员的科学技术和文化水平，是社区人口控制和生育率转变的客观基础和外部条件。在经济发达的苏南地区，科技致富蔚然成风，农业多余劳动力须具备初中以上文化程度才能进入乡镇企业，这样势必加大孩子的质量成本。而经济发展之后，包括养老保险在内的社会保障发展起来，又使边际孩子的养老—保险效益等大为下降。孩子成本和效益的一升一降，直接导致生育率的大幅度下降，使之成为"低生育率——高劳动生产率——低生育率"良性循环的典型地区。发展社区经济一方面可以带动社区成员家庭经济的发展，进而通过家庭孩子成本—效益变动促使生育率下降；另一方面社区经济的发展也通过吸收合格劳动力就业、发展社会保障事业等，直接牵动孩子成本—效益变动的链条，使生育率下降。如果说目前这方面的作用还不够明显，那么随着改革开放力度的加大，市场经济体制的不断完善，社区经济向着更高层次水平发展，其对人口控制的作用和影响将日益强烈地释放出来。

其二，通过采取必要的经济调节措施，使孩子成本—效益向着有利于生育率下降方向倾斜。

由于社区有着共同的经济利益，每个社区成员的生育状况不仅关系到自身且关系到其他成员的切身利益，实行少生、优生、优育意味着对社区作出的一种贡献，超生意味着对社区其他成员利益的侵害，这样就为政府实施一定的奖罚措施，维护社区人口与资源、环境、经济协调发展的政策提供了依据，进而推动社区在协助政权组织实现计划生育政策上有所作为。同时可以结合社区经济综合发展，探索孩子成本—效益社区市场调节上的新路子，以同宏观范围内的经济体制改革相呼应。如在人才培训、向乡镇企业推荐工人、兴办经济实体等方面，对计划内生育子女实行某些优惠政策；还可在引进外来资金、技术、人才以发展当地农工贸和脱贫致富中，重点扶助独生子女家庭和计划内生育家庭，帮助他们先富起来。在这方面江苏射阳县的做法很有意义，他们充分发挥社区在动员群众、组织群众、政策调节、利益导向等诸方面的积极作用，在水到渠成条件下建立起"少生快富合作社"，将控制人口增长同走向小康、实现富裕有机地结合起来，从而在促使孩子成本—效益向着有利于人口控制方向倾斜方面，取得了成功的经验。

其三，通过发展社区文化，开展旨在转变人们生育观念的教育。

社区的一个很大特点，就是其具有一个个小文化圈的性质，有的甚至具有某些方面独立的信仰、传统、宗教和生育意识。随着社区经济的发展，社区无形和有形的文化教育也发展较快，许多乡村社区还开办了文化夜校、业余职业学校、技术培训班等。这种旨在提高人口文化素质的举措本身就具有促进生育率下降的作用，而且又在其中加上人口学知识和计划生育基本国策、生育和节育技术指导教育，无疑会对社区人口控制产生相当积极的影响。各地实践表明，这种形式的教育带有自发的性质，只要稍加引导和组织，在增强人口意识、转变生育观念、提高节育技术水平等方面，就可收到显著效果。目前办得比较好的社区，一般都将控制人口数量和提高人口素质纳入社区经济、文化、科技综合发展规划之中，出色地发挥了社区在转变人们生育观念上的地位和作用，促成了社区内部由传宗接代、多子多福的生育文化向男女平等、少生优育的生育文化转变。

其四，通过发展社区服务，促进国家控制人口增长政策的落实。

社区不是政府机构，它在中观人口控制中能够发挥作用，取决于社区自身的凝聚力和社区成员的共同努力；同时社区也有自己的行为规范和有形无形的约束力，在中国当前特定情况下，这些行为规范和约束力同基层政权组织之间有着天然的联系，因而社区作为国家宏观人口控制与个人家庭生育选择之间的"对接细胞"组织，可以在多方面发挥功能和作用。辽宁的"计划生育中心户"可谓最小的社区，在开展小、快、灵社区服务上很有特色。该类社区从人口知识、生育节育技术到胎教、儿教，为中心户主有针对性开展咨询服务；从独生子女和计划内生育子女托儿互助，到生育和生活上的相互调剂，有效地减少了抚育孩子的成本费用而增大了其效用价值。一些社区创办的老年之家、老年服务中心和生活服务中心，解除了无子女户和少子女户的老年人的后顾之忧，不仅将人口数量控制中最主要的问题落到了实处，而且为迎接人口老龄化高潮的到来做好了准备，从而将人口的数量控制、素质的提高和结构的调节战略有机地联系在一起。

三　宏观人口控制：增强综合调控能力

1992年底，我国人口已达12亿左右，其中内地30个省、自治区、直辖市人口达117171万人。人口年龄结构处于成年型前期，还有比较强的增长势能，预计20世纪末内地人口可达13亿左右，21世纪中叶达到16亿左右才有可能实现零增长，控制人口数量增长的任务仍很艰巨。众所周知，中国自20世纪70年代以来控制人口增长取得的卓著成绩，主要是贯彻执行国家关于计划生育政策的结果。经过多年实践，这项政策逐步明确为：国家干部和职工、城镇居民除特殊情况经过批准外，一对夫妇只生育一个孩子；某些群众确有实际困难要求生二胎的，经过批准可以间隔几年以后生第二胎，无论哪种情况都不能生第三胎；少数民族也要提倡计划生育，但不要求全国"一刀切"，等等。由于我国是一个有着党、政、工、青、妇和其他社会团体组织十分周密的社会，纪律约束比较严格，在大力开展宣传教育，层层加强领导和落实具体节育办法的情况下，终于在一个经济尚不发达的国度实现了生育率的大幅度连续下降。但是上述生育政策既非永久之计，也非权宜之计，而是以切实控制住一代人的生育率为基本立足点的较长时间的一项阶段性政策，当前要继续稳定和认真贯彻执行好这一政策。从国家宏观人口控制角度说，贯彻落实现行政策，一方面要总结和运用过去成功的做法和经验，诸如领导重视、实行人口目标管理责任制的经验，以宣传教育为主、避孕为主、经常性工作为主的"三为主"经验，提高干部素质、注重队伍建设的经验，推广技术进步、加强基础建设的经验，等等，努力将国家宏观控制人口增长政策落实到微观家庭户中去。另一方面影响因素多元化和经济因素作用的明显增强，是市场经济条件下人口数量控制最值得关注的焦点。必须面对改革开放和市场经济体制下影响生育率变动因素的消长，寻求同微观人口控制利益调节、中观人口控制社区调节相配套的宏观人口控制机制的改革途径，增强综合调控能力。这项改革主要包括以下几个方面。

其一，增强各项人口政策和管理措施的宏观综合调控能力。

前已述及，在市场经济体制下，尤其需要注重人口控制利益导向机制的完善和运行的有效性。为此，一是要落实对独生子女的奖励和对超生子女的处罚措施，奖罚要适度，足以起到通过改变孩子的成本—效益而降低生育率的作用；二是要将各项人口政策和有关措施协调一致，使这些政策和措施有利于人口控制。这两个方面都需要加强国家和各级政府的综合调控能力，否则势必好事多磨，事倍功半。如为了提高一对夫妇只生育一个孩子的效益，各级政府普遍制定了在城市住房和乡村责任田分配上，独生子女户同多子女户享有同等权利原则，然而一些地方和单位按人头平均的做法却始终雷打不动，客观上起了鼓励多生多育的作用；计划生育部门大力宣传时代不同了、生男生女都一样，但有些地方在就业和分配上的性别歧视依然故我，刺激了人们生育男孩子的欲望；至于独生子女和计划内生育子女在入托、招工、户口农转非等方面的优先政策规定，很大程度上更是一纸空文。这样的现状维持下去，多生育子女就有着明显的经济效益，就不利于人口控制，必须使有关的政策和措施改变到有利于少生、优生轨道上来。显然，只有加强国家在人口控制方面的宏观综合调控能力，理顺各方面的关系，才有可能做到这一点。

其二，增强人口发展战略各方面步调一致和相互促进的宏观综合调控能力。

全面解决中国人口问题的战略方针，包括控制人口数量，提高人口身体和文化素质，调节人口年龄和性别结构、城乡结构和地区分布结构等三个方面的内容。不过这三个方面不是平行的和孤立的，而是有重点的和相互联系，相互制约的。在当前和今后相当长一段时间内，人口的数量控制是重点，是矛盾的主要方面。如果人口数量增长受到有效控制，在国民收入、积累和消费比例一定的条件下，将少生人口而减少支出的孩子成本部分用于孩子的健康和教育投资上面，则可促使孩子身体素质和文化素质提高。而生育率的下降和出生人数的减少，是正常状态下调节人口年龄和性别结构的唯一手段，是人口结构由成年型过渡到老年型、实现稳态人口的必由之路。城市与乡村之间、不同地区之间人口数量控制和生育率之间的差别，对改变城乡和地区人口分布结构的影响是显而易见的。只是在这一改变过程中还需考虑到人口迁移的影响。因此，人口数量控制在关系到未来人口总量变动的同时，还关系到人口素质和人口结构的变动，如果忽视这后两个方面的变动，例如忽视新生儿性别比的变动、年龄结构老龄化的变动，会留下某种失于偏颇的危险。人口数量控制本身，在时间和空间上要求具备一定的宏观调控能力。

人口素质的提高和人口结构的调节不是消极的，二者对人口数量控制也有着相当的影响。1991 年全国不同文化程度育龄妇女的总生育率大学为1.2，高中（含中专）为 1.5，初中为 2.1，小学为 2.5，不识字或识字很少为 3.0，全国 2.3，差别显著。从这个意义上说，人口文化素质的提高就是生育率的降低。城乡之间生育率差别也具有同样的性质，城市远较乡村低，人口城市化进程的加快即是生育率下降的实际步骤，且对人口文化素质的提高有一定的推动作用。可见提高人口身体和文化素质，调节人口年龄、性别、城乡、地区分布结构等，不仅为全面解决中国人口问题所必需，构成总体人口战略不可分割的重要组成部分，而且对人口数量控制也相当重要。实行计划生育是人口数量控制的主要途径，但不是唯一的途径，改革和增强人口控制宏观调控能力的基本出发点之一，在于增进人口发展战略三个方面的联系和统一，达到相互促进的目的。

其三，增强人口管理相关部门的宏观协调能力。

目前，我国人口控制主管部门为国家和各级政府的计划生育委员会，然而同生育有关的婚姻、妇幼保健、人口迁移和流动等项内容的管理却隶属其他政府部门，形成多头管理和某些措施的不够协调。增强人口控制的宏观调控能力，需要大力加强部门间的协调，有的还可根据精简、高效、统一的原则进行合并，政事合一，提高人口控制的社会效能。

其四，增强人口科学研究和内外宣传方面的宏观调控能力。

中国控制人口增长同解放思想、理论上的拨乱反正是分不开的，改革开放以来的人口科学研究也因此获得前所未有的巨大发展。但由于缺乏全国性的统一规划和指导，研究机构、研究课题、研究成果、出版刊物的重复比较严重，这在一方面造成人力、物力和财力上的浪费，另一方面也妨碍着研究工作的深入。目前虽然在人口知识、政策、节育指导等方面的宣传上取得了很大成绩，但如何使各界特别是国外更多地了解中国人口控制的来龙去脉，使赞成我们的朋友更加理直气壮地出现在国际论坛上、一些不明真相的人士疑窦烟消云散、个别人借用"人权"进行攻击失去市场，尚需做许多工作。减少人口科学研究的重复和提高研究成果质量，全面系统地做好对内对外宣传等都需要全国的统一规划，提高政府的宏观调控能力。

怎样才能增强上述宏观人口控制的综合调控能力？笔者以为从中国当前的实际情况出发除应有一个基本共识的思想基础外，还需要有一个以人口数量控制为主并兼顾到人口素质的提高和人口结构的调整、协调能力较强的人口管理方面的综合部门，即直属国务院的人口委员会。19 年来这个问题呼声不断。当前在改革开放新形势下，无论从加强国家对人口控制角度，还是从社会主义市场经济体制下对人口控制机制转变的客观要求角度，建立从中央到地方各级政府的人口委员会及其相应管理体制，都显得十分迫切，并且条件也已具备。抓住改革的这一有利条件和机遇使人口管理改革迈上一个新台阶，既是增强国家人口控制宏观调控能力的需要，也是发挥社区对中观人口控制的促进作用，加强对个人家庭微观生育行为的利益导向、使"三观"人口控制有机结合起来的需要。

参考文献

［1］《坚持改革、开放、搞活——十一届三中全会有关重要文献摘编》，人民出版社，1987。

［2］《中共中央关于建立社会主义市场经济体制若干问题的决定》，人民出版社，1993。

［3］柳随年、吴群敢主编《中国社会主义经济简史》，黑龙江人民出版社，1985。

［4］彭松建主编《西方人口经济学概论》，北京大学出版社，1987。

［5］李竞能主编《当代西方人口学说》，山西人民出版社，1992。

［6］Harvey Leibenstein, *A Theory of Economic Demographic Development*, Princeton University Press, USA , 1954.

［7］Gary S. Becker, *An Economic Analysis of Fertility*, In Demographic and Economic Change In Developed Countris, Princeton University Press, USA, 1960.

［8］Richard A. Easterlin and E. M. Crimmins, *Fertility Revolution*：*A Supply-Demand Analysis*, Chicago University Press, USA, 1985.

中国 1992 年家庭经济与生育 10 省市抽样调查报告[*]

> 发展经济是通向节育的坦途——中国 1992 年家庭经济与生育
> 抽样调查再次证明这一带有普遍性的结论。

一 背景和方案设计

（1）根据中国政府和联合国人口基金达成的 CPR/90/P06 协议，由中国社会科学院人口研究所牵头并协调河北省社会科学院人口研究中心、辽宁省计生委、上海市社会科学院人口研究所、杭州大学人口研究所、山东省社会科学院人口研究所、江西省社会科学院人口研究室、广东省社会科学院人口研究所和省统计局城市调查队、陕西省社会科学院人口研究所、四川省社会科学院人口研究室、贵州省社会科学院经济研究所等，于 1992 年上半年共同完成上述 10 省市 1991 年家庭经济与生育的抽样调查。在初步完成数据资料汇总的基础上，笔者作为项目主持人，提出本报告。

（2）20 世纪 80 年代末联合国人口基金援华第二周期即将结束、第三周期行将开始之际，中国的改革开放已整整经历了 10 年。这是不平常的 10 年，是自 1949 年以来经济发展最快、人民所得实惠最多的 10 年。尽管当时还没有明确提出建立社会主义市场经济体制，但不难发现，从农村联产承包责任制，到城市独资、合资、外资企业的迅速发展，商品经济浪潮已叩响市场经济的大门。这不仅对国民经济发展产生直接影响，而且对整个社会物质生活、文化生活、精神生活必然产生深刻影响，对人口生产的影响也越来越明显地显示出来。为了探索新形势下经济发展给人口生产带来怎样的影响，

---

* 本文为提供"中国家庭经济与生育国际学术研讨会"论文，1993 年 10 月。

要突破的难点在于针对家庭经济与生育变动，提出控制人口增长的新思路；同时通过实地调查验证和吸取西方微观人口经济学合理成分，发展和推动我们的学科建设，故选择了"中国家庭经济与生育研究"项目。根据项目计划要求，在作了理论准备和项目论证，包括邀请国外专家举办讲习班之后，即着手进行中国家庭经济与生育的抽样调查。

（3）中国家庭经济与生育抽样调查方案设计，可分为如下 5 个层次。①

①抽样总体。根据课题突破的重点，排除少数民族集中的内蒙古、新疆、西藏、青海、海南 5 个省、区，其余 25 个省、自治区、直辖市（排除边远的少数民族自治州）为抽样总体，总户数为 283339184 户（1991 年）。再排除城市郊区户（因市的抽样不包括农业户），实际样本总体户为 223908687 户。

②分层和聚类。调查分市、镇、发达县和不发达县 4 个层次，市调查非农业人口，镇调查本镇非农业人口，县调查农业人口。为保证 4 个层次的相对集中，以便调查，先将 25 个省、市、区按照人均国民收入、农业人均收入、城市人均消费、农村人均消费、城市人口比例、总生育率（TFR）、妇女识字率 7 项指标聚合为 5 类：高发达类，北京、上海、天津、辽宁；次发达类，广东、江苏、福建；一般发达类，黑龙江、吉林、山东、山西；较不发达类，河北、湖北、湖南、四川、陕西；不发达类，安徽、江西、河南、广西、贵州、云南、甘肃、宁夏。在抽中的省、市、区内同时进行 4 个层次抽样。

③多阶段抽样。采用多阶段分层不等概率抽样方法，第一阶段在分类基础上抽取省级样本，按人口数成比例不等概率不放回抽样方法（πPS），抽取 2 个省或市：发达类，上海、辽宁；次发达类，广东、浙江；一般发达类，山东、吉林；较不发达类，四川、陕西；不发达类，江西、贵州。由于吉林不能参加调查，改换聚类比较接近且可以进行抽样调查的河北。第二阶段在 10 个样本省市内用 πPS 方法各抽取 2 个市，2 个发达县，2 个不发达县，并按随机抽样原则在 4 个县政府所在地抽 2 个镇。第三阶段在抽中的样本市、县中，按人口数成比例的不等概率放回抽样（PPS）方法抽取街道、乡镇。第四阶段仍用 PPS 方法，在样本街道、乡镇中抽取居委会、村委会。第五阶段在样本居委会、村委会中，抽取调查户。

④样本量分配。为满足课题设计要求，考虑到 10 省市之间的可比性，

---

① 课题组分工，抽样调查方案由高嘉陵副研究员负责，本报告第一部分"中国家庭经济与生育调查抽样方案设计"和第一部分"设计效果和精度"主要参照其《中国家庭经济与生育抽样调查方案》一文。

每省市抽样调查样本定为 1400 户，市 500 户，镇 300 户，发达县 300 户，不发达县 300 户。为便于省市自行推行加权处理，采用 πPS 和 PPS 方法时按等分配样本。居委会、村委会抽取样本 20～30 调查户。

⑤二相调查。为提高问卷回答率，对抽中但因某种原因不能圆满回答问卷内容户，不作调查，而改作二相调查。即先在居委会、村委会中作整群调查，统计出满足调查要求的抽户数比例；然后在满足调查要求的家庭户中，抽取样本户。如此逐级推加上去，构成市、省、全国调查分析的总体。从实践看，由于各地方案设计充分考虑到抽样调查基本要求，二相调查所占比例有限。

（4）设计效果和精度。本调查为多阶段复杂抽样，不能简单代入计算公式求其精确度。就设计效果而言，doft 等于复杂抽样实际方差与相同样本量下采用简单随机抽样方差之比。经验数据多阶段抽样的设计效果为 2 至 3，故采用简单随机抽样公式来计算精度。以本次抽样调查性别为例的计算结果，全国推论值精确度在 98% 左右，省市一级在 92% 左右，省内市和镇、县分别在 80% 和 75% 左右，代表性逐级降低。

二　家庭经济与生育水平

（1）在当今西方人口学说中，关于生育率的理论论著之多，论争之激烈，影响之深刻，堪称位居榜首。不过从宏观上划分，则可分成经济学派与社会学派两大类：前者着重分析影响生育率变动的决定性因素在于经济，后者强调民族、文化、妇女地位、社会结构等社会因素在生育率下降中的作用。依笔者所见，生育率变动是经济因素和社会因素综合作用的结果，但两种因素的作用和在生育率变动中的地位是不相同的，经济因素具有本原和规定的性质，社会因素更富有直接作用的性质。更为重要的问题是经济因素和社会因素之间是怎样的关系。以往两大学派论争不下的一个重要原因，都强调各自对生育率变动（主要是生育率下降）中的作用，而很少考察它们之间的关系。笔者以为，社会因素基本特征归根结底是由经济因素决定的，由经济的发展水平及经济结构的性质决定的。如从宏观上观察，一个国家人口文化素质高低总是离不开该国的国民经济发展水平和特定的经济结构；而从微观上观察，家庭受教育的程度大体上同家庭收入水平、家庭经济结构特别是成人从事的职业性质相关。因此，中国 1992 年 10 省市的抽样调查着重点放在家庭经济与生育率之间的关系上，力求取得突破性成果。

（2）家庭是以婚姻、血缘或收养关系为纽带而组成的社会细胞单位，而支撑这种社会细胞运动需要经济的力量，因而只要有家庭就有家庭经济行为产生，家庭经济也应运而生。如何区分不同历史条件下的家庭经济类型，是一个有待深入研究的课题；笔者以为粗略地划分成生产型家庭经济和非生产型家庭经济，对以往和当前都是适当的。生产型家庭经济包括生产、交换、分配、消费全部过程，是社会生产的一个缩影，中国封建社会男耕女织的自给自足的自然家庭经济、当前乡村以家庭为单位的联产承包责任制经济，城市以家庭为单位的个体经济均属此类；非生产型家庭经济，家庭本身为非生产单位，家庭经济来源以工资收入为主，家庭经济活动具有显著消费型特征。然而无论哪种类型，一个健全家庭的经济活动需要具备两条：一是有正常的收入，二是主要家庭成员从事一定的职业活动。10省市抽样调查表明，家庭经济的这两根支柱同生育水平有着密切的关系。

（3）人均收入作为家庭经济的支配性指标，虽然对生育的作用尚有争论，较有影响的是所谓"临界点"论：当人均收入未达到该"临界点"时，人均收入增加对生育起刺激作用；当超过这一"临界点"时，起抑制作用。10省市抽样调查却明确显示出家庭人均收入同生育率成反比的现状，无论是在"临界点"之内还是之外。即人均月收入越低，平均生育子女数量越多，初婚和怀孕时间越早；人均收入越高，平均生育子女数量越少，初婚和怀孕时间越晚。全国加权汇总情况见表1。

表1　1991年全国（加权汇总）家庭人均月收入与妇女生育状况

人均月收入 （元）	已生育 子女数	初婚年龄 （岁）	怀孕年龄 （岁）	备　　注
121	2.13	22.05	23.15	全国平均
0～25	2.64	21.39	22.65	
26～50	2.55	21.16	22.17	
51～75	2.43	21.34	22.39	
76～100	2.14	22.09	23.25	
101～200	1.91	22.79	23.88	
201～300	1.95	22.79	23.99	
301～400	1.84	22.09	23.01	
401～500	1.59	21.74	22.72	
501以上	1.93	22.79	23.57	

（4）人均收入水平是反映家庭经济的一项综合性指标，但不是唯一的指标，家庭主要成员从事的职业性质，就业于何种产业，既反映家庭经济产业类别，也是影响生育率变动比较明显的指标。10 省市抽样调查表明，在专业技术人员、科级以上干部、生产运输工人、办事人员、商饮服务人员、个体劳动者、农林牧渔劳动者和其他劳动者 8 项职业分类中，计划外和多胎生育主要集中在农林牧渔劳动者一项。全国加权汇总被调查 15 岁以上男性人口职业构成农林牧渔者占 46.1%，在生育 1 男孩后又生育第 2 个孩子分布中比例上升到 70.2%，上升 24.1 个百分点；其余各类人员除其他劳动力基本持平外，均有不同程度下降，以科级以上干部下降 2.6 个百分点为下降幅度最大。计划生育和多胎生育集中农林牧渔劳动者家庭，表现出乡村特别是经济比较落后的乡村收入和技术构成低、边际孩子成本低和效益相对较高的现实，这正是中国控制人口增长和开展计划生育工作的难点和重点所在，本文后面还将作出进一步的分析。见表 2。

表 2　全国（加权汇总）被调查 15 岁以上男性职业和生 1 男孩后又生 1 孩构成比较

职　业	构　成（%）	生 1 男后又生 1 孩构成（%）
专业技术人员	4.6	3.4
科级以上干部	3.7	1.6
生产运输工人	10.5	7.2
办事人员	5.0	3.6
商饮服务人员	3.7	2.0
个体劳动者	3.7	4.0
农林牧渔者	47.8	70.2
其他劳动者	5.7	5.7
不在业	15.3	2.3

三　孩子成本构成

（1）西方孩子成本—效益理论的权威学者，当首推美国哈佛大学莱宾斯坦（H. Leibenstein）教授和芝加哥大学贝克尔（Gary S. Becker）教授。莱宾斯坦将孩子成本分做两部分：一部分为直接成本，即从母亲怀孕到将孩子抚养到自立所花费的衣、食、住、行、医疗、教育、婚姻等费用，直接的货币支出；另一部分为间接成本，即父母主要是母亲因抚育孩子耗费时间而丧失受教育、晋升或获得更有利岗位而损失的收入，故又称做机会成本，它是可以通过影子价格①加以计算的间接货币支出。贝克尔在莱宾斯坦理论基础上，引入消费者均衡和家庭消费限制线理论。即在商品价格和消费收入一定的前提下，消费者购买两组以上的商品存在一个最佳组合和效用最大化，引入孩子成本—效益中，孩子同其他耐用消费品一样数量弹性较小，容易得到满足；质量弹性则大到无止境，人们追求孩子效用最大化的结果，导致投入孩子不变成本或数量成本向可变成本或质量成本转移，使生育率下降。中国1992年家庭经济与生育抽样调查吸取了他们合理的科学成果，从中国的实际情况出发，较有把握地调查并掌握了目前孩子成本现状，为生育决策分析提供科学依据。

（2）关于抽样调查孩子成本的确切数据，还需同有关部门的其他调查作进一步校验。这里主要通过对乡村孩子成本构成的偏差比较分析，说明孩子成本的本质。

①不同家庭经济收入水平与构成的孩子成本偏差。孩子成本是什么？是家庭在生产孩子过程中的投入，包括货币投入和劳务时间投入，即直接成本和间接成本。既然如此，它就同投入能力——经济收入水平和构成息息相关。10省市抽样调查全国加权汇总乡村按家庭人均月收入划分的不在学分居（参军、分家、出嫁等）子女成本显示出直接（货币）成本同人均收入成正比例增长，家庭人均月收入在 301 元~400 元之间的孩子直接成本为平均水平的2.7 倍，为 50 元以下收入的 7.8 倍；间接（时间）成本则无一定规律，一般情况下同平均水平接近。孩子成本同收入来源构成也有一定关系：有非农业收入来源比无非农业收入来源家庭的孩子直接成本高出 68.8%，间接成本略有减少。全国 10 省市加权汇总情况，见表 3。

②孩子质量（教育）成本偏差。贝克尔的孩子可变成本或质量成本，主要包括用于孩子医疗健康方面的支出和用于教育方面的智力投资，而后者是最重要的，能否随着收入的增加而相应增加，即家庭由投入孩子不变（数量）成本向可变（质量）成本转移，是决定生育率能否继续下降的关键。

---

① 影子价格：对没有市场价格的产品或服务、劳务的一种替代性估价。这里指父母用在养育孩子上的时间消耗虽属非市场活动时间，但可通过相应的市场活动时间进行估量。

表 3　全国（加权汇总）乡村按家庭人均月收入水平和
构成划分的不在学分居子女成本

单位：元

人均月收入	直接成本	间接成本
平　　均	229	11
0～25	79	5
26～50	82	11
51～75	150	10
76～100	144	11
101～200	253	14
201～300	401	13
301～400	620	6
401～500	610	1
500 以上	1247	19
有非农业收入	319	9
无非农业收入	189	13

　　从调查情况来看，用在孩子教育方面的质量成本偏差显著，特别是孩子直接（货币）成本偏差很大，间接（时间）成本变动不很大，且无一定规律。加权汇总的全国乡村在学分居子女直接货币成本小学为 575 元，初中为 677 元，高中为 901 元，中专为 969 元，大专为 1289 元，大学为 878 元，研究生为 503 元。偏差比较，初中比小学增加不多，高中和中专比初中大幅增加，大专为最高峰值，大学比大专下降许多，研究生比大学又下降许多。表面看来是一种奇怪现象，其内理在于从家庭教育成本考察，中专和大专有一部分自费生，故支出大幅度增加；大学和研究生因设置奖学金和助学金，故家庭支出反而减少了。不过乡村在学子女家庭教育成本这种结构性起伏变动给我们以启示：小学上初中家庭阻力较小，上高中和中专困难最大，读完高中进大学阻力也不大，高中教育是乡村攻克的难点。

　　③不同年龄和性别的孩子成本偏差。由于孩子成长过程中需要不同，家庭对孩子性别偏好不同，致使不同年龄和性别的孩子成本呈现一定偏差。从抽样调查情况来看，不在学子女直接（货币）成本偏差较小，在学偏差较大，受孩子教育成本影响随着年龄增高而成本加大；间接（时间）成本除婴儿相差较多外，进入学龄则相差不多。孩子成本在性别上表现的偏差，男

性普遍高于女性。如全国加权汇总乡村不在学分居孩子直接（货币）成本平均为229元，男性为237元，女性为207元，在学分居子女平均为867元，男性为871元，女性为859元。间接（时间）成本不在学分居子女平均为11天，男性为12天，女性为10天；在学分居子女平均为15天，男性为20天，女性为4天。从总体上看，无论是孩子直接成本或货币成本，还是间接成本或时间成本，都是男性高于女性，存在一定的性别偏差，反映家庭的性别偏好；同时也不难发现，孩子成本的性别偏差值和家庭的性别偏好程度正日趋变小，有些已相当接近，从子女培养开始的男女平等意识，正越来越多地渗透到家庭细胞。

（3）上述诸孩子成本偏差调查是对调查者"快照"及时记录的结果汇总，它反映着当前孩子成本水平和结构的不同侧面。然而随着经济的发展，技术的进步，家庭传统观念的更新，孩子成本在不断发生变动，预期孩子成本是一个重要的变量，对未来的生育变动有着直接的影响。10省市抽样调查充分注意到此点，从多角度取得影响预期孩子成本的数据。从这些数据资料分析中，看出左右未来的孩子成本——主要是直接（货币）成本的基本走势。

①养育子女周期延长的趋势。全国加权汇总数据表明，家庭养育子女周期回答在19岁以下的占15.0%，19~24岁的占65.2%，25岁以上的占16.8%，养育子女至19岁以上的成为多数家庭的选择。

②孩子教育质量成本上升的趋势。全国加权汇总按将子女培养到小学、初中、高中、中专、大学、研究生和不要求8个层次，所占比例依次为12.4%、5.0%、18.8%、18.4%、9.8%、6.9%、25.7%和3.0%，比例最高为培养到研究生毕业，依次为高中，再次为中专。这说明，虽然在当前市场经济条件下存在的脑体分配不合理影响部分家庭的人口智力投资，出现大量中小学生流失现象，但是人们仍然望子成龙心情迫切，期望子女受到高等教育深造。给实现由投入孩子不变（数量）成本向可变（质量）成本转移，注入精神动力。

③孩子完全自立趋势。最明确的信息，一是立业，二是成家。全国加权汇总数据表明，家庭预期将孩子养育到有劳动能力、参加社会就业、不考虑3个层次中，回答比例依次为19.1%、42.9%、38.0%，人们已不满足于将子女培养到有劳动能力的低标准，而要培养到子女找到合适的劳动岗位为止；在预期将孩子养育到订婚、结婚、生孩子、更长时间和不考虑5个层次中，回答比例依次为24.6%、20.0%、59.6%、4.4%和9.5%，绝大多数

要将子女养育到结婚成家，甚至到婚后生儿育女或者时间更长，回答养育到订婚为止的是凤毛麟角。

（4）众所周知，中国自 20 世纪 70 年代以来的生育率下降，人口政策起了关键作用。政策在强调宣传教育和思想工作为主的同时辅之以必要的经济手段。构成孩子社会附加成本和社会附加效益。中国 10 省市 1992 年抽样调查设计了这方面的内容，以全国加权汇总情况而论，征收计划外生育第 2 个孩子的父母超生子女费平均为 870 元，相当于 1991 年人均国民收入 1401 元的 62.1%，平心而论并不算高。第 3 个孩子的父母超生子女费高一些，但多为一次性征收，在全部孩子直接（货币）成本中所占比例一般不超过 30%。毫无疑问，父母超生子女费加入边际孩子直接（货币）成本，对改变孩子成本—效益的不利倾斜产生一定的作用；但从效果看作用不很大，需寻求改革出路。

四　孩子效益比较

（1）国内外关于提供给家庭效益的论述，可概括为如下 6 个方面。

①劳动—经济效益。孩子成长为劳动力后，作为家庭成员为家庭从事一定劳务或从事一定职业劳动，为家庭增加经济收入。

②养老—保险效益。主要是发展中国家社会养老保险事业不发达，赡养老人的责任便落到子女后代的肩上。

③消费—享乐效益。孩子作为"耐用消费品"具有物质商品没有的精神属性，可为父母长辈带来"天伦之乐"。

④延续—扩展效益。孩子是使"香火"不断的天然连接器，具有传宗接代并使宗族扩展的功能。

⑤继承—风险效益，孩子继承父母遗产，并由孩子基本素质决定下一代的家业兴衰，承担一定风险。

⑥安全保卫等其他效益。

（2）本次抽样调查设计了囊括上述诸种效益的调查问卷，取得一批完整数据。其中最为突出和与当前控制人口增长最为密切的问题，以下几方面颇值得关注。

①孩子效益构成。全国加权汇总各种孩子效益所占比例分别为：提供劳务和经济收入占 17.6%，养老保险占 20.5%，精神享乐占 24.2%，代际延

续和宗族扩展占 15.5%，继承遗产和承担风险占 8.5%，安全保卫和其他占 13.9%，以精神享乐和养老保险所占比例最高，具有比较明显的发展中国家孩子效益的基本特征。

②家庭收入效应。在孩子效益中提供家庭劳务和经济收入虽不及精神享乐和养老保险，但仅次于二者，其对家庭经济状况和收入的影响，作用仍很强烈，尤其是乡村。在全国加权汇总的乡村不在学分居子女提供的家庭效益中，年平均提供 47 元对应的是月收入在 25 元以下家庭，提供 90 元对应的是 51 元～100 元家庭，提供 215 元对应的是 101 元～200 元家庭，提供 196 元对应的是 201 元～300 元家庭，提供 348 元对应的是 301 元～400 元家庭……总的趋势是子女提供的经济效益越高，对应的家庭收入也越高。在孩子提供效益来源结构上同孩子成本有类似情况，有非农收入比无非农收入要高出 90 元；不同性别孩子提供效益比较，男性要高出女性 46 元，性别差异明显。

③职业结构效应，抽样调查说明，不同职业孩子提供给家庭的效益具有较大差别。如全国加权汇总的乡村不在学分居子女向家庭提供经济效益最多的是商饮服务业，年平均提供 260 元；其次为个体劳动者，年平均提供 216 元；再往下办事人员提供 125 元，科技人员提供 140 元，干部仅提供 50 元。究其原因固然同孩子提供能力，即收入水平紧密相关；同时也与孩子自身消费水平相联，以至于收入水平不高的农林牧渔劳动者等，却向家庭提供较多的经济效益，

五　孩子成本—效益管窥与人口控制利益调节改革思路

（1）调查和分析边际孩子成本—效益变动目的，是为了找出家庭在进行生育决策时发动的动机，从中悟出解决的良方。贝克尔在说明这个问题时，引入净成本概念：它等于家庭为某个边际孩子预期支付的直接（货币）成本加上父母耗费的间接（时间）成本（通过影子价格），减去该边际孩子提供的预期收入现值和劳务的现值。若净成本为正值，则该边际孩子仅相当于一般的一件耐用消费品，家庭只能从该孩子身上获得心理上要求的效益；若净成本为负值，则该边际孩子可相当于一件耐用生产品，可为家庭带来价值增值。这样，家庭便可根据边际孩子净成本预估，进行生育决策。由于我

们 10 省市抽样调查边际孩子间接（时间）成本与可提供的劳务性效益比较接近，故在下面的边际孩子成本—效益比较进行净成本计算时，舍去了时间成本—效益这一层。

（2）从全国加权汇总的孩子成本—效益数据结果看，货币形式的孩子净成本在城市为正值已很明显，在乡村也开始转向正值。例如全国乡村不在学分居子女 1991 年家庭向子女提供 139 元，子女向家庭提供 148 元，仅相差 9 元，孩子提供的劳动经济效益降到很低程度。

（3）值得提出的是，全国加权汇总乡村不在学分居子女中职业为农林牧渔者，仅以当年家庭支付的直接（货币）成本与该子女提供给家庭的货币收入效益比较，效益高于成本即净成本为 - 50 元。这说明在乡村不在学分居子女总净成本仍为负值。为什么呢？因为农林牧渔业技术构成低，因而将孩子培养成这种劳动力的成本花费也低；又因为技术构成同吸收劳动者的弹性成反比，技术构成越低吸收劳动者弹性越大，发挥效益越早越显著，从而形成孩子净成本的反差。这种不利反差对生育构成足够的刺激，成为经济技术落后并以经营农林牧渔为本业地区生育率居高不下的深刻原因。

（4）改变这种状况的根本途径是发展经济，推进技术进步。因为一方面，经济发展起来和技术构成提高以后，对劳动者文化和技术水平的要求提高了，家庭收入的增加主要不是依靠劳动者数量而是依靠其质量，遂使边际孩子对家庭的劳动—经济效益下降；同时经济发展和劳动生产率的提高导致社会财富的增多，国家和社会有能力举办更多养老保险事业，劳动者个人和家庭也有条件为养老而储蓄，边际孩子的养老—保险效益也大大下降；其他如孩子继承家业兴衰的风险效益等，也有不同程度的下降。另一方面，发展经济带动技术进步，技术进步推动经济发展，使家庭明确意识到只有对孩子进行必要的智力投资才能有效益，于是孩子成本，主要是用在教育方面的质量成本上升。孩子成本—效益如此一升一降，促使家庭由投入孩子的数量成本向质量成本转移，生育模式相应由多育过渡到少生优育优教，生育率持续下降。迄今为止，发达国家经济发展和生育率下降之路说明了这一点。中国改革开放以来经济发展和技术进步达到水平较高地区的成功实践也证明了这一点。发展经济是通向节育的坦途，是战略上治本的方略。

（5）这样说，并不等于让经济发展"自然而然"地解决人口问题。由于中国人口、资源、经济发展水平等基本国情，决定中国人口问题特别是人口数量控制问题的解决，不允许仅仅依靠发展经济"基础解决"，而必须

"平行作业"。即在大力发展经济，不断为生育率下降创造良好基础条件的同时，认真贯彻计划生育基本国策，运用行政的、经济的、立法的手段切实控制人口增长。当前尤为重要的是稳定现行政策，运用好以往成功的做法和经验。人口生育政策的相对稳定至关重要，因为任何政策变动都会引起风潮，产生抢生超生不良后果。运用以往成功的做法和经验需结合现实，特别是社会主义市场经济体制的确立，在推广领导重视、人口目标管理责任制、"三为主"、加强队伍和基层建设等一整套经验时，研究和解决新情况和新问题，探索改革的办法。

（6）在经济体制改革目标是建立社会主义市场经济体系大环境下，在发展经济、推广技术进步和稳定现行生育政策、运用过去有效经验基础上，结合本次家庭经济与生育10省市抽样调查取得的成果，就如何通过适当加大利益调节分量，谋求孩子成本—效益的平衡，达到进一步有效控制人口增长的目的，提出一些改革思路。

①调整脑体分配，鼓励智力投资。目前广泛流传着"拿手术刀不如拿剃头刀""教授笔杆赶不上小贩秤杆"一类分配不公，或曰"脑体倒挂"现象，这不仅对国民经济发展和现代化建设将产生深刻影响，而且对控制人口增长十不分利。10省市抽样调查表明，即使抛开在学子女不论，不在学子女给家庭带来的经济效益也远不能补偿家庭对他们的直接（货币）成本支出，且所受教育程度越高越严重。如全国加权汇总的乡村分居子女在按受教育程度划分与家庭经济往来中，文盲和半文盲净成本为 -9 元，小学为 -20 元，初中为 -48 元，高中为 78 元，大专以上为 227 元。按照澳大利亚著名人口学家考德威尔的"代际财富流"理论，出现了家庭在孩子身上智力投资越多，财富越是由父母流向子女的反常现象。这是严重妨碍生育率下降的不利倾斜，扭转这一倾斜要有一个大的政策：实现复杂劳动是简单劳动倍加的按劳分配原则，提高脑力劳动所得，确保家庭用在孩子身上的教育质量成本能够带来相应或追加的经济效益，诱导人们的选择偏好由追求孩子的数量转变到追求孩子的质量，由投入孩子的数量成本更多地转向质量成本。

②发挥附加效益，改革养老保险。前已述及，兼之结合发展中国家尤其是中国实际，提出并论证了孩子的社会附加成本和附加效益。探讨拉动孩子成本—效益杠杆控制人口增长，主要应在减少独生子女和其他计划生育子女成本、增加其效益，增加超生子女成本、削减其效益两个方面寻找思路，而这里的成本和效益自然主要是社会附加部分。目前各地实行对独生子女每月

奖励 5 元或 10 元的制度，只是这一附加效益过轻，难以起到应有的作用；同时 10 省市家庭经济与生育抽样调查说明，在全部子女效益结构中，养老—保险效益占 21.3%，位居前列，更是独生子女父母忧虑焦点之所在，将二者结合起来，四川等省开展了独生子女"两全保险"及其父母养老保险，即将独生子女奖励费投保该子女伤、亡保险，14 年后转入其父母养老保险，解决了近虑远忧，取得良好效果。国务委员兼国家计生委主任彭珮云撰文指出："这一办法把计划生育与社会养老保险有机地结合起来，为在农村贯彻执行计划生育基本国策找到一条新路子，是综合治理我国人口问题的一项改革措施。"此外，加大独生子女和计划内生育子女的附加效益，还可在入托、入学、医疗，以及城市住房分配，乡村到乡镇企业就业和户口农转非等方面，在同等条件下实施优先政策，补偿因不再生育而损失的孩子效益。

③加大超生成本，改变效益失衡。征收父母超生子女费，是一项既定政策，但征收多少，如何既起到附加成本抑制生育的作用，又使超生户缴纳得起，存在一个适度问题。10 省市抽样调查全国加权汇总计划外生育第 2 个孩子征收超生费不足 900 元，超生第 3 个孩子再增加 3 倍多，总体上看不算高。不过由于城乡地区之间经济差别很大，不要求全国"一刀切"，关键在于各省、自治区、直辖市规定款额和办法的科学性。中国社会科学院人口研究所人口对策问题组早在 1989 年的一份报告中就提出征收相当于当地人均收入水平的超生子女费，并且连征 14 年的办法，从调查情况看，是可行的。一是征收的水平不算高，一般都拿得出来；二是改变超生父母"痛苦一时（一次性缴费），享福（子女提供效益）一世"的心理，使之感到增加的这一附加成本是沉重的，足以起到抑制生育的作用。此外，在同等条件下可对超生子女在入托、入学、医疗、城市住房分配、乡村到乡镇企业就业和户口农转非等方面，实施滞后政策，削减超生子女对家庭的效益，改变目前的失衡状态。

④转变生育观念，改革父姓传统。本次抽样调查精神享乐和养老保险占孩子效益比例最大，说明生育观念影响至深。所以，破除私有生育观，树立为公的生育观，男女平等生育观，科学进步的生育观还是长期的艰巨任务。除宣传教育外，如何肯定女性在人类种族的延续中的地位和作用，需探索解决。最大的妨碍是多少年延续下来的父姓传统，抹去了女性在人口生产代际相传中的作用，致使部分家庭不惜代价生男孩。改革的一项措施是子女复姓制，即所生子女姓父母亲双姓，第 3 代可选择双姓父母中的任意一姓，使女

儿同样起到延续家庭姓氏作用。这是一个简便易行的办法，阻力在于人们的传统观念。只要认识明确，宣传得力，有关部门提倡并提供户籍登记方便，是完全可以行得通的。

参考文献

［1］H. Leibenstein，A Theory of Economic Demographic-Development, Princeton University Press. 1954.

［2］G. S. Becker，*An Economic Analysis of Fertility*，Princeton University Press. 1960.

［3］R. A. Easterline and E. M. Crimmins，*Fertility Revolution*：*A Supply Demand* Analysis, Chicago University Press, 1985.

［4］J. C. Caldwell，*Theory of Fertility Decline*，London Acam. dic Press, 1982.

［5］刘国光等：《80 年代中国经济改革与发展》，《关于进一步有效控制我国人口增长的报告》，经济管理出版社，1991。

［6］田雪原：《论孩子成本—效益理论和控制》，《田雪原文集》，中国经济出版社，1991。

［7］彭松建编著《西方人口经济学概论》，北京大学出版社，1987。

［8］李竞能主编《当代西方人口学说》，山西人民出版社，1992。

［9］田雪原主编，钟勘、许改玲副主编《独生子女与父母养老保险的理论和实践》，四川大学出版社，1992。

［10］江亦曼主编，朱楚珠、彭希哲、朱云成、陈剑、钱如生副主编《走出沼泽地——多孩生育的根源与对策》，气象出版社，1993。

技术进步与孩子成本的转移[*]

  人口与经济发展的实践证明，100多年前马克思作出的"贫困会产生人口"① 的论断，是一句至理名言。然而贫困何以会"产生人口"，人口经济学家多从贫困条件下边际孩子成本，特别是从抚养费用低这方面加以分析。无疑这种分析是正确的，对指导生育实践是很有意义的。但笔者以为这样的分析还很不够，在边际孩子成本分析中，没有将技术进步放到应有的位置；在边际孩子效益分析中，更缺少不同技术条件下本质差异的论证，因而不能不在一定程度上妨碍着孩子成本—效益研究的深入，尤其是由孩子不变成本或数量成本向可变成本或质量成本转移研究的深入。

一　两种类型的循环

  第二次世界大战后，虽然局部冲突和战争此起彼伏，但就全球观察而言，人口与经济同时增长，人类处于相对稳定的和平发展时期。根据联合国国际经济和社会事务部的估计，1950～1990年世界人口由25亿人增加到53亿人左右，40年间翻了一番有余，可谓自人类诞生以来增长最快的时期。与此同时，经济获得突飞猛进的发展，伴随着人口膨胀，人均国民生产总值却大幅度提高。然而具体分析起来，世界各地情形则有很大不同。在世界银行《1990年世界发展报告》中这样写道：20世纪80年代"许多发展中国家不仅未能与工业国同步前进，他们看到自己的收入绝对数下降了。拉丁美洲地区现在有成百万人的生活水平低于70年代早期。撒哈拉以南非洲的大部分地区，人民生活已降到60年代的水平"。对他们来说，"80年代是'被

---

  * 本文原载《中国人口科学》1992年第1期。

  ① 马克思：《资本论》第3卷，人民出版社，1975，第243页。

遗弃的年代'"①。这是由经济增长速度和人口变动双重因素决定的。仅以 1980～1990 年最后 10 年而论，世界总和生育率（TFR）平均为 3.53，发达国家为 1.91，发展中国家为 4.07。两者不仅相差悬殊，而且具有不同的性质：发达国家已低于更替水平，长此下去将出现人口减少的一天；发展中国家人口增长势头颇强，相当长时间内必然有一个数量继续膨胀的过程。在经济方面，1980～1989 年发达国家从人均国民生产总值年平均增长 2.5%，发展中国家为 2.3%，其中撒哈拉以南非洲、拉丁美洲和加勒比地区还出现负增长，中东和北非大致在原来水平上踏步，形成很大反差②。这种情况反映当今世界人口与经济发展之间两种不同类型的循环：一种为低生育率——高人均收入——低生育率，发达国家大致属于这一类；另一种为高生育率——低人均收入——高生育率，发展中国家作为一个总体，基本属于这类循环。不过应注意到，不同的发展中国家之间差距也很大，情形并不完全相同。

不难看出，人口与经济发展之间不同类型的循环，实际上是以不同的劳动生产率为前提的。因为较低的劳动生产率，只能带来较低的经济收入；较高的劳动生产率，则可能带来较高的经济收入。众所周知，提高劳动生产率有增加劳动者的劳动强度和改进技术两条途径，不过在今天早已结束了主要依靠增加劳动强度的做法，而代之以主要依靠技术进步。因此人口与经济发展的循环，是建立在一定技术基础之上的循环。这样，上面的两类循环可进一步表述为：初级循环为高生育率——低科技文化——低劳动生产率——低人均收入——高生育率；高级循环为低生育率——高科技文化——高劳动生产率——高人均收入——低生育率。这是在总结了大量人口与经济发展之间关系的现象后得出的一种抽象，是带有普遍规律性的一种抽象。或许有人要问，政策干预能否打破或改变这两种类型的循环呢？笔者以为，从总体上来说是不可能的，政策的作用只能在每一种循环内部，寻求其最大期望临界值。如初级循环阶段的人口问题，一般表现为人口和劳动力过剩，属于人口压迫生产力性质；政策目标是在科技、劳动生产率、收入水平不高条件下，寻求生育率下降的最大可能性。但要使生育率下降到很低水平，例如下降到长期低于更替水平以下，则比较困难。这样的认识非但没有否定人口政策的作用，恰恰是肯定了政策在人口、科技、经济发展循环中的地位和作用。政策是什么？是政党、国家依据自己的政治路线，为实现某种任务而规定的行

---

① 世界银行：《1990 年世界发展报告》，中国财政经济出版社，1990。

② 联合国：*World Population Prospects 1990*；世界银行：《1990 年世界发展报告》。

动准则。这种行动准则不能超越客观条件，相反，只能在客观条件允许的基础上去制定和组织实施。政策不是人们主观臆断的产物，而是客观事物内在运动规律的反映。只有科学地反映客观事物发展规律的政策，才具有威力，才能发挥更大的作用和效益，才能给自己的活动开辟更多的自由。

中国被公认为是人口政策取得卓有成效的国家，即使如此，也没有冲破上述人口、科技、经济发展基本的循环圈。就生育率而言，20世纪40年代总和生育率（TFR）为5.44，50年代为5.87，60年代为5.68，70年代为4.01，80年代为2.45[①]。70年代以后迅速下降，1989年已下降到2.25，目前在发展中国家已属最低水平之列。然而即使在70年代和80年代，总和生育率也始终在2.20以上，没有达到2.10更替水平以下，处在由高生育率向低生育率过渡时期，但尚未进入低生育率阶段。

就经济而论，自1949年新中国成立40多年来，虽然几经波折，国民经济几次大起大落，但总体来看，发展是比较快的，国家经济实力大大增强。尤其是改革开放10多年来，经济发展更为迅速，人民所得实惠最多。据统计，如以1952年中国国民收入为100，按可比价格计算，1989年为1133.4，年平均增长6.8%；其中1979～1989年年平均增长10.7%，1981～1989年年平均增长11.2%，是世界增长最快的国家之一[②]。不过一是由于过去基础薄弱，二是由于40多年来人口倍增有余，形成中国目前人均收入水平仍比较低的状况。美国人口咨询局估计，1988年世界人均国民生产总值3470美元，发达地区15830美元，不发达地区710美元，中国330美元。世界银行在《1990年世界发展报告》中估计，1988年中国人均国民生产总值340美元。目前各国和一些跨国组织对中国的估计出入很大，从人均300美元至1000多美元不等。300美元左右的估计显然受到人民币外汇比价不断下调的影响，不能真实地反映中国的实际。如按1980年人民币外汇比价并扣除10年来通货膨胀的影响，中国1990年人均国民生产总值在577美元左右，尚不足不发达地区的一般标准，属于人均收入较低的国家。

就科学技术和文化方面而言，40多年来大、中、小学校和各类职业学校发展很快，培养的人才一年多于一年。这是有目共睹的。不过这里所指的

① 《中国1%人口生育率抽样调查图集》，中国国家计划生育委员会编绘，1984；《中国人口年鉴1989》，科学技术文献出版社；《中国1990年人口普查10%抽样资料》，中国统计出版社，1991。
② 《中国统计年鉴1990》，中国统计出版社，1990。

科技文化，是指同人口文化素质紧密相连的科技文化。它需要有一个统一的量化指标。几年前笔者曾提出人口文化素质指数概念[①]，它是指某人群中每人平均所受教育年限，并提出大专按平均上学时间 16 年，高中（含中专）按平均 11 年，初中按平均 8 年，小学按平均 4 年，文盲和半文盲按平均 0.25 年计算。这样算下来，1964 年全国人口普查人口文化素质指数为 2.41，1982 年人口普查为 4.38，1990 年人口普查为 5.18，人口平均所受教育时间有了成倍的增长，科技文化有了显著提高。同时 5.18 的人口文化素质指数又确实不高，反映在社会劳动生产率上，其水平也是比较低的。

所以，当前中国在人口、科技、经济两类循环中，正处于由初级循环向高级循环过渡时期，基本上仍处于高生育率——低科技文化——低劳动生产率——低人均收入——高生育率初级循环阶段。不过应注意到其中的"时间差"：生育率过渡的步子迈得更大一些，现已接近发达国家的低生育水平；科技文化、劳动生产率、人均收入过渡的步子迈得相对小一些，处于发展中国家的一般水平。由此也就应当明确，实现由初级循环向高级循环过渡这个人口、科技、经济发展的根本战略问题，一方面要继续控制人口的增长，使生育率在长期内稳中有降；另一方面科技文化、劳动生产率、人均收入为人口与发展循环链条中的薄弱环节，解决好其中的关键所在，才能为实现过渡和走上高级阶段的良性循环创造条件。

二　技术进步的核心作用

在人口、科技、经济发展循环轨道上，三者密切相关，任何一项发生变动都会波及其他。例如生育率下降后，由于出生人口减少而使国民收入再分配中消费部分减少，积累增加，有利于增加国家建设投资，发展科技事业，促进生产发展和收入的增加，而经济的增长和人均收入的增加，不仅能为人口的数量控制和素质提高准备物质前提，而且可以为生育率下降后引起的人口年龄结构老龄化，发展老年社会保障事业打下基础。即国民经济的发展和人均收入的增加，乃是贯彻控制人口数量、提高人口素质、调节人口结构这一全面解决中国人口问题基本方针的基本保证。当前，在中国科技和经济发展水平不高的条件下，生育率的率

---

① 参见田雪原《中国 1987 年 60 岁以上老年人口抽样调查报告》，《中国人口科学》专刊（1），1988。

先下降已经带来良好的社会效益，但要达到在一定时期内继续下降的目标还有相当大的难度。国民经济可能期望年增长速度很高。在这种情况下科技所处的核心地位，技术进步在降低生育率、提高劳动生产率和提高人均收入中的作用，越来越明显地表现出来。

其一，科学技术进步降低生育率的作用，是通过刺激边际孩子成本特别是边际孩子质量成本的上升，同时通过削减边际孩子效益实现的。众所周知，随着资本主义商品经济的发展和泛商品观念的无孔不入，一些微观人口经济学家也从商品生产和商品交换角度研究人口生产，提出孩子成本—效益理论。他们提出，一个孩子的生产可由直接成本，即养育一个孩子直接的货币支出，以及间接成本，即父母特别是母亲因抚育孩子损耗时间而减少的收入两部分构成。但在一定社会生产力水平条件下，用于孩子基本生活费用和母亲怀孕、分娩期间的直接和间接成本是相对稳定的，构成孩子健康和教育上面的费用是不断上涨的，构成了孩子的可变成本或质量成本。诚然，父母生儿育女并不只是为孩子付出成本，而是为了在付出成本之后取得相应的效益。孩子对父母和家庭最主要的效益是：劳动—经济效益、养老—保险效益、消费—享乐效益；此外尚有继承家产的效益、防止家业衰落的风险效益、安全保卫效益等。父母要不要生产某个边际孩子，则取决于孩子的成本效益：若成本高于效益就不需要，若成本低于效益就需要，若成本等于效益则取决于随机因素。毫无疑问，这种孩子成本效益理论有其局限性，资产阶级人口经济学家不同流派之间也不尽一致；但这个理论把人们的生育行为和利益得失联系起来，作出量的考察，并且论证了随着科学技术的不断进步，边际孩子可变成本或质量成本上升，主要效益下降的趋势，对于我们今天的研究是很有意义的。这里的要害是技术进步，是技术进步使孩子成本—效益发生失衡。

首先，技术进步导致由孩子不变成本或数量成本向可变成本或质量成本转移，由追求孩子数量向追求孩子质量生育观念的转变。在农业社会和工业社会初期，劳动者的手臂就是他们的力量所在，一个家庭只要使孩子健康地成长到劳动年龄，便能得到一名合格的劳动力，孩子成本低廉，边际孩子成本更低，人们的选择偏好倾向于孩子的数量，由此孩子不变成本或数量成本占据优势。以蒸汽机、内燃机、电动机和初级控制机为代表的一次又一次的技术革命，导致生产工具不断革新，技术装备程度越来越高，从而对与之相结合的劳动者在科技文化上提出更高要求。二次世界大战后以微电子技术为先导的新的技术革命一浪高过一浪，计算机技术、宇航技术、激光工程等的发展，一方面使传统产业受到革命性改造，另一方面高技术产业不断兴起，从而对劳动者的科学、文化、技术水平提出更高的要求，劳动者只有学习和掌握现代科学技术知识才能适应工作的要求。这种形势猛烈地刺激着边际孩子可变成本或质量成本的增加，发生由孩子不变成本或数量成本向可变成本或质量成本的转移。

其次，技术进步使边际孩子效益下降。由于技术进步，家庭经济收入的增加主要不是靠劳动力数量的增加，而有赖于劳动力质量的提高，使边际孩子劳动经济效益呈明显下降趋势。同时由于技术进步和生产率的提高，社会和个人收入的增加，社会可以举办更多的养老保障事业，个人和家庭也有条件储蓄养老金，而社会与个人相结合的养老保障体系的普遍建立，使边际孩子的养老—保险效益不断下降。其他如继承家产、振兴家业、安全保卫等效益均有一定程度的下降。从理论上说，技术构成越低，劳动者与劳动工具的结合越松散，吸收劳动者的弹性越大，边际孩子的各种经济效益越容易实现；相反技术构成越高，分工越精细，劳动者与劳动工具结合越紧密，吸收劳动者的弹性越小，边际孩子的各种经济效益越难以实现。技术进步无情地冲垮了传统的"多子多福"的屏障，将少生优育优教多受益的现实展现在人们面前。

其二，科学技术进步带动劳动生产率的提高和收入的增加，是通过技术进步与劳动对象相结合、技术进步与劳动工具相结合两个方面实现的。中国经济学界素有生产力"二要素论"和"三要素论"之争。事实上无论是"二要素"（即劳动力和生产资料），还是"三要素"（即劳动力、劳动对象和劳动资料），任何劳动过程都必须有特定的劳动对象，而且随着新技术革命的深入，劳动对象的新的意义日益受到更多的重视。这是因为新技术与劳动对象结合起来，可以更充分地开发和利用自然资源，扩大自然资源的领域；应用新技术可以综合利用资源，提高资源利用率和使用效益；新技术可以扩大劳动对象的利用范围和提高加工的深度，发展合成材料等新材料工业，大大拓宽劳动对象范围并提高经济效益。

技术进步同劳动工具结合起来，历来是提高劳动生产率和促进经济发展的主要手段。人所共知，经济发展阶段的划分不是依据生产什么，而是依据用什么样的劳动工具进行生产，怎样生产来确定。当前新技术革命不断深入，正以巨大的规模和惊人的速度改变着传统的生产方式和生活方式，不但与新技术革命相伴而兴起的高技术产业的发展方兴未艾，而且用新技术去改造冶金、煤炭、汽车、纺织等传统工业，进行"再工业化"，从而创造出空前高涨的劳动生产率。第二次世界大战后工业化国家人均国民生产总值、人均国民收入长期持续地较快增长，原因正在这里。今天一部大型电子计算机所承担的工作量，绝非人的手工计算能力和计算速度所能与之相比美的。在这种情况下，科学技术在同其他生产力要素相结合转化成现实生产力过程中，周期缩短了，作用千百倍地增强了，并且产生了质的飞跃。科技作为第一生产力所具有的能量，正以前所未有的规模释放出来。

技术进步具有使生育率下降和劳动生产率大幅度提高的双重核心作用。这一点在当代中国现实生活中明白无误地表现出来。1990年普查该年年中全国人口文化素质指数计算为5.18，1989年底总生育率为2.25，人均国民收入为1189元。以此为准，人口文化素质指数在该线以上的18个省、自治区、直辖市中，有9个省、市、区人口文化素质指数明显高于全国水平，总生育率明显低于全国水平，人均国民收入明显高于全国水平。如北京人口文化素质指数为7.65，是全国的1.5倍；总生育率为1.33，相当于全国的0.59；人均国民收入3248元，为全国的2.7倍。辽宁人口文化素质指数为6.28，是全国的1.2倍；总生育率为1.51，相当于全国的0.67；人均国民收入1989元，是全国的1.7倍。有6个省、自治区人口文化素质指数略高于全国水平，其总生育率和人均国民收入大体同全国水平。有3个省、自治区的人口文化素质指数虽然高于全国水平，但是总生育率却明显高于全国水平，有的人均国民收入甚至低于全国水平许多。这3个省区的情况是：新疆人口文化素质指数5.59，总生育率3.16，人均国民收入1232元；海南人口文化素质指数5.45，总生育率2.93，人均国民收入1131元；河南人口文化素质指数5.23，总生育率2.88，人均国民收入836元。为何出现这种超出常规的现象呢？主要是外在干预作用较大。或者受到民族人口政策的影响，或者由于新辟特区外来人口较多且生育难以控制，或者工作上的问题如计划生育政策有些没有落到实处。因此这些情况不具有典型意义。

如果说在中国人口文化素质较低的情况下，人口文化素质指数稍高于全国水平的某些地区的生育率、人均国民收入变动不可能完全同步的话，那么在其余12个省、自治区人口文化素质指数低于全国水平的广大地区，几乎全部都是生育率高于全国水平，人均国民收入低于全国水平，甚至是亦步亦趋地变动。如 1990 年西藏人口文化素质指数为 2.23，相当于全国水平的 0.43；1989 年总生育率 4.22，为全国水平的 1.87 倍；1989 年人均国民收入 778 元，相当于全国水平的 0.65。贵州人口文化素质指数 4.08，相当于全国水平的 0.79；总生育率 2.96，为全国水平的 1.32 倍；人均国民收入 625 元，相当于全国水平的 0.53。唯一例外的是四川：人口文化素质指数 5.12，稍低于全国水平；总生育率 1.76，仅相当于全国水平的 0.78；人均国民收入 809 元，相当于全国水平的 0.68。为什么会形成科技和经济发展水平不高条件下的较低生育率，呈现明显的反差？恐怕主要是该省始终坚定不移地贯彻执行有关生育政策的结果。

认识技术进步在人口与发展中的核心地位和作用还在于，现行的一套以行政手段为主的控制人口增长的办法虽属必要，但由于事关群众切身利益的实际问题没有解决，往往使计划生育变成"天下第一难"的工作，难以摆脱对峙和被动的局面。从一个方面说，在较长一段时间内这种以行政手段为主的管理办法非但不可削弱，甚至还会有某种增强，否则就有人口失控的危险；从另一方面说，对峙和被动总不能永远延续下去，从长远和发展难点看必须进行改革，走以科技进步促生育率下降的道路。即通过技术进步优化选择，使少生优育获得显著效益，多生劣育效益显著下降，甚至出现负效益，使人们从关心自己利益得失上决定其生育子女的数量，进而自动放弃多生超生，自愿少生并实行优育优教，逐步完成由投入孩子不变成本或数量成本向可变成本或质量成本的转移，此乃为由从高生育率——低科技文化——低劳动生产率——低人均收入——高生育率，向着低生育率——高科技文化——高劳动生产率——高人均收入——低生育率过渡的必由之路，通向人口控制"自由王国"的必由之路。

三　加速孩子成本的转移

中国政府在宣布农业、工业、国防、科学技术四个现代化宏伟目标时，正确地指出，实现现代化，科技是关键，基础在教育。亦即发展教育事业和提高人口文化素质，是推动科学发展和技术进步的基础。从本文所要论述的问题角度分析，发展教育和提高人口文化素质，在推动人口与发展由初级阶段过渡到高级阶段过程中，一方面直接增加孩子的可变成本或质量成本，相对降低孩子的不变成本或数量成本，本身即构成孩子成本转移的一个组成部分；另一方面发展教育和提高人口文化素质，必然带来劳动生产率的提高和人均收入的增加，从而为控制人口增长提供物质保证，刺激生育率下降，有利于由孩子数量成本向质量成本转移。因此，如何有效地提高孩子可变成本或质量成本，即提高子女受教育的程度或文化素质，是能否实现由高生育率——低科技文化——低劳动生产率——低人均收入——高生育率向低生育率——高科技文化——高劳动生产率——高人均收入——低生育率循环转变的焦点，或谓关键的关键。

说到发展教育，提高人口文化素质，人们很自然地联想到增加教育投资，诸如建校舍，请教师，买教具等扩大教育规模的一套办法。无疑这是很正确的。发达国家在由人口与发展初级循环阶段向高级循环阶段过渡时，差不多都是这样做的，我们也要这样做。不过教育费用的增长也要受到国家财政收入增长的限制，不能增长过快。以中国改革开放以来的情况而论，在国家财政 1979～1988 年分类支出中，经济建设费由 761.59 亿元增加到 1397.00 亿元，增长 0.83 倍；国防费由 222.66 亿元减少到 218.00 亿元，下降 2.09%；行政管理费由 63.05 亿元增加到 271.60 亿元，增长 3.31 倍；社会文教费由 175.18 亿元增加到 581.18 亿元，增长 2.32 倍（其中教育支出由 111.45 亿元增加到 443.53 亿元[①]，为各类支出中仅次于行政管理费，增长幅度较大、增长速度很快的项目）。这样说并不等于国家用在教育上面的费用够了，教育投资无须再增加了，而是说这种增加不能不顾现实，不计国力，不能一味地指责教育经费太少，增加太慢，还要看一看教育投资的效益。据统计，全世界 1987 年有大学教师 411.8 万人，大学生 5931.6 万人，大学教师与学生之比为 1:14。同年这个比例在日本为 1:10，苏联为 1:13，美国为 1:18，印度（1979 年）为 1:19，加拿大为 1:23，而中国为 1:5，差距很大[②]。如果我们达到世界平均水平，大学生人数可增加 1.8 倍；达到美国水平，可增加 2.5 倍；达到加拿大水平，可增加 3.5 倍。这说明我们办教育效益不够高。由此可见发展教育眼睛不能只盯在增加投资上，而要在内部挖潜、改革上想办法，走教育"外延扩大再生产"与"内涵扩大再生产"相结合的道路，当前更应该把重点放在教育"内涵扩大再生产"上。

无论是走教育"外延扩大再生产"，还是教育"内涵扩大再生产"，

---

① 《中国统计年鉴 1990》，中国统计出版社，1990。
② 《中国统计年鉴 1990》，中国统计出版社，1990。

或者两者兼而有之的道路，都只是解决提高人口文化素质，实现由投入孩子不变成本或数量成本向可变成本或质量成本转移的外部条件。无疑这样的外部条件是十分重要的，没有这样的条件，发展教育、提高人口文化素质就会成为一句空话。但是外部条件毕竟是事物变化的外因，要想提高人口文化素质和孩子成本的转移，还必须有内在的动力，以及驱动内在动力运转的合理机制。这个内在的动力归根结底取决于孩子可变或质量成本的成本效益，以及与之相适应的利益调节机制。假定某边际孩子的可变或质量成本为 c，父母投入该成本后孩子可能提供的效益为 b，则可能出现如下三种情况。

第一种为 $c > b$，边际孩子净可变成本或质量成本为正值，说明父母不能从孩子提供的效益中收回支付在孩子教育等方面的费用，自然人们不肯多做这种得不偿失的家庭人口智力投资。

第二种为 $c = b$，边际孩子净可变成本或质量成本为零，父母从孩子提供的效益中正好补偿支付在孩子教育等方面的费用。在这种情况下父母和家庭存在对子女进行智力投资的可能性，但不具备必然性，很大程度上取决于家庭的经济状况和父母的智育观。

第三种为 $c < b$，边际孩子净可变成本或质量成本为负值，说明父母从孩子得到的效益超过支付在孩子教育等方面的费用，自然人们对这种家庭人口智力投资抱以热情。

在上述三种情况下，第二种 $c = b$ 是满足孩子不变或数量成本向可变或质量成本转移的必要条件，$c < b$ 是充分条件，是实现转移发动，是根本的内在原因。也就是说，只有在 $c \leqslant b$ 的情况下，孩子不变或数量成本向可变或质量成本的转移才会发生，人口文化素质的提高才会有动力和基础。这是一个具有普遍意义的规律性总结，违背它是要付出一定代价的。一个时期以来，特别是在"知识越多越反动"的"史无前例"年代，人们目睹 $c > b$ "读书吃亏"的现实，还有多少孩子不变或数量成本向可变或质量成本转移的积极性可言！这种与历史发展趋势相悖的现象，终于与"文化大革命"一起结束。但在今天改革开放、商品经济迅速发展的新形势下，又产生新的值得重视的问题。据统计，尽管随着国民经济的发展学校规模有不小的扩大，教育投资和教师人数有明显增加，然而全国中学在校生人数却由 1987 年的 5403.1 万人，减少到 1988 年的 5246.1 万人，1989 年的 5054 万人；小学在校学生数早在 70 年代中期便开始减少，由当时的 15000 多万人减少到 80 年代初的 14000 多万人，80 年代中期的 13000 多万人，80 年代末期的 12000 多万人[①]。这中间有受出生率下降形成的人口年龄结构的影响，不过主要的原因还在于父母和家庭投入孩子的可变或质量成本不能取得相应的效益，不是 $c \leqslant b$，而是 $c \geqslant b$ 所致。所谓"教授的笔杆不抵小商小贩的秤杆"，"拿手术刀的不如拿剃头刀的"就是这种情形的写照。从客观上看，1989 年全国职工平均工资为 1935元，最高为地质普查和勘探 2558 元，其次为交通运输、邮电通信业 2288元，再次为建筑业 2171 元。科技人才相对比较集中的科学研究和综合技术服务事业为 2118 元，仅略高于全国水平 183 元；教育、文化艺术和广播电视事业为 1883 元，低于全国水平 52 元；国家机关、党政机关和社会团体 1874 元，低于全国水平 61 元。这种分配上不够合理的"脑体倒挂"现象，是造成一个时期以来中小学生失学严重、厌学之风越刮越盛的深层原因，必须认真纠正。加以认真纠正就是要从根本上改变这种脑体分配不合理的分配办法，使 $c \geqslant b$逐步改变到 $c \leqslant b$，保证由孩子不变或数量成本转移到可变或质量成本能够带来相应或更大效益。改革就是要建立同孩子成本转移相适应的调节机制，逐步用以利益调节为主取代以行政手段为主的管理，完成人口控制机制的转变，利用利益导向原则保证孩子可变成本或质量成本的稳步上升，生育率持续稳定地下降，逐步实现向低生育率——高科技文化——高劳动生产率——高人均收入——低生育率高级循环阶段的过渡。

参考文献

[1] Gary S. Becker, *An Economic Analysis of Fertility*, Princeton University Press, 1960.

[2] Juliam L. Simon, *The Economics of Population Growth*, Princeton University Press, 1977.

[3] Lester R. Brown et al., State of the World 1991, A Worldwatch Institute Report on Progress Toward Sustainable Society, W. W. Nortons & Company, New York, 1991.

[4] 彭珮云：《大力加强基层计划生育工作，为完成"八五"人口规划而努力奋斗》，《人口动态》1991 年第 1 期。

[5] 曾毅：《中国未来人口发展过程中的几个问题》，《中国社会科学》1991 年第

---

① 马克思：《资本论》第 3 卷，人民出版社，1975，第 243 页。

3 期。

[6] 田雪原：《发展经济，促进转变，寻求人口与经济发展的良性循环》，《中国人口科学》1991 年第 1 期。

[7]《中华人民共和国国民经济和社会发展十年规划和第八个五年计划纲要》，1991年 4 月 16 日《人民日报》。

[8] 世界银行：《1990 年世界发展报告》，中国财政经济出版社，1990。

我国劳动用工制度的重大改革

——论5天工作日与提高劳动生产率[*]

中国自1995年5月1日起实行每周40小时工作制,我国劳动用工制度的这项重大改革,对人口生产是一个具有时代意义的里程碑,必将对经济、科技、社会发展产生深刻影响。

著名人力资本专家、美国芝加哥大学加里·贝克尔教授的劳动—闲暇替代或选择理论认为,在社会生产力发展水平不高的情况下,劳动供给随着工资率的上升而增加;当社会生产力发展水平提高到一定程度之后,劳动供给则随着工资率的上升而减少。这种由工资率上升引起的劳动供给——从而劳动者的劳动小时数——先升后降的变动,说明在市场经济条件下,劳动者的劳动与闲暇具有某种替代效应,可以依据对二者不同的价值判断作出满足需要的选择。而在经济、科技、社会进步和劳动生产率大幅度提高,维持劳动力及其家庭附属人口生活资料获得满足的情况下,闲暇在升值,成为更多人选择的偏好。

我国实行5天工作日的情况怎样呢?一方面国民经济和工资率有了巨大增长,尤以改革开放以来增长幅度最大,依据国家统计局《中国统计年鉴》提供的资料,1978与1993年比较,国民生产总值由3 588亿元增加到31342亿元,按可比价格增长2.8倍;职工平均货币工资由615元增加到3371元,增长4.5倍。国民经济也从传统的计划经济束缚下解放出来,逐步走向社会主义市场经济体制。这表明我们已经具备一定的劳动者劳动—闲暇选择的条件,闲暇价值升值现象已经在一部分高收入阶层中发生。另一方面就总体观察,无论是工资率水平还是市场经济完善程度,都还未达到以闲暇代替劳动收入的条件。笔者以为在我们条件并不充分具备的情况下实施40小时工

* 原载1995年6月23日《中国改革报》。

作制，是一种福利性质的举措，是从我国实际情况出发的。一是我国人口和劳动力过剩，目前从业人员超过 6 亿，估计农业剩余劳动力在 1.2 亿左右，城镇中相当多数的机关和企、事业单位冗员严重，与其扯皮、泡时间，不如索性加大工作密度、缩短劳动时间；二是多数单位实行的是月工资制度，减少工作日并不减少工资收入，用减少劳动收入换取闲暇只在极少数劳动者身上发生。因此，虽然当前我国尚不完全具备 5 天工作日条件，但是却能够畅通无阻地实施，并且深受包括绝大多数劳动者在内的各界的普遍欢迎。

既然我国是在条件尚不完全具备的情况下选择了增加闲暇的 5 天工作制，那么如何使条件具备的问题也就由此而生。按照劳动—闲暇替代理论，最主要的条件是工资率的提高，而工资率提高的前提在于包括工作效率在内的社会劳动生产率的提高。劳动生产率是劳动者的生产效果或能力，它除了受到自然条件和生产资料状况制约外，主要取决于劳动者的熟练程度、科学的发展水平及其在工艺上的应用，管理机制和管理水平。目前，提高社会劳动生产率的根本出路是深化改革。这里所要强调的是从人口再生产的角度，怎样促使劳动生产率和工资率的提高，为增加闲暇的 5 天工作制创造同一般发展相吻合的条件。特别要注意以下三个方面。

1. 切实控制人口和劳动力的增长

劳动生产率的提高归根结底是活劳动的节约，活劳动节约到何种程度，直接同劳动供给——从而和社会劳动力和总人口变动相关联。由我国人口年龄构成现状决定，未来 20 年内生产年龄人口和劳动力数量将是不断增加的，到 2015 年将比目前增加 1.6 亿人；其后稍有下降，但在 2040 年以前将始终高于目前的数量。由于未来 15 年内的生产年龄人口均已出世，即现在的0 ~ 14 岁少年人口，其数量已成定数，只需逐年扣除每年死亡人口，并增加或减掉为数有限的移入或移出国境的人口；但是 15 年后的生产年龄人口的数量变动取决于今后的人口出生率，取决于人口控制的水平。为减轻劳动供给压力和提高劳动生产率，创造增加闲暇 5 天工作日人口方面的条件，需要继续贯彻计划生育基本国策，切实控制人口和劳动力的增长。

2. 有效提高人口的文化素质

目前，在被称为"后工业化"新的技术革命方兴未艾之际，劳动生产率的提高更加离不开劳动者的文化和技术水平。中华人民共和国成立以来劳动者和总体人口的文化素质有了明显的提高，但现有水平仍旧不高，与发达国家的差距自不待言，甚至赶不上某些发展中国家。人口再生产不仅是数量的再生产，而且是一定人口质量的再生产，能否有效地提高再生产中的人口质量，尤其是人口的文化素质，是能否提高社会劳动生产率的症结所在。提高人口文化素质，人们多把目光投向增加教育投入和兴办教育事业上，这无疑是对的；然而还必须重视当前存在的收入分配不公，脑体收入不尽合理的问题。确保个人和家庭用在人口智力上面的投资，能够带来相应的效益，实现复杂劳动是简单劳动倍加的工资率，煞住中小学生厌学之风，谋求有利于人口文化素质提高的分配制度的改革。

3. 合理调节劳动力资源

作为一定时间和空间的人口再生产，同人口的地理分布相关，人口和劳动力的合理分布构成是影响社会劳动生产率变动的因素之一。改革开放以来打破了以往封闭、半封闭的人口分布格局，出现了前所未有过的人口迁移和流动热潮，为城乡和东、西部的经济发展增添了新的生机和活力。据不完全统计，全国现有流动人口在 8000 万人以上，主要为乡村流向城市，特别是走在改革开放前列的大城市。这不仅超过了现阶段运输和城市基础设施负荷能力，而且形成了一支产业后备军，压迫工资率和劳动生产率的提高。城市化是包括中国在内的世界人口发展的一大趋势，我们要走也正在走这一条道路；现在的问题是盲目涌进城市人口过多，除造成社会治安质量下降等问题外，从发展上看，对创造增加闲暇 5 天工作日所必备的条件说来也是不利的。因此，对以农业栽培业为主体的乡村过剩劳动力及其附属人口的转移，应当借助市场机制和利益导向，在吸引一部分转移到现有城镇的同时，积极推进乡村城市化，走以发展小城镇为主的人口城市化道路；还要树立大农业观念，充分利用我国山地、高原、草场、水面所占比例较高的条件，从源头上将农业栽培业剩余劳动力分流较大部分到林、牧、副、渔业中去，提高谷物等农业栽培业劳动生产率，为全社会劳动生产率和工资率的提高创造条件。

人口与社区发展

"中观"人口控制与社区综合发展[*]

英语社区 community 一般译为公社、团体或共同体，尽管人们对这一概念所下定义五花八门，但对其在生育率转变中的作用，特别是在包括中国在内的发展中国家在"中观"人口控制中的关键作用，正引起越来越多的关注。

一 "中观"人口控制的基本领域

在当今世界，作为全球性的问题提到人类面前，人口的数量增长最为引人注目，并且同粮食、资源、工业化、环境等问题交织在一起，构成困扰发展中国家经济起飞最重要的难题之一。因此，越来越多的国家选择了控制人口增长的道路。这种控制可分做宏观的政策干预、中观的社区服务和微观的家庭计划三个层次，这三个层次相互关联，不同的国家或地区在不同的时期，侧重的层次有所不同。中国自 20 世纪 70 年代大力加强人口控制以来，取得举世瞩目的成绩，总生育率（TFR）由 1970 年的 5.81，下降到 1990 年的 2.25，20 年间下降一半还要多[①]。国内外各界人士公认，中国控制人口增长成绩的取得主要是政府制定了比较严格的政策，大力加强计划生育，即实行以宏观控制人口目标为主的结果。当然，20 多年中，中国的国民经济、教育、科技、文化等有了不同程度的发展，改革开放以来发展尤为迅速，人们的生育观念也有一定的转变，在人口的微观控制方面产生了一定的作用。中观方面怎样？虽然一些地区也有若干创造，但社区作为中观人口控制主要

---

[*] 本文为提交"中国海口首届人口与社区发展国际诗篇会"论文，原载田雪原、廖逊主编《人口与社区综合发展研究》，兵器工业出版社，1993。

[①] 《中国人口年鉴1986》，社会科学文献出版社，1987；《中国统计年鉴1991》，中国统计出版社，1991。

领域的作用不甚明显，相对说来是一个被人们忽视了的层次。

中国的人口科学研究同上述情况相适应，关于出生、死亡、迁移的人口变动，年龄、性别的人口结构，城乡、地区的人口分布，以及人口与经济、科技、社会协调的发展战略研究等，学者们倾注了大量的注意力，发表了一系列论著，这种宏观方面的研究成为中国人口科学复兴以来研究的主旋律。在微观方面，关于家庭、婚姻等的研究取得一定进展；近年来从家庭角度研究孩子的供给与需求，从孩子成本—效益上揭示生育行为和生育子女数量多少的内在规律的研究取得了很大突破，受联合国人口活动基金援助，由中国社会科学院人口研究所组织的从全国 25 个省、自治区、直辖市（除边远少数 5 省区外）抽取的 10 个省、直辖市的抽样调查，取得比较完整系统的关于当前中国城乡家庭经济与生育方面的数据资料，为弄清目前的孩子成本—效益现状，探讨生育率继续下降的内在规律，在改革开放条件下谋求个人生育行为利益选择的转变和人口控制机制由以行政手段为主向以利益调节为主的过渡，开辟了新的微观研究的思路。最为薄弱的是中观人口控制方面的研究。有些研究，如辽宁省计划生育"中心户"的研究，四川省以及其他地区独生子女及其父母养老保险的研究等，虽然事实上涉及社区的研究，但是都缺少将社区提到中观人口控制主要领域高度，并从理论与实践相结合的高度作出认真的研究。在一定意义上说，反映了目前中国人口科学研究重宏观、轻微观、缺中观的状况。这种状况同改革开放新潮的涌起，同 20 世纪 90 年代面临的人口形势不相适应，需要在继续重视宏观研究的同时，加强微观研究，填补中观研究空白。

开展中观人口控制科学研究，基本的领域是社区。然而关于社区，由于学科的不同和人们说明问题的取向不同，有过各种各样的解释，所下定义或偏重行政管理方面，或偏重文化传统方面，或偏重经济活动方面，或偏重社会生活方面。笔者以为，社区可以界定为在共同经济利益基础上，并在政治、文化、社会生活方面有着某些相同属性的特定地理区域。这一界定表达了社区概念的基本内涵：社区以其成员的共同利益，首先是经济利益为基础，因而有着内在的向心力，以及由这种向心力凝聚成的行为规范；也表达了这一概念的外延：由共同利益和向心力强度决定的特定地理区域。不过这个地理区域可以同行政区划的地理区域相一致，也可能不相一致。从这样的认识并结合中国的具体实际出发，社区作为中观人口控制的基本领域，中观人口控制的主要阵地是社区，应作为一个明确的命题提出来并加以论证。笔者以为，这一命题的确立主要是由社区在人口控制中所处的地位和作用决定的。

其一，由社区经济发展水平决定的社区成员之间大致相近的收入水平，从根本上制约着人们的生育水平。众所周知，影响人们生育行为和生育子女数量多少有经济的、政治的、文化的、民族的、宗教的等多种社会因素，但归根结底是由经济因素决定的，人口问题说到底是经济问题。由于从总水平上说同一社区内社区成员之间人均收入水平比较接近，生产同一边际孩子的不变成本或数量成本也比较相近，使该边际孩子的成本—效益大体上处在同一水平，从而制约家庭生育子女的数量。同时社区经济发展水平也影响到提供避孕节育技术手段的水平；在颇大程度上左右着计划生育率实现的情况，一般是计划生育率同社区经济发展水平成正比。

其二，由于社区由具有共同经济利益的社区成员所组成，每个成员的生育状况怎样不仅关系到自身利益，而且牵动着其他成员的切身利益。作为特定地域社区内的土地、水、矿藏、林木等自然资源是相对有限的，人口增长意味着人均资源占有量的减少，超生侵害到社区其他成员的利益，不仅为国家的政策所不允许，也与维护社区成员的共同利益相悖。这就为政府制定一定的控制人口增长，维护社区人口与环境的协调发展政策提供了依据，如同对独生子女奖励和对超生子女罚款那样，有着必要的群众基础。

其三，由于社区在社会组织中具有天然"细胞组织"作用，使之成为国家宏观人口控制与家庭生育子女数量微观控制之间"对接"的纽带。社区规模有大有小，大一些的社区往往同国家政权基层组织范围相一致，成为政府推行计划生育工作的基础，像城市街道和乡村政府一般都配备有专门负责计划生育的工作人员；小一些的社区虽无基层政权建制，但常常通过民间或半官方组织与基层政权组织相沟通，自然成为连接基层政权组织与家庭户的"细胞"。国家控制人口增长的政策和所颁布的各项措施，就可通过这种或大或小的"细胞"贯彻落实到千家万户，完成宏观控制与微观控制的衔接。

其四，由于社区具有某种传统特征，在包括生育文化在内的小小文化圈形成过程中，铸造了人们的生育观念和生育水平。社区是在经济、文化、社会发展的历史中自然形成的，尽管不同社区之间有着中华民族共同的传统文化，并构成社区文化的基调；但由于在发展中经济、文化上的差别，维系传统文化链条的强度则有一定的差别，在改革开放和经济发展相差较大的社区，甚至出现天壤之别。在改革开放不大，经济和文化比较落后的社区，相当多的人们仍旧固守"多子多福""传宗接代"的信条；而在改革开放走在前面，经济和文化迅速发展起来的社区，很多人的生育观已转入少生优生，生男生女都一样，个别人甚至不愿生育子女，步入了西方社会某些人主张的"非生育文化圈"。

二 人口与社区发展的不同类型

社区情况怎样对中观人口控制有着决定性的作用，同时人口控制解决好坏对社区发展也有着重要的影响，二者是相互作用的，影响的，从而形成特定的人口社区发展模式。从中国实际情况出发，以人口社区发达程度而论，可分成如下三类。

一类为传统农业型。社区处于封闭或半封闭状态，社区成员以从事第一产业为主，生产工具落后，基本处于手工劳动或少量机械化劳动，劳动生产率低，人均收入水平低，处于较低温饱或由饥饿向温饱过渡的状态。在这种经济状况下，生产边际孩子成本低廉，孩子的劳动—经济效益、养老—保险效益等主要效益发挥较早，见效显著，相对边际孩子一定成本来说效益呈升高趋势，难以实现由投入孩子数量成本向质量成本的转移。因而在人口生产上表现出出生率较高、人口自然增长率较高、人口身体和文化素质较低等基本特征。社区内的人口控制与经济发展相互影响，表现为"低劳动生产率——高生育率——低劳动生产率"的不良循环，所谓"越穷越生，越生越穷"就是这种不良循环的写照。随着改革开放浪潮的波及，这样的人口社区许多已有不同程度的改变；但在内地特别在边远山区，这类社区仍有相当的数量，人口与社区发展处在传统农业型的落后状态。

二类为现代产业结构型。这类社区站在改革开放前列，如果从事农、林、牧、渔业，则已基本上走向专业化商品生产的道路，取向市场经济；多数已摆脱单一的农业经营，乡镇企业空前发展壮大，并广泛走向国内外市场，工副业生产居社区经济优势地位，初步建立起一、二、三次产业比较合理的结构。生产工具比较先进，有些则现代化程度较高，劳动生产率和人均收入均达到较高水平，已跨入小康甚至达到富裕。10多年改革开放实践已经造就了一批这样的社区，尤其是在珠江三角洲、长江三角洲、闽江三角洲、山东半岛、辽东半岛以及整个沿海和沿江河开放区。被称为中国首富村的天津市静海县大邱庄就是这样的社区典型。改革开放 13 年来产值增长速度为 10000 倍，提前 10 年并超标 7 倍进入小康，实际已达富裕型标准。产业结构发生根本性变化；农业劳动力由 1978 年的 1200 人减少到目前的 8 人，其余转向工贸企业，创造出农工贸并举发展的新路子。以粮食生产为例，大邱庄每个农民年生产 65 万公斤，为全国平均水平的 400 多倍，创造了惊人的劳动生产率①。这类社区的共同特征是，都毫无例外地依靠科技致富，对人口生产的直接影响，是刺激孩子质量成本特别是用在教育方面的成本急剧上升。而孩子对家庭提供的劳动—经济效益，主要取决于孩子质量而不是数量；同时由于包括老年保障在内的社区保障福利事业的发展，个人储蓄增加，孩子的养老—保险效益在下降。孩子的其他效益，主要是精神效益、安全效益、风险效益等，也随着社区经济、文化、科技、福利、保安事业等的发展，有不同程度的减弱。这种利益导向，促使社区家庭由投入孩子的数量成本转向质量成本，人们的选择偏好由追求孩子的数量转向追求孩子的质量，遂使生育率下降。因此在现代产业结构型社区，社区内的人口控制与社区发展同传统农业型相反，呈高劳动生产率——低生育率——高劳动生产率循环模式，步入人口与社区发展的良性循环轨道。辽宁省鞍山市东鞍山四方台村，就是这种类型中的代表。由于该村人均收入较高，全村 1000 多口人居住在一个大院 7 栋楼房内，住房不花钱，老年人发放养老津贴，自来水、煤气供应同城市一样，且给予一定补贴，这就大大削弱了孩子效益尤其是养老保险效益，促使人们由投入孩子数量成本向质量成本转移，有的社区成员主动献出准许生育第二个孩子指标，少生、优生优教成为人们追求的风尚。

三类为过渡产业结构型，即介于以上两种类型之间的类型。这一类型的社区改革开放之门已经打开，逐步由单一的农业经营向多种经营过渡，生产手段也由手工劳动和半机械化向机械化、自动化过渡，劳动生产率日益提高，人均收入水平不断增长，正在由温饱型转向小康型。在这种情况下，边际孩子的数量成本和质量成本均有所增加，其劳动—经济效益、养老—保险效益等经历一个由升到降的过程，人口与社区发展呈现比较复杂的情况。不过从总体上观察，这种过渡产业结构型人口与社区发展的总趋势是：由低劳动生产率——高生育率——低劳动生产率向高劳动生产率——低生育率——

① 韩秀琪：《闯富路上》，1992 年 9 月 30 日《光明日报》。

高劳动生产率循环过渡。不过处于这一过渡阶段的不同人口社区可能差别很大，有的刚刚脱离传统农业型，有的已接近现代产业型。

如从规模上划分，人口社区亦可分成小、中、大三种基本类型。小型人口社区可以一些地区创造的"计划生育中心户"为例：在十几户和几十户居民中，选择一户具有较高文化素质、对人口控制热心且有一定活动场地者作为中心户，以其辐射力将临近居民组织起来，主要是将育龄妇女组织起来学习人口理论和计划生育知识，开展避孕节育服务，将人口目标管理责任制落实到户和人；同时开发户与户之间的生产、生活方面的互助合作，开办文化和科技教育，帮助走向富裕道路。经验证明，"计划生育中心户"集人口控制、发展经济、社会服务于一体，规模小，活动方式灵活多样，加上政府辅助，具有比较强的生命力，发挥了小型人口社区应有的作用。这类小型人口社区大体上与乡村居民组、城镇居民委员会规模相吻合，具有方便灵活的特点。

中型人口社区多为乡村中的自然村或城镇中的居民小区。依据本文所下定义，乡村中的多数自然村和城镇中的居民小区尚达不到人口社区标准，这里所讲的中型人口社区是指在人口聚居且地域划分清楚区域内，在人口管理和经济、文化等方面上联系密切的空间。从现存情况看，这类社区大多具有一定的经济实体，社区成员有着共同的经济效益；或者在包括宗教等在内的传统文化上具有天然的联系，社区成员之间有着比较强的联系纽带。

大型人口社区指乡村以乡、城镇以街道为基本范围划分的社区。这类社区不仅规模大，而且同国家基层政权组织紧密结合，因而受行政制约很强，但能否构成我们所定义的社区，一要看其经济基础，有没有比较强的经济实体将社区成员的共同经济利益连接在一起；二要看在组织领导、宣传教育、技术服务等方面人口控制工作做得怎样，能否形成联系较为紧密的网络。多年的经验证明，这样大型的社区仅靠行政的力量是难以维系的，只有具备较强的经济的、人口的、文化的向心力量，才能得以巩固和发展。

一定历史阶段人口社区结构怎样，同人口、经济、文化、社会的状况紧密相连，主要的还是由社会经济发展水平及其结构决定的。中国目前的情况是：一方面自改革开放以来国民经济获得巨大增长，乡镇企业作为社区经济支柱异军突起，走势强劲，为人口社区的形成和发展打下了新的基础；另一方面从总体看国民经济发展水平仍不够高，经济技术水平仍比较落后，而农业仍以家庭户承包的分散经营为主要形式，这就使社区的形成和类型结构受到必然的限制。当前的基本情况是：以从传统农业型向先进产业结构型过渡的人口社区所占比例居多，其次为传统农业型，再次为先进产业结构型。在规模上以中小型人口社区居多，以农业村和城镇街道为基本形式的大型人口社区所占比例相对较低。我们要从中国实际情况出发，认真总结经验，努力培育、发展和完善人口社区。为此要抓住当前改革开放的有利时机，加快已有社区建设步伐，同时积极发展新兴人口社区。这就要求认真研究有关理论，借鉴发达国家、发展中国家的成功经验，并认真总结我们自己的经验，创造出适合中国国情和具有自己特色的人口社区。在这方面，海南省人口与社区的综合发展，提供了一定的新鲜经验。

三 海南人口社区试验区的启示

海南省位于中国南海北部，地处亚热带，面积为 33920 平方公里，1990 年普查人口为 6557482 人，资源丰富，自然地理条件颇佳。然而长期以来，经济发展却比较落后，改革开放以来虽然有很大起色，但直到 1988 年正式建省时经济仍不发达，处于中下水平。人口文化素质较低，出生率和增长率偏高，人口问题成为阻碍特区经济发展的重要问题之一。为了解决这个问题，促进人口与经济、科技、社会的协调发展，1991 年初海南省人口与社区综合发展试验区成立，开辟了通什市毛阳镇所辖全部区域的毛阳社区，琼山县中部三个镇及其辖区的灵山社区、云龙社区和红旗社区，以及以桂林洋农场为主的农林集镇社区。这 5 个社区的共同点是以乡镇为中心，囊括周围农业区域。不同点是经济发展水平存在一定差距：毛阳社区最低，1988 年人均收入只有 282 元；灵山、云龙、红旗 3 个社区处于中间状态，桂林洋社区相对较高一些。生育状况同经济状况相适应，1990 年毛阳社区总生育率为 3.5，灵山、云龙、红旗 3 个社区在 3.0 左右，桂林洋则降到 2.5。[①] 2 年来 5 个社区努力实践 1991～2000 年总体发展规划纲要，已初步取得成效。主要是将人口问题的全面解决纳入社区建设轨道，开辟了人口控制与社区综合发展相结合的新路子，在下述一些基本问题上，给人以重要启示。

一是人口控制机制同改革开放协调问题。海南省作为中国最大的经济特区，站在改革开放的前沿，自然步子迈得较大，经济改革沿着社会主义市场

---

① 詹长智主编《人口与社区发展通讯》第 3 期，1992 年 4 月。

经济体制进行，包括全民和集体两种所有制的公有制经济和个体经济、私营经济、外资经济一同进入市场，平等竞争，共同发展。适应市场经济体制的确立和运行，经济基础和上层建筑的许多领域也在进行改革和政策调整。本着政企分开和精简、统一、效能的原则，海南省提出走"小政府大社会"的政府职能转变的路子，取得初步成效。在这种经济、政治改革的新形势下，作为"对接"国家宏观人口控制与家庭微观生育行为之间的中观人口控制出现某种脱节——空间的脱节与原来的一些办法同市场取向不相适应的脱节。人口与社区综合发展试验区应运而生，一方面从形式上解决人口控制宏观与微观"对接"的脱节问题，另一方面在实质上，是通过发展社区经济、开展人才培训、加强社区服务等办法，加大人口控制利益调节的分量，为逐步完成个人生育行为利益选择的转变和人口控制机制由以行政手段为主向以利益调节为主的过渡创造条件。他们除协助政府兑现计划生育奖罚规定外，在技术培训、向"三资"企业推荐工人、兴办经济实体帮助贫困地区脱贫致富等方面，均优先考虑独生子女和计划内生育家庭，使他们在经济、政治、文化等方面享受比超生子女户高一层的待遇，得到实惠。这种在一定意义上带有市场调节性质的利益导向，抓住了决定人们生育行为关键的孩子成本—效益变动这个根本，从中观领域解决了人口控制同改革开放协调发展的问题。

二是人口的数量控制同素质的提高相结合的问题。实验区面临的人口问题除生育率高，必须严格控制外，文盲和半文盲所占比例也比较高，受过中等教育的所占比例较低，受过高等教育的屈指可数，所占比例甚微。如此将人口的数量控制与文化素质的提高结合起来，使之互相促进。实验区一方面设立"国策门""国策室"开办讲习班和研讨会进行控制人口增长的基本国策教育，增强社区成员的人口意识，转变生育观念；另一方面同教育部合作，创办"海南人口试验区职业学校"，对入校青年进行文化补习和就业前的职业技术培训。由于学校实行"按需设课""代厂招生"原则，毕业后多数进入"三资"企业，拓宽了就业渠道，收到将人口数量控制同素质提高相结合的良好效果。

三是人口控制同社区经济发展促进的问题。海南人口与社区综合发展试验区始终将扶植社区经济发展放在核心位置，视为解决人口控制的基础。开办职业技术学校促进了社区经济的发展，同时试验区办公室还协助从北京、上海、南京、安徽等地引进人才、技术和资金，结合试验区的具体情况，或帮助开发当地农副产品发展经济，扶助贫困社区脱贫致富；或帮助兴办具有明显优势的经济实体，发展高科技产业、旅游业等，积极参与市场竞争，带动社区经济更快发展。社区经济发展之后可为人口控制办更多的实事，也有利于人们由投入孩子的数量成本向质量成本转移，从而为社区人口与经济发展的良性循环开辟道路。

四是人口控制同社区服务相配套的问题。试验区人口问题中数量控制是首要问题，但不是唯一的问题，还有提高人口素质和因随着老年人口增长而来的人口老龄化问题。因此同中国总体上所面临的人口问题一样，全面解决试验区的人口问题包括控制人口数量，提高人口素质，调节人口结构特别是人口年龄结构老龄化几个方面，实行控制、提高、调节相结合的方针。就人口的数量控制而言，一方面不少人还残留着"传宗接代"等传统观念的烙印，另一方面独女户和有女无儿户面临一些实际问题，最重要的是老年生活问题，"养儿防老"具有深刻的思想和经济根源，贫困地区更是如此。基于这种情况，试验区将解决独生子女户和有女无儿户的养老问题列入发展规划《纲要》日程，正积极筹建"海南省社区服务中心"，在一些新建的城市住宅小区和乡村社区开展包括老年服务在内的综合服务："国际 SOS 中心"，包括孤老院、老年康乐园和残疾人康复中心等，目的在于解除独生子女户和计划内生育子女户的老年人后顾之忧，发展与人口控制相关联的社区服务，把人口控制目标落到实处；同时也为迎接人口老龄化挑战的来临做好准备，运筹未来人口与社区的综合发展。

参考文献

[1] Philip M. Hauser and Olis Dudly Duncan, *The Study of Population*, Chicago University Press, 1972, U. S. A.

[2] Ronald Freedman、WFS Oecational Papers, 1974. 5, London, England.

[3] 中国老年学学会编《中国的老年社会保障》（第三次全国老年科学研讨会论文集），1989。

[4]《田雪原文集》，中国经济出版社，1991。

[5] 辜胜阻主编《人口动态》，1992。

[6] 詹长智主编《人口与社区发展通讯》，1992（内部刊物）。

"人口控制与社区发展研究"报告[*]

提　　要

列入国家计生委"八五"人口与计划生育研究课题"社区综合发展与人口增长控制的研究",经过深入实地调查,同国内外有关学者切磋,认为在中国目前情况下,该项研究对于完善人口控制组织系统,实现人口控制由以行政调节为主向以利益调节与行政调节相结合的机制转变,完成 2000 年人口规划和 2010 年长远目标,有着实际的意义和理论的价值。最终成果《人口控制与社区发展研究》报告,阐述的重点和取得的新的突破,阐述如下。

在认识上,在分析社区基本特征的基础上,定义社区概念并指出其内涵与外延,提出走出对"社区"概念理解的"误区",有必要将社区与行政区划区别开来。澄清这一概念的实际意义,在于明确社区发展的内在机制在社区本身,政府行为只能是一种外在的推动力,不能"政社合一"。

在实践上,认为计划生育"三结合"是人口控制与社区发展的一大创造,意义深远。社区的综合发展是社会进步的需要,也为"三结合"的深入指出方向。

在理论上,再次论证了作为宏观与微观人口控制"对接"的社区"中观"层次的重要性,是为完善计划生育组织系统需要大力加强的领域。结合中国实际,分析了由传统农业型社区向现代工业型社区转变的过渡型社区特点,孩子成本—效益变动规律。

在战略上,提出并论述了人口与可持续发展是社区建设应遵循的原则,结合实际,提出并论证了社区人口自身的可持续发展,人口与资源、环境、

---

　*　本文为笔者撰写的"社区综合发展与人口增长控制研究"课题报告,作为课题研究最终成果上报,1996。

经济、社会可持续发展的基本方面，谋求改革的思路。

一 一个有待澄清的认识"误区"

近年来，随着人口、经济、文化、民政等项事业的发展，包括介绍国外有关研究成果在内的有关研究的开展，"社区"一词在人们的头脑中已不再陌生。由于研究的深入不够，宣传和普及程度更差一些，认真说来许多人对社区尚不甚了解。他们或循于习惯，或由于自我意识，将社区理解为大一些的城市或市辖区，乡村为县或较大的乡；小一些的城镇为街道、镇甚至居民委员会；乡村为较小的乡、自然村甚至分散居住的村民小组，将社区同行政区划等同起来。这样的认识有可以理解的理由：在中国这块有较严密组织社会的国土上，凡事与政府行为相关联源远流长，而政府行为总是同行政区划、行政建制联系在一起，社区也就同大大小小的社会行政区划联系起来。而且对于一个社区建设长期未得到应有重视，对社区发展水平不高的国家来说，偶有闪光的成功典型，大都离不开政府行为的塑造，社区也颇具"官本位"特色。但若据此将大小不等的行政区划视为规模不同的社区，便走进了社区认识上的"误区"，忽视了社区与行政区划不同的本质特征。

就地域范围讲，社区与行政区划之间的关系有的是 $A = B$，有的是 $B = A$，不是所有 $A =$ 所有 B 的关系。要说明这种关系和走出认识上的"误区"，推敲一下"社区"一词的含义和概念的界定，显然是必要的。汉语中原本无"社区"一词，它是由英语 Community，德语 Gemeinschaft 翻译过来的。据考证，德国社会学家藤尼斯（Tendinanel Tonnis，1859～1936）在 1887 年出版的《社区与社会》（德文 Gemeinschaftungese Uschaf，英文 Community Society）最先提出并解释了"社区"概念。其后芝加哥大学社会学系主任罗伯特·帕克（Robert E. Park）、社会学家罗伯特·林德夫妇（Rlobeit and Htelen Lynd）等在美国掀起"社区研究热"，并成为美国二三十年代社会学研究的中心，对"社区"作出多种定义。我国最早将社区研究引入的是留美归来的社会学家吴文藻，20 世纪 30 年代即竭力倡导，涌现出包括吴景超、陈达、李景汉、费孝通等一批专家，开展了颇有成效的社区调查。世界在 20 世纪 50 和 60 年代的社区研究走向衰落，70 年代有所复兴；中国亦同样，50 和 60 年代社区研究几近中断，70 年代特别是改革开放以来才得以恢复和发展，相比之下，仍较落后。迄今为止，关于"社区"的定义在 100 种以上，人们从人口学、经济学、社会学、地理学、人类学、民族学和历史学等赋予社区以不同含义。尽管各种定义在表述上有所不同，甚至有很大不同；但各种定义在实质上仍旧有着相当大的共同性。在总结各学派不同观点并且结合笔者观察的国内外不同类型社区，其共同性似可归纳如下。

一定的地域性质。社区必须有"社"的一定的"区"的空间，但这个空间大小没有一定界限，可以与不同层次的行政区划相一致，也可以有所不同，以"社"的实质为转移。

一定的人口规模。这是社区的主体，包括人口的数量、人口的质量，以及人口性别、年龄结构、婚姻、家庭等特征。

一定的生存活动方式。特定社区内的人们的生活和活动方式，表现在对时间和空间的利用上有着明显的不同，甚至出现依据职业性质、收入水平等"专门化"的社区。

一定社会结构形成的联系。社区内有政党、群众团体、生产组织、服务系统、行政管理部门、邻里、家庭等各种组织。这些组织在社区内部形成彼此关联的活动网络，在社区以外还有垂直的关系系统，构成社区固有的关系结构。

一定的文化和心理特征。社区在长期形成过程中，在作为观念意义的文化上常常表现出自己的某些特点，而作为狭义的基础自然科学和人文科学的文化程度，也有一定差别。社区经济、文化发展水平决定着人们的心态和思维方式，表现出某种不同的心理特征。

基于上述认识，联系实际主要是中国实际，笔者曾在1992年将社区界定为"在共同经济利益基础上，并在政治、文化、社会生活方面有着某些相同属性的特定地理区域"。① 经过几年实践检验，认为这一阐述表达了社区概念的基本内涵：社区以其成员的共同利益，首先是经济利益为基础，因而有着内在的向心力，以及由这种向心力凝聚形成的活动方式和行为规范。社区内成员之间在经济利益方面也存在一定的矛盾，但对社区以外而言，则存在着某些共同的利益。这是支配社区人们行为和活动的基础。这一阐述也表达了社区概念的外延：由共同利益和向心力强度决定的特定地理区域，区域内成员在政治、文化、社会生活等诸方面具有的共同属性的程度。如此，它同行政区划和行政组织有着明显的区别。

---

① 参见《田雪原文集》（二），中国经济出版社，1995，第71页。

一是在地域上，社区可以同行政区划相一致，也可以不一致。相一致的随处可见，不相一致的亦很多：诸如国外的富人区，贫民区，"好莱坞"城，"唐人街"；国内的某些城市居民小区，乡村跨行政管界的林区、牧区、渔区，还有像广西巴马长寿带，改革开放以来大量涌现的经济开发区，专业化生产或销售地带等。这样的社区小到占据城镇街道一隅，大到跨省、市、自治区交界地带，打破了行政区划限制。

二是在实质上，社区与政府组织有着不同的机制和管理方式。一般情况下，社区不具有硬性规定的执行职能，而是通过舆论宣传、利益导向、提供服务等方式发挥作用。这种作用的发挥有时有赖于政府组织的支持，包括物质的和精神的支持，但是活动的主体是社区组织自身，表现为非政府行为。如将社区等同于行政区划，政府组织容易直接走上前台，社区民间的群众性组织就会名存实亡，甚至名实两亡，社区亦不复存在。

三是在建设上，社区需要走出一条自身发展的路子。虽然政府扶植有时必不可少，但那仅是特殊情况下一时的外在支持，非社区建设长远发展之计。从根本上来说，社区的建设和发展主要靠社区成员之间维系的力量，即带有自发的、民间的、融推动与服务于一体的社区组织的力量。如将社区与行政区划混同于一体，这种维系力量及其组织就不便生成和发展，本原意义上的社区建设也会受到影响。

可见，认识和发展社区，发挥社区在人口控制中的应有作用，首先必须明确社区概念的含义，明确其内涵与外延，将其同行政区划区别开来。这种区别不仅是地域形式上的，更重要的是功能实质上的。只有充分认识社区是由内在根本利益决定的，由成员相近文化和凝聚力维系的，并由居民自己的组织管理的基本特点，走出将社区等同于行政区划中政府的某一级组织认识的"误区"，才能使社区建设走上健康发展轨道，发挥其在人口控制以及物质文明和精神文明建设中的作用。

二 "中观"人口控制的基本领域

基于上述定义，社区实为社会组织结构的一个相当大的层面，也是实施人口控制和解决其他人口问题的不容忽视的领域。事实上，许多国家和地区的计划生育或始于社区，或社区起了关键的作用。最成功的例子是泰国。20世纪70年代初泰国成立了人口与社区发展协会（PDA），致力于人口知识、避孕节育宣传，进而发展到向社区提供避孕药具服务，避孕节育技术服务，以及其他卫生保健服务，建立社区医疗和避孕节育站，深受群众欢迎。通过这些社区服务活动，逐步将育龄妇女组织到"家庭计划"中去，开创了融计划生育与社区发展于一体、相互促进的成功先例。在此基础上，PDA又推出以社区为基本阵地的"一体化农村发展计划"，一个企业帮助一个乡村的"商业扶农计划"，充分展示了社区在计划生育、社会发展中的作用。现在，PDA不仅在泰国经济和社会生活中扮演重要角色，而且在国际上也享有很高威望，每年举办几期家庭计划与社区发展国际训练班，来自亚太等国家和地区近百名专业人员前往受训，收到良好效果。其他诸如菲律宾、新加坡、中国香港等国家和地区的社区发展，对推动"家庭计划"的实施也都起到莫大的作用。目前，由于发达国家人口年龄结构均已过渡到老龄化比较严重的阶段，社区对人口生产的作用主要体现在社会养老保障服务方面；但在过去的生育率下降过程中，也曾发挥过其他社会因素无法取代的作用。

中国由于国情比较特殊，改革开放前基本不具备民间组织操作人口控制和计划生育的土壤，形成要么政府不抓或抓而不紧，生育率长期居高不下；要么政府狠抓，生育率下降比较迅速，但工作的路径有别于社区。自1973年中国政府大力加强计划生育以来，取得举世公认的显著成绩，而成绩的取得主要是国家制定了比较明确的生育政策，进而使计划生育成为一项基本国策，实施宏观人口控制目标管理的结果。改革开放以来情况发生了变化，作为人口再生产基本单位的家庭恢复了多种功能，相当多数恢复了一定的生产职能，家庭微观人口控制提上议程。社区这一层面怎样呢？可以说20世纪90年代以前极少问津，甚至连学术研究也难觅踪迹。笔者1992年将社区作为"中观"人口控制的基本领域提出来，对以前的状况作了重宏观、轻微观、缺"中观"的概括，力陈大力加强社区"中观"人口控制的观点。① 具体的理论依据如下。

其一，由社区经济发展水平决定的社区成员之间大致相近的收入水平，从根本上制约着人们的生育。众所周知，影响人们生育率和生育子女数量多少有经济的、政治的、文化的、民族的和宗教的等多种社会因素，但归根结底是由经济因素决定的，人口问题说到底是经济发展问题。由于从总体水平

---

① 参见《田雪原文集》（二）。

上说同一社区内社区成员之间人均收入水平比较相近，使该边际孩子的成本—效益大体上处在同一水平，从而制约着家庭生育子女的数量。同时社区经济发展水平也影响提供避孕节育技术手段的水平，在颇大程度上左右着计划生育率实现的情况，一般是计划生育率同社区经济发展水平成正比。

其二，由于社区由具有共同经济利益的社区成员所组成，每个成员的生育状况怎样不仅关系到自身利益而且牵动着其他成员的切身利益。作为特定地域社区内的土地、淡水、森林、金属或非金属矿藏等自然资源是相对有限的，人口增长意味着人均资源占有量的减少，计划外生育侵害到其他社区成员的利益，不仅为国家的政策所不允许，也同维护社区成员的共同利益相悖。这就为政府制定一定的控制人口增长，维护社区人口与环境的协调发展政策提供依据，如同对独生子奖励和对计划外生育征收超生子女费那样，有着必然的群众基础。

其三，由于社区在社会组织中具有天然"细胞组织"作用，使之成为国家宏观人口控制与家庭生育子女数量微观选择之间"对接"的纽带。社区有同国家行政区划相一致的地方，也有不相一致大小不等的规模。相一致的可同政府推行计划生育工作的基层单位，像城市街道和乡村乡政府通常都配备有专门负责计划生育的工作人员结合起来；不相一致的社区，一般也与基层政权组织相沟通，自然成为连接基层政权组织与家庭户的"细胞"，国家控制人口增长的政策和所颁布的各项措施，就可通过这种或大或小的"细胞"贯彻落实到千家万户，加强计划生育服务，完成宏观控制与微观选择的衔接。

其四，由于社区具有某种传统特征，在包括生育文化在内的特定文化圈形成过程中，铸造了人们的生育观念。社区是在经济、文化、社会发展的历史中自然形成的，尽管不同社区之间有着中华民族共同的传统文化，并构成社区文化的基调；但由于在发展中经济的、文化上的差别，维系传统文化链条的强度则有一定差别，在改革开放和经济发展相差较大的社区，甚至出现天壤之别。在改革开放不大，经济和文化比较落后的社区，相当多的人们仍旧固守"多子多福""传宗接代"的信条；而在改革开放走在前面，经济和文化迅速发展起来的社区，很多人的生育观已转入少生优生，生男生女都一样，个别人甚至不愿生育，步入西方社会某些人主张的"非生育文化圈"。

要理解社区何以成为"中观"人口控制的基本领域，需要结合现实，对不同类型的社区作出具体分析。当前中国的人口社区，大致可分成如下三类。

一类为传统农业型。社区处于封闭或半封闭状态，社区成员以从事第一次产业为主，生产工具落后，基本处于手工劳动或少量机械化劳动，劳动生产率低，人均收入水平低，处于较低温饱或由饥饿向温饱过渡状态。在这种经济状况下，生产边际孩子成本低廉，孩子的劳动—经济效益、养老—保险效益等主要效益发挥较早，见效显著，相对边际孩子一定成本来说效益呈升高趋势，难以实现由投入孩子数量成本向质量成本的转移。因而在人口生产上表现出出生率较高，人口自然增长率较高，人口身体和文化素质较低等基本特征。社区内的人口控制与经济发展相互影响，表现为低劳动生产率——高生育率——低劳动生产率的不良循环。随着改革开放浪潮的波及，这样的人口社区许多已有不同程度的改变；但在内地特别在边远山区，这类社区仍有相当的数量，人口与社区发展处在传统农业型生育较高的落后状态。

二类为现代产业结构型。这类社区处在改革开放前列，如果从事农、林、牧、渔业，则已基本上走向专业化商品生产道路，取向市场经济；多数为摆脱单一的农业经营，乡镇企业发展壮大，并广泛走向国内外市场，工副业生产居社区经济优势地位。如果从事城镇工商业，则初步建立起第一、二、三产业比较合理的结构。生产工具比较先进，有些则现代化程度较高，劳动生产率和人均收入均达到较高水平，已跨入小康甚至达到富裕。10 多年改革开放实践已经造就了一批这样的社区，尤其在珠江三角洲、长江三角洲、闽江三角洲、山东半岛、辽东半岛以及整个沿海和沿江河开放区。这类社区的共同特征，都毫无例外地依靠科技致富，对人口生产的直接影响，是刺激孩子质量成本特别是用在教育方面的成本急剧上升。而孩子对家庭提供的劳动—经济效益，主要取决于孩子质量而不是数量；同时由于包括老年保障在内的社区保障福利事业的发展，个人储蓄的增加，孩子养老—保险效益等则有不同程度的减弱。这种利益导向，促使社区家庭由投入孩子的数量成本转向质量成本，人们的选择偏好由追求孩子的数量转向追求孩子的质量，遂使生育率下降。因此在现代产业结构型社区，社区内的人口控制与社区发展同传统农业型相反，呈高劳动生产率——低生育率——高劳动生产率循环模式，开始步入人口与社区发展良性循环轨道。

三类为过渡产业结构型，即介于以上两种类型之间的类型。这一类型社区改革开放之门已经打开，逐步由单一的农业经营向多种经营过渡，生产手段也由以手工劳动和半机械化向机械化、自动化过渡，劳动生产率日益提高，人均收入水平不断增长，正在由温饱型转向小康型。在这种情况下，边际孩子的数量成本和质量成本均有所增加，其劳动—经济效益、养老—保险效益等经历一个由升到降的过程，人口与社区发展呈现比较复杂的情况。从总体上观察，这种过渡产业结构型人口与社区发展的总趋势是：由低劳动生产率——高生育率——低劳动生产率向高劳动生产率——低生育率——高劳动生产率循环过渡。不过处于这一过渡阶段的不同人口社区可能差别很大，有的刚刚脱离传统农业型，有的已接近现代产业型。

三 "三结合"开创新的范例

如果说在20世纪70和80年代，社区作为"中观"人口控制基本领域在现实生活中难以找寻，因而未被重视是情有可原的话，那么到20世纪80年代后期特别是进入90年代以来，情况发生了很大变化。人口科学研究相继提出并论证人口控制机制的转变，受到有关领导的重视。笔者为论证将独生子女奖励与其父母养老保险结合起来的人口控制利益调节的改革思路，四川省委领导作出批示，准备推广。1990年3月赴成都前请示彭珮云同志，她当即予以支持，并让打电话到四川省计生委，会同有关部门一道进行试验。后将这一实践总结成书，请彭珮云同志作序，她进一步强调"将人们的生育行为和生育子女数量同经济利益联系起来，通过利益调节鼓励和引导人们自愿少生优生，思路是正确的，方向是对的，需要认真加以总结。"[①] 党的十四大以后，彭珮云同志更加强调适应社会主义市场经济改革的社会制约与利益导向相结合的计划生育工作新机制。在实践上，依笔者所了解到的情况，辽宁计划生育"中心户"、江苏射阳县"少生快富合作社"、吉林家政教育与妇女"双学双比"相结合、四川一些地区"万名计生协会会员奔小康"活动等的开展，都带有一定的社区色彩。1993年5月国家计生委办公厅批转吉林省计划生育与"双学双比"相结合经验，首次出现"把计划生育工作同发展农村商品经济、农民勤劳致富奔小康、建设文明幸福家庭紧密结合起来"的提法，9月国家计生委批转吉林省农村计划生育"三结合"报告，标志着对"三结合"的肯定。从此一发不可收拾，各地和各部门依据实际情况提出不同内容的计划生育"三结合"。如黑龙江提出宣传引导、借

---

① 参见田雪原主编、许政玲副主编《独生子女与父母养老保险的理论和实践》，四川大学出版社，1992。

助利用等 5 种类型的"三结合"；辽宁针对国有大中型企业多和下岗工人多的特点，使"三结合"与"再就业工程合起来"；山西高平市的"三结合"，将计划生育与经济、科技、教育"三联姻"联系在一起；陕西洛川充分发挥妇女作用并开发本地资源，塑造出"三结合"农村新社区；云南通过政府扶持成立省计划生育基金，重点使"三结合"同扶贫有机结合在一起；部队的"三结合"特别强调同军队的全面建设、干部战士成长进步联系起来；一些企业的"三结合"，尤其注重建立现代企业制度和提高经济效益，而吉林、四川、江苏盐城等"三结合"开展较早地区，在总结经验基础上，"三结合"又向前跨进一步。"三结合"的发展很快得到中央领导同志的肯定，1994 年全国计划生育会议号召积极推广"三结合"，到 1995 年 10 月以国务院名义在四川召开全国计划生育工作"三结合"经验交流会，使"三结合"很快在全国铺展开来。这里所要说明的问题，不是对计划生育"三结合"的产生、意义等的阐发，而是从社区角度看，"三结合"进行着基本的社区行为规范或原则。主要体现如下。

其一，自愿原则。无论何种类型的"三结合"，均坚持家庭和个人自愿参加的原则。政府的宣传、组织、引导是必要的，但是落实到家庭和个人，完全由自己作主。这一原则非常重要。历史上曾经有过违背这一原则而付出过巨大代价的教训。如农业合作化今天看起来，也不见得不好，问题是高级社、人民公社化一阵风刮过来，一下子刮遍全国，农民的自愿原则没有了，处于一种被支配的地位，不宜发挥他们的勤劳、主动精神，破坏了生产力。计划生育"三结合"比较好的坚持了自愿原则，在国务院召开的全国经验交流会上，国务院副总理姜春云和国务委员彭珮云同志的讲话，都强调了积极稳妥，防止形式主义，防止强迫命令，坚持群众路线，让群众组织起来，实行自我教育、自我管理的原则。

其二，利益原则。计划生育"三结合"之所以能够较快地开展起来，在于参加者有着共同的经济利益。如吉林省松原市各种"三结合"联益组，打破地域限制，按专业确定致富项目，联益组的共同目标是少生快富奔小康。联益组经济活动实行严格管理，同市场经济接轨，有着明确的利益导向。

其三，服务原则。对于计划生育部门来说，实行"三结合"就是要从根本上转变过去那种主要依靠行政手段、补救措施、突击活动的做法，逐步转变到以提供全面的优质服务为主。实践中，有的地方总结出"三结合"服务的"三送"：向计划生育宣传"三结合"送温暖、送致富信息、送有关科技知识;"三投":向计划生育户投以一定的资金、物资、智力;"三办":帮助办"三结合"经济实体、联系经营保险、养老保险事业,免除后顾之忧。

其四,互助原则。"三结合"经济实体按经济办法管理,在实体内部又有着良好的互相帮助、共同致富的和谐关系。实体带头人同其他人是平等的关系,有较明确的职责,努力做到以身作则。吉林省前郭县毛都站镇少生快富文明联益组制定的"组长职责"是:

(1)模范遵守计划生育政策法规,自觉实行计划生育,协助村里做好组员婚育计划的落实。

(2)指导组员落实致富计划,经常组织技术、信息、经验交流活动。

(3)积极带领组员参加家政知识学习,提高生产、生活、生育知识水平。

(4)以身作则,带动组员做到组内和睦相处,邻里和睦相处,乡亲和睦相处,提高文明程度。

(5)积极发展新组员,做好活动记录。

组长履行这样的职责,组内团结互助蔚然成风,助人为乐事例很多,甚至出现像欧阳海式的舍己救人英雄。上述毛都站镇三马架村蔬菜大棚少生快富文明联益组组长佟喜春就是这样的典型。一次他见到一辆由受惊马拉着的马车向村里奔来,而路上几名玩耍的儿童却完全没有觉察。在马车即将闯向孩子的千钧一发之际,佟喜春猛地扑向受惊马,并拼命拉向路的一旁,而他自己因此摔倒在地,受惊马踩着他的身体冲下大路。孩子得救了,他却有几根肋骨骨折,住进了医院。"三结合"实体内营造了市场经济条件下新型的人与人之间的新的互助关系,那就是"一人富不算富,大家富才是富"。推而演之,发展到全村富,全镇富,涌现出一大批计划生育"三结合"少生快富文明村镇。

上述分析说明,计划生育"三结合"是政府行为,它的诞生和发展是从中央到地方各级政府重视,纳入各级政府规划和议事日程,有关部门密切合作、齐抓共管,广大计划生育干部和其他有关干部精心组织、勤奋工作的结果。当前和今后相当长时间"三结合"的继续发展,仍然离不开这种政府行为,这是必须肯定的。但是同时存在某些"非政府行为"因素,上述几项原则就是例证。加入"三结合"计划生育户的共同的利益原则,自愿原则,服务原则,互助原则不以政府行为为转移,相反"政府行为"只有以这些原则去"行"和"为"，才能行得动和为得好。而在"三结合"发展过程中的这些原则，本质上不属于"政府行为"，而属于社区行为，体现着社区行为规范准则。它集中反映出居住在一定地域内的计划生育人口群体，基于共同利益形成的向心力，大致相近的生存活动方式，相似的文化和心理状态，即特定社区的基本特征。如此说来，计划生育"三结合"之所以能够迅速发展起来，根源于社区本身，由具体社区的人口、经济、文化诸条件所决定。"政府行为"则使诸多条件得以实施和运作起来，变成现实，形成现实的"三结合"实体，产生积极效果。这样的认识符合唯物论的反映论，同时蕴涵着"三结合"的发展方向：向着以计划生育为主导的社区全面发展，建设有一定规模经济和文化、能够获得较快发展的"三结合"社区。

四 人口与可持续发展战略目标

由于在相当长的时间内社区几乎成为被遗忘的角落，社区建设理论更显得比较缺乏。现今"三结合"一类社区生长较快，但在总体上还处在发育初期，也需要明确今后的发展方向。我们认为，这个发展方向，在战略上就是人口与可持续发展，根据不同社区具体实际，确立相应的发展目标。

可持续发展最早由 1972 年在斯德哥尔摩召开的国际环境会议提出，1987 年世界环境与发展委员会在《我们共同的未来》报告中，作出带有定义性的解释：可持续发展为"既满足其当代人需求，又不对后代人满足其需求的能力构成危害的发展。"1992 年在巴西里约热内卢召开的国际环境与发展大会通过的《里约宣言》和《21 世纪议程》具有划时代意义，各国相约履行会议承诺。1994 年在开罗举行的国际人口与发展会议通过的《行动纲领》，提出"可持续发展问题的中心是人"的观点，将人口因素放到重要位置。1995 年在哥本哈根举行的国际社会与发展首脑会议，强调国际社会要为可持续发展作出进一步的努力。在 20 世纪即将结束和 21 世纪行将来临之际，可持续发展越来越成为人们的共识和合乎理智的选择。

中国政府于 1994 年颁布《中国 21 世纪议程——中国 21 世纪人口、环境与发展白皮书》，成为率先履行《里约宣言》的国家。中共十四届五中全会通过的"九五"计划和 2010 年远景目标的《建议》，江泽民同志在会上关于若干重大关系的讲话，八届人大四次会议批准的关于"九五"计划和2010 年远景目标《纲要》，1996 年中央计划生育工作座谈会江泽民、李鹏等中央领导的讲话,都强调人口问题的重要性,要从可持续发展战略高度认识和解决人口问题。如果说近年来以计划生育"三结合"为主要形式的社区发展取得显著成效,产生某种质的飞跃,那么今后能否健康发展和不断引向深入,首要的问题是要树立人口与可持续发展意识,确立相应的可持续发展战略目标。

目前,国内外各界对可持续发展解释不一,但是随着研究的深入和交流的扩大,取得越来越多的共识。基本内容可概括为:消除贫困和适度的经济增长,发展经济是消除贫困的主要手段;控制人口增长和开发人力资源,对发展中国家说来是实现可持续发展的关键;合理开发和利用自然资源,有效延长资源使用年限;保护环境和维护生态平衡,是可持续发展的基本要求;满足就业和生活资料的基本要求,建立公平分配原则;推进技术进步和危险的有效控制,主要靠技术进步推动发展并提供消除新危险的手段。不难看出,可持续发展的这些内容涉及人口、资源、环境、经济、社会发展等主要领域,人口则处于关键和支配的地位,中国更是如此。故包括社区在内的可持续发展战略目标的选择,重点是人口以及人口与其他因素之间发展关系的战略选择。

首先,社区人口与可持续发展战略目标的选择,需要依据社区具体情况,确定人口发展战略。就总体上说来,应同全国相协调,即控制人口数量、提高人口质量、调节人口结构,实行"控制、提高、调节"相结合的战略。一般情况下,人口的数量控制是重点,这不仅由于多数社区表现为相对人口过剩,甚至绝对人口过剩;而且还因为人口数量控制有利于人口质量的提高,并且是人口年龄、性别结构调节的唯一办法。人口质量提高有助于人口数量的控制,这已成为实践所证实的普遍规律,社区发展应将大力提高人口的身体素质、文化素质列入重要内容,而且应当注意发挥社区固有"文化圈"的影响,加强精神文明建设。人口年龄、职业、婚姻、家庭等结构的调节也不是消极的,调节得好有利于人口的数量控制和质量的提高。社区人口发展战略目标的选定,既要突出以数量控制为重点,抓住计划生育中心环节;又要兼顾人口质量的提高和结构的调节,使控制、提高、调节互相促进,协调人口问题的全面解决,创造社区可持续发展人口方面的有利条件。

其次,社区人口与可持续发展战略目标的选择,需要依据人口与资源、环境、经济和社会发展的具体情况,在注意发挥自己优势的同时,协调彼此之间的关系,树立长期和稳定的发展观念。

人口与资源的可持续发展，是实现可持续发展战略目标的基本条件，终极的制约因素。资源可分成自然资源和社会资源两大类。自然资源又可分成非更生性、可更生性和恒定资源，社会资源又可分成人力、经济、技术、管理和信息等资源。为将人类发展作为一个历史过程考察，则人口、经济、社会的发展都离不开资源，特别是自然资源，一切发展都是资源的物质变换。就实际情况而论，社区发展同资源关系密切，各地都有一些发达程度较高的资源型社区；不过，也存在某些资源贫乏但却比较发达的社区。如何解释？一方面要承认资源对社区发展的直接作用，另一方面也要承认资源丰富≠发展快、资源贫乏≠发展慢的现实；然而从终极和总体意义上观察，发展直接或间接受制于资源的供给，资源与发展不同步的社区是通过市场进行资源重新配置的结果。就总体而论，社区人口与可持续发展存在的主要矛盾，是人口过剩与资源稀缺的矛盾。随着"九五"计划和 2010 年远景规划目标的实施，生活水平提高背后人均资源消耗的增长，这一矛盾会更突出，需要寻求一条与社区人口增长和人均资源消耗上升相适应的适度消费方式。树立资源稀缺意识，社区建设应立足于资源集约型基础上。

人口与环境的可持续发展，是实现可持续发展战略目标的基本前提。环境同社区紧密相连，许多较大的闻名社区具有明显的环境特色。如广西桂林、阳溯为"甲天下"的山水社区，黄河中下游某些地段为易受水患的"黄泛"社区，陕北的黄土高原型社区，黑龙江"北大荒"地广人稀的社区，等等。当前，越来越多的有识之士认识到，环境的破坏主要来自人口自身的增长。由于人口数量的累进增长，人类"征服"自然手段的无比增强，追求高生活质量带来的巨大资源消耗，废水、废气、固体废物的排放量急剧膨胀，噪声越来越甚，环境遭到破坏。中国作为加速走向现代化的发展中国家，在理论和原则上摒弃了先建设、后治理，以牺牲环境质量为代价的发展模式，确立了先治理、后建设的方针，也出现了一批这样的"绿色社区"典型；但是由于资金和技术的限制，环境意识淡薄，实践中许多社区不能做到，颇大程度上是边建设、边治理，不小程度上是先建设、后治理，极少数是只建设、不治理。关于这方面的问题，江泽民同志在中共十四届五中全会"正确处理社会主义现代化建设中的若干重大关系"的讲话中，尖锐指出："必须切实保护资源和环境，不仅要安排好当前的发展，还要为子孙后代着想，决不能吃祖宗饭，断子孙路，走浪费资源和先污染、后治理的路子"。社区人口与环境的可持续发展是社区全面发展的前提，社区发展不仅要注重经济效益，还要着眼于环境和社会效益，牺牲环境和社会效益的发展不可取。

人口与经济的可持续发展，是实现可持续发展战略目标的基础。因为生产力发展水平标志着一定的技术装备能力和对自然资源开发利用的程度，对环境保护和治理的能力与程度，因而成为决定包括社区发展在内的社会文明和人口与可持续发展的尺度。结合我国实际，谋求社区人口与经济的可持续发展，一是要寻求社区总体人口与生活资料的可持续发展，在大力控制人口数量增长的同时，因地制宜地发展社区生活资料的生产。二是要寻求社区人口质量与经济技术进步的可持续发展，社区要在优生、优育、优教上开辟新路，有效提高人口质量，以科教发展振兴社区。三是要寻求社区人口结构与经济结构的可持续发展，特别是社区生产年龄人口变动与就业结构的可持续发展，依据不同类型社区调整第一、二、三产业就业结构；人口老龄化与养老保障的可持续发展，发挥社区发展老年保险事业得天独厚的条件，运用社区传统敬老、养老文化氛围的影响，积极举办多种养老保险事业；人口分布与生产力布局结构的可持续发展，依据不同社区自然条件、人口密度、生产力发展水平等条件，在社区经济发展劳动密集、资金密集、技术密集结构中作出合理选择。

人口与社会的可持续发展，是实现可持续发展战略目标的根本目的。结合当前社区发展实际，尤应注意：一是消除贫困与公平分配。通过计划生育与发展经济，改变社区与社区之间、社区内部不同成员之间某些"越穷越生——越生越穷"的不良循环，实现公平分配，最终走向共同富裕；二是教育与文化的发展。既是大力提高人口文化素质的"科技兴社"的需要，也是控制人口增长的一项根本大计，社区要充分发挥社会学中的"区位"作用，致力于教育和文化的发展；三是人口与改革的协调发展。中国的社会可持续发展出路在于改革，从根本上说来，改革特别是旨在建立社会主义市场经济体制的改革，在根本上将对于人口的可持续发展产生良好作用和影响。然而在一定时期尤其是改革初期，某些改革措施的出台则可能产生一些负面影响。如农村联产承包责任制的改革，从根本上来说由于解放了生产力和促进了农业生产的发展，为人口控制和生育率的下降奠定了良好基础；但它在客观上刺激了对劳动力，主要是男性劳动力的需求，使孩子劳动—经济效益升值，又增强了一些人生育男孩子的愿望。改革和商品经济的发展给婚姻、家庭、价值观念带来某些冲击，这种冲击既有它的历史进步性，也有新的不稳定的影响。如何兴利去弊，是谋求社区人口与可持续发展需要认真考虑和不断解决的问题。

参考文献

［1］ 中国老年学学会编《中国的老年社会保障》，1989。

［2］ 詹长智主编《人口动态》，1992 年第 1 期。

［3］ 彭希哲、戴星翼：《农村社区与农村人口控制》，《人口研究》1992 年第 2 期。

［4］ Arnold Fred et al. , *1975*: *The Value of Children*, A Cross National Study, Asst-West Population Institute, Hawaii, USA.

［5］ Goyal R. R. 1988, *Marriage Age in India*, B. R. , Publishing Corpration Delhi.

［6］ Ronald Freedman. , *The Sociology of Human Fertility*, New York, Irvington Publishers.

人口控制、"三结合"与可持续发展*

近年来，农村计划生育"三结合"发展很快，开辟了新的人口与可持续发展之路，需从理论与实践的结合上提高认识。同时，"三结合"向何处发展，如何将"三结合"和整个人口控制建立在可靠理论基础之上，则是需要深入研究并作出回答的问题。

一 人口与可持续发展新的突破：计划生育"三结合"

计划生育"三结合"，最早见于1993年国家计划生育委员会批转吉林省的一份报告。经过3年多的实践，已形成一个明确的概念，即计划生育工作与发展农村经济相结合，与帮助农民勤劳致富奔小康相结合，与建设文明幸福家庭相结合（以下简称"三结合"）。这种融生产、生育、生活于一体的管理机制和服务，使农民从切身利益上感受到少生快富的好处，促进了农村经济的发展，推动人口控制不断走向深入，加快了两个文明建设的步伐。"三结合"原本立足计划生育，实际上已揭开农村人口与可持续发展序幕，基本的要素表现如下。

其一，人口与经济的可持续发展。按照1987年联合国环境与发展委员会在《我们共同的未来》报告中的观点，可持续发展是要通过一定的经济增长，实现消除贫困和满足全体居民需要的目标。"三结合"首先将扶助计划生育户发展经济和提高生活水平视为己任，通过在资金、技术、信息、市场等方面的必要倾斜达到目的，取得明显效果。如人口总数超过1.1亿人的中国第一人口大省四川省全面推行"三结合"，提出的鲜明口号是：稳粮增

---

* 本文为1997年撰写的学术报告稿。

收控人口，少生快富奔小康。他们从实际出发，制定"三结合"人口经济发展的不同"等高线"：山区重点是帮助计划生育户脱贫，丘陵是加快勤劳致富奔小康，平坝地区则是建立具有较高小康水平或达到富裕水平的示范户、示范村。由于政府各部门帮扶目标明确，对象具体，措施得力，政策到位，短期内即收到显著效果。据该省对射洪等4县、1市、1区的调查，"三结合"的50个帮扶户家庭人均纯收入1995年较上年增加350元～1553元，使计划生育户收入与非计划生育户收入的差距拉大。例如南部县伏虎镇灶王庙村，计划生育户人均收入高出非计划生育户340元；成都市龙泉驿区黄土镇光大村计划生育户与非计划生育户人均收入差距拉大到420元，反映出良好的经济效应。这种效应反过来又带动了整个农村经济的发展，该调查1992～1995年南充市吉安镇、南部县伏虎镇、岳池县九龙镇的资料显示，人均纯收入较上年分别增长71.6%、72.7%、108.8%，总体水平达到新的高度。①

值得一提的是，"三结合"普遍重视人的素质的提高和技术进步，有力地推动着农村产业结构的调整和增长方式的转变。如四川省德阳市中区由计划生育、民政、教育、农业、农机和科协等部门联合开展的人口与计划生育基础知识实用技术一条龙教育，初步实现了教育阵地网络化，在乡镇和村分别建立人口知识普及中心和辅导站；教师队伍专业化，吸收有关专业教师任教；教学内容系列化，不仅普及少生优育知识，而且掌握1～2门实用技术。从而使农村经济向着产业化方向发展，建成蚕桑、果树、蔬菜、生猪等生产基地，走上产供销一条龙、农工贸一体化的市场经济和专业化生产，强化社会服务和科学管理，为农村经济的集约化经营开辟一条路径。这种集约化经营无论对自然资源还是对社会资源，都是一种比较充分的利用，而农村经济区域化布局和产业结构的改变，更具有人口与经济协调和可持续发展的意义。

其二，人口与社会的可持续发展。如果说"三结合"所带来的经济效益，使农民首先是计划生育户农民得到实惠；那么"三结合"所带来的社会效益，从一个特殊的层面上促进了人口与社会的可持续发展。主要表现在党群和干群关系的改善，精神文明建设的加强上。

党群和干群关系的改善。一个政党及其领导层要想得到人民群众的拥

---

① 四川省计划生育委员会对六县（市）计划生育"三结合"投入与产出对比调查，1996。

护，就要真正为群众谋利益，关心他们的疾苦，解决实际问题。"三结合"着眼于帮助计划生育户发展生产和改善生活，并进而通过他们去辐射周围群众。各级干部成为群众的"致富顾问"，自然成了群众的贴心人，从而大大密切了党群和干群关系。在目前经济发展水平下，就总体而论，生育第二、第三个孩子的边际效益仍是相当明显的。中国社会科学院人口研究所所作的中国1992年10省市家庭经济与生育抽样调查充分说明了这一点。因此一对夫妇只生育一个孩子或农村双女户，一般情况下家庭还蒙受一定的损失，这是造成计划生育工作"天下第一难"的根本原因所在。广大群众接受这一现实，是顾全国家和民族大局，个人和家庭付出某种牺牲的具体表现。对于这种表现，国家和政府已给予精神上的鼓励和独生子女奖励费等物质上的鼓励，但是一般尚不足以补偿他们的损失，存在包括经济收入、养老保险等实际问题。"三结合"举起解决这些问题的旗帜并在实践中做得卓有成效，这就不能不赢得群众，为广大群众所称道。他们说，"革命战争年代为老百姓办事的干部又回来了"，"老八路回来了"。感动之余，自愿献出允许生育第二个孩子的指标。广大计划生育干部赢得群众信任，成为劳动模范者有之，当选为各级人民代表者有之，其"感情投资"取得有利于可持续发展的社会效益。

精神文明建设的加强。"三结合"内容之一，是与建设文明幸福家庭相结合，大凡"三结合"得以大面积推广的地方，都涌现出一大批遵纪守法户、五好家庭户、文明户，成为精神文明建设的典型。浙江省把"晚婚晚育、少生优生、勤劳致富、文明幸福"的新家庭计划，纳入《浙江省社会主义精神文明建设纲要》，加大了实施的力度。辽宁省长期坚持的计划生育中心户，侧重宣传教育，转变生育观念，建立新型的文明幸福家庭。家庭是生育的基本单位，建设文明幸福家庭不仅为计划生育所必需，而且对全社会的精神文明建设至关重要，是影响社会稳定的要素之一。

"三结合"对精神文明建设的影响，远不限于家庭。吉林省松原市通过创建少生快富文明联益组形式，推动了农村的两个文明建设。他们从农民由单纯的产品生产者逐步变为商品生产和经营者，从不同的村、屯有着不同的优势和特点的实际出发，通过必要的政策倾斜，按照自愿原则，将具有共同致富项目的计划生育户组织成蔬菜、果树、工副业等联益组。组长身兼数任，是计划生育工作的监督员、生产致富的技术员、家庭和邻里关系的调节员；组员定期参加联益活动，包括进行人口、科技知识教育，也包括交流思想和开展健康的文娱活动。这样的联益组发挥出控制生育、联益致富、丰富文化生活、促进精神文明建设等多重功能，体现了互帮、互学、互益原则，有利于克服一家一户小生产的局限性，培养有理想、有道德、有文化的新一代农民。这样的"三结合"在洗去贫困的同时，也荡涤着自私、愚昧和落后，可谓开一代农村精神文明建设之先河。

其三，人口与资源的可持续发展。资源是稀缺的，非更生性资源消费后不可复得和再生，可更生性资源如若更生的速度落后于人口增长的速度，则会加剧资源短缺与人口过剩的矛盾。这是中国现代化建设面临的一种形势，可持续发展需要合理开发和利用资源，包括自然资源和社会资源。"三结合"的深入发展，在解决人口过剩和资源短缺、合理开发和利用资源方面闯出新路，提供了新鲜经验。

马克思主义经济学认为，生产、交换、分配、消费是一个统一的整体，但生产处于支配的地位，不但生产可供交换、分配、消费的产品，而且决定着它们的方式。因此，计划生育"三结合"与之结合的三个方面，与发展农村经济相结合是后两个结合的基础。而以发展生产为主的农村经济发展，离不开资源，经济发展归根结底是进行资源的物质变换，客观上存在一个以何种方式开发和利用自然资源的问题。在一些"三结合"开展较好的地方，已经将合理开发和利用自然资源提到议程，取得人口与资源协调发展新的成绩。1996 年笔者到四川省绵竹县东北镇联合村考察了解到，该村 1801 人，人均耕地 0.87 亩，实行"三结合"发展经济十分注意节约耕地。这个村1994 年规划建起了"农民街"，独生子女户占全街户数的 90% 以上，由于设计的房屋结构合理，每户平均节约占地 0.08 亩，全村共节约耕地 47 亩。同时，注意节约和开发利用新能源，"农民街"规定建房必须同时修建沼气池，家家户户都烧沼气，既节约了煤炭、薪柴等燃料，又减少污染，保护了环境，先后被县政府授予"能源村""卫生村""绿化村""文明村"等称号。

合理开发和利用资源也包括人力、信息、技术和管理等社会资源，"三结合"在这方面作出的贡献更具有普遍性。因为一般情况下，"三结合"就是政府有关部门向计划生育户实行一定的信息、技术、资金、市场和管理等的政策倾斜，通过一定的扶助，同计划生育户的人力、技术、物资等条件相结合，使这些资源得到合理开发和利用。

其四，人口与环境的可持续发展。"三结合"在帮助农民发展农村经济和致富奔小康过程中，一些做得好的地方，在取得显著经济效益的同时，也取得比较显著的环境效益。以地处"九省通衢，齐鲁咽喉"的山东省兖州市来说，在 1995 年下达农村计划生育"三结合"文件时，即明确提出促进人口、经济、资源、环境协调发展的指导思想，计划生育委员会、科学技术委员会、农业局、林业局、水利局、卫生局等在向计划生育户倾斜的"三结合"实践中，尽量顾及环境效应。如发展林木和果树生产，纳入农田林网规范化、经济林基地化、河道堤防林果化、城镇村庄园林化规划范畴，使目前全市林网达到 2600 公里，林木覆盖率达到 19.5%。不仅防治了风沙等危害，而且同农田基本建设配套得益，收到良好经济效益和生态效益。他们还结合"吨粮市"建设计划，合理规范地上、地下水利资源利用，按百亩方田布井、挖沟、修渠，并为北部"漏斗区"5 个乡实施"引泗回灌补源"工程，既发展了粮食生产，也整顿和改造了环境，促进了可持续发展。

二 "三结合"深入发展应遵循的准则：可持续发展和市场经济原则

近年来笔者通过深入四川、吉林、辽宁、山东、浙江、河南、江西等地学习和考察，以及其他渠道所得的信息，确认在总体上"三结合"是成功的，发展是健康的。这样说并不等于"三结合"完美无缺，相反，要不断完善和发展还有不少问题需要解决，尤其是关系到发展方向和运作方式的可持续发展和市场经济原则两个方面的问题。

其一，坚持可持续发展原则。上面诸多例证表明，"三结合"在可持续发展方面取得的新的突破不是个别的，而是带有相当大的普遍性。但是按照既满足当代人需要，又不对后代人满足其需要的能力构成危害的可持续发展基本要求衡量，能够进入这一轨迹的"三结合"，一般水平不很高；未能进入这一轨迹的，仍占有一定数量；甚至同这一轨迹相悖的，也不无存在。现实情况表明，通过"三结合"形式发展农村经济，一般多立足于当地资源优势，通过必要的政府扶助，建立起一定的经济实体，相当数量属因陋就简资源开发型模式。这在资金、技术、设备有限的情况下，与其说是不可避免的，不如说是必须的，舍此一些"三结合"经济实体便建立不起来。但也必须清楚，这样的经济实体不可能对资源做到合理的开发和利用，同时带来不同程度的环境破坏，从长远来看也影响经济效益的提高。因此，这类较低水平的资源开发型经济实体，面临由粗放经营向集约化经营的转变，需要按照可持续发展要求加以改造和提高。

其二，坚持市场经济原则。联系"三结合"工作实际，这里主要讨论坚持市场经济的公平竞争原则、等价交换原则和经济运行法制化原则三个问题。

坚持公平竞争原则。"三结合"首先表现为政府行为，一般是在各级领导重视下，由计划生育、农业、林业、水利、农机、畜牧、工商、银行、保险、科技、教育、卫生和群众团体组织等联合出面，采取各部门分别向计划生育户倾斜的做法，帮助各户或户的联合体兴办经济实体，通过发展农村经济达到致富奔小康和建设文明幸福家庭的目的。这样的做法在理论上是否站得住脚？笔者认为，在抽象的意义上可以以市场经济公平竞争作理论依据。前面提到，在目前生产力发展水平较低的情况下，生育第 2 个甚至第 3 个孩子还有着比较明显的边际效益，尤其是在经济比较落后的农村。家庭只生育 1 个或 2 个女孩儿，实乃是为国家和民族共同利益作出的一种牺牲，理应取得社会的相应补偿。现今精神上的和以独生子女奖励费为主的物质上的补偿偏低，政府在"三结合"中通过在资金、技术、信息、市场、自然资源等的倾斜再次补偿，使这些家庭在新的起点上同其他家庭一起勤劳致富，符合孩子成本—效益理论，因而在抽象意义上也符合公平竞争原则。其所以叫抽象意义上的，是要以"三结合"中这种补偿的量度为转移；若补偿量不足，仍不能将"三结合"家庭提高到与一般家庭同一水平线上竞争；若补偿过量，势必造成"三结合"家庭在一般家庭同一水平线之上进行竞争。这两种情况均是不公平的，只有补偿量适当，才能体现市场经济公平竞争原则。应当说，实践中三种情况可能都存在，但尤应防止补偿过量及其所带来的不良后果。政府行为是必要的，因为如若没有有关部门向计划生育户或联合户的"输血"，就难以启动其"造血"的功能；但是需要明确，"输血"的目的是创造新的"造血"的载体，而不是靠"输血"一步到位地输到小康或富裕水平。如果仅仅依靠"输血"到位实现"三结合"，则可能既无持续的厚积薄发力和活力，也缺乏令人信服的说教力，不能体现公平竞争原则。所以，抑或发现补偿"输血"过量并且发展到"造血"功能颇强时，就应令其适当归还有偿贷款等项目；还应组织他们带领广大群众共同致富，包括按照市场经济原则的自愿"献血"。

坚持等价交换原则。在各类"三结合"经济实体中，有一类属于集体性质的经济联合体，确保这些经济联合体健康发展，坚持市场经济等价交换原则十分重要。中国农村集体经济经历过由互助组、合作社到人民公社，一部长达数十年的兴衰史，其中的一条严重教训在于用行政平调手段取代等价交换原则，直落到人们出工不出力的地步。"三结合"兴办囊括多家计划生育户的经济联合体，由于初创阶段有政府的扶持，规模也比较小，联合体各家各户比较了解，共同利益和凝聚力较强，即使是等价交换原则未能真正贯彻，一时间可能看不出多少弊病；但是时间一长，经济联合体不断发展壮大其毛病便容易显露出来。大量例证说明，哪里的经济联合体按照市场经济规律办事，在资金、设备、劳动力投入上坚持等价交换原则，按照企业原则进行科学管理，那里的联合体就不断发展壮大，发挥出良好经济效益和社会效益。相反，哪里的经济联合体不按等价交换原则进行管理，在资金、设备、劳动力等的投入和使用上不明不白，时间一长那里的联合体就陷于混乱，经济和社会效益下降，甚至难以为继。不仅在经济联合体内部各成员之间需要奉行等价交换原则，而且在联合体外部，例如联合体与政府有关部门、企业和一切市场主体之间，同样需要奉行等价交换原则。做到有借有还，平等竞争，公平交易，在市场经济中增强生存和发展的能力。

坚持经济运行法制化原则。在市场经济体制下，所有市场主体均处于平等的地位，企业无上级，依靠法律保护实行平等竞争。"三结合"经济实体一般在政府扶助下诞生，一定期间内享受某种优惠待遇是必要的和必须的。但超出市场经济法律规范的优待不能长存下去，需要尽快纳入法制管理轨道。如初建"三结合"经济实体时，可能在土地、草场、山场、林场、水面和各种金属或非金属矿藏的开发和使用上实行优惠政策，甚至无偿提供；但是这同资源有偿占有和有偿使用相违背，需要适时作出调整。又如"三结合"经济实体规模小、技术比较落后、劳动生产率不高的一面比较突出，一些有一定程度污染的企业在建设和治理上的矛盾比较尖锐，在建设初期适当放宽限制无疑是很必要的。但是这同环境保护基本国策和谁污染谁治理的政策不相容，同样不允许长此以往，而必须坚持建设不忘治理，发展促进治理，不断增强环境观念，从认识和实践上将其纳入市场经济环境保护法制管理规范。

三 人口控制的理性思索：可持续发展理论基础

"三结合"开辟了可持续发展之路，今后"三结合"的深入发展也要沿着这条路子走下去，这就提出一个问题：人口控制以及解决全部人口问题的根本立足点是什么，何为它的终极的理论依据或理论基础？

众所周知，中国自 20 世纪 70 年代大力控制人口增长，切实加强计划生育工作以来，曾经努力到马克思主义经典作家以及其他学说中寻找理论根据，提出两种比较流行的观点。一曰计划经济"决定"论：社会主义实行计划经济，国民经济有计划、按比例发展规律，要求作为消费者和生产者相统一的人口生产也要有计划地进行。二曰"两种生产"论：将社会生产分成物质资料的生产和人口的生产两种，在总的历史发展中物质资料的生产决定着人口的生产，同时人口生产也产生很大反作用，人口生产必须同物质资料生产相适应。历史地评价这"两论"，在特定背景条件下起到过良好作用，笔者在论著中也曾涉及有关问题。尤其是在 20 世纪 70 年代"左"的理论占据人口论坛的时候，从马克思、恩格斯论著中找出"两论"指导实践，使人口控制和计划生育摆脱马尔萨斯人口论阴影而立于不败之地，起到了莫大作用，影响所及直到今日。然而随着实践的发展和人口学研究的深入，"两论"作为理论依据也暴露出一些缺陷。改革开放以来，商品经济的发展对传统的计划经济形成颇大的冲击，而建立社会主义市场经济体制改革目标的公之于众，则标志着以往高度集中统一的计划经济的终结。从理论上说，计划与市场都是手段，高度集中统一的计划经济将手段当做目的追逐，没有抓住问题的本质并陷入逻辑上的混乱，自然其"决定"人口生产一说亦不能成立。"两种生产"论推动人口与经济研究不断深入，并用来解释计划生育实践，至今仍有其地位和影响；问题在于影响人口变动的不仅是经济一个因素，还有资源、环境、文化、社会发展等许多因素，而且随着现代化建设的发展，这些因素的作用有强化的趋势，故同样不能概括人口控制和解决整个人口问题的实质，不能成为终极意义上的理论依据或理论基础。我们控制人口增长、实行计划生育这一基本国策的最终目的，在于寻求人口自身与外界的可持续发展，以可持续发展论为其理论基础。

这是由可持续发展理论的内容和宗旨决定的。按照 1987 年世界环境与发展委员会在《我们共同的未来》报告中带有定义性的解释，特别是将近 20 年的实践和一系列重要国际会议讨论形成的共识，可持续发展主要涉及人口、资源、环境、经济和社会发展，可持续发展理论是诸方面发展理论的交叉和综合，是新的交叉和综合学科理论。一方面，如同 1994 年联合国人口与发展会议强调的"可持续发展问题的中心是人"，强调人口因素在交叉和综合发展中的地位和作用；另一方面，资源、环境、经济和社会发展状况怎样，亦即可持续发展的基础和现实发展情况如何，归根结底制约和决定着人口生产。结合中国实际，推行计划生育基本国策最终是由人口与资源等诸因素的矛盾决定的。主要矛盾如下。

人口过多与资源不足的矛盾。1995 年中国人口达到 12.11 亿人，预计 20 世纪末可增长到 13 亿人，21 世纪中叶增长到 16 亿人左右时才有可能实现零增长，人口过多十分突出。中国自然资源比较丰富，品种比较齐全，是少数可以主要依靠本国资源建立起独立经济体系国家之一。然而又很不足，一是按人口平均计算的资源量不足：人均矿产资源、草原资源相当于世界平均水平的 1/2，耕地相当于 1/3，森林面积不足 1/6。[①] 二是存在较严重的结构性短缺：总体资源的结构性短缺，如煤炭和某些经济建设需求量较少的金属和非金属矿藏相当丰富，一些资源尤其是关系到满足众多人口生活需要的资源短缺；同类资源的结构性短缺，如化石可替代能源中，石油、天然气优质能源所占比例低，其余劣质能源所占比例高；开发条件和成本的结构性短缺，如铁、磷等矿藏量比较丰富，但由于品位较低，或者由于深层埋藏或杂交混生，增加了采炼的难度和成本。目前，人均资源占有量较低多被认识，对结构性短缺则认识不足。而从可持续发展高度观察，随着现代化建设的推进和人口作为分母表现出的"加权效应"，即人均消耗资源数量呈加权上升的趋势，结构性短缺将越来越严重地表现出来。

人口增加与环境恶化的矛盾。从一个特定的层面上观察，就总体而论，可以说一部人口增加的历史就是环境变得恶劣的历史。中国人口众多，环境却比较脆弱，人口增加与环境恶化的矛盾相当尖锐。当前由于中国经济处在从温饱型向小康型过渡阶段，贫困状态下由于人口增加到处开荒"土里刨食"式的环境破坏已很少见，满足人口追求高质量消费而加速发展生产，主要是"二元经济"条件下发展型污染变得十分突出。改革开放以来，国家加大环境保护资金、技术、人员的投入，使"三废"产值比（增加单位产值的废水、废气、固体废物排放量）下降许多；但"三废"的绝对数量呈大幅度上升趋势，总体环境质量在继续下降。近海污染、地下水污染、高原草场退化等不大被重视的潜在环境恶化威胁很大，许多已达到临界点，面对未来半个多世纪内人口要再增加 4 亿人，国民生产总值要再翻上数番，有效

---

① 《中国统计年鉴1996》，中国统计出版社，1996。

控制人口增长和提倡适度消费，实是保护环境治本的方略之一。

现实人口与发展经济的矛盾。从经济的可持续发展角度观察，人口问题集中表现在：一为人口多、消费大。按照保持原有居民生活水平的新增人口消费投资率＝人口增长率×投资系数计算，1995 年当在 3.9% 左右（人口增长率＝1.1%，投资系数：3.5），不能不影响到积累和经济发展速度。二为生产年龄人口所占比例高，就业压力持续增长，大约可一直增长到 2020 年前后。三为人口文化素质比较低，难以步入由高生育率——低人口文化素质——低劳动生产率——高生育率向低生育率——高人口文化素质——高劳动生产率——低生育率的良性循环。四为人口城市化水平低，同国民经济产业结构的调整和"二元经济"下农村剩余劳动力的转移不相适应。五为人口地区分布失衡，中西部人才匮乏已成为那里经济发展的掣肘因素。因此全面解决中国人口问题要求在大力控制人口数量增长的同时，努力提高人口质量和调节人口的结构，实行以数量控制为重点，"控制、提高、调节"相结合的战略方针。

人口状态与社会进步的矛盾。社会是以一定的物质生产活动为基础的人们关系的总和，包括经济基础和在这一基础上形成的上层建筑。由此，社会的稳定、发展和进步，取决于该社会经济、政治、文化等基本因素，并同人口状况有着密切联系。社会表现为人口生产的外部条件，人口融于社会发展之中。运用社会和人口分层理论，在将社会分成主体调控系统、媒介系统、客体系统，人口分成领导层人口、执行层人口、承受层人口以及三个层次交叉结合层人口基础上，尽管哪个系统层次人口均存在数量过多、素质不够高的问题，但是社会主体调控系统及其领导层人口，社会调控媒介系统及其执行层人口增长最为迅速，反映出机构臃肿、效率不高矛盾最为突出。究其原因，固然主要在于旧的体制未能真正打破，适应市场经济的新体制尚未建立和完善；但是人口和生产年龄人口——从业后备军的过度积累，对"精兵简政"一类改革的积沉效应，也应给予恰如其分的估量。

先进地区计划生育上新水平、新台阶的两种思路选择*

目前，各地贯彻计划生育基本国策的情况，大致可分成两类：欠发达地区通过推行计划生育与发展农村经济、帮助农民勤劳致富奔小康、建设文明幸福家庭相结合，即"帮扶式"计划生育"三结合"取得成效。而在经济、文化比较发达和计划生育工作做得好的地区，则出现不同的认识和工作思路。

一种思路和工作方法，认定计划生育工作的本职就是抓人口控制，因此将主要精力放在抓"三率"的降低和"二率"的提高上。即使总（和）生育率早已下降到2.1更替水平以下，出生率和增长率早已下降到较低水平，有的已达到零增长；即使独生子女率已经很高，计划生育率高达99%以上。他们在工作中高度重视孕情的变化，发现一个计划外怀孕者外逃，不惜出动数人、耗费大量资金分赴各地"围追堵截"。结果"三率"上升和"二率"下降的趋势倒是保住了，可是反映在计生委绘制的"战绩图"上却并不明显。近年来的变动已很难在图表上显示出升降的情况，因为升降的幅度仅有零点几个百分点或千分点。而他们工作的主要对象，集中在有可能发生计划外怀孕的少数育龄妇女身上，不能在"硬指标"上有任何疏漏。实际这样的辛勤劳动很难改变计划生育大局，上"新水平""新台阶"的目标被局限在狭小的范围内。

另一种思路和工作方法，是在提高计生人员自身素质的基础上，在确保已取得成绩不会滑坡的前提下，将工作重点放在已经步入计生正常轨道的以育龄妇女为主体的95%的居民身上，通过开展优生优育教育，发展生殖健康保健事业，提高各项计生服务水平等办法，达到上"新台阶""新水平"目的。浙江省普遍开展的计划生育"新家庭计划"，将计划生育与家庭、社

* 原载中国社会科学院《要报》1998年第78期。

区"两个文明"建设结合起来，改变着广大计生工作者的形象，农村面貌焕然一新。昆明市官渡区计生委首先着眼于宣传教育，根据群众需要开办计划生育、优生优育、独生子女和家政等讲座，普及人口与计生知识深受欢迎，场场讲座爆满；其次提高计生服务站（中心）服务质量和拓宽服务范围，开展计生、妇科、内儿科、男性外科、药剂科和辅助科等9项科室优质服务，遗传优生科室（精子优选）正在建设之中，极大地方便了育龄妇女和广大群众；再次，区领导重视，准备建一座占地40亩的老年赡养中心，从根本上解决无子女和少子女的老年人后顾之忧。这样做的结果换来"三好"：群众说好，有利于生育健康，有利于文明富裕，出现了由过去"让我计划生育"到"我要计划生育"的转变；领导说好，不再把计生工作看做沉重负担，而是作为造福人民的一项事业；计生干部说好，20世纪80年代前中期"追大肚子"（超生），80年代末90年代初"抓小肚子"（计划外怀孕），90年代中期以来"不看肚子"（着眼于育龄妇女和广大群众的教育和服务），计生路子越走越宽，越来越受欢迎，越来越受重视。

当前，对于经济、文化比较发达和计生工作基础扎实的先进地区说来，如何认识和评价计生工作上"新水平""新台阶"，导致两种不同的思路和工作方法。以各种率指标作为主要评价标准，势必沿袭过去的方法抓下去，工作的着眼点主要放在有可能发生计划外生育的少数人身上，其效果并不显著，同社会进步不相适应，计划生育工作的良好形象也难以树立。重视又不拘泥于各种率指标的束缚，把工作重点放在提高工作质量和拓宽、强化各种服务上，近期的效益是明显的，更为重要的是开辟了一条融人口和计划生育于经济、社会发展之中，树立计生工作新形象的可持续发展的路子。

人口与计划生育立法势在必行[*]

中国自 20 世纪 70 年代大力控制人口增长，切实加强计划生育以来取得世人瞩目的成绩，赢得国际社会越来越多的支持和理解。当前在法制建设日益完善的情况下，人口与计划生育工作的一个突出矛盾是缺少法律支持。这不仅影响现实工作的正常开展，而且构成 21 世纪计生工作上新台阶、新水平的"瓶颈"。现在是迫切需要解决的时候了。

其一，基本国策需要法律保障。迄今为止，列入基本国策的土地保护、环境保护，均已出台相应的《保护法》，纳入法制轨道，取得显著效果。控制人口增长与实行计划生育基本国策，尽管动议和起草相应的法律已有 20 年的历史，多易其稿和反复讨论，每次都因"条件不成熟"而搁浅。如今同人口和计划生育有关的婚姻法、行政诉讼法、母婴保健法、老年人权益保障法等相继颁布，常常遇到有的人以其中某项条款对地方性的计划生育《条例》进行质疑，拒不执行，甚至发生民告官案件。这说明，一方面地方性的《条例》有重新审视的必要，看一看有无同现行法律不一致的条文。另一方面，广大群众盼望能有一个全国统一的人口与计划生育法，而不是地方性的"土政策""土法规"；而广大计生干部也希望有一部权威性的法律，以便在工作中约束自己和规范自己的行为，同时在说理说法、斗理斗法时理直气壮、有法可依。计划生育基本国策发展到今天，迫切需要像其他基本国策一样予以法律保障。

其二，地方《条例》需要全国法规协调。目前，各省、自治区、直辖市普遍颁布实施地方性的《计划生育条例》，这些《条例》体现着计划生育基本国策的基本精神；但是有些条款出入很大，有的是原则性的。如中央制定的计划生育政策开头两句为"提倡晚婚晚育，少生优生"，吉林省计划生

* 原载中国社会科学院《要报》1999 年第 9 期。

育《条例》规定："年龄在法定婚龄 3 年以上结婚的为晚婚，年龄在法定婚龄 3 年零 9 个月以上生育的为晚育"；山东省计划生育《条例》规定："男年满 25 周岁、女年满 23 周岁初婚为晚婚。女年满 23 周岁怀孕并按计划生育第一子女的为晚育"。山东与吉林比较多了一个附加条件"按计划生育第一个孩子"，显然严格了一层。又如对符合《条例》规定照顾生育第二个孩子的，一般不再征收任何费用；然而山东等几个省却明确规定征收一定数额的"社会抚养费"，并且认为只有这样才能"体现政策的合理与公平"。至于计划外生育费的征收差别更为悬殊，高低相差几倍到几十倍，没有一个明确的准则，标准的确定带有很大随机性。不仅被征收者超生户心里不服，而且给滥收费、挥霍挪用等留下隐患。计划生育作为基本国策可谓"政出一门"，各地《条例》千差万别、"五花八门"，迫切需要以一部全国统一的人口与计划生育法为依据，在此基础上制定各地的具体补充规定。

其三，提高干部管理水平需要法律规范。计划生育管理的是人口自身的生产和再生产，它所面对的是生育以及与生育相关的人的自身行为，因而号称"天下第一难"，更需要严格的规范化管理。目前已经形成自上而下的一批计生干部队伍，有了一套比较健全的工作制度和管理办法。然而由于认识、理论、思想、觉悟和方法等的参差不齐，在生育指标确定上，层层加码搞"高指标"时有发生；在工作方式上，集中力量搞"小分队突击"不时出现；在方法上，搞行政强迫命令屡禁不止，缺少法律意识和按照政策法规进行奖励和处罚，依法管理观念淡薄。尽早出台一部人口与计划生育法典，强化法制教育，实为提高广大计生干部素质和提高管理水平的战略举措。

其四，树立良好形象需要法律标榜。经过多年的不懈努力，中国实行计划生育已经筑起坚实的群众基础，也获得越来越多的国际人士的认同。然而强迫命令等一些违纪做法的不良影响仍不可低估，常常成为国际敌对势力以所谓人权问题对我国进行攻击的"证据"。如果颁布《人口与计划生育法》，将我们实行生育控制的目的、意义、做法讲清楚，奖罚条文标于榜上，我们提倡什么，反对什么，哪些是合法的，哪些是违法的大白于天下，广大群众会有更多的理解和拥护，国际上某些不明真相人士可解疑团，而极少数敌对分子也将失去造谣生事市场，实为树立计生良好形象的明智之举。

目前立法时机业已成熟。国家社会主义法制建设不断深入，为人口与计生立法提供了有利的外部环境；实行计划生育基本国策和控制人口数量、提高人口素质、调节人口结构的人口发展战略深入人心，计划生育已为包括农民在内的广大居民所接受，立法具备良好的群众基础；不断发展的计划生育实践，积累了比较丰富的经验和一整套成功的做法，立法有着坚实的实践基础；经过 20 年的起草和不断修改，既坚持从中国实际出发又吸收国外人口立法的合理成分，《人口与计划生育法》文本已趋成熟。泱泱 12.5 亿人口大国立法的出台，必将给人口与计划生育事业注入新的生机和活力，推动人口与经济、社会的可持续发展。

人口与经济发展

扩大内需与人口再生产

一 引言

当前，如何扩大消费需求拉动经济增长，成为人们关心和讨论的"热点"。近两年来，国家通过增发国债、降息和加大基础设施建设投入等手段启动消费，收到不少成效；但有一定的局限性，若继续加大力度，风险也会随着增大。那么，有没有非"纯经济"以外的其他途径？笔者以为，可以在人口再生产上寻求新的出路。因为人口数量、质量、结构的再生产始终同物质资料再生产结合在一起，消费资料作为物质资料生产的最终产品，归根结底要靠人的消费得以实现，需求在最终意义上表现为满足人口再生产的需求，扩大消费需求可以也应当在人口再生产上另辟路径。

早在 1936 年经济学家凯恩斯发表了《就业、利息和货币通论》，宣告了古典经济学关于资本主义经济自我调解解决就业理论的破灭，将其根本的原因归结为社会有效需求不足，主张政府干预经济。他将人口、生活水平和资本技术作为资本需求的三个基本因素，在资本技术一定和居民生活水平没有得到足够提高的情况下，人口生育率的下降将导致有效需求不足。人口经济学研究证明，用于保证新增人口不低于原有人口生活水平所需费用的投资，即狭义的人口投资，其投资量的多少取决于每年人口自然增加数量、每一新增人口平均所需费用、投资系数三者的乘积。如以 PI_1 代表人口投资总额，B_1 代表报告年出生人数，D_1 代表报告年死亡人数，C 代表每一新增人口平均所需费用，K 代表投资系数，则：

$$PI_1 = (B_1 - D_1) \cdot C \cdot K$$

若以 Pi_1 代表人口投资率，N 代表基年国民收入总额，则：

$$Pi_1 = \frac{PI_1}{N} = \frac{(B_1 - D_1) \cdot C \cdot K}{N}$$

若以 Δv 代表人口自增率，ΔC 代表人口增长 1% 所需费用，则上式可改写成：

$$Pi_1 = \frac{v \cdot \Delta C \cdot K}{N}$$

依据上述三式，可以具体计算出任何一年的新增人口投资额和人口投资率。由于中国自 20 世纪 70 年代以来大力推进计划生育取得卓著成绩，生育率持续下降，总生育率（TFR）由 1970 年的 5.8 下降到目前的 1.8；人口自增率相应由 1970 年的 2.58% 下降到 1985 年的 1.43%、1997 年的 1.0%，自增人数也相应由 2114 万人减少到 1492 万人、1 237 万人。如果不考虑每一新增人口平均所需费用 C、投资系数 K 和国民收入 N 的变动，人口投资 1985 年可比 1970 年减少 29.4%，1997 年比 1985 年再减少 17.1%，① 人口投资率也会相应下降。然而在上述期间 C、K 和 N 三者均有较大幅度上升，最终使人口投资和人口投资率还是升高了；不过人口自增率的持续下降和自增人数的减少，对人口投资和人口投资率的上升起到了相当大的抑制作用，这种抑制作用导致和加剧着社会有效需求不足，是当前内需乏力的一个方面原因。

不言而喻，这样说不等于将目前消费需求不足完全或主要归结为生育率的下降，消费需求不足有经济体制、结构、政策等多重原因；也不等于否定控制人口增长取得的成绩。如果按照 1970 年的人口增长率延续下来，到 1998 年全国人口可达 16.93 亿人，比实际 12.48 亿人多出 4.45 亿人。当然保持 1970 年的出生率和自增率是不大可能的，因为即使不实行旨在控制人口数量增长的计划生育政策，人口出生率和自增率也会随着经济的发展，居民物质和文化生活的提高而降低。不过国内外一致公认，中国虚拟的少出 4 亿多人口主要是贯彻计划生育基本国策的结果。出生人口减少如此之多对于减少消费和增加积累，减缓就业和就读压力，减轻资源和环境过重的承载力等起了莫大的作用。前面探讨的问题只是就消费需求而言产生的抑制作用和影响。这种抑制作用和影响，应当引为关注却常常被忽视，应当深入研究却常常被冷落，因为人们习惯于就经济论经济，经济问题的解决寄希望于"纯经济"杠杆。其实，人口生产不仅有生育率下降引起消费需求不足一说，而且进一步的研究证明，也存在人口质量、结构再生产同时为消费需求提供动力一论。联系当前我国扩大内需和拉动经济增长实际，最值得关注的是人口

---

① 《中国统计年鉴 1998》，中国统计出版社，1998。

质量中教育素质的提高、人口城市化和年龄结构变动带来的机遇，需要研究一下如何挖掘和运用这些新的动力。

二 提高人口教育素质与发展教育产业

人口指对居住在特定地域内的总体而言，人口再生产既是一定数量也是一定质量的再生产，在生育率下降到较低水平以后，人口质量再生产更被看重。人口质量有包括身体素质、文化或教育素质"二要素论"和"二要素"之外加上思想或道德素质"三要素论"之争，无论哪方面素质的提高均可拉动相应的消费需求；不过拉动的强度有所不同，人口教育素质的提高拉动的"马力"最大，对经济和社会发展影响最为深刻，故本文关于人口质量主要讨论教育素质。

提高人口教育素质和发展教育事业，可以明显起到扩大教育消费和社会总体消费的作用。从国家宏观角度观察，1997 年国家财政性教育经费1862.5 亿元，占当年国内生产总值的 2.5%，近 20 年来这个比例没有多大变动，个别年份还稍有降低；而发达国家达到 5% 以上，[1] 印度、泰国、墨西哥等发展中国家也比我们高许多，提高一些是需要和可能的。如果提升0.5 个百分点，即达到 3.0%，可增加教育经费投资 373 亿元；如果增加 1个百分点达到 3.5%，则可增加教育经费投资 745 亿元。从个人家庭微观角度观察，一些调查表明，个人家庭储蓄存款中约有 1/3 是父母为其子女上学准备的。以现在近 60000 亿元储蓄存款计算，可达 20000 亿元，相当于 1998年全部固定资产投资 28457 亿元的 70%，是国家财政性教育经费的 10 多倍，数额之巨令人惊叹。可惜的是由于教育发展滞后，居民手中积攒的这笔款项却欲消费而无门。因此，无论是国家还是个人家庭，都具备相当大的支付教育消费的能力。

投资教育可以取得广泛的社会效益，以多方面增加消费需求。一是投资教育和扩大学校规模，能够提高学龄人口入学率和处在生产年龄人口阶段的在学率。当前，一般发达国家从业人员占 15～59 岁生产年龄人口的比率在75% 左右，发展中国家在 85% 左右，这 10 个百分点的差距源于高校、高中和中专在校人口的比例高低上。1997 年我国从业人员占 15～59 岁生产年龄

---

[1] 《中国统计年鉴1998》，中国统计出版社，1998。

人口的 87.1%，也差在学龄人口大学、高中和中专入学率和在学率较低上。二是能够增加就业机会和提高就业率。投资教育产业可以创造多种就业机会，既可以吸收学有专长的教师及其辅助人员任教，又可以广泛吸纳管理、后勤等行政人员就业，促进第三产业的发展。三是有助于人口城市化。发展教育和吸收更多学龄人口入学，给占学龄人口 70% 的广大农村青年以更多的学习机会，为这些人在大学、高中和中专毕业后进入城市筑起阶梯，加快农村剩余劳动力向城市的转移，推进人口城市化进程。而人口城市化进程怎样，对于消费需求有着决定性意义，本文后面将专有论述。

从我国人口文化教育素质较低实际出发，教育也必须加快发展的步伐。1949 年新中国成立后，国家大力发展教育事业，人口文化教育素质明显提高，改革开放以来提高得更快一些。全国具有大专以上人口由 1964 年的 287 万人，增加到 1982 年的 1576 万人，1997 年的 3130 万人，占总人口的比例由 0.42% 提升到 0.60%、2.53%；不识字或识字很少人口由 31526 万人减少到 28368 万人、14190 万人，占总人口的比例由 45.6% 下降到 28.3%、13.1%；近似于总体人口平均所受教育年限的人口教育素质指数，相应由 2.25 提升到 4.21、5.81。[①] 全国具有大专以上人口超过 3000 万人，科技活动人员超过 300 万人，在世界各国中名列前茅；科技总体集合实力较强，具备发展高新技术及其产业的能力，某些方面能够站到国际前沿，实施科教兴国战略有着一定的基础和条件。然而由于我国人口数量多，目前 12.5 亿人口占世界 60 亿人口的 20.8%，相对人口数量过多，总体人口平均所受教育水平便一下子降了下来。当前发达国家居民平均所受教育一般在 12 年以上，科教比较发达的发展中国家也在 10 年以上。大学以上人口占总人口的比例，一般发达国家早已超过 10%，美国、日本、加拿大、澳大利亚等更超过 20%，与我国 2.53% 的大专以上人口比例相去甚远，菲律宾、泰国、墨西哥、埃及等发展中国家也大大高于我国的比例。不识字或识字很少人口比例，美国、日本、加拿大等发达国家不足 1%，菲律宾、泰国等发展中国家也在 10% 以下，比我国 13.1% 的比例低许多。教育结构比较落后，目前全国城乡人口结构大致"三七开"，1997 年全国小学在校学生市占 13.1%，镇占 18.6%，农村占 63.3%；中学生市占 18.6%，镇占 29.1%，农村占 52.2%，城乡差不多"对半开"，其中高中生农村仅占 14.9%，同城乡人口结构不成比例，农村

---

① 参见田雪原《大国之难》，今日中国出版社，1999 年第 2 版；《中国人口年鉴 1998》，中国统计出版社，1998。

更低。普通中等教育与专业中等教育比例失调，1997年全国中专与普通高中在校生之比为1:1.8，技工与初中在校生之比为1:31.2，是造成劳动力人口教育素质不高的重要原因之一。1997年以具有大专以上教育水平从业人员为1进行比率计算，则具有大专、高中、初中、小学、不识字从业人员之比为1:3.5:10.8:9.9:3.3，以初中和小学教育水平从业人员比率最高，占全部从业人员的73%。① 人口和从业人员教育素质较低现状说明，我们离新技术革命和知识经济时代的到来还有很大的距离，提高人口教育素质刻不容缓，任务相当艰巨。

50年来人口文化教育素质的提高和教育事业的发展，主要表现为计划经济下的政府行为，当前改革进展到计划经济让位于市场经济，教育基本上还在那里"固守阵地"。发展靠政府投资，经费由财政拨款，机构设置、人事制度、劳动工资、后勤保障等沿用机关事业单位一套办法，走的是"学校办社会"事业化发展道路。社会上有的各种组织及其机构，学校也差不多"五脏俱全"，以致学校领导不得不在抓教学的同时，分出相当大的精力抓社团活动，为教职工盖房、买房和分房，操心学生宿舍和食堂的建设，学校关起门来即是社会的缩影。这种事业化发展模式最大的弊病，一是不能集中全力抓教学，有碍教学质量的提高；二是非直接教学占用的资金、设施、人力、管理等的资源过大，使教育的产出与投入之比较低，妨碍着教育劳动生产率的提高。目前，世界高校在校学生与教师数量之比为14:1，许多发达国家达到20:1以上，我国为8:1，仅相当于世界平均水平的57%。所以我们才常常看到一种不正常的现象，同样占地规模的大学我们的学生要少得多。如哈佛、芝加哥、伦敦、牛津、剑桥、日本、澳大利亚国立大学等知名学校，其建筑占地面积同我国北大、清华大学不相上下，然而其在校大学生人数少者二三万人，多者五六万人以上，而我们几十年来仅有一万多人。

怎样改变这种状况使教育得到更快发展，使人口文化教育素质有一个更大的提高呢？关键在于变"学校办社会"为"社会办学校"，推行教育产业化的改革。上述发达国家高校吸纳学生人数如此之多，如果用一句话概括，在于实行的是"社会办学校"的产业化经营原则。政府、集团和个人投资兴办学校，建立在就学适龄人口需求和支付能力基础上，一般不至于亏损；加上一定的政策扶持，可以取得像投资其他产业一样的回报。学校的主要任务是聘任教师，

① 《中国统计年鉴1998》，中国统计出版社，1998。

提供教室、实验室、图书资料和计算机室等设备，按照一定的教学计划组织教学。其他与教学不发生直接关系的如教师的住房、学生宿舍和食堂等后勤服务，一律交由社会按产业化原则经营。由于消费需求数量大且比较稳定，经营利润也较有保证。为此，将教育作为产业愿意投资兴办者有之，愿意求知作为教育消费购买者有之，教育的发展和人口文化教育素质的提高便在情理之中了。联系我国实际，第一，总体人口的继续增长和人口教育素质指数偏低现状，给教育特别是高等教育的发展留下很大空间，需求潜力巨大；第二，市场经济体制改革的深入，必然要影响物质资料生产和人口生产的各个领域，教育作为人口质量再生产一个方面所具有的企业性质，将越来越显著地表现出来。这表明，以往那种完全依靠行政办法办学方式已经同人口素质教育的提高不相适应，同经济的发展和经济体制改革的深入不相适应，必须进行改革。改革的方向是逐步走向市场，走教育产业化之路。

我国教育分为义务教育与非义务教育两种。义务教育带有一定的强制性，以国家投资为主，行政办法办学为主，产业化色彩微弱。不过即使是依靠行政手段的义务教育，也存在如何提高资源利用率、减员增效和提高在校学生与教师比率等问题，以及如何改革的问题。方向依然是改变"学校办社会"现状，向着产业化方向发展。非义务教育部分，笔者主张尽快纳入产业化轨道，实施旨在产业化和市场化的改革。出台搞产业化办教育的政策，包括鼓励个人独资、合资、外资投资办学，特别是投资高等教育和中等职业教育；开展银行贷款，向困难学生和教师提供贷学金和贷教金；改变学校将师生员工一切包揽下来的做法，推进教职工住房商品化，兴建商业性学生公寓、食堂和其他服务设施等。以产业化吸引投资，按产业化经营提高效率，用产业化思路进行改革，把教育的发展和人口文化教育素质的提高带进一个崭新的阶段。

三 加速人口城市化与降低城乡人口消费比

当前人口消费需求动力不足，笔者将其归结为"买不起"、"不敢买"和"想买的买不到"三句话。"买不起"：总体人口消费水平处于由温饱向小康过渡之间，消费水平有限，对于绝大多数人说来小汽车、纯市场意义的商品房之类高层次消费，是可望而不可即的"买不起"商品。"不敢买"：随着改革的不断深入，居民风险意识增强，不但要考虑今天的消费，还要考虑失业、生病、老年等情况下的消费，必须为此准备一笔必要的抗风险资金，可买可不买的不敢轻易购买。"想买的买不到"：在 20 年改革逐步走上市场经济条件下，差不多仅存的卖方市场就是教育消费了。如前所述，居民手中握有的数额颇大的教育消费资金却花钱无门，"想买的买不到"。然而将城市和农村加以比较分析，就会发现，同样是"买不起"、"不敢买"和"想买的买不到"，但由于购买的动机和档次，消费的方式和层次不同，因而对启动消费需求的力度有很大不同。可以说，"二元经济"下落后的人口城乡结构和增高了的城乡消费比，是阻碍消费需求攀升的关键，是需要着力解决的问题。

中国原本是一个农业社会长达几千年的国家，人口城市化水平很低，1949 年新中国成立时城市人口为 5765 万人，占全国 54167 万人的 10.6%。20 世纪 50 年代在 3 年国民经济恢复和优先发展重工业方针带动下，市镇人口增长很快，1960 年达到 12371 万人，比例升高到 19.8%。60 和 70 年代人口城市化处于徘徊时期，比例在 17% ~ 19% 中间波动，直至 1979 年市镇人口增加到 19140 万人，比例回升至 19.0%，仅接近 1960 年的水平。改革开放以来为人口城市化加速推进时期，到 1997 年市镇人口增加到 36989 万人，比例升高到 29.9%，[1] 城乡人口结构有了明显改观。但是与目前世界城市人口比例达到 45%，发达国家达到 75%，发展中国家也达到 38% 比较，[2] 我国则落后一大截。人口城市化水平反映着产业结构、农业劳动生产率、农产品商品率以及信息、技术、文化等的经济和社会现代化发展状况，从多方面制约着消费需求。1997 年全国居民消费水平为 2936 元，农民为 1930 元，非农民为 6048 元，[3] 以农民消费水平为 1.0，非农民为 3.1，即城乡消费比为 3.1:1.0。1978 年改革之初为 2.9:1.0，1985 年曾经下降到 2.3:1.0，表明在此期间农民生活水平提高较快；20 世纪 80 年代中期以后城市改革步伐加快，市镇人口收入和消费增长也要快一些，致使城乡差距拉大，城乡人口消费比呈上升趋势。这在人口城乡结构比较落后，占总体人口 70% 的农村人口消费需求增长缓慢的情况下，给扩大内需造成相当大的困难。我们以 1997 年为例算一笔账，以该年城乡人口消费为标准，若城乡人口消费比调整到 80 年代中后期水平，即降低 0.5 调整到 2.6:1.0，则农村人口平均消

---

① 《中国统计年鉴 1998》，中国统计出版社，1998。

② Nails Sadik, *The State of World Population 1998*, New York, 1998, UNFPA.

③ 《中国统计年鉴 1998》，中国统计出版社，1998。

费水平可提高到 2326 元，比实际高出 396 元，全国居民消费可增加 3431 亿元；即使下降 0.1，变成 3.0：1.0，也可增加消费 745 亿元。[①] 不过现实生活中靠提高农民消费水平降低城乡消费比比较困难，原因在于农民收入水平比较低。收入低的原因，在于农业劳动生产率和农产品商品化率低。"两率"较低的主要原因，在于农村中存在着约 2 亿人的过剩劳动力，在于人口城市化水平低。因此，理论上降低城乡人口消费比可以扩大社会需求，8.6 亿农村人口是一个巨大的消费市场；实际上则很难迅速降低，20 世纪 80 年代中期以来还有上升的趋向，农村巨大的消费市场很大程度上是潜在性质的。要变这一巨大的潜在市场为现实的消费市场，就必须将农村中庞大数量的剩余劳动力从狭义农业栽培业转移出去，走提高农业劳动生产率和农产品商品化率的人口城市化道路。在落后的"二元经济"结构下，可以说，人口城市化是启动消费和扩大内需的基本推动力。20 世纪 50 年代人口城市化的迅速启动，曾推动居民消费和国内生产总值的快速增长；60 和 70 年代人口城市化的停滞不前，居民消费和国内生产总值便增长缓慢，国民经济甚至跌到崩溃的边缘；改革开放为人口城市化注入新的生机和活力，1978～1997 年市镇人口由 17245 万人增加到 36989 万人，市镇人口比例由 17.9% 提升到 29.9%，升高 12 个百分点，市镇人口以年平均 5.2% 的速度递增，取得按可比价格计算居民消费以年平均 9.2% 的速度增长，创造国内生产总值年平均增长 9.5% 的佳绩。[②] 按照现在的实际水平计算，市镇人口增加 1 个百分点，即增加 1200 多万人，可增加市镇居民消费 750 亿元左右，足见其拉动消费需求力量之大。

人口城市化是启动消费需求各种方略中功率最大的"马力"，且带有根本的性质，也是世界和中国人口变动的一大必然趋势，加快人口城市化势在必行；不过推进人口城市化仍然要从实际出发，从中国具体的国情出发，不可能设想一下子将农村 2 亿多人剩余劳动力及其附属人口都推向城市。笔者主张实行"三三制"截流、分流与主流相结合的方案，将加快人口城市化与实现资源合理配置、谋求最大经济效益结合起来。

其一，向广义农业转移 1/3 的"截流"。我国农业过剩劳动力主要集中于农业栽培种植业，即狭义的农业，同广义农业资源的有效配置相悖。实际上全部农业资源中耕地仅占国土面积的 10%，其余可利用草地占 32.6%，

---

① 《中国统计年鉴 1998》，中国统计出版社，1998。
② 《中国统计年鉴 1998》，中国统计出版社，1998。

森林占 13.9%，内陆水域面积占 1.8% 左右，① 具备发展林、牧、渔业的巨大潜力。如果利用得当，从农业栽培业过剩劳动力中转移 1/3 过去，是完全可能的。我们应当树立大农业意识，将栽培业过剩劳动力输送到广义农业中去，对全部 2 亿农村剩余劳动力的转移来说，具有"源头截流"意义，是避免盲目流动的一项符合可持续发展的战略性选择。

其二，向乡镇企业转移 1/3 的"分流"。由于我国是现代工业和传统农业并存的"二元经济"国家，大力发展乡镇企业是改变落后"二元经济"结构的根本出路之一。改革开放以来乡镇企业的迅速崛起不仅给农民带来显著经济效益，所谓"无工不富"；而且接纳了大量过剩农业劳动力，既提高了农业劳动生产率，又减轻了"民工潮"盲目流向城市的压力，可谓"一箭双雕"。当前，在经济增长方式由粗放型向集约型转变的新形势下，乡镇企业面临资产重组、技术更新换代和产品升级的新考验，吸收农业剩余劳动力要求提高了，"分流"难度增加了。但是，如果能够把握住机会，加快乡镇企业中传统产业的专业化步伐，发展建立在当地资源优势基础上的农、林、牧、渔深加工工业，兴建具有专业化生产或经营特点的农民城，将人力资源的丰富、廉价与自然资源的丰富、廉价结合起来，乡镇企业在 21 世纪来临之际可望有一个新发展。全国 2.63 万个乡、1.84 万个镇吸纳 2 亿农村剩余劳动力中的 1/3 当不成问题，在小城镇户口管理放宽的政策下，逐步转变为市镇人口也是可行的。

其三，向城市转移 1/3 的"主流"。之所以称其为"主流"，一是人口城市化本意为市镇人口所占比例增加的过程，农村剩余劳动力向城市转移乃是人口城市化主渠道；二是即使能够实现上述 1/3 向广义农业转移"截流"，1/3 向乡镇企业转移"分流"，"截流"、"分流"特别是"分流"中的多数最终要成为城市人口，"三三制" 2 亿农业剩余劳动力转移告竣后，农村人口还将继续向城市转移，在整个农村劳动力和其他人口转移过程中，市镇是接纳的"主流"。1997 年全国设市 668 个，其中 50 万人以上人口城市 81 个，20 万 ~50 万人中等城市 205 个，20 万人以下小城市 382 个，② 经过改革开放 20 年的洗礼，住房、交通、水电供应、通信等城市基础设施建设获得很大发展，更重要的是市场经济的发展为农民进城务工经商提供了条件，第一步接受农村 2 亿过剩劳动力的 1/3，第二步继续吸纳农村过剩劳动力的

① 《中国统计年鉴 1998》，中国统计出版社，1998。
② 《中国统计年鉴 1998》，中国统计出版社，1998。

转移，是完全可以做到的。再加上乡镇企业中一部分（比如一半）转变为市镇人口，即全国市镇人口增加 1 亿人，比例提升至 40%，即可增加 6000 多亿元的消费。如能在 3 年内实现这一目标，年平均居民消费可增加 2000 亿元；如能在 6 年内实现这一目标，年平均居民消费可增加 1000 亿元，为其他任何扩大内需"药方"所望尘莫及。

加快人口城市化步伐靠什么？笔者以为，一靠政策，二靠市场。靠政策，首先需要出台明确"农业人口"和"非农业人口"区分的政策。众所周知，发达国家划分城市人口主要依据人口聚居规模，如美国规定：人口密度在每平方公里 400 人以上超过 2500 人的人口聚居区，即为城市人口。中国则在人口聚居规模基础上附加一些条件，其中最主要的是非农业人口比例达到多少方能设市或镇。发达国家农业人口比例很低，划分城市人口标准依据一定的集居规模足矣；我国落后的"二元经济"结构下的城市人口划分，规定相应的非农业人口最低比例是必要的，问题在于非农人口怎样界定。本来"农业人口"和"非农业人口"应以从事农业和非农业的职业劳动界定，但中国却在特定历史条件下，以是否属于"国家按定量供应商品粮"为标志，属于"国家按定量供应商品粮"的人口界定为"非农业人口"，否则界定为"农业人口"。如今"定量供应商品粮"早已走进历史的博物馆，可是在城乡人口划分上按下的印章却依然有效，致使广大农村特别是东南沿海较发达的农村，尽管他们事实上在从事城镇工商业活动，但是《户口簿》上仍然是"农业人口"；一些乡镇的"非农业人口"，实际上从事的却是农业劳动。就全国而论，前者所占比例更高一些，因而实际的人口城市化水平，会比公布的统计数字高。针对这一情况，需要依据现在实际从事的职业和行业劳动的性质，重新确定是"农业人口"还是"非农业人口"，并建议在 2000 年第五次人口普查时，按照实际从事劳动职业填报农业或非农业人口。其次，在重新确定反映实际的"农业人口"和"非农业人口"基础上，按照现行划分标准审定和调整建制市和镇，预计全国主要是东南沿海地区，市镇人口会有一定的增加。再次，可适当放宽"农业人口"转成"非农业人口"的限制，比如规定在市镇从事工商业一二年以上，即可"农转非"，或者"半农转非"：发给准城镇人口的《兰印户口簿》，待继续从事的工商业长期稳定后，再转为正式市镇人口。这样的改革有的省、市已开始试验，起到加快人口城市化进程、促进城市社会稳定和加快城乡经济发展的作用。

靠市场，主要指加速人口城市化和吸纳农村劳动力向城市转移，要充分发挥劳动力市场功能，使之成为城市劳动力供给和"农转非"的调配站和编组场。当前的问题，一是这类劳动力市场数量少，不能满足农民进城务工经商求职需要，致使各种非法"地下劳动力市场"屡禁不止，违法分子从中盘剥渔利；二是劳动力市场管理不规范，许多处于混乱状态，有的收费偏高，有的不能保证供求双方的有效性，妨碍了劳动力正常地进入市场和通过市场实现择职选择。因此，大力发展劳动力市场和劳动力市场的规范化管理，是加快农村剩余劳动力转移和人口城市化的关键，也是当前扩大内需的有效之举。

四　适应人口年龄结构变动与发展社会保障事业

1949 年以来的人口再生产，经历 1949～1952 年的人口再生产类型的转变时期，即由高出生、高死亡、低增长向高出生、低死亡、高增长的转变，人口年平均增长 2.00%；1953～1957 年的第一次生育高潮，人口年平均增长 2.38%；1958～1961 年的第一次生育低潮，人口年平均增长 0.46%；1962～1973 年的第二次生育高潮，人口年平均增长 2.56%；1974 年以来的第二次生育低潮，人口年平均增长 1.35%。[①] 人口的一个基本特征是每一个人都佩带自己的年龄加入总体，每过 1 年长 1 岁，形成缓慢向上移动的人口年龄结构"金字塔"。由于 1949 年以来人口再生产在高潮、低潮交替升降中波动，把一个原本成正三角形的年龄结构"金字塔"弄得犬牙交错，而 1962～1973 年第二次生育高潮出生的庞大人口群和形成的异常突出的年龄结构部分，最为引人瞩目。随着时间推移这部分人口"金字塔"在向上移动，移动到哪里人口问题的难点便在哪里出现，要求社会作出相应反应。21 世纪前半叶，最为突出的是生产年龄人口激增和老龄化加速发展，失业和养老保障是社会应当作出的反应，当前正面临两种保障需求迅速增大机遇。

1962～1973 年出生的 3 亿多人口，如今处在 26～37 岁年龄层，未来 22 年内该年龄层人口尚处在 60 岁以内，加上少年人口陆续升移至成年人口和 1962 年以前出生人口相继退出的变动，形成未来 20 多年内生产年龄人口大幅度增长的态势。预计 15～59 岁生产年龄人口可由 1997 年的 7.9 亿人，增

---

① 依据《中国统计年鉴 1998》提供的数据计算。

加到 2000 年的 8.2 亿人，2010 年的 9.2 亿人，2020 年的 9.4 亿人，即分别增长 0.3 亿人、1.3 亿人和 1.5 亿人，年平均增加 652 万人。2020 年以后开始回落，但直至 2050 年回落到 8.0 亿人，还略高于目前数量，21 世纪前半叶生产年龄人口在现今水平之上已成基本格局。在经济和社会发展方面，面对以生命科学为主导学科的新技术革命，科技转化为现实生产力能力的增强，信息化、全球化趋势和竞争的日趋剧烈，除基于我国人口和劳动力过多现状选择适宜的就业战略，广开就业门路和增加就业机会外，经济体制改革深入的方向是提高劳动生产率、减员增效和提升产出对投入的比率。如此间歇性失业会时有发生，较长时间的失业也会有所上升，社会总失业率将明显升高。在社会生产年龄人口激增情况下，失业率将持续升高，失业人口数量将相当可观，失业风险增大。减少风险的有效办法是实行失业保险。工业化国家的实践证明，这不是可有可无，而是一项必须建立的保证社会安全运转的工程，对于正在谋求改革和建立现代企业制度的中国来说，则是解决制约改革进程和社会稳定问题的先期工程，失业保障迟早总要解决，迟解决不如早解决。所需资金可由国家、企业（单位）和劳动者个人共同筹集，制定出各方均能负担得起又能切实提供失业者生活保障的方案，相应的经营管理办法，由银行或保险公司经营，以失业者个人账户形式支付。依笔者所见，近两年来国家对铁路、公路和城市基础设施建设的投资，有些项目是必需的或做得好的，已经或可望获得比较好的效益；有些项目则不是必需或做得不够好的，更不消说腐败＋豆腐渣的"双腐工程"，何不把后一类项目和"双腐"投资撤下来，投向必须投资兴办的失业保障事业！也可考虑发行失业保障债券，将破产企业变卖资产转为职工失业保险金等办法，使失业者有可靠的生活保障。既化解、减少社会不稳定因素，又可增加失业人员消费需求，于扩大内需有益。

　　21 世纪人口年龄结构变动的另一个大趋势，是老龄化的到来并在中叶达到高潮。联合国的预测表明，2000 年世界 60 岁以上老年人口占总人口的比例可达 10.0%，2025 年可达 15.1%，2050 年可达最高峰值 22.1%。相比之下，中国人口老龄化趋势具有速度比较快、达到的水平比较高的特点，同一预测表明，2000 年中国 60 岁以上老年人口比例可达 10.1%，2025 年可达 19.5%，2050 年可达 29.7%，分别比世界高出 0.1、4.4 和 7.6 个百分点。尽管比发达国家略低一筹，但是在发展中国家居最高水平之列，上述年份分别高出 2.4、6.7 和 9.1 个百分点。中国 60 岁以上老年人口的绝对数量，上述年份可分别达到 1.3 亿人、2.9 亿人和 4.4 亿人，2025 年比现在增长 1.3 倍，2050 年增长 2.5 倍。[①] "银色浪潮"对经济、文化、社会的冲击是渐进的但却是非常深刻的，社会必须作出相应调整，首要的是要建立起可靠的养老保障体系。由于中国人口老龄化来得急速，经济发展相对滞后造成"时间差"，西方发达国家那种"从摇篮到坟墓"全方位的社会保障我们没有条件效法，何况这种由社会完全包下来的办法也有很多弊病，当今福利国家正在千方百计削减福利；我们只能从中国实际出发，走积极发展社会供养、继续提倡家庭子女供养、适当组织老年再就业自养，容"三养"于一体、互相补充、互相结合的路子。即便如此，"积极发展社会供养"也责无旁贷，逐步扩大老年社会保障范围和提高老年社保水平，同样是政府迟早要做的事情，也同样是早做比晚做主动。从 20 世纪 50 年代开始我国即在国有企事中实行包括养老退休在内的劳动保障制度，对这部分离退休职工的晚年生活起到了基本的保障作用。改革开放以来我国政府探索改变这种由国家、企业（单位）包下来的做法，1991 年国务院颁布《关于企业养老保险制度改革决定》，明确了由企业（单位）和劳动者个人共同出资建立养老保险基金，以及建立个人账户等一套实施办法；然而在相当一部分亏损企业中，就连在职职工的工资都发不出来，《决定》也就成了一纸空文。既然养老保障属于社会保障的有机组成部分，而一般社会保障政府行为居于主导，包括一定的资金投入、监督和管理，《决定》还应补充适当的条款，以改变对无力执行或拒不执行企业（单位）无可奈何的状况。包括养老保障在内的社会保障改革应当加大一些市场含量，但是既然是社会的一种保障，政府的责任和在其中的定位则是必须肯定的，一定的投资是不可避免的。当前政府投资养老社会保障，一是从根本上来说不容推却，势在必行；二是从现实扩大内需角度来说，是一种旨在增加老年人口消费的投资，为拉动经济增长所必需。至于发展适应老龄化需要的医疗、保健、食品、住房、服装以及眼镜、助听器、服务等行业，则是被普遍看好颇具发展潜力的"灰色产业"，有望成为新的经济增长点之一。政府应抓住这一机遇积极引导，出台相应的产业政策。

---

① United Nations, *World Population Prospects*, *The 1998 Revision*, New York.

迈向 21 世纪的中国人口城市化[*]

　　1949 年新中国成立以来的人口城市化，大致可分成 20 世纪 50 年代的迅速发展，60 和 70 年代的徘徊，80 年代以后的加速推进几个时期。不过应当注意数据资料的可靠性，特别是 1963 年压缩市、镇建制标准使市镇人口偏低的影响，1984 和 1986 年的调整比较切合实际。从中国经济、人口、社会发展实际出发，预计市镇人口占总人口的比例可由目前的 30% 左右，上升到 2000 年的 35%，2010 年的 48%，即相当于亚洲、发展中国家的一般水平；2025 年可上升到 65% 左右，高出亚洲、发展中国家 5 个百分点左右，相当于世界平均水平。目前中、印两国人口城市化处于同一水平，进入 21 世纪后中国有可能发展更快一些，拉开一定差距。中国"限大重小"的城市化方针符合人口多和"二元经济"结构基本国情，有利于加速推进；但城市规模效益颇值得重视，市场经济条件下"限大"和"重小"都需增加较大弹性。对于像中、印人口众多的发展中国家来说，人口城市化更需要立足于可持续发展。实行农业剩余劳动力向广义农业、乡镇企业、城市工商业"三三制"转移，摆正城市建设与保护环境的关系，摒弃以牺牲环境质量为代价的发展，谋求人口与经济、资源、环境等的可持续发展，是迈向 21 世纪中国人口城市化的合理选择。

一　数据资料评价

　　1. 中国人口、城市人口数据可靠性

　　这是在讨论中国人口城市化之前，首先需要作出评价的问题。从总体上看，这类数据主要来自人口普查和抽样调查，精确度比较高，把握度均在

　　*　本文为提交"中印城市发展与挑战双边研讨会"论文，1997。

95% 以上，因而基本上是可靠的。1953 年第一次人口普查完成后，进行了 5295 万人的抽样复查，检验结果为：重复登记率 1.39‰，漏报率 2.55‰，两项相抵净差率 1.16‰；1982 年普查重复登记率 0.7‰，漏报率 0.56‰，净差率 0.14‰；1990 年普查重复登记率 0.1‰，漏报率 0.7‰，净差率 0.6‰；1995 年 1% 人口抽样调查，人口出生率抽样误差为 0.73‰，死亡率抽样误差为 0.39%。[①] 因此，提供的包括城市化在内的人口数据基本可靠，具有较高可信度。

2. 城市人口数据的主要问题

中国人口、城市人口数据基本可靠不等于没有任何问题，主要问题出在市镇人口划分标准的几次变动上。

（1）1955 年《国务院关于设置市、镇建制的决定》中规定：市是属于省、自治区、自治州领导的行政单位，聚居人口 10 万人以上可以设市的建制；重要工矿基地、省级国家机关所在地、规模较大的物资集散地或边远重镇，确有必要也可设市。镇是属于县领导的行政单位，县或县级以上国家机关驻地或聚居人口在 2000 人以上、有相当数量工商业居民可以设镇的建制；聚居人口不足 2000 人的少数民族地区并有相当数量工商业居民，确有必要也可设镇。此外还规定，工矿基地聚居人口较多并由省领导的，可以设市。工矿基地聚居人口较少并由县领导的，可以设镇。稍后又颁布《国务院关于城乡划分标准的规定》，明确城镇为：设置市人民委员会的地区和县（旗）以上人民委员会所在地；常住人口在 2000 人以上，居民 50% 以上是非农业人口的居民区；工矿企业、科研机关所在地和职工住宅区等，常住人口不足 2000 人但在 1000 人以上，且非农业人口占 75% 以上的居民区；以及疗养人数超过当地居民 50% 的疗养区，均为城镇型居民区。对于上述划分标准，国家统计局单有一《说明》："斟酌采用了苏联所定的标准，同时亦研究了我国实际情况"。当时苏联规定：人口在 1000 人以上，并且从事农业者不超过 25% 的居民地即为城市。中国城镇划分标准人口聚居规模高于苏联，非农业人口比例低于苏联。[②] 这一划分标准构成以后区分城乡人口的基础，后来的变动只是对这些规定的某些调整。

① 参见《中国 1982 年人口普查资料》，中国统计出版社，1985；《中国第四次人口普查主要数据》，中国统计出版社，1991；1996 年 2 月 16 日《中国人口报》。

② 《中国人口年鉴 1985》，中国社会科学出版社，1986。

（2）进入 20 世纪 60 年代后由于市镇增加过多，超过了农业负担能力，进行了压缩城镇人口的工作。1963 年中共中央、国务院下达"关于调整市镇建制、缩小城市郊区的指示"，规定在精简城市职工、压缩人口和缩小郊区后聚居人口在 10 万以上，可以保留市的建制；不足 10 万人的必须是省级国家机关所在地，或重要工矿基地，或规模较大的物资集散地，或边疆重要城镇，并确有必要由省、自治区领导的，可以保留市的建制；其他不符合上述条件的市，一律撤销。镇的设置也作了调整，规定聚居人口 3000 人以上、非农业人口占 70% 以上，或聚居人口在 2500~3000 人、非农业人口占 85% 以上，确有必要由县领导的可设镇。少数民族地区有所放宽，但强调确有必要由县级国家机关领导的条件。其他不符合新规定条件的镇一律撤销，而且即使符合规定条件改为由人民公社领导有利的，也予以撤销。此外对城市郊区范围作了压缩，能划出去的一律划为乡村。①

（3）1984 年国务院批转"民政部关于调整建镇标准的报告"，对 1955 和 1963 年的设镇标准作了较大调整。规定：凡县级国家机关所在地，均应设镇的建制；总人口在 20000 人以下的乡，乡政府驻地非农业人口超过 2 000 人的可以建镇；总人口在 20000 人以上的乡，乡政府驻地非农业人口占全乡 10% 以上的也可以建镇；少数民族地区、人口稀少的边远地区、山区和小型工矿区、小港口、风景旅游、边境口岸等地，非农业人口虽不足 2000 人，如确有必要也可设镇。②

（4）1986 年国务院批转"民政部关于调整设市标准和市领导县条件的报告"规定：非农业人口在 60000 人以上，年国民生产总值 2 亿元以上，已成为该地区经济中心的镇可设市的建制；少数民族地区和边远地区的重要城镇等，虽然达不到上述标准，如确有必要也可设市的建制。总人口 50 万人以下的县，县政府驻地所在镇非农业人口在 10 万人以上、农业人口不超过 40%、年国民生产总值 3 亿元以上，可设市撤县；总人口 50 万人以上的县，县政府驻地所在镇非农业人口一般在 12 万人以上、年国民生产总值 4 亿元以上，可设市撤县。对自治州（盟）行政公署驻地所在镇，设市标准更宽一些。③

① 《中国人口年鉴1985》，中国社会科学出版社，1985。
② 《中国人口年鉴1985》，中国社会科学出版社，1986。
③ 《中国人口年鉴1987》，经济管理出版社，1988。

二 城市人口变动回顾

1. 20 世纪 50 年代的迅速增长

1950 年市镇人口 6169 万人，1960 年增加到 13073 万人，10 年增加 6904 万人，年平均增长 7.8%。市镇人口所占比例由 11.2% 上升到 19.7%，升高 8.5 个百分点。城市人口增加迅速有两方面原因：一方面 20 世纪 50 年代市镇人口出生率、自然增长率高于乡村，出生率平均在 36.6‰ 左右，自增率在 2.7% 左右，城市人口自增 1883 万人，占全部增加人口的 27.3%；另一方面是乡村人口向城市转移，10 年中间转移 5021 万人，占新增城市人口的 72.7%。这两方面的情况反映出人口再生产由高出生、高死亡、低增长向高出生、低死亡、高增长类型转变，并很快进入高、低、高阶段；同时也反映出 1953～1958 年第一个五年计划工业化加速发展，乡村人口较大规模流向城市的过程。[1]

2. 60 和 70 年代的徘徊不前

1960～1980 年市镇人口由 13073 万人增加到 19140 万人，20 年间仅增加 6067 万人，年平均增长 1.92%。市镇人口比例非但没有上升，反倒下降 0.3 个百分点，多数年份停留在 17% 多一些的水平。其间市镇人口年平均自然增长率约为 1.48%，自然增长人数累计为 4465 万人左右；乡村仅向城市转移 1602 万人，年平均转移 80.1 万人，[2] 呈半冻结状态。究其原因，一是经济发展滞缓，城镇工商业举步不前，"十年动乱"更走到崩溃边缘，无力吸收更多农业劳动力进城务工经商。二是批判了先发展轻工业和依靠轻工业提供积累的"资本主义工业化道路"，基本上依靠农业直接支撑工业化，一旦发现农业支撑不住，便采取精简下放城市职工、压缩市镇人口等办法以减轻工业化对农业的压力，导致 1960～1963 年市镇人口节节减少的非正常现象。三是在肯定 60 和 70 年代 20 年市镇人口处于徘徊状态的情况下，也要注意到数据本身的问题，尤其是 1963 年调整不仅直接将市镇人口中的一部分划归到乡村人口中去，而且严格的市镇建制标准限制了城市人口的增加。从这个意义上说，公布的 60 和 70 年代的市镇人口绝对数和所占比例可能偏低，实际的人口城市化水平可能更高一些。

---

[1] 《中国人口年鉴 1987》，经济管理出版社，1987。
[2] 《中国人口年鉴 1987》，经济管理出版社，1987。

3. 80 年代以来的加速发展

改革开放以来，中国经济持续、快速、健康发展，按可比价格计算的国内生产总值 1996 年相当于 1980 年的 4.7 倍，[①] 特别是乡镇企业发展打开了广泛吸纳农业剩余劳动力的大门，大大推动了乡村人口转为城市人口的人口城市化进程。这中间，深化改革、扩大开放尤其是旨在建立市场经济体制改革目标的确立具有决定性的意义。它使人口流动同商品、资本、技术和信息等的流通和传递同时膨胀，劳动力市场空前活跃起来。进入城镇工商业的农业剩余劳动力市场空前活跃起来。进入城镇工商业的农业剩余劳动力大军，成为城市建设的生力军和乡镇企业的主力军，人口城市化速度加快。1980 ~ 1996 年，全国市镇人口由 19140 万人增加了到 35950 万人，增加了 16810 万人，年平均增长 4.0%。市镇人口所占比例，相应由 19.4% 上升到 29.4%，升高 10 个百分点，结束了前 20 年徘徊不前的局面。值得一提的是 1984 年建镇和 1986 年设市标准的调整，市、镇数量的大幅度增加带动市镇人口的增加和城市化的加速推进。不过笔者以为，市镇设置标准的这两次调整是适宜的，反映了实际，也同国际城市人口定义更为接近。

三 未来人口城市化趋势

1. 发展图像

鉴于上面对中国城市人口划分标准和数据资料的评价，一般国际组织认为，中国政府公布的城市化水平偏低。例如，1984 年世界银行在对中国经济进行考察后所作的系列报告中，就对中国数千人的集中区，并且其中许多人从事实际上的非农业劳动而列为乡村人口很不理解，当时即估计中国市镇人口已占到总人口的 34% 左右。至于中国为什么不将这部分人口划归城市范畴，该报告归结为 "中国经济结构非同寻常"。[②] 关于城市和城市人口定义，笔者赞成从人口学、经济学、社会学等多角度综合考虑，包括行政单位管辖区域、人口集中程度、非农业人口所占比例、基础设施情况等（联合国人口基金执行主席 Naris Sadik，1996）。据此，

---

① 《中国统计年鉴 1996》；《中华人民共和国国家统计局关于 1996 年国民 经济和社会发展的统计公报》，1997 年 4 月 5 日《人民日报》。

② 参见世界银行对中国经济考察的背景材料《城镇化：国际经验和中国的前景》，气象出版社，1984。

中国政府公布的城市人口基本符合中国实际，可能略低一点儿，但同世界银行估计相差甚远。笔者以 1995 年市镇人口占 30% 为基期（比政府公布数据增加 1 个百分点），至 2025 年城市人口增长 3 种不同预测方案，如表1 所示。

表 1　中国 1995 ~ 2025 年人口城市化预测

单位：万人，%

年份	总人口	低方案		中方案		高方案	
		市镇人口	占总人口	市镇人口	占总人口	市镇人口	占总人口
1995	121121	36336	30.0	36336	30.0	36336	30.0
2000	128000	43785	34.2	44850	35.0	45498	35.5
2010	137880	61169	44.3	66389	48.1	69316	50.3
2025	151870	87303	57.5	99004	65.2	107992	71.1

资料来源：《1996 年国民经济和社会发展的统计公报》，1997 年 4 月 5 日《人民日报》。

表 1 中方案预测 1995 ~ 2000 年市镇人口年平均增长 4.3%，即大体上相当于改革开放以来市镇人口增长速度，预计"九五"期间保持这一速度是可能的。2000 ~ 2010 年年平均增长 4.0%，比"九五"稍有下降，降低 0.3 个百分点。2010 ~ 2025 年年平均增长 2.7%，其中 2010 ~ 2020 年年平均增长 3.7%，比前 10 年再降低 0.3 个百分点；2020 ~ 2025 年年平均增长 0.8%，增长速度大大减慢下来。预测的主要依据：一是中国人口城市化水平不高，在经济高速增长中人口城市化速度必然较快，目前的城市人口增长率可维持一段时间；二是经过 20 多年的高速增长之后，进入 21 世纪城市人口增长速度会有所放慢。低方案和高方案预测给出一定弹性，一般情况下不同时期的人口城市化水平不会低于低方案，也不至于高出高方案。该预测与联合国的预测比较接近，特别是 2010 年以后相当接近，2025 年仅相差 0.6 个百分点；但由于联合国对目前的中国城市化水平估计高了一些，近期内有一定出入。①

2. 国际比较

以上述中方案预测与联合国对世界人口城市化预测比较，中国、印度、

① 中国为笔者的一个小组所作预测；其余参见 U. N. , *World Urbanization Prospects 1990*，New York，1991。

亚洲、发展中国家、发达国家情况，如表 2 所示。[①]

表 2　中国、印度城市人口比例变动的国际比较

单位：%

年　　份	1995	2000	2010	2025
中　　国	30.0	35.0	48.1	65.2
印　　度	29.4	32.3	39.3	51.5
亚　　洲	38.6	42.7	49.7	59.5
发展中国家	41.2	45.1	51.8	61.2
发达国家	73.6	74.9	77.9	82.5
世　　界	48.1	51.1	56.5	64.6

表 2 说明，目前中、印两国人口城市化处在同一水平上，城乡人口比例大致"三七开"。这一水平低于亚洲平均水平 9 个百分点左右，低于发展中国家 11 个百分点左右，低于世界平均水平 18 个百分点左右，低于发达国家 44 个百分点左右，两国人口城乡结构比较落后，适当加快人口城市化速度是迈向 21 世纪的一项重要任务。相比之下，中国人口城市化速度可能更快一些，2010 年可接近亚洲、发展中国家一般水平，2025 年将超出许多，大致处在世界平均水平上。

四　人口城市化与可持续发展

1. 城市化方针

"限制大城市规模，适当发展中等城市，积极发展小城市"一直视为中国奉行的城市化发展方针。以 1985 与 1995 年比较，200 万人以上城市人口占全部城市人口比例由 21.8% 下降到 10.1%，100 万～200 万人由 25.9% 下降到 8.0%，50 万～100 万人由 28.6% 下降到 8.6%，3 项合计由 76.3% 下降到 26.7%，降低 49.6 个百分点。1985 年 30 万人以下城市人口仅占全部城市人口的 9.4%，1995 年 20 万人以下即占到 43.0%，中、小城市人口增长十分迅速，

---

① 中国为笔者的一个小组所作预测；其余参见，U. N.，*World Urbanization Prospects 1990*，New York，1991。

大、中、小城市人口结构发生根本性变化。[1] 这说明，"限大重小"的城市化方针适合中国人口多和"二元经济"基本国情，具有城市化成本低的显著特点，有利于人口城市化的加速进行；然而如将城市化成本与效益联系起来，即对人口城市化作投入产出比较分析，"限大重小"则不一定符合产出最大化原则。因此，在建立市场经济体制改革过程中，"限大"和"重小"都要相应增加一定的弹性，使原有的城市化方针增加必要的灵活性。

2. 坚持可持续发展

经第八届全国人民代表大会第四次会议审议批准的《中华人民共和国国民经济和社会发展"九五"计划和 2010 年远景目标纲要》，明确提出可持续发展战略，理应成为迈向 21 世纪人口城市化发展遵循的一项准则。上述"限大重小"的城市化方针，从可持续发展战略角度观察也是适宜的，基本精神仍需坚持；此外，农业剩余劳动力和乡村过剩人口的合理转移，提高城市环境质量，是坚持城市化可持续发展需要更为关注的问题。

（1）农业剩余劳动力和乡村过剩人口的合理转移。这是同一个问题相同内涵的不同外延，核心是劳动力的转移。1994 年经国务院第 16 次常务会议讨论通过的《中国 21 世纪议程——中国 21 世纪人口、环境与发展白皮书》认为，目前农村剩余劳动力 1 亿多人，2000 年将达到 2 亿人左右。能够向城镇转移多少？"九五"计划和 2010 年发展《纲要》提出 5 年向非农转移 4000 万人，按此推算下来，到 2000 年乡村还将保留农业剩余劳动力1.6 亿人，为农业的集约化经营所不允许。而要加大转移力度，又为城市基础设施、城镇工商业发展规模所无法承受，城市发展吸纳农业剩余劳动力容量与农业剩余劳动力存量之间的矛盾十分突出。出路在于农业剩余劳动力转移的分流：向广义农业的分流，向乡镇企业的分流，以及向城市工商业的分流。目前，接近 2 亿人的农业剩余劳动力主要集中在农业栽培业，农业剩余劳动力转移必须谋求多种出路。土地是农业之本，从中国土地资源的实际出发，提供了农业栽培业剩余劳动力向广义农业转移的条件，见表3。[2]

表 3 表明，农业剩余劳动力有条件从农业栽培业中解放出来，首先向森林、草场、内陆水域进军，发展林、牧、渔业，从源头上将狭义农业剩余劳动力截流一部分到广义农业上去。如果这一部分截流卓有成效，例如消化农业栽培业剩余劳动力 1/3，向乡镇企业的分流和向城市工商业转移的分流，例如各

---

[1] 《中国统计年鉴 1996》，中国统计出版社，1996。
[2] 《中国统计年鉴 1996》，中国统计出版社，1996。

同样消化农业栽培业剩余劳动力的 1/3，全部农业剩余劳动力也就实现了"三三制"式分流，使农业剩余劳动力和乡村人口合理转移到城镇工商业和市镇人口。这种合理转移不仅现实可行，可避免城市人口过度膨胀；而且具有全面开发利用土地资源，推动人口与土地资源可持续发展战略意义。

表 3　中国土地资源状况

	面积（万公顷）	占总面积（%）
耕　　　地	9497	9.89
森　　　林	12863	13.39
内陆水域	1747	1.82
草　　　地	40000	41.62
其　　　他	31986	33.28

（2）提高城市环境质量。新加坡是一个美丽的花园城市国家，环境质量高，得益于一条重要原则：建筑物与周围绿化面积之比控制在 0.35：0.65 范围内。中国是经济增长驶入快车道、人口城市化加速推进的发展中国家，城市建设与环境保护矛盾突出。一是水资源短缺。中国人均水资源只相当于世界平均水平的 1/4，而 80% 的水资源分布在不到国土面积 40% 的长江以南地区，目前 640 多个城市中 60% 以上缺水严重。二是环境污染。现代城市化同工业化联系在一起，工业化尤其是前期的工业化又同大气、水、土污染联系在一起，多年来"三废"排放量有增无减，有的城市成为"卫星上看不见的城市"。噪声污染迅速增加，成为威胁城市居民健康的一大公害。三是城市基础设施滞后，住房紧张，交通拥挤，医院、学校等不能满足居民需要。中国已将保护环境同人口控制一样并列为基本国策，在理论和政策上都已明确，包括城市建设在内的各项建设要以不破坏环境为前提，建设与治理同时进行。然而在资金、技术受到一定限制的条件下，许多城市还是先建设、后治理，甚至少数只建设、不治理。我们推进工业化和发展经济的根本目的，归根结底是为了使包括城市人口在内的全体居民生活得更好，那种以牺牲环境质量为代价的工业化和城市化发展不可取，应当坚决摒弃。努力提高环境质量，谋求人口、资源、环境、经济、社会的可持续发展，是世纪转换之际中经济、社会发展的合理选择，也是迈向 21 世纪人口城市化的必然选择。

流动人口激增的理论思考
及其政策选择[*]

当前，流动人口激增，引起社会各方面的关注。人们对其利弊得失及解决方略的认识却不尽一致。笔者以为，应对流出地、流入地和总体上作出正效应和负效应的具体分析。

对流出地，正效应主要是减轻了来自农业剩余劳动力"蓄水池"的压力，加快了人口城市化的进程；农民工将资金、技术、信息甚至是管理经验带回农村，促进了当地农业生产和乡镇企业的发展。负效应主要是农民说走就走，承包土地经营不善或发生撂荒，国家大型水利建设等由农民承担的劳务及一些提留费用的缴纳发生问题。

对流入地，正效应一是解决了城市建设发展中的结构性劳动力短缺，主要是建筑、煤炭、化工、环卫等行业招收城市职工困难的问题；二是繁荣了农贸市场，促进了城市商饮、服装、修理等第三产业的发展，满足和方便了城市居民生活需求。负效应除给本来薄弱的城市住房、交通、水电供应等增加新的压力外，还带来以下问题一是农民工在解决城市结构性劳动力短缺的同时，使本已过剩的城市劳动力供给又增加低廉的产业后备军，给城市产业结构的调整和劳动力的转移带来困难，不利于现代企业制度的建立；二是城市中来了不少"超生游击队"，计划生育工作难上加难；三是流动人口发案率高，对城市和整个社会治安构成威胁。

从社会全方位角度观察，从改革、发展、稳定三者关系大局出发，利弊的权衡还在其次，首要的是必须面对现实，面对流动人口超出交通运输、城市基础设施等承载能力的现实，亦即流动人口的流向和流量同现阶段国民经济结构和发展水平不相适应的现实，并从这一现实出发建立政策选择的基本

* 原载 1995 年 1 月 26 日《人民日报》。

立足点。毫无疑问，在确立市场经济体制改革目标上，劳动者具有独立的市场主体资格，劳动力市场崛起方兴未艾的情况下，政策选择绝不能回到封堵一类老路上去，而是要求助于市场经济，政策选择要同市场导向和市场机制的建立紧密结合起来。

政策选择立足点之一，是树立大农业观念，加快农业剩余劳动力由栽培业向多种经营的转移。当前农村剩余劳动力主要集中在农业栽培业，而在我国 960 万平方公里土地中，山地占 33.3%，高原占 26.0%，盆地占 18.8%，平原占 12.0%，丘陵占 9.9%，除可耕地利用率较高外，尚有大面积宜林荒山荒地，可利用草地、可养殖水面和浅海滩涂，具备发展林、牧、副、渔的得天独厚的条件。所以，我们不能只是眼睛向外，认准农民进城一条路；而要眼睛向内，树立大农业意识，将剩余劳动力相当大一部分分流到多种经营中去，从源头减少流动人口的势能。这是农民脱贫致富奔小康，以至于改善农村环境和实现农业生产良性循环的有效途径。

立足点之二，是树立乡村城市化观念，走以发展小城镇为主的人口城市化道路。不能转向多种经营的农业栽培业剩余劳动力，从发展看还是要走人口城市化道路的。现在的问题是流动人口"孔雀东南飞"，多半飞向沿海开放大城市，具有很大的盲目性，增大了不应有的负效应。迄今为止，世界人口城市化过程经历了由乡村人口转变为城市人口、中小城市人口向大城市集中和超大城市中心区人口外迁几个阶段，在新技术革命下发生了乡村城市化和城市乡村化倾向。以发展小城镇为主的人口城市化方针，实践证明是适合我国国情和人口城市化一般发展规律的。不可能设想，一个处在二元经济向现代经济过渡，城乡结构比较落后且农业剩余劳动力如此之多的国度，选择以发展大中城市为主的人口城市化方针。如若那样，按现有农业剩余劳动力一半转入 32 个 100 万人以上的人口大城市计算，平均每一个城市分摊近 200 万人，那是大城市无论如何也承受不了的。我们应有明确的乡村城市化意识，制定出切实可行的规划，并在政策上适当倾斜。

立足点之三，是要树立市场经济法制观念，加强城市流动人口的科学管理。随着市场经济的逐步形成，城市劳动力市场开始建立，只是较之商品、金融、技术、房地产等市场还比较落后，流动人口在城市基本处于盲目流动状态，非法劳动力市场屡禁不止，引出劳资双方种种矛盾和纠纷，拐卖人口等严重危害社会治安的案件时有发生。需要指出，一些发达国家求职也不一定经过职业介绍所，许多人通过广告即可找到职业；但那里一是不存在像我国如此众多的流动人口，二是有切实可行的、对劳资双方有足够约束力的法律保障。在乡村，强调联产承包合同的法律效力，对不履行合同者，坚决按合同规定执行。在城市，一是要根据供求情况建立足够数量的劳动力市场，严格登记手续，发给流动人口暂住和接受招工证书；改进技术装备和提高服务水平，实行求职、信息、暂住一条龙服务，提高对口、快捷、方便效应；按市场化原则，所需费用从供求双方征收。二是要严格规定，用人单位招工（户）一律通过劳动力市场，不得在劳动力市场外招工，违者重罚。如此，不仅将流动人口纳入有序管理轨道，而且避免了大量劳动力浪费，也可在相当程度上减少危害社会治安案件的发生。

解决流动人口问题应坚持
治理与疏导相结合[*]

一　走出流动人口"部门观"的误区

　　当前在学术界和实际部门对流动人口激增褒贬不一，甚至得出完全相反的结论。有的认为流动人口"民工潮"好得很，没有这些人城市大楼不可能盖起那么多，道路不可能修得那么快，一些乡村也难以脱贫致富；有的则认为流动人口进城添乱，公交车辆爆满，恶性案件上升，城里人平添了几成不安全感，呼吁紧急整治。何以对同一现象认识反差如此之大？看来不同的流动人口"部门观"是最主要的原因：从本部门的职责和利益出发评价流动人口利弊，需要大量吸纳农民工的部门和行业拍手叫好，负责治安和市容的部门则叫苦不迭。于是在对待流动人口态度上难以达成共识，形成放与收、导与堵、宽与严不同的"部门观"，长期争论不休。这就使得在宏观上对流动人口认识处于不很清醒的状态，影响决策选择效果，需要走出流动人口认识论"部门观"误区。

二　流动人口观的确切定位

　　党的十五大强调各项工作都要坚持"三个有利于"原则，具体到现阶段的流动人口判断，似可提出生产力、精神文明建设和居民生活水平三项标准。

　　其一，是否有利于社会生产力的发展。以"民工潮"为主体的流动人口增强态势的出现和发展，本质上是市场经济和城乡之间、东西部之间经济

---

　　*　原载中国社会科学院《领导参阅》1998 年第 1 期。

差距拉大的必然结果。农村剩余劳动力进城务工经商或由西北部、中部流向东南沿海地带，大大提高了劳动就业的工资率，创造的社会价值增大很多，无疑有利于社会生产力的发展。尤其满足了城市建筑、道路、矿山、环卫等重体力劳动力的需要，减轻了流出地农村劳动力过剩的压力，带回发展农业需要的部分资金和技术。给农业生产造成不利影响的，是部分地区农民盲目流入城市，使有的责任田荒芜或减产。

其二，是否有利于精神文明建设。在城市，以农民工为主体的流动人口带来的问题主要有：一是犯罪，城市外来人口犯罪率高，恶性案件尤为突出；二是超生，计划生育管理难度大，"超生游击队"防不胜防；三是游民，无业流动人口乞讨、露宿增多，市容和卫生质量下降；四是压力，城市基础设施"赤字"增加，水、电、煤气、住房、交通更为紧张。可以说，流动人口大量增加对城市精神文明建设的不利影响比较明显，对流出地农村则有一定益处。他们或逢年过节回去探亲，或回乡投资建设和开发，自觉不自觉地会将科技、管理、文化、卫生习惯等现代城市文明带向农村，推进那里的精神文明建设。

其三，是否有利于提高居民生活水平。流动人口中除一部分从事建筑、采矿等固定合同工外，多数则从事服装、鞋帽、食品、百货等商贸活动，或出没于集贸市场，或叫卖于街头巷尾，方便了市民生活，对平抑物价也起到了一定作用。流动人口自身生活得到改善，同时对流出地家庭、亲友一般也有所接济，有利于城乡居民生活水平的提高。

上述三条标准中，生产力是基础，有利于社会生产力发展必然有利于居民生活水平的提高，从长远观察也有利于精神文明建设。据此，农村剩余劳动力流向城市，自西北流向东南沿海地区，是深化改革和扩大开放的必然结果，积极的一面是基本的、主导的。消极的一面主要体现在给城市精神文明建设带来的新问题，需要大力整治和疏导。效益最大化应是处理经济和社会问题的基本准则，发扬和充分利用流动人口主导的、积极和有利的一面，克服和有效治理给精神文明建设带来的负面影响，是对待流动人口和解决流动人口问题的基本立足点。

三 疏导与治理相结合的决策选择

当前，政府在社会治安、计划生育等方面流动人口管理出台了相关的办法，收到一定效果，但缺少综合的将兴利与去弊结合起来、疏导与治理结合起来的宏观决策。现就此问题提出如下三点建议。

第一，建立规范化的流动人口劳动力市场。规范化的流动人口劳动力市场，可以兼具疏导和治理双重功能：一方面通过市场使劳动力供求双方见面，疏导就业渠道。另一方面通过流动人口劳动力求职登记，包括身份证、外出打工证、计划生育证等的验证，掌握求职者的情况，便于管理和监督；同时了解用工单位情况，有利于监督劳动法的贯彻实行。目前的劳动力市场，一是数量少，不能满足流动人口劳动力需要，非法劳动力市场乘虚而入，违法分子进行中间盘剥，损害了劳动力市场形象；二是管理混乱，农民工感到诸多不便，不愿通过市场求职，亟须整顿。各地也有一些办得较好的劳动力市场，需要总结推广。治本的方略是尽快制定《劳动力市场法》，使劳动力供求和市场管理者三方均有法可依，才能使劳动力市场按规范化要求运作起来。

第二，发挥流动人口集中区的社区功能。随着城市流动人口的增加，逐渐形成一些流动人口集中区，包括集中居住区和大型固定商贸市场。较大规模的达到数万人，构成社会的一个层面，形成特定的社区，为疏导与治理相结合的解决流动人口问题创造了条件。如作为全国小城镇改革试点之一的河南省洛阳市关林镇，将拥有11000多个摊位的关林商贸城作为一个社区，政府投资建立流动人口管理培训中心，开展教育、咨询、健康检查等服务；同时建立流动人口计划生育协会，发展会员1400多人，成立"会员之家"50多个，建立起计划生育自我管理、自行约束的机制，不但使流动人口计划外生育基本杜绝，还帮助几十个独生子女户尽快走上致富道路，治安状况也十分良好。他们用政府依法管理和"外来客管好自家人"相结合的方法，走出一条充分发挥社区功能，流动人口自我管理、健康发展的路子，对解决集中区的流动人口的问题不无意义。

第三，加强法制管理。如城市流动人口务工经商总体上有利于生产力发展和居民生活水平的提高，但是一个时期以来造假、贩假、贩黄在流动人口中有上升趋势。对于类似行为必须加大打击力度，使他们懂得，只有合法从业才是致富唯一道路；违法经营和以身试法必然遭到应得的制裁。与此同时也要对执法和管理者加强法制教育，纠正违法乱纪，提高流动人口管理中的执法水平。

人口老龄化与发展

现代化·老龄化·社会保障[*]

随着经济生活、文化生活和整个社会生活的现代化，以社会保障为主要内容的社会福利事业获得前所未有的发展。社会保障则以老年保障、失业保障和医疗保障为主要框架，其中尤以老年保障发展最为迅速。因为迄今为止，一方面现代化与老龄化呈同步发展之势，二者颇似"孪生兄弟"；另一方面现代化又为老龄问题的解决，特别是老年社会保障制度的建立和完善提供必要的前提和手段。

社会现代化与人口老龄化

社会现代化发展的历史表明，人口老龄化是其一个方面的结果。按照西方人口经济学的一般观点，随着现代化的推进，劳动生产率的提高和人均收入的增长，家庭生产边际孩子的成本，主要用在教育上面提高孩子文化素质的质量成本上升较快。这样，边际孩子给父母和家庭带来的劳动—经济效益相对下降；同时由于收入增加劳动者本人可以为未来养老储蓄一定数量的养老金，企业同时进行相应储蓄，老年社会保障制度迅速建立起来，孩子的养老—保险效益下降最为明显；其他孩子继承家产效益、承担家业兴衰的风险效益、安全保卫效益等均有不同程度下降，唯有孩子作为"耐用消费品"的精神效益变动不明朗。著名人力资本专家美国芝加哥大学 G.S. 贝克尔教授，进一步用消费者均衡—孩子效用最大化和孩子数量质量相互替代理论加以证明，认为孩子同其他商品一样数量需求弹性有限，质量需求弹性很大，在追求孩子效用最大化动机驱使下，人们由追求孩子数量转到追求孩子的质量，实现由投入孩

* 本文为提供"中国现代化学术研讨会"论文，1993 年 8 月，台北。

子数量成本向孩子质量成本转移，致使生育率下降，成为人口年龄结构老龄化最主要原因。现在所有发达国家都已达到老龄化较高阶段，人口老龄化被视为人口结构现代化和整个人口现代化的重要标志之一。

人口老龄化系指总体人口年龄结构中，老年人口所占比例增高的一种自然过程。衡量某总体人口年龄结构是年轻型、成年型还是老龄型，主要有60或65岁以上老年人口占总体人口比例，老年人口与少年人口（0~14岁）之比，年龄中位数（在此年龄以下与以上人各占一半）等指标，一般多采用老年人口比例这个比较明快的指标。目前认为，当60岁以上老年人口比例增高到占总体人口10%以上，或65岁以上老年人口比例增高到占7%以上，总体人口年龄中位数达到30岁以上时，该总体人口年龄结构即为老年型。显然，造成这种现象最主要、最直接的原因，是由生育率下降决定的出生率的下降。法国从1830年起生育率开始下降，40年后60岁以上老年人口比例达到12%，成为率先进入老年型的国家；瑞典、英国随其后，又分别经过42和61年达到这一水平，完成向老年型的过渡。到1950年欧洲60岁以上老年人口比例上升到12.9%。北美洲上升到12.1%，大洋洲上升到11.3%，整个发达国家上升到11.4%，实现向老年型结构的转变。第二次世界大战后新技术革命的兴起和社会现代化步伐的加快，使发达国家的人口老龄化程度大大加深，1990年60岁以上老年人口比例已上升到17.1%，预计2025年可继续上升到25.3%；整个世界人口年龄结构也开始向老年型过渡，60岁以上老年人口比例1950年为8.0%，1990年上升到9.2%；2000年将接近老年型10%，2025年将继续上升到14.8%。[①]

中国是加速走向现代化的发展中国家，人口年龄结构老龄化必然发生。由于在现代化道路上台湾比大陆趋前一步，但由于大陆人口出生率下降很快，目前的年龄结构已很接近。据柴松林教授估计，20世纪90年代初台湾65岁以上的老年人口比例为6.5%，2000年可超过8%，[②] 略高于大陆。从总体上观察，现代化过程中的中国人口老龄化，将具有以下一些重要特点。

一是老龄化的速度比较快，达到的水平比较高。根据预测，中国目前的65岁以上老年人口比例为5.6%，2000年可以上升到6.8%，接近老年型；2040年达到最高峰值时可上升到16.5%，即相当于目前老龄化最严重国家

① United Nations, *World Population Prospects 1988*, New York, 1989.
② 柴松林：《迎接高龄化社会的来临》，《中国人口科学》1991年第2期。

瑞典、挪威、丹麦的水平，届时也居于仅次于发达国家的较高水平。65 岁以上老年人口比例由 6.5% 上升到 16.5% 中国约花费 40 年时间，欧美发达国家要花费 80 甚至 100 年以上。

二是老龄化在时间上具有阶段和累进的性质。老龄化速度比较快是就总的趋势而言，实际上是由现存人口年龄构成决定。分阶段来看：1980~2010 年平均每 10 年 65 岁以上老年人口比例上升 1 个百分点，2010~2030 年平均每 10 年上升 2.6 个百分点，2030~2040 年上升 3.6 个百分点，呈加速上升趋势。2040 年以后老年人口比例下降，2050 年可降到 15% 左右，以后还会继续有所下降，老龄化得以缓解。

三是老龄化空间分布不平衡特点。这有两层含义：一为城乡分布不平衡，二为地区分布不平衡。据中国 1990 年人口普查提供的资料，内地 30 个省、自治区、直辖市 65 岁以上老年人口比例为 5.58%，全部市老年人口比例为 5.41%，镇为 4.52%，县为 5.73%，由高至低依次为县、市、镇，表明加快改革开放形成的以成年人口为主体的乡村人口向城镇转移的巨大影响，老年人口相对在乡村沉积下来。在地区分布上东南沿海地区老年人口比例偏高，上海、北京、天津、浙江、江苏 5 省市已进入老年型，山东、广东、辽宁 3 省接近老年型；其次为中部广大腹地，同全国水平比较接近；西北部老年人口比例最低，青海、宁夏、新疆、黑龙江 4 省 65 岁以上老年人口比例尚在 4% 以上，属年轻型人口。可见，在中国人口走向老龄化和达到老龄化严重过程中，不是全国"一刀切"，而是形成自西北向东南逐级加重的层次分明的阶梯状地区结构。[①]

实现现代化与发展老年社会保障

社会现代化携人口老龄化而来，同时现代化也为老龄化问题的解决提供了基础和手段，尤其是关于老年社会保障问题。一般认为 1899 年德国颁布《老年、残废和死亡救济法》，对老年实行带有一定强制性的年金保险，开老年社会保障之先例。随后在 20 世纪初英国和瑞典等欧美许多经济发达国家效法，迎来老年社会保障发展的第一次高潮。日本于 1941 年发布了《劳动者年金保护法》，也卷入高潮中来。第二次世界大战后实行老年社会保障

① 田雪原主编《中国老年人口》，中国经济出版社，1991；《中国 1990 年人口普查 10% 抽样调查资料》，中国统计出版社，1991。

的国家增多，东欧许多国家也建立了老年退休金制度；而主要的是随着经济的发展、现代化的推进和收入的增加，老年社会保障制度日趋完善，老年社会保障水平大幅度提高，以至于不少国家走上福利主义道路。可以这样说，应付人口老龄化"银色浪潮"冲击，发达国家筑起的主要"拒洪大坝"，就是建立日臻完善的老年社会保障体系。使全体老年人口尽享天年，做到老有所养、有所医、有所乐地画上人生的句号，是社会的一种责任，是人类社会文明进步的标志之一，而现代化发展提供了这种可能。

中国在逐步实现现代化过程中迎来人口老龄化，积极发展老年社会保障是首要任务。多年来，特别是改革开放以来老年社会保障事业发展迅速，保障的人数增加很多，金额增长很快。以 1981 与 1991 年比较，全国离休、退休、退职职工保险福利费用总额由 62.3 亿元增加到 554.4 亿元，10 年间增长 7.9 倍[1]，增长幅度很大。然而 1987 年 60 岁以上老年人口抽样调查表明，市老年人口中享有退休金比例为 63.7%，镇为 56.3%，县为 4.7%[2]，发展很不平衡。今后积极发展老年社会保障，目标应是建立包括城乡在内全方位的老年社会保险制度。但是，不仅建立乡村老年社会保险缺少条件，要有一个很长的过程；而且据有关方面估算，按照现行制度规定 2000 年国家支付的城镇退休金总额将为 1985 年的 3 倍，2030 年将为 2000 年的 8 倍，退休金与工资之比将超过 25% 的"警戒线"，国家财政难以为继。而且现行退休金多由各单位支付，不利于老企业技术改造，不利于个人为养老而储蓄，也不利于国家养老基金储蓄，必须进行改革。从中国实际出发并吸取国外经验，改革的目标是打破目前由国家和单位全包下来的做法，建立起由国家、单位和个人共同筹集养老基金的制度。令人高兴的是，走在改革开放前列的广东省已开始建立这样的养老保险制度。据《人民日报》1993 年 6 月 20 日报道，6 月 17 日广东省政府颁布了《广东省职工社会养老暂行规定》，逐步建立起覆盖全省城乡由国家、单位、职工三方负担的新职工社会养老保险办法，同市场经济接轨。尽管这是一项比较复杂牵动多方面利益调整的改革，但正反两方面的经验说明，这一改革势在必行，并随着改革开放和现代化建设发展而加快到来。

---

① 《中国统计年鉴 1992》，中国统计出版社，1992。数字为内地 30 个省、自治区、直辖市之和，未包括台湾省数字。

② 《中国 1987 年 60 岁以上老年人口抽样调查资料》，《中国人口科学》1988 年增刊（1）。

走向现代化与家庭养老保障

积极发展社会供养为应付人口老龄化到来的首要之举，但由于现代化与老龄化逼近的时间差，还需另谋他途，继续提倡家庭子女供养为其中之一。迄今为止，进入老年型年龄结构的均为发达国家，经济高度发展，人均收入很高，发展老年社会保障有经济基础；我国生产力发展水平不高，处在向发达国家经济过渡时期，20世纪末只能达到小康水平，21世纪中叶方能达到一般发达国家中等水平。而年龄结构很快步入老年型，加快走向严重阶段，面临发展中国家经济与接近发达国家人口年龄结构的矛盾。在这种情况下，老年社会保障事业的发展不能不受到限制，家庭必然要分担相当部分的老年赡养义务。中国1987年60岁以上老年人口抽样调查表明，子女供养占全老年人口供养比例市为22.4%，镇为27.8%，县为67.5%[1]，在城市仍不容忽视，在乡村则扮演主要角色。同时西方福利国家带来的沉重负担，对经济发展产生的消极影响，当政者欲砍难砍、欲罢不行的教训，也颇值得深思，包括老年社会保障在内的社会福利的发展要量力而行，不能走过头。发扬尊老、敬老、养老传统，发挥子女和家庭在养老中的功能和作用不仅是必要的，而且是有益的。

需要指出，现代化本身具有扬弃家庭子女养老的作用，总的趋势是现代化越发展，家庭子女养老作用越减弱。中华民族素有尊老、敬老、养老、爱老的美德，那么这种美德是怎样形成的呢？笔者以为仅仅将其归结为"传统文化"还不能揭示问题的本质，需要寻找深层原因。不错，这种传统美德的形成同历代思想家和占统治地位思想倡导有关，但传统意识形态作为一种上层建筑，归根结底根源于一定的生产方式，根源于生产力的性质。经济时期的划分不是看生产什么，而是看怎样生产。中国封建社会长达几千年，传统农业和手工业依靠的是手工工具，主要以人、畜作动力，在这种历史条件下，所谓技术即为劳动者个人的手工技巧。"熟能生巧"，技巧同经验连在一起，经验同年龄连在一起，年龄成为经验与技术的象征，年长者成为生产上的权威，"姜还是老的辣"，在家庭和社会上享有高人一等的地位，久而久之便形成尊老、养老的社会风气，代代相传而成为一种传统。现代社会则

---

① 《中国1987年60岁以上老年人口抽样调查资料》。

不然，在机械化、自动化生产面前，在知识和技术更新步伐日甚一日的新技术革命时代，老年人往日的优势变成今天的劣势，由权威变成落伍者，尊老、敬老、养老一类传统受到猛烈冲击，西方社会已多为年龄歧视所取代。中国尊老传统可谓根深蒂固，然而家庭小型化趋势也已发生，由 1970 年的平均每户 4.74 人下降到 1980 年的 4.61 人，再下降到 1990 年的 3.96 人①，家庭子女养老受到越来越严重的挑战，赡养纠纷案件呈上升趋势，年龄歧视开始显露。传统代际关系有它封建意识的一面，必须摒弃；而尊老、敬老、养老的精神需要发扬，并赋予新的时代意义，强调父母对子女有抚养义务，子女对父母有赡养义务，不断研究和解决现代化过程中家庭子女养老的新特点和新问题，使之发挥应有的作用。

加速现代化与老年就业保障

积极发展社会供养，继续提倡子女供养，将使多数老年人口的经济生活有所保障，但要使全部老年人口均有所养，并使养的水平不断提高，适当组织老年人口就业是不可缺少的一环。

如前所述，现代化对老年人口来说有不利的一面，使他们常常有一种落伍感，跟不上时代前进的步伐；不过现代化对老年人口特别是对老年人口就业和再就业同样具有有利的一面：现代化大大提高了社会劳动生产率，增加了社会积累，为包括老年人口在内的劳动就业提供更多手段；现代化使生产工艺流程变得更简单，表现为复杂技术和简单操作的结合，扩大了包括部分老年人口在内的劳动者容量，使老年再就业成为可能；然而对老年再就业最为有利的是现代化带来的产业结构调整，尤其是第三产业的迅速崛起吸收了大量劳动力和辅助劳动力，使老年人口重新就业有现实的可能，表现出时代的特点。

关于老年人口再就业，是一个需要审慎对待、具体分析并应有明确政策的重要问题。结合中国实际，有如下两点至关重要。

首先，老年人口再就业为客观需要，是老年保障的一个组成部分。目前城市离休和退休的老年人口重新就业，乡村老年人口继续从事相对固定并达到一定量的劳动人数，所占比例较高，近年来随着市场经济发展更呈上升势

---

① 《中国人口年鉴 1989》，中国社会科学出版社，1989；《中国 1990 年人口普查 10% 抽样资料》。

头。调查表明，城乡老年人口再就业最主要的动机是经济需要，即依靠再就业劳动收入作为经济保障或提高经济保障水平；其次为工作需要，即主要是原工作单位希望继续留下来工作一个时期；再次为精神寄托和发挥特长。值得重视的是不同收入水平老年人口再就业动机表现出明显差异，见表1。①

从表1中按老年人口月平均收入低中高3组的老年人口再就业动机看出：随着经济收入由低到高，经济需要所占比例呈下降趋势，工作需要和精神寄托呈上升趋势，发挥特长呈不规则变动走势。这同我国由温饱型向小康型过渡是相适应的，在温饱型中的老年再就业必然以谋生为主，接近或达到小康型谋生才能降到次要地位。在我国目前生产力发展水平和收入水平较低条件下，相当一部分老年人口依靠自己劳动自食其力养老，是老年人口就业的首要动机。

表 1　按月平均收入分组老年人口再就业动机

单位：%

		26元~45元	71元~100元	151元~200元
市	经济需要	65.2	41.8	30.7
	发挥特长	21.7	18.8	23.5
	精神寄托	4.4	11.3	20.0
	工作需要	8.7	28.0	25.8
	合　计	100.0	100.0	100.0
镇	经济需要	76.5	50.8	18.2
	发挥特长	17.7	3.1	15.2
	精神寄托	5.9	18.5	24.2
	工作需要	0.0	27.7	42.4
	合　计	100.0	100.0	100.0
县	经济需要	82.6	80.0	54.6
	精神寄托	6.3	5.2	27.3
	发挥特长	2.7	2.6	9.1
	其　他	8.4	12.2	9.1
	合　计	100.0	100.0	100.0

其次，老年人口再就业有一个社会劳动力资源的合理配置，再就业的职

---

① 《中国1987年60岁以上老年人口抽样调查资料》。

业转移问题。众所周知，1949 年以来的中国人口变动经历 1953～1957 年、1962～1973 年和当前 1986 年以来的 3 次生育高潮，特别是第二次生育高潮中出生的大量人口形成的年龄结构影响，在 21 世纪 20 年代以前将经历生产年龄人口激增的时代。这个时代生产年龄人口所占比例高，需要被抚养的老少人口之和所占比例低，社会负担轻，从人口对经济影响角度观察，是极为有利的人口年龄结构变动的"黄金时代"，经济建设应当抓住这一有利时机搞得更快一些。当然在一个人口和劳动力本已过剩的国度，再增加老年人口就业，压力会很大。1990 年普查全国 15～59 岁生产年龄人口为 72227 万人，预计 1995 年可增至 77765 万人，2000 年可增至 81721 万人，2010 年可增至 90063 万人，2020 年可增至 90504 万人，然后才有可能减少。① 面对这种态势一部分老年人口重新加入就业行列，确有同青年人争夺就业岗位的问题，有使矛盾加深的可能；同时全国老年人口抽样调查资料显示：老年人口再就业后现职业为生产工人者主要来自原生产工人，现职业为专业人员者主要来自原专业人员，现职业为干部者主要来自原干部。而现职业的服务人员、商业人员、办事人员来自原相同职业者不足半数，多来自生产工人、办事人员等，发生了老年人口再就业的职业转移。按三次产业划分，老年人口再就业主要是由第一、第二产业转向第三产业，由"白领职工"转向"蓝领职工"和服务"灰领职工"。这说明老年人口再就业有同生产年龄人口争夺劳务市场和就业机会的一面，加剧着劳动力供过于求的矛盾；也有向第三产业转移，避开矛盾，填补某些工作青年人不愿意干也干不好，弥补第三产业就业不充分的一面。中华民族是勤劳、勇敢、智慧的民族，调查表明，老年人口中的多数人只要身体健康状况允许仍愿意从事力所能及的劳动，同西方国家愿意早退休、不再劳动的晚年观不同，只要组织得当，就可以将老年人口潜在资源开发出来，利用起来，成为补充社会供养、家庭供养不可缺少的部分，在老年社会保障体系中占有一席之地。

参考文献

［1］〔美〕戴维·L. 德克尔：《老年社会学》，沈健译，天津人民出版社，1986。

［2］〔日〕长谷川和夫、霜山德尔：《老年心理学》，车文博等译，黑龙江人民出版

---

① 引自《田雪原文集》，中国经济出版社，1991，第 251～252 页。

社，1985。

[3] 《田雪原文集》，中国经济出版社，1991。

[4] 田雪原主编，沙吉才、杨子慧副主编《中国老年人口》，中国经济出版社，1991。

[5] 田雪原主编，胡伟略副主编《中国老年人口经济》，中国经济出版社，1991。

[6] 田雪原主编，熊郁、熊必俊副主编《中国老年人口社会》，中国经济出版社，1991。

[7] 中国老年学学会编《中国的老年社会保障》，1989。

[8] 钱信忠、邱国宝、吕维善主编《中国老年学》，河南科学技术出版社，1989。

驾驭老龄化新变动，
延长老年人健康期[*]

联合国第 47 届大会确立 "1999 国际老年人年"，推出 "建立不分年龄人人共享的社会" 主题，健康共享和不断提高老年人口健康质量，无疑是实现这一主题的一个方面的重要内容。面对 21 世纪席卷全球的人口老龄化浪潮的加速到来，如何有效增进老年人口健康，成为必须正视和加以解决的具有世纪特点的问题之一。

一 引用数据资料的评价

本论文主要引用以下三方面的数据资料，总体上这些资料具有较高的可信度，可以成为相关论点的有力支持。

（1）由联合国经济、社会信息和政策分析部、人口司共同编发的《世界人口展望 1994》，纽约 1995 年版（Department for Economic and Social Information and Policy Analysis，*Population Division*：*World Population Prospects*，*The* 1994 *Revision*，New York，1995）；联合国秘书处、经济和社会事务部、人口司编发的《世界人口展望 1998》（United Nations Secretariat，Department of Economic and Social Affairs，*Population Division*：*World Population Prospects*，*The*1998 *Revision*，Volume I）。这两部《世界人口展望》，是上述联合国有关部门依据来自世界各个国家和地区的材料，并且组织权威专家进行预测编制的，得到普遍认可。由于两部资料相隔 4 年，1998 年版是依据实际变化了的情况，对 1996 年、1994 年版的修正，当然更接近实际一些。如两部资料对中国人口变动各项指标的估计，同中国已有统计相当接近。以总人口为

＊ 本文为提交 1999 年全国老年科学讨论会论文。

例，两部《展望》1990 年版为 115531 万人，比实际 114333 万人多出 1198 万人，误差率 1.0%。1995 年《展望》比 1994 年版多出 1025 万人，误差率 0.8%；1998 年版多出 931 万人，误差率 0.7%，该版更接近实际。对未来人口变动趋势包括老龄化趋势在内，1998 年的修正比较充分地考虑了 4 年来的实际情况，时间越长差别越大一些，1998 年版可靠性更大一些。

（2）由国家统计局人口与就业司编辑的《中国人口年鉴 1998》，主要是其中 1997 年人口变动抽样调查数据。该调查以全国内地为总体，各省、自治区、直辖市为次总体，采用分层、等距、整群概率抽样方法，在 31 个省、自治区、直辖市调查了 864 个县（市、区）、3164 个乡（镇、街道）、4438 个小区，共 1242799 人。全国抽样比为 1.016‰，具有较好的总体代表性。国家统计局编制出版的《中国统计年鉴》，性质基本相同，本文应用较多。

（3）由中国社会科学院人口研究所联合国家统计局城乡抽样调查队完成的《中国 1987 年 60 岁以上老年人口抽样调查资料》，《中国人口科学》1988 增刊（1）。这是列入"七五"国家重点课题，采取分层、多阶段、整群随机抽样方法，包括除西藏外的内地 28 个省、自治区、直辖市。农村按照抽样调查队已有的 846 个县 66000 农户抽样调查 18936 个 60 岁以上老年人口；城镇按照 60 岁以上老年人口占 8% 和允许误差在 0.5% 以内的要求，在 150000 户中抽样调查 17819 个 60 岁以上老年人口。城乡合计共调查 60 岁以上老年人口 36755 人，具有较好的总体代表性；是迄今为止规模最大、项目最完整的一次老年人口抽样调查，仍有一定参考价值。

（4）由中国老龄科研中心编撰出版的《中国老年人供养体系调查数据汇编》。该调查始于 1992 年 2 月，在北京、天津、上海、浙江、江苏、黑龙江、山西、陕西、四川、广西、贵州、湖北 12 个省、自治区、直辖市，共调查 60 岁以上老年人口 20083 人。其中市镇 9889 人，男性 4767 人，女性 5122 人；农村 10194 人，男性 4819 人，女性 5375 人。该项调查覆盖面较大，城乡和性别分布有代表性，有一定参考价值。

二　老龄化速度加快新变动

同著名人口学家菲利普·M. 豪泽（Philip M. Hauser）讨论人口预测，他总是不时地提醒说："人口预测就是预测，而不是预报"。预测的任务在于按照给定的人口出生、死亡、迁移变动数据，作出未来人口变动的推测；

如果给定的条件发生变化，推测的结果也必然随着发生变化。因此，一个有效的较长期的人口预测，应该依据变化了的条件，随着时间的推移不断作出新的滚动式预测。联合国的预测就是这样，《世界人口观察》一般每两年修正一次，公布世界人口未来的新走势。比较 20 世纪 90 年代中期与后期的预测，可以发现世界人口增长速度放慢，人口老龄化速度加快的趋势。我们在讨论包括养生在内的老年人口问题，对此应给予充分的关注。见表 1、表 2[①]。

表 1   1994 年联合国世界人口预测（中位）

年 份	1995	2000	2020	2040	2050
总人口（百万）	5716	6158	7888	9318	9833
0～14 岁（%）	31.5	30.5	25.8	22.0	20.8
60 岁以上（%）	9.5	9.8	12.9	17.9	20.0
65 岁以上（%）	6.5	6.8	8.8	13.1	14.7
年龄中位数（岁）	25.3	26.3	30.2	34.4	36.2

表 2   1998 年联合国世界人口预测（中位）

年 份	1995	2000	2020	2040	2050
总人口（百万）	5666	6055	7502	8577	8909
0～14 岁（%）	31.2	29.7	24.5	20.6	19.7
60 岁以上（%）	9.6	10.0	13.6	19.5	22.1
65 岁以上（%）	6.6	6.9	9.3	14.4	16.4
年龄中位数（岁）	25.6	26.6	31.4	36.0	37.8

比较表 1、表 2，总人口 0～14 岁少年人口比例表 2 比表 1 明显下降，60 岁以上、65 岁以上老年人口比例和年龄中位数明显升高，时间越长下降或升高的幅度越大，差距越明显。中国作为世界上人口最多的国家，联合国两次预测所反映的情况同世界总的趋势相同，且更具有典型性质。联合 1994 年、1998 年关于中国人口包括老龄化在内的预测表现出的差异，见表 3、表 4。

---

① United Nations, *World Population Prospects*, *The 1994 Revision*, *The 1998 Revision*.

表3　1994年联合国关于中国人口变动预测（中位）

年　份	1995	2000	2020	2040	2050
总人口（百万）	1221	1285	1488	1591	1606
0~14岁（%）	26.4	25.3	20.7	19.1	19.3
60岁以上（%）	9.3	9.9	15.5	23.7	24.7
65岁以上（%）	6.1	6.7	10.5	18.3	18.2
年龄中位数（岁）	27.6	29.9	35.9	39.4	39.2

表4　1998年联合国关于中国人口变动预测（中位）

年　份	1995	2000	2020	2040	2050
总人口（百万）	1221	1276	1454	1504	1478
0~14岁（%）	26.5	24.9	19.1	16.4	16.3
60岁以上（%）	9.3	10.1	16.6	27.2	29.7
65岁以上（%）	6.1	6.8	11.5	21.3	22.6
年龄中位数（岁）	27.6	30.0	37.3	43.0	43.7

那么哪一预测更可信一些呢？依笔者所见，1998年预测即表2和表4所反映的结果更可信一些。1994年预测不可能由该年以后的数据作根据，1998年预测则增加了这4年人口变动的实际资料，因而更可靠一些。如1990~1995年的世界人口1994年预测出生率为25.0‰，死亡率为9.3‰，自增率为1.57%；1998年预测依据实际情况，将其分别调整到23.9‰、9.3‰（与1994年预测相同）和1.46%，致使1995年世界人口比1994年预测减少500万。1995~2000年的世界人口变动，1998年预测已有了二三年的实际统计资料，而1994年是纯粹的预测，故2000年预测人口总数两种预测相差10300万人。沿着这样的差距似能继续下去，到2050年两种预测总人口相差92400万，60岁和65岁以上老年人口比例相差2.1和1.7个百分点，年龄中位数相差1.6岁。表3和表4反映的关于中国人口的预测，1998年表4的结果更接近实际。如目前中国60岁以上老年人口比例已达到10.0%，65岁以上已达到7.0%，2000年可稍有提高；1998年预测2000年中国60岁和65岁以上老年人口比例可达10.1%和6.8%，而1994年预测分别为9.9%和6.7%，1994年预测偏离更多一些。如此，按照1998年的最新预测，世界人口老年龄化速度加快了，严重程度增加了；中国速度加快和严重程度增加更甚，矛盾更为突出。这是研究和解决与老龄化相关问题首先必须认识和注意到的，也是建立相应发展战略的立足点和出发点。

三 延长老年人健康期

自古以来，许多人梦想长生不老，西方有"炼金术"神话，中国有秦始皇派人渡海寻找仙丹妙药的"返老还童"传说，留下一曲曲佳话。只可惜无一人长生不老，且他们的平均寿命比现代人短许多。当今人类面对人口老龄化加速来临的新变动和老年人口比例峰值攀升的新挑战，提高老年人口生命质量不仅仅在于追求长寿，还要在长寿之上加进"健康"二字，即"长寿＋健康"才是追求的目标。

传统的评价人口身体素质和健康水平，主要选用婴儿死亡率、年龄别死亡率、预期寿命等项指标，无疑有基本的道理，至今仍被广泛采用。然而进一步推敲发现，这些指标都以"死亡"——不同年龄人口死亡、何时死亡和按照怎样的模式为死亡标准；尽管这种死亡折射出反映活着的人群的状况，但不能具体地反映是否身心健康地活着，或半是健康半是病态地活着，抑或在痛苦的呻吟中活着。固然身心健康是长寿的基础，健康总是同长寿联系在一起；但是某些患有疾病甚至是严重疾病的人不一定很快死亡，常常苦熬多年，直至"灯尽油干"方才熄灭生命的最后一颗火花。这样，老年人肌体是在"怎样的状况下度过多长时间"成为全部问题的关键，可划分成老年平均预期健康期、平均预期带病期和平均预期伤残期，提高老年人口生命质量，集中体现在健康期的延长上。

我们从总体人口生命表中，很容易得到跨入老年的 60 岁或 65 岁人口的平均余命，即该年龄别的平均预期寿命。平均预期健康期，指 60 或 65 岁老年人口保持身心健康的时间跨度，超越这个时间跨度即进入非健康期。何谓健康？各种定义性解释不下几十种，加拿大流行病学家拉斯特的定义是："健康不仅仅是没有疾病或身体虚弱，而且是一种肌体、精神以及社会交往各方面的完美状态"，是人肌体、生物、社会环境之间的"相互平衡、适应的状态"（John M. Last，1987）。平均预期带病期，顾名思义是指老年人患病相伴的时间，不过这里的"带病"主要指慢性病，即具有不可逆转最终导致死亡的慢性病，不包括突发的急性病，因为急性病一般可以通过治愈重新恢复健康。平均预期伤残期，指老年人由于损伤导致肌体活动受阻不能以正常方式从事正常活动的时间，包括视力、听力、肢体、智力、精神等的伤残，有较明确的衡量标准。健康期、带病期、伤残期均可由调查得来的相应比率，纳入生命求出具体的值。中国 1992 年的情况，如表 5、表 6 所示。①

表 5　1992 年中国 60 岁人口平均预期健康期、带病期、伤残期

	平均余命 （岁）	预期健康期 （年）（％）	预期带病期 （年）（％）	预期伤残期 （年）（％）
城市				
男	16.3	6.0　36.5	12.3　75.2	3.4　21.1
女	19.2	5.0　26.1	15.1　78.4	4.8　24.7
农村				
男	15.8	6.8　42.8	9.0　57.1	3.8　24.2
女	18.4	6.0　32.6	11.5　62.3	5.1　27.9

表 6　1992 年中国 85 岁人口平均预期健康期、带病期、伤残期

	平均余命 （岁）	预期健康期 （年）（％）	预期带病期 （年）（％）	预期伤残期 （年）（％）
城市				
男	4.2	0.8　18.7	2.4　57.1	2.1　49.6
女	5.0	0.9　16.9	2.7　53.9	3.0　59.2
农村				
男	4.1	0.8　20.2	1.9　46.8	2.6　62.2
女	4.8	1.0　20.2	2.1　43.2	2.9　60.4

* 表 6 平均预期伤残期为 90 岁。

　　表 5、表 6 中的健康期调查资料，主要由被调查者自我判断评价，因健康包括肌体、精神、环境三要素是否协调主要依据本人判断，目前许多国家也是这样做的。带病期既有被调查者的自我判断，也有医务人员以往检查的结果，是客观与主观相结合的一项指标。伤残期则依据医务专业人员客观检查的结果，按照中国政府颁布的伤残人标准确定。由于带病期与伤残期有较大的重合，与健康期有较小的重合，故三期相加大于平均余命。不过带病期和伤残期更多的表现为非健康期，则是比较明确的。总的趋势是：年龄别老年人口平均余命，一般女性高于男性；然而较低年龄组健康期，男性高于女

---

　　① 参见王梅《活得长 ≠ 活得健康》，中国经济出版社，1993。

性，较高年龄组女性略高于男性；带病期和伤残期，女性要高于男性，说明老年女性的非健康期更长一些。城市与农村比较，平均余命城市略高一些，但较低年龄组健康期农村稍好一些，较高年龄组则比较接近；带病期和伤残期比较接近，农村稍好一些。这种稍好一些更明显地体现在综合反映三项指标的老年人口平均预期自理期上。上述资料中，60 岁老年人口平均预期自理期占平均余命的百分比，农村比城市男性高 2 个百分点，女性高 4 个百分点左右；85 岁男性高 3 个百分点，女性高 9 个百分点左右，农村老年人口的自理期相对更长一些。

上述分析方法和所提供的数据资料，对于有效延长老年健康期和自理期，缩短以带病期和伤残期为主的非健康期，有着一定的科学价值。一是比较准确地给出年龄别老年人口的健康期，如表 5 给出 60 岁老年人口的健康期在 6 年左右，乡村稍高 1 年，表明 60 岁老年人口尚有 6 年左右"老有所为"的时间，为开发利用老年人力资源提供科学依据。这不仅为发展经济和老年再就业自我养老保障所必需，而且为增进老年人口健康所必需。因为包括中国、日本等东方一些国家，占老年人口 70% 以上的健康者希望从事力所能及的劳动并将其视为是否于社会有用之人的标志，对老年心理健康有莫大影响。二是为开展老年医疗保障和发展医药事业，提供相应的数据支持。表 5 中城市 60 岁老年人口带病期占该年龄平均余命的 3/4，乡村占 60% 左右，伤残期城乡占 1/5 ~ 1/4，说明老年人口大部分时间是在与疾病的抗争中度过的，随着老龄化的来临将趋于严重，开展老年医疗保障和发展社会医疗卫生事业十分紧迫。其中最为突出的是城市较低年龄组老年人口带病期超长，城乡较高年龄组老年人口伤残期占平均余命比例升高很多，提出了相应的特殊需求。三是为发展老年服务事业，提供有价值的信息。年龄别老年人口伤残期占平均余命的比例随着年龄的升高而增高，老年自理期比例却随着迅速下降，大致由 60 岁时的 90% 左右下降到 85 岁时的 50% 左右，城市女性老年人口下降到 40% 左右，对照料特别是像临终关怀一类老年护理院有着强烈需求。随着老龄化加深尤其是超高老龄化的加速进行，发展老年服务事业势在必行，在第三产业中的比例将迅速增大。

四　一项社会系统工程

延长老年人口健康期是提高老年生命质量的关键，如何延长？笔者以为，最重要的是要将此作为一项社会工程，作出实事求是的科学决策选择。联系中国实际，特别需要以下三个方面的决策选择。

其一，养老保障体系决策选择。生命质量高低和健康期的长短，生活质量是基础。对于老年人口说来，有无可靠的养老保障是前提条件，有所养才谈得上有所医。当今世界养老保障制度五花八门，养老保障体系错综复杂，最重要的是要从本国本地区的实际出发，从经济、科技、文化、传统、社会结构和人口老龄化进程实际出发，选择适合本国、本地区基本国情、区情的养老保障体系。经济、科技达到相当高度的发达国家，几乎毫无例外地选择了"从摇篮到坟墓"的全方位社会养老保障办法，一些国家已发展成为公认的福利国家。这些国家高高筑起的社会"养老大坝"，抵御了老龄化"银色浪潮"的冲击，立起一面社会养老的旗帜。既然是旗帜，就会有一定的感召作用，许多国家纷纷效法。然而一是具备不具备效法的经济能力，一般发展中国家想效法却经济力量不济；二是完全由社会包下来的保障办法暴露出不少弊病，已经出现福利国家想方设法削减福利的倾向，"从摇篮到坟墓"的保障并不完全可取。因此，至关重要的一点是：每个国家和地区应当从实际出发，建立相应的养老保障体系。依中国情况而议，笔者10多年前即主张积极发展社会供养，继续提供家庭子女供养，适当组织老年再就业自养，实行社养、家养、自养"三养"互相结合、互相补充的养老保障体系。发展社会供养是国家的一种责任，总是要随着经济的发展和社会的进步，逐步扩大老年人口的社会供养面和提高供养水平；家庭子女供养是长期农业社会留下来的传统，在当今"二元经济"结构下，多数老年人口还不得不依赖家庭子女供养；随着商品和市场经济的发展，泛商品观念冲击严重，家庭子女供养受到很大威胁，为了弥补由此造成的无人赡养的真空和提高养老保障总体水平，适当组织老年再就业自养在所必需。只是要避开同成年人口争夺劳动力市场，老年再就业应更多地流向成年人口不占优势和更适合老年生理、心理、习惯的产业和岗位。

其二，医疗养生方式决策选择。延长老年人的平均预期健康期，最直接有效的办法，莫过于缩短老年人的平均预期带病期和平均预期伤残期，为此必须大力发展医疗卫生和养生康复保健事业。宏观如同养老保障体系的建立一样，随着经济的发展和社会的进步，实行一定的社会医疗保障。问题在于进入和即将进入老年型国家中，发展中国家所占份额越来越大，在无力实施同发达国家一样的医疗保障制度情况下，走出一条社会和个人均能负担得起的道路。如中国农村普遍实行的合作医疗制度，就是一种改革的尝试。在中国还有西医与中医之分，即尽量采用西医先进技术，又挖掘传统中医药中宝贵遗产和贴近群众，走中西医结合之路是必然选择。有病去医院天经地义，然而面对老年孤独感和老年人口不同的经济支付能力，发展社区和家庭门诊，鼓励居家治疗有增强态势。至于饮食养生、运动养生、行为养生、文化养生、环境养生等不同养生之道的选择，不同的国家和民族有着不同的情况，同一个国家和民族中的每一个人情况也有所不同，更不可能有一个统一的模式。不过由于在长期历史发展中形成的不同的传统和文化沉淀，许多民族都有着某些独到的养生之道，挖掘、交流这些养生之道，服务于全人类健康期的延长，则是我们共同的责任。

其三，"激活"社会交往决策选择。这里的"社会交往"指广义的老年人参与的各种社会活动，包括劳动就业、文化学习、文体活动、旅游、书法、绘画等凡是涉及"交往"的活动。如果说"生命在于运动"或者"生命在于平衡"有一定科学道理的话，那么老年人口通过各种社会交往增强运动，或者通过交往和运动寻求新的平衡，社会交往成为增进老年人身心健康和延长健康期的得力之举，"激活"老年人社会交往潜力成为必然的决策选择。

那么，如何"激活"老年人社会交往的潜力呢？不同国家的情况可能有所不同，也会有某些可供参考和借鉴的共同之处。依中国情况而论，首先是弄清老年人社会交往的偏好在哪里。一些调查显示，偏好较高的项目一为继续从事力所能及的劳动，证明自己不失为社会有用之人；二为跳舞、打麻将等文体活动，满足身心和竞争意识需要；三为旅游观光，开阔视野、增长知识并有益于健康。老年人社会交往偏好的形成既同他们过去生活、学习、工作的性质和环境有关，也同现在的年龄、性别、文化、收入、居住和交往的环境相关联，有着某种规律性。掌握人口社会交往偏好情况，是进行"激活"政策选择的基础，提高交往效用的前提。其次要科学引导。大多数的老年人偏好都是积极的，于增进健康有益的。但是由于"年龄不饶人"，如果偏好走过或走偏，也会带来不良后果。如打麻将可以运动脑神经和手指，促进社会交往，有益健康；倘若次数过于频繁和每次时间过长，就会损害健康。气功养生做得好可以强身健体，但若偏离科学指导，也可能带来不良后果。再次，要注意发挥老年人自身在各种社会交往活动中的组织和管理作用，主要依靠老年人自己进行组织管理，这本身即是实际的老年人社会交往。

中国内地人口老龄化与
养老保障改革[*]

在 20 世纪行将结束和 21 世纪即将来临之际，人口变动显现出一些明显的趋势，人口年龄结构老龄化就是值得关注的重要趋势之一。老龄化将对经济、科技、社会发展产生很大影响，而首要的问题是必须建立起相应的养老保障体系，承受前所未有的"银色浪潮"的冲击。这对于占世界人口 1/5 强而老年人口绝对数量也是世界上最多的中国说来，问题就更为重要。

一 人口转变与年龄结构老龄化

人口学研究表明，造成人口年龄结构老龄化的主要原因，是出生率的下降和预期寿命的延长，特别是出生率的下降起了关键的作用。众所周知，内地自 20 世纪 70 年代大力控制人口增长，切实加强计划生育工作以来，人口出生率经历了长时间的持续下降。如表 1 所示。[①]

表 1 中国大陆 1970～1995 年人口变动

单位：‰

年 份	出生率	死亡率	自然增长率
1970	33.4	7.6	25.8
1975	23.0	7.3	15.7
1980	18.2	6.3	11.9
1985	21.0	6.8	14.2
1990	21.1	6.7	14.4
1995	17.1	6.6	10.5

---

* 本文为提供"海峡两岸社会科学交流研讨会"论文，1997 年 5 月，台北。

① 《中国统计年鉴 1996》，中国统计出版社，1996。

需要说明的是，表 1 出生率和自然增长率 20 世纪 80 年代中期至 90 年代中期较 80 年代前期略有升高，这主要是受 1962 ~ 1973 年生育高潮期间出生的大量人口形成的年龄结构的影响所致。1962 ~ 1973 为近半个世纪以来最大的一次生育高潮，人口年平均出生率达到 34.8‰，自然增长率达到 25.6‰，累计出生 3 亿多人口。这一庞大人口群于 20 世纪 80 年代中期至 90 年代中期分别进入生育旺盛期，照理本该出现新一次生育高潮；然而由于加大人口控制力度，同时也由于经济、文化的发展促使人们生育观念的改变，使得生育高潮未能形成，出生率持续保持在较低水平。出生率如此长期的下降，直接导致人口年龄结构变动：按照现在一般认定的标准，20 世纪 70 年代实属典型年轻型人口，到 80 年代开始步入成年型，90 年代达到成年型后期，1995 年 0 ~ 14 岁少年人口占 26.7%，65 岁以上老年人口占 6.7%，表明已接近老年型结构。[①] 鉴于控制人口增长政策还将维持较长时间，同时现代化建设的加速推进也会对生育率下降产生良好影响，人口年龄结构将以较快的速度达到老年型，并且迅速达到严重阶段。各种预测大同小异，笔者所作预测和联合国的预测，如表 2 所示。[②]

表 2　中国内地 65 岁以上老年人口所占比例预测

单位：%

年　份	方案 I	方案 II
1995	6.4	6.1
2000	6.9	6.7
2010	7.9	7.6
2020	10.6	10.5
2030	13.5	13.9
2040	17.4	18.3
2050	15.3	18.2

表 2 显示，内地人口老龄化具有速度快、累进增长和达到水平比较高的特点。按照联合国的预测，2000 年世界 65 岁以上老年人口占总人口比例为 6.8%，同我们处于同一水平；2040 年上升到 13.1%，比我们方案 I 低 4.3

---

① 《中国统计年鉴 1996》，中国统计出版社，1996。

② 方案 I，参见《田雪原文集》，中国经济出版社，1991。其中 TFR 假定为：1995 年 1.90，2000 年 1.70，其后逐步回升并保持 2010 年 2.10 的替换水平；方案 II，参见 United Nations, *World Population Prospects*, *The 1994 Revision*, New York, 1996。

个百分点，比方案Ⅱ低 5.2 个百分点，内地人口老龄化高出世界平均水平一大截。老龄化累进增长，系指 2040 年以前老龄化具有加速增长性质：尽管方案Ⅰ和方案Ⅱ有些差别，但是大致情形接近，2010 年以前 65 岁以上老年人口比例每 10 年平均增加 1 个百分点，2010~2030 年每 10 年平均增加 3 个百分点，2030~2040 年的 10 年间平均增加 4 个百分点。2040 年以后老龄化高潮过去，老年人口所占比例有所下降。

城乡、地区之间分布的不平衡，是内地人口老龄化过程中值得注意的另一个特点。总的趋势是：由于城市人口出生率低于乡村许多，少年人口所占比例也低许多，老年人口比例较乡村为高，目前有半数以上城市进入老年型年龄结构，将来达到老龄化严重阶段的水平也要高。30 个省、自治区、直辖市的老龄化地区分布差异明显，1995 年已有 10 个省、市进入老年型，其 65 岁以上老年人口比例分别为：上海 11.4%，浙江 8.7%，天津 8.2%，江苏 8.0%，北京 7.8%，山东 7.4%，四川 7.3%，辽宁 7.3%，广东 7.1%，湖南 7.1%。处于成年型年龄结构的有 18 个省、自治区，其中安徽、河南、广西、河北、福建、江西、海南、湖北 8 个省、区，65 岁以上老年人口比例在 6.0%~7.0%，接近老年型；甘肃、新疆、黑龙江、内蒙古、西藏 5 个省、自治区 65 岁以上老年人口比例在 4.0%~5.0%，接近年轻型；其余山西、陕西、云南、吉林、贵州 5 个省 65 岁以上老年人口比例在 5.0%~6.0%，属一般成年型。而青海 65 岁以上老年人口比例为 3.6%，宁夏为 3.8%，处于典型年轻型年龄结构。[①] 以此为基础推断人口老龄化地区分布发展趋势，形成自西北向东南老龄化程度逐步加深，层次比较分明的格局。

上述人口老龄化的基本特点表明，建立比较完善的养老保障体系已迫在眉睫。这一体系的建立，既要从实际出发，特别从经济发展相对人口老龄化滞后的实际出发；也要积极吸取海外有益经验，谋求改革。总的思路是：建立发展社会供养与寻求改革、提倡家庭供养与发展社区服务、鼓励老年自养与开发老年人力资源相结合并互相补充，集社养、家养、自养于一体的东方结构型养老保障体系。

二 发展社会供养与寻求改革

迄今为止，所有达到老龄化严重阶段的均为发达国家，而发达国家应付

---

① 《中国统计年鉴1996》，中国统计出版社，1996。

"银色浪潮"冲击最主要的手段，就是筑起社会养老保障大坝。一些国家"大坝"越筑越高，发展成为"从摇篮到坟墓"全方位保障的福利国家。中国（内地）原本在国有单位、城镇部分集体单位和乡村少数集体单位建立了老年离休、退休和退职制度，随着人口老龄化和经济的发展，离休、退休、退职人数和保险福利费用总额增长很快。1978 年以来的情况，如表 3 所示。[①]

表 3　离休、退休、退职人数及保险福利费用增长情况

年　　份	人数（万人）		费用总额（亿元）	
	合　　计	其中：国有单位	合　　计	其中：国有单位
1978	314	284	17.3	16.3
1980	816	638	50.4	43.4
1985	1637	1165	149.8	119.2
1990	2301	1.742	472.4	382.4
1995	3094	2401	1541.8	1296.2

据预测，20 世纪末退休人数将比 1995 年成倍增加，2010 年比 2000 年再翻几番，退休金将成为财政难以负担的重负，原来的退休金制度很难维持下去。同时，鉴于西方福利国家全方位老年社会保障的种种弊端，特别是对技术进步和经济发展的阻碍作用，也不应该沿用由国家财政完全包下来的退休制度。出路在于改革。改革的基本思路是：老人老办法，即按原规定应享受退休金者，原则上按原规定办法执行，保护这些在今后一个时期退休者的利益；新人新办法，即对新近参加工作的职工，由国家、企业或单位、劳动者个人共同出资筹集养老基金，个人出资部分按月从工资部分扣除，例如扣除 5% ~ 10%。目前这一办法已在一些地方实施，在地区统筹从企业或单位的收入中提取统一固定比例的养老金，加上个人扣除部分，以劳动者个人账户养老基金名义储存起来，在退休后逐月领取。这一改革不仅适用国有单位，而且适用集体单位、合资单位，大大扩大了养老保障范围，使老年退休金有了切实保证。在乡村，许多地方还将养老保障与生育控制结合起来，创造了多种形式的养老保障方式。笔者 20 世纪 80 年代末 90 年代初曾在四川与有关部门配合，创立和推行独生子女"两全"保险及其父母养老保险办法。即将每月的独生子女奖

---

① 《中国统计年鉴1996》，中国统计出版社，1996。

励费暂不发给本人，将其作为独生子女伤、亡两个险种投保，使独生子女人身安全更有保障；14 岁后自动转为独生子女父母养老保险金，一般情况下 25 岁左右生育 1 个孩子，到 60 岁后每月可领取 160 元（按投保时比价）左右的养老金。又如，山西省洪洞县管庄村规定：独生子女户父母达到 60 岁时，每人每月可领取 60 元养老金，以后每年每月增加 1 元；计划内 2 孩户可领 50 元，以后每年每月也增加 1 元；3 孩以上超生户，则不发给。类似这样的办法，不仅在很大程度上解决了独生子女和计划内生育子女父母的老年赡养问题，而且由于解除了老年无人供养的后顾之忧，也巩固了独生子女率和计划生育率，直到有效促进控制人口增长的作用。

三 提倡家庭供养与发展社区服务

积极发展社会供养受到经济发展水平制约，目前许多老年人口还不得不依靠家庭子女供养。1992 年中国老年科研中心曾在北京、天津、上海、浙江、江苏、黑龙江、山西、陕西、四川、广西、贵州、湖北 12 个省、市、自治区作过样本量为 20083 人的 60 岁以上老年人口调查，提供的老年家庭代际构成，如表 4 所示。[①]

表 4 1992 年 12 省、市、区老年家庭户构成

单位：%

	一代户	二代户	三代户	四代以上户
城　市	41.1	23.6	34.1	1.2
乡　村	42.9	19.1	35.5	2.5

表 4 基本上反映了内地老年人口家庭代际构成现状。它一方面表明，老年人口家庭已经脱离传统大家庭模式，"四世同堂"式复合大家庭几乎荡然无存，乡村占不到 3%，城市仅 1% 多一些；而老年夫妇户和少量老年单身户之和占到 40% 以上，已居于首位。另一方面表明，城乡老年人口家庭中三代户仍占 1/3 强，二代户占 1/5 左右，老年人口与子女、孙子女合住占到近 60%，较大一些的复合式家庭仍占有一定的优势。这同笔者主持的 20 世

---

① 《中国老年人供养体系调查数据汇编》，中国老龄科研中心，1992。

纪 80 年代后期 60 岁以上老年人口抽样调查情况相近，只是那时三代户老年人口家庭所占比例更高一些，一代户所占比例更低一些。与这种情况相适应的是，在老年人口全部经济收入来源构成中，来自子女供给部分市占 16.8%，镇占 21.0%，县占 38.1%，[①] 说明子女供养在全部养老保障体系中仍占有比较重要的地位。如前所述，由于人口老龄化的到来与经济发展水平相对滞后"时间差"的影响，不可能建立起适应老龄化发展需要的全方位的社会供养体系，继续提倡家庭子女供养在所必需。不仅如此，西方福利国家的全方位社会保障形成老年人口脱离子女的"独立化"倾向，虽然经济上有了保障，但是不能适应随着身体老化而来的心理老化、精神老化的发展。满足老年人口精神寄托的需要，与子女居住生活在一起是一种比较理想的方式。在这点上，东西方不同文化之间存在着比较明显的观念上的差异。包括日本等在内的东方国家至今尚具有一定的同子女居住在一起以及尊老、敬老、养老传统，而中华民族最为典型。我们要发扬这一光荣传统，摒弃它的封建的那一层意义，继承和发扬它的基本精神，赋予新的时代意义，树立起新型的代际关系。当前值得重视的问题是，随着市场经济体制改革的深入，商品经济和泛商品观念的影响，价值观念和价值取向的转变，传统的敬老、养老和家庭赡养受到不同程度的挑战，子女拒不赡养父母案件增多。对此，一方面需要加强宣传和教育，发扬中华民族敬老、养老传统，强调孝敬老人的社会道德规范；另一方面需要加强法制建设，谴责遗弃、虐待、不赡养老人的行为，对触动刑律者予以法律制裁。

海峡两岸有一句俗语："远亲不如近邻"。提倡家庭供养，社区（community）作为家庭聚居区的作用正受到越来越多的关注。经济来源是养老保障的基础，然而老年人口的健康、医疗、交往、文化生活等超越家庭的界限，社区是他们活动最多的空间。目前，尽管人们对社区所下定义超过 100种，从不同学科和研究的取向不同而作出各种各样的解释；但是一定数量的人口，一定的地域界限，某种共同的利益和具有一定向心力的交往，则是共同认定的因素。笔者以为，社区可以定义为：特定人口群体在共同经济利益基础上，在社会生活等方面有着某些共同属性的一定地理区域。这一定义表达了社区概念的基本内涵：特定人口群体的共同利益，首先是共同的经济利益，因而有着内在的向心力，以及由这种向心力凝聚而成的行为规范；也表

---

① 参见《田雪原文集》，中国经济出版社，1991。

达了这一概念的外延：由社区成员共同利益和向心力强度决定的一定的地理区域界限。据此，社区的划分可以同行政区划相一致，例如城市街道、居委会，农村乡、村；也可以不一致，小于行政区划或跨行政区划的社区。实践表明，加强社区建设和发挥社区功能，发展社区老年事业大有可为。各省、自治区、直辖市都有一批办得好的老年社区典型，满足老年人口生存、享乐、发展不同层次的需要。满足生存需要的，如敬老院、老年之家、临终关怀医院等，为老年人提供居住以及医疗、生活等全面服务，实现了家庭照料社会化；满足享乐需要的，社区成立形式多样的老年俱乐部，开展丰富多彩的文化生活；满足发展需要的，如社区举办老年大学、书画社等，直至举办老年经济实体，实现老年人生价值。由于受到经济、文化发展的限制，上述社区老年服务事业总体水平还不够高，需要巩固和发展；同时也要积极吸取海外有益经验，提高社区老年服务水平。

四 组织老年自养与开发老年人力资源

东西方老年人口价值观上的一大差异，是在老年再就业上的相反表现。笔者在欧、美、澳等西方国家访问过一些老人，当问到他们是否还想继续从事一定的劳动和工作时，几乎毫无例外地回答：他们已经劳动和工作一辈子了，现在该退休享乐了，该旅游了。中国（内地）和日本的多次调查表明，75%以上老年人口的回答是：希望继续从事力所能及的劳动和工作，甚至愿意工作到身体状况不允许时为止。内地 1987 年 60 岁以上老年人口抽样调查表明，加权汇总的老年人口离退休后再就业率为 22.7%，其中城市为 15.0%，乡村为 31.5%；[①] 1992 年 12 省、市、区的调查城市为 18.1%，乡村为 22.9%。[②] 总体上看，目前有 1/5 强的老年人口仍在从事不同的劳动，老年再就业率比较高。

老年人口再就业，成为这部分老年人口的重要经济来源，1987 年的调查中市占全部老年人口经济来源的 14.6%，镇占 14.7%，县占 50.7%，[①] 同退休金、子女供养一起构成老年经济来源"三大支柱"。调查表明，老年再就业的首要动机是经济需要，这除了作为维持老年生存的需要外，也是在通货膨胀条件下防止老年贫困化的手段。在农业社会，老年贫困化主要来自子

---

① 《田雪原文集》，中国经济出版社，1991。
② 《中国老年人供养体系调查数据汇编》（内部资料）。

女的直接剥夺；而在工业化社会，则主要来自通货膨胀。在加速走向现代化的中国（内地），已深刻感觉到这一点。众所周知，自20世纪70年代后期改革开放以来内地经济取得持续、快速发展，但通货膨胀率也较高；1996年情况有很大改善，基本实现高经济增长与低通货膨胀率并行的"软着陆"。即便如此，全年的通货膨胀率也在6%左右，其余自20世纪80年代以来的15年远在此之上，有条件的老年人口通过再就业增加收入，是防止通胀贫困强有力的杠杆。同时再就业打消了老年人口的失落感，老年人口自我感觉仍是社会有用之人，求得心理平衡和精神慰藉，甚至是老年人口最大的乐事。他们视劳动为人生的终身伴侣，老年人口从事力所能及的劳动和工作，不仅为生存所必需，同时也为享乐和发展所必需。

内地人口和劳动力本已过剩，较高的老年人口就业率无疑会增加劳动力市场的压力，给劳动就业带来新的问题。解决的战略立足点，一是强调适当组织，不能一说老年就业就一哄而起；二是妥善实现老年再就业的职业转移。老年再就业要有一定的条件，一般是老年人口中相对年轻，身体健康，有一技之长者更胜一筹。在就业的职业结构上，乡村仍可从事劳动量较轻的农活作业，也可从事一定的服务业；城市则应组织老年人口从事那些适合老年人体力、智力、节奏的行业，如仓储保管、机关单位收发、驻车场、公园、环卫、餐饮服务等部门，重点是服务行业第三产业。实践证明，老年人口中仍存在着有待开发和利用的人力资源，只要组织得好，就可以避免或减少同青年争夺劳动力市场，发挥老年的"余热"和专长，走出一条具有东方民族特点的老年人口再就业道路，增强老年人口自我供养能力。

迎接"银色浪潮"挑战[*]

无论黄种人，白种人还是其他肤色种族人口，到了老年头发变白者日渐增多。世界人口老龄化趋势有如"银色浪潮"，正以逐步增强的态势向我们袭来。根据联合国的预测，1950年世界65岁以上老年人口所占比例为5.1%，年龄中位数为23.5岁；到1990年分别上升到6.2%和24.3岁；2000年可继续上升到6.8%和26.3岁；2040年可上升到13.1%和34.4岁。发达国家与发展中国家差别很大。如1990年发达国家65岁以上老年人口比例为12.5%，年龄中位数为34.3岁，发展中国家分别为5.0%和24.1岁；2040年发达国家将分别上升到23.0%和43.2岁，发展中国家将分别上升到11.7%和33.3岁。从总体上看，世界人口老龄化已驶入"快车道"，在未来的半个世纪内将迎来前所未有的人口老龄化高潮，承受"银色浪潮"的冲击。

在世界人口驶入老龄化"快车道"时，相比之下，中国人口老龄化则可比做"特快列车了：中国人口老龄化的速度来得更快一些，达到的水平更高一些。目前关于中国人口年龄结构变动老龄化的预测大同小异。以上述联合国中位预测为例，20世纪末中国65岁以上老年人口所占比例接近7%，60岁以上超过10%，人口年龄中位数可达29.9岁，可大致认定开始进入老年型年龄结构；到2040年达到峰值时，65岁以上老年人口所占比例可达18.3%，60岁以上可达23.7%，年龄中位数可达39.4岁。届时虽比发达国家老龄化程度稍低一些，但在发展中国家中将是水平最高的国家之一。而从老龄化速度上看，无疑又是比较快的国家：以65岁以上老年人口比例由7%上升到17%可花费的时间而论，中国大致花费40年左右，发达国家要80年，一些国家则花费100年以上。

人口老龄化将对经济、技术、社会发展产生深刻影响。日本经济企划厅

* 原载《中国行政管理》1997年10月。

在《2000 年的日本》中副标题以高龄化、成熟化、国际化来概括，其高龄化即为老龄化，只是日本忌讳"老"字，而用高龄化称谓。但是最为重要的，是如何度过人口老龄化严重阶段，建立起可靠的养老保障体系。迄今为止，进入老年型年龄结构并发展到严重阶段的，均为发达国家。他们应付人口老龄化冲击最主要的手段，是发展社会保障事业，追求"从摇篮到坟墓"全方位社会保障制度的建立。与发达国家相比，我们最大的不同在于经济尚未达到高度发达情况下人口老龄化提前到来，并迅速达到高潮阶段，形成经济发展滞后与老龄化提前来临的"时间差"。全方位养老保障体系的建立必须立足这个"时间差"，将积极发展社会供养、继续提倡子女供养、适当组织老年再就业自养结合起来，建立"三养"于一体互相补充的养老保障体系。

其一，积极发展社会供养与寻求改革。1949 年新中国成立后，随着经济特别是国有经济的发展壮大，逐步建立起老年退休金制度，开老年社会保障之先河。改革开放以来发展更快，全国离休、退休、退职人数由 1978 年的 314 万人增加到 1995 年的 3094 万人，增长 8.9 倍；保险福利费用相应由 284 万元，增加到 2041 万元，增长 6.2 倍。根据预测，2000 年退休职工将比 1995 年成倍增长，2010 年、2020 年将比 2000 年再翻几番，按照原有办法国家和企事业单位很难承受。即使如此，能够享受退休金的面仍很窄，主要是国有单位职工，以及少数集体单位职工，城市在 60% 左右，乡村不足 5%。随着经济的发展，逐步扩大老年社会保障范围，使更多的老年人口在他们离开劳动岗位之后享有一定份额的退休金，使他们的经济生活享有可靠的保障，应是社会的一种责任，也是人类进步和文明的一个象征，应大力推动。然而由于受支付能力的限制，却难以扩大，适应"时间差"的矛盾只有寻求改革。改革的基本思路，一是老人老办法，新人新办法。即原有规定可以享受退休金者，原则上按原有规定执行，保护该部分人可能享受到的利益；对于新参加工作的人员，实行新的改革方案。二是改革的原则是从职工参加工作领取工资之日起，即由企业、单位和职工本人按月缴纳一定比例的养老金，建立养老基金，待职工退休后按月发给。目前这一改革已在许多企事业单位实施，采用个人账户形式使职工对养老增强信心。同时逐月从工资中扣除一定比例，例如占工资的 4% 或 8%，又不至于影响职工生活，实践效果颇佳。而且打破过去限于国有单位的束缚，在集体、合作、合资甚至个体单位照样可以推广，可以有效拓宽老年社会保障范围。乡村老年社会保障制度的建立，有一定集体经济实力的地方可以如法炮制，条件不具备也可实行其他办法。如20世纪80年代后期笔者在国家计生委领导支持下，同四川省计生委、农委、保险公司等一起，开展独生子女"两全"（伤、亡）保险及其父母养老保险，将独生子女奖励费先以该子女伤、亡保险形式储存起来，提高独生子女安全系数；14岁以后转为父母养老保险，可以基本上解决其生活费用，解除老年赡养后顾之忧，不但使社会养老保障得以解决，而且推动了人口控制和计划生育，取得双重效益。当前，由于以国有大中型企业为主的亏损面增加，下岗职工增多，使养老社会保障改革受到阻碍：企业和职工个人均不能按时缴纳养老基金。解决的办法只有深化改革，按照市场经济原则，该发展的发展，该兼并的兼并，该破产的破产，随着企业经营状况的改进和效益、收入的提高，使养老基金来源问题顺利解决。

其二，提倡家庭供养与发展社区服务。由于中国人口老龄化与经济发展的"时间差"，不可能建立起适应老龄化发展需要的社会养老保障，现阶段相当多数老年人口还不得不依靠子女供养。据1992年北京、浙江、广西等12个省、自治区、直辖市的调查，一代户市占41.1%，县占42.9%；二代户市占23.6%，县占19.1%；三代户市占34.1%，县占35.5%；四代以上户市占1.2%，县占2.5%。它说明，一方面老年人口家庭已经脱离了传统大家庭的束缚，"四世同堂"式大家庭所占比重甚微；一代户超过40%，占各种户类之首。另一方面老年人口与子女二代户，与孙子女（外孙子女）合住的三代户及三代以上户占据多数，接近60%，表明子女供养具有相当重要的地位，也说明继续提倡家庭子女供养在中国很有必要。从另外的角度看，在实行全方位社会保障的西方国家，鼓励老年脱离子女或子女远离父母的"独立化"倾向，尽管老年人口经济来源和经济生活有了保障，但是随着身体老化而来的心理老化、精神老化的需要难以满足，使之感到孤独和缺少亲情。满足老年人口精神寄托的需要，与子女居住和生活在一起，不失为一种有效的办法。在这点上，东西方不同文化之间有着明显差别。包括日本在内的许多东方国家至今尚有一定的同子女居住生活在一起的习惯，具有尊老、敬老、养老的传统。我们应发扬中华民族优良传统，摒弃其中某些封建的东西，继承和发扬它的基本精神，赋予新的时代含义，建立起新型代际关系。当前值得重视的是，随着市场经济体制的建立，泛商品意识的增强，价值取向和价值观念的改革，传统的尊老、养老受到很大挑战，子女拒不赡养父母案件增多，在各种刑事案件中迅速上升。对此，一要加强宣传教育，讲清新时代的敬老、养老观念，发扬这种光荣传统，树立尊敬老年社会道德风范；二要加强法制建设，谴责遗弃、虐待、不赡养父母等行为，对触犯刑律者予以法律制裁。

提倡家庭供养，而众多邻里组成的社区，同家庭作用的发挥关系密切。经济来源是老年保障的基础，而老年人口健康、医疗、交往、文化生活等超出家庭界限，社区是他们活动的重要空间。实践表明，加强社区建设和发挥社区功能，发展老龄事业是其基本功能之一，社区可以举办众多老龄事业。为满足生存需要，敬老院、老年之家、临终关怀医院属此类，为提供衣、食、住、行、医疗等生活服务，实现了一定程度的社会化。满足享乐需要的，如各种类型的老年俱乐部、老年时装表演，开展一定的文化活动等。满足发展需要的，像老年大学、老年书画社，以及老年经济实体等，在开发老年人力资源和实现老年价值方面作出贡献。目前，由于受经济、社会、文化发展水平限制，社区老龄事业发展有限，作用不甚明显；不过今后会有所加强，成为家庭养老的重要补充，发挥其应有的作用。

其三，组织老年自养与开发老年人力资源。东西方文化在老年价值观上的另一差异，是对老年再就业的认识。西方国家老年人口退休后，一般不愿意再就业，他们说劳动一辈子了，退休后该休息了，该旅游了。包括中国、日本在内的东方老年人口，退休后多数还愿意从事一定的力所能及的劳动，甚至愿意工作到身体健康情况不允许时为止。这一方面当然出于增加收入的需要，另一方面也是精神上的需要。调查资料表明，不少老年人口有一个观念：能够再就业从事力所能及的劳动，表明自己还是于社会有用之人，可以发挥"余热"。而一些原有专长的人，还会"余热生辉"，继续作出新的成就。从发展上看，老年人口再就业还是防止老年贫困化的重要手段。在农业社会，由于子女供养是主要养老形式，多数老年人口的贫富除了取决于家庭经济状况外，还取决于子女的孝顺程度，老年贫困化来自子女的剥夺。在工业化社会，在社会养老占主体情况下，老年贫困化主要来自通货膨胀。因为养老年金一般不会随着物价指数浮动（少数国家例外），老年人口便成为通货膨胀的硬性受害者，直接导致生活水平下降。老年人口通过再就业增加经济收入，构成对付通货膨胀的重要手段。

中国人口问题的性质在于人口和劳动力过剩，老年人口再就业增加市场劳动力供给，无疑增加了就业的压力。解决的办法，主要是实行老年人口再就业的职业转移。由于经济技术结构是立体的，高新技术产业、中间技术产业、落后技术产业并存，并在不同部门之间表现出很大的差异性，从而给老年再就业留下一片空间。

老龄化的三大社会"冲击波"[*]

随着预期寿命的不断延长，人类正迈入一个前所未有的长寿社会时代，目前世界人口出生时的预期寿命达到男 63.4 岁，女 67.7 岁，最高的日本分别达到 76.9 岁和 82.9 岁。[①] 然而活得长不是目的，活得健康、富有朝气和实现人生价值才是追求的目标。要达到这样的目的和目标，就要营造一个良好的环境，而这种环境的塑造必须充分估量到人口老龄化对经济、文化、社会发展带来的影响。本文重点考察和阐发老龄化的社会冲击，从一个特定角度观察社会的健康老龄化。

一　社会负担"冲击波"

失业、医疗、养老保障构成一般社会保障"三大支柱"，除失业保障与老年关系不大外，其余两根"支柱"均同人口老龄化息息相关，受制于人口老龄化进程，成为老龄化社会负担的重要方面。老年社会保障包括老年社会保险、养老和医疗社会保险；老年社会福利，社会为了满足老年人需要提供的福利设施和服务；老年社会救济，面向贫困老年人口提供的补给三个方面，最基本的是老年社会保险。依据联合国的预测，世界 60 岁以上老年人口比例可由 1990 年的 9.2%，上升到 2000 年的 9.8%，2020 年的 12.9%，2040 年的 17.9%，2050 年的 20.0%；绝对数量以 1990 年的 4.86 亿为基期，相应增长 24.2%、109.4%、243.2%、304.7%[②]。即使维持现有老年社会保障水平，养老保险、医疗保险等老年社会保障需求，也要在未来半个世纪内增长 3 倍，经历人类有史以来需求增长最迅速的时期。

---

　　* 原载《人口与计划生育》1999 年第 1 期。

① Nails Sadik, *The State of World Population 1998*, UNFPA, 1998.

② United Nations, *World Population Prospects*, *The 1994 Revision*, New York, 1995.

中国人口老龄化具有速度比较快、达到的水平比较高和地区分布不平衡的特点，对社会保障发展的要求更为急迫。上述联合国预测以 1990 年 60 岁以上老年人口 0.99 亿为基期，2000 年增长 29.0%，2020 年增长 133.0%，2040 年增长 281.0%，2050 年增长 300.7%，2040 年以前均高于世界平均增长水平。值得重视的还有两点：一是中国现有老年社会保障水平不高，随着经济的发展和生活的改善，养老保险等社会保障水平势必增高；二是社会保险面偏窄，主要限于全民所有制单位和少数集体所有制单位。中国 1987 年 60 岁以上老年人口抽样调查显示：老年人口经济来源于退休金所占比例市为 63.7%，镇为 56.3%，县（乡村）仅为 4.7%。1990 年全国离退休和退职人数只有 2301 万人，保险福利费支出 472.4 亿元；但是到 1995 年便上升到 3094 万人，保险福利费支出 1541.8 亿元，5 年期间分别增长 34.5% 和 226.4%，扣除通货膨胀因素影响，保险福利费支出也成倍增长。有关方面预测，2000 年将比 1995 年成倍增长，2010 年比 2000 年、2020 年比 2010 年成几倍增长，原来的一套离退金制度已很难继续下去。[①] 因此，伴随人口加速走向老龄化而来的老年社会保险面临扩大保险面和提高保险水平的双重压力，出现老年社会保障的"加权需求"，不对现行老年社会保险制度进行改革便无法走出困境。

改革的基本思路，一是对现有的以城镇为主体的退休制度进行改革，变过去由国家、单位包下来的办法为国家、单位、劳动者个人共同出资筹备养老基金，待劳动者年老退休后按规定领取。为使改革不损害原制度得益者，可采取"老人老办法、新人新办法"策略：即已参加工作多年的"老人"按原退休办法执行，改革办法出台后新参加工作的"新人"按改革办法实施。1991 年国务院《关于企业职工养老保险制度改革的决定》逐步建立起基本养老保险、企业补充养老保险和职工个人储蓄性养老保险相结合的制度，特别是由国家立法、政府组织、强制实行的基本养老保险，体现了单位和劳动者共同出资建立养老基金和个人养老保险账户的精神。当前的问题是，部分企业经济不景气，在职职工发不出工资，单位和个人不能履行按期缴纳养老保险金的规定，使养老保险基金到位和正常运转受到严重威胁。为此建议，严格维护国务院关于企业养老保险改革《决定》，只要企业存在，就要依法为其缴纳养老保险费；即使企业破产，也要将其列入破产需要解决

---

① 参见田雪原《大国之难》，今日中国出版社，1997。

的问题之一。尽可能补上这笔费用，而不能随意抹去了之。

二是扩大养老保险面。城镇需要扩大，社会保险比例很低的乡村则是重点。除了开展人寿保险商业性保险外，经济收入较高地区应逐步扩大集体保险范围。计划生育与发展农业生产、帮助农民勤劳致富奔小康、建设文明幸福家庭相结合的"三结合"，各地创造了程度不同、形式多样的农村养老保险，如划出养老林、养老果园、养老畜群等养老经济实体，有效地解决了老有所养。笔者20世纪80年代后期在四川省计生委等部门支持下开展的变独生子女费为独生子女伤亡"两全保险"，14年后转为父母养老保险的试验，在实践中产生了较大的影响，探索了一条计划生育促进养老保险，养老保险促进计划生育的改革新路。中国有着特殊的人口国情，农村人口至今占70%左右，经济、文化的发展又千差万别，农村养老保险的发展应从实际出发，按照人口、经济、社会可持续发展要求寻求不同模式的改革。首要的是建立起覆盖面尽可能宽一些的养老保险体系，逐步将广大农民纳入其中；其次是医疗保险，随着老龄化高潮的到来，由老年人口年龄别发病率和死亡率高的的特点所决定，压力的增大是不容忽视的；再次是老年社会福利和社会救济，这是由老年人口在全部人口分层中处于相对贫困化地位决定的。可见，老龄化对社会负担的加重是多方面、多层次的，既有必要将其纳入经济、社会发展总体规划，也要积极寻求市场取向的改革，运用行政与市场两种手段。

二 婚姻家庭"冲击波"

如果说人口老龄化对社会负担的影响主要体现在宏观方面，那么在微观上，则对婚姻和家庭关系形成某种冲击力，影响是深刻的。由于老年人口在年龄和性别结构表现出的特点，年龄别、性别别死亡率和预期寿命存在的客观差异，以及具体的经济、社会发展背景，目前中国老年人口与成年人口比较的婚姻状况，如表1所示。

由表1可以看出，老年人口与总体人口、成年人口相比，具有未婚率、初婚有配偶率低，再婚有配偶率、丧偶率高，离婚率基本持平的特点，并由此形成对婚姻关系的冲击力。

未婚率降低，这是随着年龄增高结婚比例升高的自然结果。值得提出的是，直至60～69岁尚有1.7%的人口未婚，其中男性为3.2%；65岁以上尚有 1.2%，男性占 2.2%，男性未婚比例突出。其根源在于出生性别比、总人口性别比较高，是值得重视和需要解决的问题。

表 1　中国 1995 年老年与 15 岁以上人口婚姻状况比较*

单位：%

年龄（岁）	未　婚			初婚有配偶			再婚有配偶			离　婚			丧　偶		
	合计	男	女	合计	男	女	合计	男	女	合计	男	女	合计	男	女
总计	20.0	23.6	16.3	71.1	69.8	72.5	2.1	1.9	2.3	0.7	0.9	0.5	6.1	3.8	8.4
其中：20~24	57.9	68.7	47.4	41.5	30.9	51.9	0.2	0.1	0.3	0.3	0.3	0.3	0.1	0.1	0.1
30~34	3.5	6.2	0.8	93.5	90.9	96.1	1.6	1.3	1.9	1.0	1.2	0.7	0.4	0.4	0.4
40~44	2.4	4.5	0.2	92.5	90.9	94.2	2.6	2.1	3.2	1.0	1.3	0.6	1.5	1.3	1.8
50~54	2.3	4.3	0.1	87.5	87.4	87.5	3.5	3.0	4.0	0.9	1.3	0.5	5.9	4.0	7.8
60~64	1.7	3.2	0.1	75.5	80.3	70.6	4.8	4.7	4.8	0.8	1.6	0.4	17.1	10.5	24.1
65⁺	1.2	2.2	0.3	51.9	65.5	40.2	4.3	5.3	3.5	0.7	1.0	0.4	41.9	26.0	55.6

资料来源：根据《1995 年全国 1% 人口抽样调查资料》计算，中国统计出版社，1997。

初婚有配偶率低，主要是越过年龄别死亡率最低值以后，特别是 30 岁以后年龄别死亡率上升较快，随着年龄提高夫妇双方丧失对方的概率越大的表现，老年人口表现更为突出。

再婚有配偶率高，是老年人口初婚有配偶率急剧下降的一种补充，只是这种补充显得不充分，远不能弥补下降部分。对于 65 岁以上老年人口来说，男性补充要明显高出女性一截。如将初婚有配偶与再婚有配偶加起来观察，65 岁以上老年人口有配偶率为 56.2%，其中男性为 70.8%，女性为43.7%，男性高出女性 27.1 个百分点，女性老年人口有配偶率低更为严重。

丧偶率较高，这是任何国家老年人口共同的特征，只是程度有所不同而已。表 1 丧偶率随着年龄组提高而提高没有什么例外，但是女性特别是老年女性提高更为迅速值得重视。女性丧偶率高，是导致女性特别是老年女性有配偶率低的直接原因。

离婚率基本持平，说明在近年来离婚率上升中老年也没有落后，不过老年人口离婚率上升与青年有着天壤之别。老年初婚有配偶离婚者，多方调查表明，首先是经济赡养原因，其次是居住原因。老年再婚有配偶离婚者，由于老年再婚的主要原因是满足情感需要，为减少孤独而找个伴儿，非出于生儿育女组成家庭需要，故基础比较薄弱，常常因为双方子女矛盾等家庭纠纷，不久便分道扬镳了。

上述老年人口婚姻"二低""二高""一持平"比较明显的特点，在老年人口结构不同层面上表现出比较明显的差异。如将初婚和再婚有配偶率作为一个整体有配偶率考察，目前中国老年人口婚姻结构总的趋势是：随着老年人口年龄组的升高有配偶率呈加速下降，丧偶率累进上升；老年人口经济收入越高有配偶率越高、丧偶率越低，相反经济收入越低则有配偶率越低、丧偶率越高；老年人口文化程度越高有配偶率越高、丧偶率越低，相反文化程度越低有配偶率越低、丧偶率越高。概括起来，老年人口婚姻中有配偶率高低同老年经济收入、文化程度成反比例变动。这说明，来自人口老龄化婚姻关系方面的冲击波，除注意总体的冲击力外，更要注意那些超高龄、低收入、低文化老年人口层。

婚姻关系对社会的影响，主要是通过一定的家庭形式发生作用的。婚姻是家庭建立的基础，家庭与婚姻相伴而生，家庭的性质和形式也因婚姻形式的改变而改变。中国 1987 年全国老年人口抽样调查老年人口家庭类型，如表 2 所示。①

表 2　中国 1987 年老年人口家庭类型

单位：%

家庭户类型	全国	市	镇	县
单身户	3.4	5.0	6.5	1.9
一对夫妇户	12.9	20.9	22.5	7.5
二代户	29.2	34.6	31.1	26.9
三代户	50.0	36.9	37.6	58.0
四代户	3.0	1.6	1.7	3.8
独身与其他亲属非亲属户	0.4	0.4	0.2	0.6
其他	1.0	0.4	0.3	1.4

该项调查老年人口家庭户平均人数为 4.9 人，比当年 1% 人口抽样调查一般家庭平均 4.2 人多出 0.7 人。在老年家庭规模结构上，所占比例最高为 5 人户，以下是 6 人户、4 人户，一般家庭为 4 人户、5 人户、3 人户。相比

① 《中国 1987 年 60 岁以上老年人口抽样调查资料》，《中国人口科学》1988 年增刊（1）。

之下老年人口家庭户规模更大一些，类型则依次为三代户、两代户、一代户，但四世同堂的四代户已很少见。表2表现出城乡老年人口家庭户类型结构上的差异：城市单身户、一对夫妇户、二代户所占比例高出乡村许多，三代户则低于乡村许多，四代及四代以上户也低于乡村许多，乡村老年家庭户相对规模更大一些。无论城市还是乡村，从总体上观察，老年家庭户规模同老年人口年龄组变动成正比：较高年龄组家庭户规模一般大一些，较低年龄组小一些；同老年人口文化程度成反比：文化程度越高家庭户规模越小，越低规模越大。该调查中具有小学以上文化程度老年人口家庭户均以二人户所占比例最高，大学文化程度二人户竟占 30.8%；同老年人口平均收入水平成反比，总的情况是收入越高家庭户规模越小，越低规模越大。这说明，人口老龄化对传统家庭的维护与冲击依据老年人口年龄、文化、收入、城乡结构的不同而有很大差别，总体上处于由大家庭向中小家庭过渡的状态。1992年中国老年科研中心对 12 个省、自治区、直辖市所作的抽样调查表明，老年单身户比例城市上升到占 11.3%，乡村上升到占 13.0%，比 1987 年大幅度提高。虽然中国有着尊老、敬老、养老的光荣传统和道德规范，人口老龄化需要继续提倡家庭子女供养，但是老年家庭户变小的趋势还是不可避免地发生了。这在一方面加重了社会保障的负担，另一方面又促使社区服务以"第二家庭"的角色出台。

社区（Community）这个概念，从人口学、社会学、经济学、民族学、地理学、宗教学等不同角度，给出许多定义。在我国，许多人常常将其同大小不等的行政区划等同起来，影响功能的应有发挥。社区可定义为在共同经济利益基础上，并在政治、文化、社会生活等方面有着某些相同属性的特定地理区域。它可以同一定的行政区划相一致，也可以不尽一致。由于社区是在较长时间内发展形成的，同社区内人口、经济、民族、文化、社会状况密切相关，社区内成员有着共同的利益和利害关系，因而有着内在向心力决定的行为规范，以及由向心力强度所达的地理区域。这样的社区很自然的成了社区内老年人口经常活动的场所，要求相应的社区服务事业的发展。上述老年人口婚姻和家庭变动的发展趋势表明，随着亲情、血缘、家庭链条的松散，老年生活不得不在更大程度上依赖于社区。首先是物质生活依赖：鳏、寡、孤、独单身老人需要敬老院、老年之家一类"社会家庭"，与子女同住的一部分老人也愿意进入社区，更有生活不能自理的老人迫切需要"临终关怀医院"全方位的服务。其次是文化生活依赖：老年大学、老年书画、老年戏曲、老年体育、老年旅游等类活动，满足了老年人口精神、心理、发展方面的需求，许多是家庭无法做到的。再次是卫生保健依赖：由老年人口生理特点决定，开展就地的医疗、预防、卫生、保健尤为重要，社区具备这方面的优势。面对人口老龄化的加速到来，面对市场经济条件下家庭养老功能弱化的趋势，强化老年社区服务已经提到社区建设议程。而且在科技不断进步的情况下，社区建设和社区服务要尽可能做到规范化和网络化，不断提高服务水平。

三　社会参与"冲击波"

随着人口年龄结构步入老龄化和老龄化达到严重阶段，老年人口在政治、经济、文化等的社会性参与将有所增强，对社会生活的影响将日益明显地表现出来。

其一，政治参与。由于健康的增进，寿命的延长和现代化手段提供的便捷，老年人口参与政治活动有增强的态势。年龄结构老龄化表明老年群体在总体人口中比例增大，不可能也不应该将这部分人口排斥在社会政治生活之外。一些老年群体、社团组织也应运而生，他们要为老年人的合法权益奋争，同时还很关心国家、民族、社会的政治事件，特别关心他们曾经从事过的政治活动，具有一定影响力和号召力。现实生活表明，尽管各国政府希望国家领导人年轻化，但事实上平均年龄却在上升，许多重要领导人的年龄会在60岁以上。老年人同青年人比较有活力不够的一面，同时也有阅历比较丰富，经验积累较多，办事比较深思熟虑等优势，而这些对于一个政治家来说是必须具备的素质。无疑，老年人口参与政治活动包括占据上层领导地位的增强，会加重政治活动的老年色彩，影响政府的老年性决策。老年人口比例大幅度提高后，老龄问题引起了更多关注，成为新闻媒介经常关注的焦点之一，如何妥善处理老年人口的权利和义务，成为国家政策的重要内容之一。

其二，从属比转换。人口学将少年人口和老年人口之和与生产年龄人口之比称为从属年龄人口比：

$$\frac{(0\sim14)+60\text{以上}}{15\sim59} \quad \text{或} \quad \frac{(0\sim14)+65\text{以上}}{15\sim64}$$

从属年龄人口比表明社会劳动力负担的轻重，从人口学角度为经济发展提供的机遇有利还是不利值得探讨。中国在走向老龄化过程中从属年龄比的变动，如表 3 所示。①

表 3　中国从属年龄比预测

年份	方案 I		方案 II	
	15~59 岁（万人）（%）	从属比（%）	15~59 岁（万人）（%）	从属比（%）
1995	77675　64.0	56.4	77807　63.7	57.0
2000	82262　64.3	55.6	83241　64.8	54.3
2010	92575　67.1	48.9	92606　66.7	49.9
2020	94070　63.5	57.6	94938　63.8	56.7

　　由于自 20 世纪 70 年代以来中国控制人口增长成绩卓著，0~14 岁少年人口所占比例下降比较迅速，60 岁以上老年人口所占比例缓慢上升，自 80 年代以来已经发生了从属年龄人口比不断下降的趋势。从人口学角度来说，这意味着每个劳动力负担较轻，老少被抚养人口相对较少，是于经济发展不可多得的人口年龄结构变动的"黄金时代"（田雪原，1983）。根据方案 I 和方案 II 的预测，这一时代在 21 世纪第二个 10 年将结束，转变成上升趋势。从属年龄人口比方案 I 2020 年比 2010 年升高 8.7 个百分点，方案 II 升高 6.8 个百分点，社会负担升高许多。表 3 同时表明，1995~2020 年 15~59 岁生产年龄人口大幅度膨胀，方案 I 增加 16395 万人，方案 II 增加 17131 万人，分别增长 21.1% 和 22.0%，表明未来 20 多年中国处于空前的劳动力挤压状态，就业形势相当严峻。任何改革和经济政策的出台，都必须考虑这种劳动力挤压状态，科学估量对就业和失业率带来的影响。在这种情况下，更要对老年人口再就业采取实事求是政策，贯彻劳动力市场公平竞争原则。

　　其三，技术进步。老年人口一般具有丰富的经验，一部分人具有较高专业知识，在长期实践中作出过较大贡献。不过"年龄不饶人"，50 岁以后脑细胞开始减少，记忆力开始减退，使知识更新较青年人困难，难以站到时代科技前沿。前已述及，笼统地定义人口老龄化有利还是不利于技术进步难度很大，最重要的是要发挥有利的方面，避开不利的一面。为此，需要对不同行业的经济技术结构作出具体分析。如计算机行业，老年人口显然处于不利

---

① 方案 I 为笔者的一个小组所作预测；方案 II 为联合国的预测，参见 U. N. , *World Population Prospects* , *The 1994 Revision* , New York , 1995。

地位，操作技术老年人口不适应，捕捉信息老年人口处于不利境地，很难站到技术不断创新前列。医学情况则有很大不同：50岁以后外科特别是手术外科已不适合，而内科、儿科、眼科、耳鼻喉科等却没有年龄界限的严格要求，有些经验对于诊断十分宝贵，老年还有相当大的优势。至于中医，经验更为重要，一些著名的老中医本身就是一部中医药词典，他们的年龄与中医药科学成就成正比。科学地估量人口老龄化对技术进步的影响，需要对不同产业的技术结构和特征作出具体分析，这种技术结构与年龄结构变动有无关系，如有是正相关还是负相关关系。

其四，文化传统。观察不同年龄层人口的文化倾向，老年人往往滔滔不绝地讲述过去，想当年如何如何；青年人则更多地憧憬未来，将来要干一番事业。正因为如此，老年人更多地倾向传统，比较多地沿袭了传统文化中的某些东西，也给人以倾向保守、停滞的印象，似乎同现代社会发展潮流难于融合。然而老年以静制动、代际和谐的心理利于社会安定，老龄化加深增加着社会稳定的筹码。孔子说："生事之以礼，死葬之以礼。"老年人口相对注重"礼"的稳定性，但要看到不同时代的"礼"不是一成不变的，未来随着科学技术的不断前进，无痛苦死亡的"安乐死"讨论引起纷争。由于老年人口中的高龄者多数患有不同程度的疾病，他们的晚年多在疾病的折磨中度过，"安乐死"对于某些人自身说来是一种需要的满足。然而时至今日却几乎没有哪个国家法律允许，据说主要理由是一旦"安乐死"合法，容易留下法律的空子。这一问题还牵涉老年人口晚年生存价值观的评价，形成对传统价值观的冲击，对传统伦理道德的冲击。

市场经济体制下的老龄问题和
老年科学研究*

中国老年学学会成立 7 年来，团结和组织广大理论工作者和实际工作者，在推动老年科学研究和实际老龄问题的解决方面积极努力，开创了新的局面。笔者认为在当前形势下的老年科学研究主题应该是以邓小平同志关于建设具有中国特色的社会主义为指导，适应深化改革和扩大开放的要求，着重探讨社会主义市场经济体制下的老龄问题和老年科学研究，以便适应新形势的发展需要，用发展的战略眼光指导老龄问题的解决。其重点在以下几个方面。

老年人口规模和分布的变动

目前，老年人口是以 60 或 65 岁以上界定的特殊人口群体，因而未来 60 或 65 年当中的老年人口规模已基本确定，只需按人口年龄结构推移，减去年龄别死亡人口，再加上或减去移入或移出老年人口。如此说来，市场经济体制的确立似乎对于老年人口规模影响不大，主要表现在随着经济关系的理顺和国民经济的较快发展，人们物质、文化生活的改善和健康的增进，由于年龄别死亡率的降低而导致寿命的延长和老年规模的增大。市场经济体制对老年人口规模的影响，主要是通过影响现实的生育率的变动，并在 60 或 65 岁后明显表现出来，亦即要考察社会主义市场经济在当前和今后会产生什么样的作用，是刺激生育率上升还是促使生育率下降，或二者兼而有之，要具体分析在什么情况下刺激生育率上升，在什么情况下促使生育率下降。

从根本上说，建立社会主义市场经济是对过去高度集中的计划经济体制

---

* 本文为提交全国老年科学讨论会论文，原载《老年学》1993 年第 4 期。

的革命性突破，必将大大解放生产力，促使国民经济高速增长，加快技术进步，从而使孩子成本尤其是用在孩子教育上的质量成本的上升；同时孩子为父母和家庭提供的劳动—经济效益、养老—保险效益等也会随之下降，诱导人们由投入孩子的数量成本向质量成本转移，由追求多生多育转到少生优育。从现实看，大致可分成三类：一类为市场经济比较发达，经济、科技、文化发展水平较高，计划生育工作卓有成效的城市和少数乡村，基本上实现了由投入孩子数量成本向质量成本的转移，过渡到少生优育型。二类为市场经济很不发达，经济、科技、文化发展水平较低的边远乡村及其乡镇，多生产一个边际孩子有着明显的效益，停留在多生多育型。三类为介于以上两类中间的城镇和广大乡村，处于由投入孩子的数量成本向质量成本转移，由多生多育向少生优育过渡。就全国而言处在"两头小中间大"的状况：一、二类所占比例较低，三类所占比例最高，总体人口变动正处于转型时期。这种情况对老年人口规模的影响以及我们所要探讨的市场经济体制下的老年问题和老年科学研究的作用可从以下四个方面分析。

其一，如前所述，无论哪种类型，对未来 60 或 65 岁内的老年人口绝对数量无大的影响，但对 60 或 65 岁以后的老年人口绝对数量有着决定性的作用：第一类少生优育类型实际上控制了未来老年人口数量的增长，从根本上决定着老年人口的规模；第二类因不能有效控制当前的人口出生，因而无法抑制将来的老年人口数量增长和总体老年人口规模的扩大；第三类由于处在从较高生育率向较低生育率过渡，从而制约着未来老年人口的绝对数量变动和总体规模。可见，培育和完善社会主义市场经济体制，加快经济和现代化建设速度，既是实现生育率转变的现实基础，也是调整未来老年人口规模的立足点，是根本之策。

其二，存在着经济和文化发达程度上的地区差异。三种类型地理分布具有明显不同：第一种类型以沿海，尤其以长江三角洲和环渤海经济发达区为主；第二种类型以内地边远地区，尤其是以自然经济尚居主导地位的地区为主；第三种类型则普遍存在，内地广大地区多属这一类型。由此决定在中国人口走向老龄化的过程中，达到老年人口数量峰值年份的地区分布，大致由东南向西北推移，然后才有可能出现一些地区老年人口规模的缩减。

其三，同上述老年人口地区规模变动紧密相连，人口年龄结构老龄化进程也表现出明显的地区差别。根据 1990 年人口普查提供的资料，上海、北京、天津、浙江、江苏五省市已进入老年型，山东、广东、辽宁接近老年型，东南沿海率先步入老年型结构态势已成，接着进入的是中部地区，西北、西南边远省区将最后达到，呈层次分明的阶梯状地理分布更趋明朗。

其四，在老年人口分布问题上值得重视的另一问题是城乡老年人口比例的变动。随着市场经济体制的建立，商品流通和人口迁移、流动，城市化步伐大大加快了。而乡村人口迁往城市，受中国人口城市化政策和人口城市化初期阶段客观规律制约，在市场经济作用下，以迁往小城镇为主，这就形成了目前市、镇、县老年人口分布的特有格局：市老年人口数量增长最快，所占比例最高；其次为乡村；镇居最后，1990年普查比1982年普查还低。

老年人口婚姻和家庭的新趋向

建立社会主义市场经济体制，终将冲破低水平小商品生产的束缚，使生产、交换、分配、消费全面进入社会化商品经济轨道，以全新的观念代替过去传统的观念，包括老年人口在内的婚姻观念的更新就是其中之一。众所周知，当今青年人的择偶标准既不同于20世纪50年代和60年代，更有别于1949年新中国成立之前；而婚姻关系链条的松动，离婚率的急剧上升，则同商品经济的发展有着千丝万缕的联系。由于老年人口年龄别死亡率较高，故丧偶率也较高，老年再婚成为社会关注的一个"热点"。随着市场经济体制的不断完善，老年再婚的心理障碍也不断消除，更多的孤身老人投入"黄昏恋"遭到子女的反对和一些人的不理解，变成沉重的晚情，甚至酿成悲剧。观念作为社会上层建筑意识形态的一个组成部分，归根结底是社会经济基础的反映，对老年人口的婚姻歧视和粗暴干涉，根源于落后的生产力和自然经济基础。从这个意义上说，社会主义市场经济体制的建立和不断完善，为人们婚姻观念的更新提供了客观经济基础，为实现真正的老年人口婚姻自由创造了条件。这对老年人晚年的物质生活和精神生活很有意义，需要作出指导现实可行性的研究。

在商品和市场经济日趋发达的情况下，同婚姻关系链条松动并行的是家庭成员之间的关系也悄然发生了某种变化，家庭规模继续趋于小型化。1982年普查全国平均户4.4人，1990年普查下降到4.0人，平均每年减少0.4人，下降速度很快，老年人口家庭每户平均人口数下降亦很明显，特别是老年单身户、双亲户随着市场经济体制的不断完善有增加趋势。从总体上看，传统的老年人口大家庭已基本不复存在，家庭的链条也逐渐变得比较脆弱，产生了若干新的老年家庭问题。

老年人口价值观和地位的改变

传统农业社会的突出特点是生产力水平低，技术进步长期停滞不前，经济活动限于自然经济圈子内。在这种情况下，所谓技术主要指手工劳动的技巧，而技巧同熟练程度紧紧联系在一起，"熟能生巧"是也；熟练又同实践次数相关，"一回生、二回熟""驾轻就熟"是也。这一切自然同年龄高低紧密相关，年龄越高经验越多，技巧越高，年龄成为经验、知识和能力的象征，一个人的价值便随着年龄的增高而升值，人们对老年人怀着一种敬佩和尊重的心理，尊老敬老蔚然成为千年不衰的社会风气。一些褒奖之词也堆到老年人头上，"老把式""老行家""老练""老谋深算""姜还是老的辣"等不一而足。似乎老年人天经地义就应指挥年轻人，就应主宰世界，无论在家庭或在社会，老年的价值和地位就应高人一等。

然而，自以蒸汽机取代人畜为动力，纺纱机取代手摇纺车为标志的工业革命，以及社会化大生产的商品经济取代小生产的自然经济以来，生产手段由以手工工具为主变为以机械为主，经济的发展越来越依靠科学技术的力量，老年人口的价值和地位不断受到挑战，大有江河日下之势。尤其是二次世界大战后新技术革命的兴起，技术更新的速度加快了，周期缩短了，使老年人口处于不利地位。如果说这种不利地位在过去传统的高度集中统一计划经济体制下暴露尚不明显的话，那么在经济活动主体具有独立性、平等竞争性、开放性的市场经济条件下，则暴露无遗。老年人不仅无法跟上日新月异的科学技术进步的步伐，而且同市场经济的快节奏、竞争激烈不相适应，大大丧失了封闭经济状态下的尊荣，为新的年龄歧视所代替。老年人口价值观和社会地位的这一变化，是技术革命和市场经济作用的必然结果，老年科学研究要揭示这种必然性；同时也要结合各国实际，客观地分析中外产生年龄歧视的异同，阐述其不同的背景、发展过程和社会影响，挖掘中国老年人口的价值所在，找出开发中国老年人口人力资源的途径，为现代化建设作出新的贡献。

老年人口社会保障和市场取向

迄今为止，人口年龄结构步入老年型的国家均为发达国家，具有解决老年社会保障等问题的较雄厚的经济基础。根据预测，20 世纪末我国人口年龄结构可接近或进入老年型，国民经济则只能完成由温饱型向小康型的过渡，到 21 世纪三四十年代达到老龄化高潮期经济发达的程度也不够高，发展以养老保险为核心的老年社会保障不能照搬西方发达国家的做法。最重要的是解决好以下两个关键性问题。

一是从中国经济、社会发展的实际情况出发，量力而行，建立和不断完善市场经济体制下的老年社会保障体系。发达国家应付老龄化冲击，主要依靠建立包括退休、医疗、健康等社会保障制度，具有典型的福利国家特色。我国受经济不够发达的客观条件限制，无力建立由国家包下来的社会保障制度，近年来提出的几项社会保障研究方案，都将城乡区别开来，而且城市也并非由国家统包；此外有西方福利国家的前车之鉴，避免国家包下来的弊端，将来即使经济比较发达也不能走这条路。从我国基本国情出发，应当建立社会供养、家庭子女供养、老年人口自我供养互相补充、互相结合的社养、家养、自养"三位一体"的养老保障体系。这一体系中城市和乡村又有所不同：城市以社养为主，乡村以家养和自养为主。就发展战略而言，全国将逐步向社养为主过渡，不过这将是一个相当长的历史过程，国民经济发展到何种程度时社养可占到多大比例、如何延缓家养的衰减和增强老年人口再就业及其自养的能力，正是老年科学所要重点研究的课题之一。

二是要以改革精神，在社会保障制度的建立和完善过程中加大市场调节的分量。建立社养、家养、自养三位一体的社会保障体系，需要同社会主义市场经济体制相适应，如城市养老保障制度的改革，打破过去由国家和企业包下来的做法，经过科学论证和试点来制定一个劳动者个人缴纳比例和具体办法；乡村老年社会保险金的筹措，更应该贯彻市场原则，政府应大力扶持，但主要依靠保险公司、人寿保险公司操作进行。即使是兴办老年之家一类的福利组织，也要注意市场的调节作用，避免恩赐主义，而且城乡养老基金的征集、使用和管理，都应纳入金融市场轨道，确保增值，发挥其应有的效用。

老年社会保险的其他方面，如医疗保险，也应考虑市场经济体制的要求，医疗费用中个人应缴纳一定比例，哪怕是很小的比例。这不仅对于节约医疗费用开支是必要的，而且对于确立市场经济在国民经济各部门的地位及其作用的发挥，也是必需的。在社会主义市场经济体制下，包括老年社会保障在内的全部老龄化问题的解决和老年科学研究，都要注意市场取向，同市场经济接轨，这样才能在理论同实践相结合的过程中有一个更大的发展。

人口发展趋势与政策选择

中国人口政策与人口问题研究[*]

第二次世界大战后高速开来的"人口列车",进入 20 世纪 70 年代以来出现减慢趋势。亚洲人口增长减慢尤为显著,占世界人口比例由 1970 年的 66.2%,下降到 1990 年的 60.3%,预计 2030 年将进一步下降到 59.4%。中国作为亚洲和世界上人口最多的国家,在这种增长减慢和比例下降中起到举足轻重的作用。1970 年中国人口占亚洲人口 38.7%,1990 年下降到占 35.9%,预计 2030 年将下降到占 30.1%。① 中国人口增长速度减慢有着近 20 多年来经济的高速增长,居民生活水平和受教育程度大幅度提高等背景;不过各界人士普遍认为,自 1973 年以来大力控制人口增长,认真贯彻计划生育基本国策是最主要的原因。由于中国计划生育政策不仅限于生育率控制,还包括人口素质的提高和注意年龄结构老龄化趋势等多项内容,其对经济、社会发展特别是可持续发展的影响,正日益明显地发挥出来。在 20 世纪即将结束和 21 世纪行将来临之际,回顾和研究中国人口政策走过的历史,正视当前存在的人口问题,无论对于中国的人口与发展,还是对于亚洲和世界的人口变动来说,都有着现实的意义。

一 中国人口问题宏观

(1) 中国人口问题现状和特点。中国大力推行各项人口政策 20 多年来,使原有的人口问题获得很大程度上的解决,人口数量、素质、结构均发生了很大变化,减轻了来自人口方面的压力。但是人口问题是长期积累的结果,不可能在短期内完全解决,表现出处于解决过程之中,具有过渡性质特点。

---

* 本文为亚洲人口与发展协会(APDA)特邀稿,译成英文后在日本发表。

① United Nations, *World Population Prospects*, *The 1994 Revision*, New York, 1995;《中国统计年鉴 1996》,中国统计出版社,1996。

①人口基数庞大，较低增长率与较高增长量矛盾突出。1949 年中国人口为 54200 万人，1996 年为 122400 万人，47 年间净增 68200 万人，增长 125.8%，占世界 580400 万人口的 21.1%，占亚洲 351300 万人的 34.8%，为第一人口大国。① 不过假设中国不实行计划生育，按照 1970 年出生率为 33.4‰和增长率为 2.6% 推算，则 1996 年人口数为 161700 万人，即比实际高出 39200 万人，由此可见中国实行计划生育以及经济、社会加快发展的效果。然而人口总数增长 1.26 倍也非同小可，它使得当前较低增长率与较高增长量的矛盾凸显出来。1996 年出生率 16.98‰，增长率 1.04%，均比目前发展中国家和世界总体水平低许多，也仅相当于中国 20 世纪 50 年代前期的一半，但是出生人数接近 2100 万人，增长人数接近 1300 万人，出生和净增人数还略高于 50 年代平均水平。要使增长人数减少下来，出生率和增长率则要进一步降低，对人口控制和计划生育工作提出了更高的要求。

②人口素质有很大提高，但总体水平仍然不够高。这里的人口素质指人的身体素质和文化素质。身体素质包括身高、体重、胸围、肌肉等的发育状况和健康程度，而从人口学角度观察，最终要在死亡和寿命上表现出来。以婴儿死亡率和预期寿命两项最重要指标而论，身体素质提高相当迅速。婴儿死亡率由 20 世纪 40 年代的 200‰，下降到 1990 年的 32.9‰，目前已下降到 30‰左右；出生时的预期寿命由 40 年代的乡村 35 岁，城市不足 40 岁，提高到 1990 年的城乡合的 68.6 岁，目前已达到 70 岁。② 1996 年世界婴儿死亡率为 57‰，发达国家为 9‰，发展中国家为 63‰；出生时的预期寿命为 65 岁，发达国家为 75 岁，发展中国家为 63 岁。③ 联系到疾病发生率和死亡率，每人每天摄取的营养和食物构成，中国人口身体素质已明显高出发展中国家并略高于世界平均水平，只是与发达国家比较尚有一定差距。

人口文化素质显著提高。以 1964 年、1982 年、1990 年三次人口普查和 1995 年 1% 人口抽样调查为例，不同文化程度人口所占比例变动，如表 1 所示。④

表 1 表明，受过大学、高中、初中、小学不同教育的人口所占比例，30 多年来均有大幅度增长，文盲半文盲人口则下降迅速。值得提出的是，1982

---

① 《中国统计年鉴 1996》，为内地 30 个省、自治区、直辖市人口数，未包括台湾、香港、澳门人口数，下同。

② 《中国统计年鉴 1995》，经济管理出版社，1995；1997 年 1 月 18 日《人民日报》。

③ Nalis Sadik, *The State of World Population 1996*, New York, 1996.

④ 《中国统计年鉴 1996》；1996 年 2 月 16 日《中国人口报》。

表1　1964～1995 年各种文化程度人口占比例变动

单位：%

年　份	1964	1982	1990	1995
大　学	0.42	0.60	1.40	2.07
高　中	1.32	6.63	7.95	8.28
初　中	4.68	17.75	23.30	27.28
小　学	28.33	35.40	37.17	38.44
文盲半文盲	45.61	28.26	18.12	12.01

注：文盲半文盲人口 1964 年为 7 岁以上，1982 年、1990 年为 12 岁以上，1995 年为 15 岁以上。

年以来以具有大学文化程度人口所占比例增长幅度最大，初中、高中依次；小学仅增长 8.6%，已达到相当普及的程度。文盲半文盲比例下降一半以上，全民义务教育取得成效。但是这一水平还比较低，同现代化建设不相适应，不仅与发达国家比较相去甚远，而且比不上某些发展中国家。需要在大力发展高等和专业化教育的同时，基本普及 9 年义务教育，尽快扫除约 14500 万人的文盲半文盲。

③人口年龄结构处于由成年型向老年型过渡阶段，但仍有一定增长势能。按照年轻型、成年型、老年型划分标准，中国在 20 世纪 80 年代中期完成向成年型的过渡，目前已接近老年型，1995 年 0～14 岁少年人口占 26.7%，65 岁以上老年人口占 6.7%。然而中国出生率大幅度下降始于 70 年代，按 5 岁组群所占比例划分，1995 年第 1 位为 5～9 岁，占 10.7%；第 2 位为 25～29 岁，占 10.2%；第 3 位为 30～34 岁，占 8.8%；第 4 位为 10～14 岁，占 8.8%；第 5 位为 20～24 岁，占 8.7%；第 6 位为 15～19 岁，占 7.4%；第 7 位为 0～4 岁，占 7.3%……①这一方面表明处于生育旺盛期人口组群所占比例降了下来，总体人口增长势能有所减弱；同时也表明处于生育次旺盛期人口组群所占比例仍较高，总体人口还具有一定增长势能。大同小异的预测显示，到 2050 年中国人口增加到 16 亿左右时，才有可能实现零增长，控制人口增长的任务仍很艰巨。

④人口城市化起伏很大，城乡结构比较落后。中国原本为一个落后的农业国，城市工商业不发达，城市人口所占比例很低，1949 年仅为 10.6%。由于 20 世纪 50 年代大力推进以发展重工业为核心的工业化，城市人口增加

① 《中国统计年鉴 1996》，中国统计出版社，1996。

迅速，1960 年所占比例上升到 19.8%。但是在 20 世纪 50 年代末 60 年代初的经济困难时期和 60 年代前期的经济调整时期，其后又遇到 10 年"文化大革命"的干扰，工业化受阻，城市人口所占比例经历了由下降到徘徊的局面，直至 1978 年只有 17.9%。改革开放以来经济的高速增长和现代化的加速发展，人口流动和人口迁移空前活跃，给人口城市化注入了新的生机和活力，开辟了新的历史时期，1995 年城市人口比例达到 29.4%①。这是统计部门公布的数字，实际的城市人口比例可能要高一些。可见，目前中国人口城市化尚未达到世界平均 43% 的水平，需要加快步伐。

⑤人口地区分布失衡，迁移调节难度很大。如以内蒙古、宁夏、甘肃、青海、新疆、西藏 6 个省和自治区为西北部地区，山西、黑龙江、吉林、陕西、河南、湖北、湖南、四川、重庆、贵州、云南、江西、安徽 13 个省和直辖市为中部地区，北京、天津、辽宁、河北、山东、江苏、上海、浙江、福建、广东、广西、海南 12 个省、自治区和直辖市为东南沿海地区，1995 年人口、面积和人口密度比较，如表 2 所示。

表 2　1995 年中国人口分布状况

	占全国陆地（%）	占全国人口（%）	人口密度（人/KM2）
西北部地区	52.9	6.3	15
中部地区	33.1	52.8	200
东南沿海地区	14.0	40.9	372

表 2 表明，自西北到中部再到东南部，"三级阶梯式"人口密度之比为 1：13：25。这种疏密悬殊的人口密度之比似乎不尽合理，然而特定人口分布格局的形成有其地理环境、历史沿革、民族构成、经济和文化发展水平等原因，非人们的主观愿望所能改变。中国人口多但主要集中于东南部半壁河山，人口压力地区之间差别很大，且难以通过人口迁移达到根本改观的目的。

⑥人口老龄化速度较快，养老保障问题突出。由现在的人口年龄构成和未来控制人口增长的基本政策决定，中国人口老龄化的速度比较快，预计2000 年接近老年型，2020 年 65 岁以上老年人口将超过 10%，达到严重阶段；老龄化水平比较高，预测表明，2040 年 65 岁以上老年人口比例将达到

---

① 《中国统计年鉴 1996》，中国统计出版社，1996。

18%以上，届时将居于发展中国家最高水平之列。人口年龄结构加速走向老龄化，将对经济、文化、社会发展产生很大影响，是影响21世纪中国发展的重要因素之一；而更为重要的是建立可靠养老保障体系，确保安全度过2020～2040年人口老龄化严重阶段。目前，西方发达国家几乎无一例外地达到严重老龄化阶段，但这些国家经济高度发达，建立了"从摇篮到坟墓"全方位社会养老保障体系。中国则要在经济刚刚进入小康阶段便达到老年型年龄结构，20年后即达到严重阶段，从而形成人口老龄化超前于经济发展的"时间差"。因此不可能效法西方福利国家的做法，而是要在大力发展社会供养的同时，继续提倡家庭子女供养，适当组织老年再就业自养，建立起容社养、家养、自养于一体，"三养"互相补充的养老保障体系。

（2）中国现行人口政策的基本点。说到人口政策，应当包括人口的数量、素质、结构几个方面；不过由于人口的数量增长具有决定的性质，因而现阶段的计划生育政策格外引人关注。中国现行计划生育政策的主要内容是：提倡晚婚晚育，少生优生；提倡一对夫妇生育一个孩子。农村中确有困难的夫妇间隔几年以后可以生育第二个孩子。少数民族也要实行计划生育，具体要求和做法由各自治区或所在省决定。计划生育政策在城乡之间、汉族和少数民族之间要求有所差别，即农村宽于城市，少数民族宽于汉族。各省（区、市）根据国家的政策，结合本地区的实际情况，制定相应的政策规定，并通过法律程序，形成地方性法规。这一政策的基本点，可以分述如下。

第一，少生。少到何种程度？提倡一对夫妇生育一个孩子。这是自20世纪80年代以来有效控制人口增长采取的一种"急刹车"办法，不这样做不足以尽快削减人口增长的势能。不过政策明确规定，城乡之间有所不同，目前城市基本做到，农村则相差较远。如对1994年10月1日～1995年9月30日抽样调查，15～49岁育龄妇女生育率城市为37.22‰，生育第一、第二、第三个孩子之比为28.4：5.6：1.0；农村生育率为54.51‰，生育第一、第二、第三个孩子之比为7.1：3.2：1.00。① 这是因为农村夫妇确有困难，包括独女户经过批准可以再生育一个孩子。中国有56个民族，除汉族外其余55个少数民族仅占总人口的8%，生育政策比较宽松，具体生育政策由自治区（省、市）依照地方法律程序制定。有的地方如西藏，从未对生育有任何限制，那里的计划生育意在进行宣传教育和提供服务。

---

① 《全国1%人口抽样调查资料1995》，中国统计出版社，1997。

第二，晚育。按照中华人民共和国《婚姻法》，结婚的起始年龄男性为 22 周岁，女性为 20 周岁，如果向后推迟 3 年即为晚婚，女性 24 周岁生育即为晚育。从人口再生产角度观察，晚婚晚育拉大了世代生育间隔，有利于总体生育水平的下降。

第三，优生。中国计划生育中的优生，不同于种族歧视所讲的优生，仅在于从遗传学上尽量减少包括先天性愚型在内的致残婴儿比例，提高发育正常健康新生儿比例。如规定近亲不得结婚，扩大通婚圈，限制某些有严重遗传疾病者生育等。

除上述生育政策外，人口政策还包括人口素质的提高和人口结构调节的内容。国家大力发展医疗、卫生和保健事业，降低人口死亡率，使人口死亡率由 20 世纪 40 年代的 20‰下降到 70 年代以来的 7‰左右；身体素质大为提高；大力发展科学、教育、文化事业。居民受教育程度大幅度提高，到 2000 年基本普及 9 年义务教育和扫除文盲半文盲，人口文化素质提高显著。同时对生育率下降后引起的年龄结构变动开始关注，注意解决老龄化带来的各种问题。1991 年国务院颁布《关于企业职工养老保险制度改革的决定》，提出建立基本养老保险、企业补充养老保险、职工个人储蓄养老保险相结合的制度。基本养老保险由用人单位和劳动者共同出资，定期交纳，建立养老保险基金和个人账户，大致相当于在职工资水平的 60%；企业补充养老保险由企业依据具体经济情况，定期交纳相当于工资总额的 15% 以内金额作为基金积累，建立职工个人账户；个人储蓄性养老保险为劳动者个人的一种商业性保险，国家予以支持，利率上给予优惠。在广大农村，主要依靠子女家庭养老和老年人口从事力所能及的劳动取得收入。值得一提的是，以农民自己交纳为主、集体补助为辅、国家政策予以扶持的储蓄式社会养老保险发展很快，1995 年突破 6000 万人。随着农村经济的发展和农民收入的不断提高，近年来农民储蓄式社会养老保险发展很快，成为一种新的养老方式。

（3）人口政策的历史演变。1949 年中华人民共和国成立时，人口生产处于典型高出生、高死亡、低增长类型。随着 3 年国民经济恢复的完成，死亡率开始下降，人口再生产迅速由高出生、高死亡、低增长向着高出生、低死亡、高增长转化，1953～1957 年出现第一次生育高潮，人口年平均增长率由1949～1952 年的 2.0% 上升到 2.4%。在此期间，1954 年中央领导人曾经主持召开过座谈会，发表赞成节育的讲话。1956 年《关于发展国民经济第二个五年计划的建议的报告》也提到"赞成在生育方面加以适当的节制"，"进行适当的宣传"和"采取有效的措施";但是,一是当时"赞成节育"的出发点主要是"为了保护妇女和儿童",① 缺乏对中国人口问题本质的认识;二是错误地批判了马寅初先生《新人口论》以及其他节制生育的主张,"左"的思想和"左"的理论泛滥,不能正视中国人口多这个现实,难以成为一项政策。

渡过由于经济困难带来的 1958~1961 年生育低潮期,从 1962 年开始出现带有补偿性的人口巨大增长,形成长达 12 年之久、年增长率平均高达 2.6% 的生育高潮。政府察觉到人口过快增长同经济发展不相协调,于 1962 年底发出《中共中央、国务院关于认真提倡计划生育的指示》文件,强调"使生育问题由毫无计划的状态逐渐走向有计划的状态"。在阐述上,除了计划生育"有利于保护母亲和儿童的身体健康"外,强调符合"有计划地发展我国社会主义建设的要求"。② 即经济建设的有计划性,决定着人口生产也要有计划地进行,较 20 世纪 50 年代前进了一步。不过仍旧没有触动人口数量过多、增长过快人口过剩的本质。1964 年国务院成立计划生育办公室,试图加强领导;然而遭到不久后开始的"文化大革命"的冲击,使生育重又陷入无政府状态。

1973 年全国人口增加到 89200 万人,人口问题越来越突出,国务院遂成立计划生育领导小组,各地也纷纷成立相应的领导机构,控制人口增长的力度得到空前的加强。这一年中央批转上海市、河北省的计划生育工作报告,均响亮地提出晚、稀、少计划生育基本要求,构成 20 世纪 70 年代中期计划生育的实际管理目标。不过晚、稀、少三者不是平列的,核心是少生,叫做"一个不少,两个正好"。到 70 年代后期则发生重大改变,1979 年初《人民日报》社论《必须高度重视计划生育》,提出一对夫妇生育子女数"最好一个,最多两个",揭开提倡生育一个孩子的序幕。1980 年春天,中央连续召开几次人口座谈会,围绕一对夫妇生育一个孩子问题进行深入讨论,取得共识。9 月发表中共中央关于控制人口增长问题致全体共产党员、共青团员的《公开信》,号召一对夫妇生育一个孩子。生育一个孩子多长时间为宜,《公开信》强调"最近二三十年的时间",笔者理解,主要是控制一代人的生育率,因为一代人的生育控制得好,也就控制了下一代做父母的人口数量,对未来人口变动起到决定性作用。对人口问题认识上进一步深化,《公开信》论述了人口增长过快同增加积累和加快建设的矛盾,同人民生活改善的矛盾,同提高全体居民教育、文化水平的矛盾,因而非大力控制不可。

① 《中国人口年鉴1985》,中国统计出版社,1985。
② 《中国人口年鉴1985》,中国统计出版社,1985。

从 20 世纪 80 年代至今，基本上贯彻了上述人口政策，其中有某些发展。80 年代中期曾经提出"完善政策"口号，即如何使现行政策更为广大群众所接受，解决某些执行中的问题，对一些确有实际困难的农民，生育上有所放宽，影响最大的是除个别地方外，农村独女户普遍准许再生育一个孩子。随着中国社会主义市场经济体制改革的推进，进入 90 年代以后注意政策的利益导向，在农村将计划生育同发展农村经济、帮助农民勤劳致富奔小康、建设文明幸福家庭结合起来，即计划生育"三结合"。近年来根据实际发展需要，提出计划生育工作思路和工作方法的转变，即由过去单纯就计划生育抓计划生育，向着与经济、社会发展紧密结合，采取综合措施解决人口问题转变；由以社会制约为主向逐步建立利益导向与社会制约相结合转变。这"两个转变"的实质，是将计划生育工作同居民的切身利益更好地结合起来，使群众自觉自愿地进行计划生育。

实行计划生育和控制人口增长是人口政策的主要内容，但不是唯一的内容，全面的人口政策还包括提高人口素质和调整人口结构部分。其实，控制人口数量和提高人口素质是一个问题的两个方面，在中央领导人的讲话和一些文件中很早已涉及。不过明确将提高人口素质作为人口政策组成部分提出来，则见 1981 年第五届人民代表大会第四次会议的《政府工作报告》："限制人口的数量，提高人口的素质，这就是我国的人口政策"。如前所述，这两个方面是相辅相成的，一方面人口的数量控制有利于人口素质，包括身体素质和文化素质的提高；另一方面人口素质，特别是文化素质的提高有利于生育率的下降，促进人口的数量控制更有成效。人口的数量控制直接关系到人口的年龄、性别结构，注意人口年龄结构老龄化和保持性别比平衡，早在 20 世纪 80 年代即提到议事日程。由笔者主持的"中国老年人口调查和老年社会保障改革研究"课题，在国家统计局抽样调查队帮助下，于 1987 年进行了除西藏、台湾以外的全国 60 岁以上老年人口抽样调查，提供一批完整数据资料。政府成立了老龄问题委员会全国性机构，中国老年学学会学术性机构，开展老龄化问题实证研究。进入 20 世纪 90 年代以来，随着老年人口所占比例上升较快，政府将老龄问题纳入人口问题解决之中。江泽民在刚刚结束的中共十五大的报告中，谈到人口问题和可持续发展战略时，重申要"控制人口增长，提高人口素质，重视人口老龄化问题"。在中国人口即将进入老年型年龄结构情况下，人口年龄结构的调节在全部人口政策中的地位和作用，有加强的趋势，构成不可分割的一部分。

二 中国生育政策效果评估

20 多年来中国大力控制人口增长，贯彻各项人口政策取得显著成效，对中国的人口变动和经济、社会发展，已经产生并将继续产生深刻影响。分述如下。

（1）生育率。中国自实行控制人口增长政策以来，一般生育率、年龄别生育率、总生育率（TFR）、终身生育率等各种生育率下降比较快，由生育率较高变成较低的国家。以总生育率（TFR）为例，20 世纪 70 年代以来的变动情况，如图 1 所示。[①]

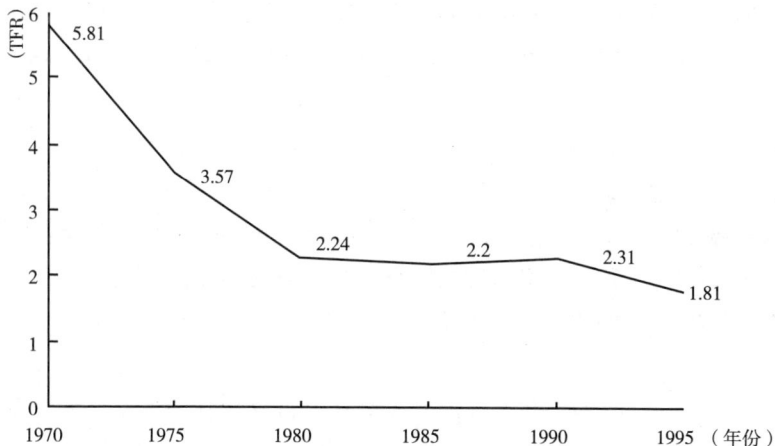

图 1 20 世纪 70 年代以来总生育率下降

图 1 表明，20 世纪 70 年代以来总生育率下降急速，这同原来生育水平过高相关；80 年代下降趋缓，中期以后略有升高；90 年代又稍有下降，但由于已在 2.0 左右，下降的速度缓慢下来。由于生育率的大幅度下降，导致出生率和自然增长率的下降，并使在人口基数不断增大的情况下，出生人数和自然增长人数还有所减少。见表 3。[②]

---

① 《中国人口年鉴，1985～1996》。
② 《中国统计年鉴 1996》，中国统计出版社，1996。

表 3 20 世纪 70 年代以来人口出生和自然增长变动

年份	出生人数（千人）	出生率（‰）	增长人数（千人）	增长率（%）
1970	27360	33.43	21140	2.58
1975	21090	23.01	14380	1.57
1980	17790	18.21	11600	1.19
1985	22020	21.04	14920	1.43
1990	23190	21.06	16290	1.44
1995	20736	17.12	12710	1.06

生育率、出生率、增长率的下降，直接来自计划生育家庭计划。20 世纪 70 年代以前已婚育龄妇女累计避孕率只有 13.4%，1973 年上升到 28.6%，1980 年上升到 54.6%，1985 年上升到 66.2%，1988 年上升到 73.2%，近 10 年来继续上升。这就使得在当年出生孩子中一孩率上升；由 1980 年的 44.2% 上升到 1990 年的 49.5%。1994 年的 62.8%；二孩率变动不大，由 28.4% 上升到 31.2%，再下降到 27.8%；三孩及以上所占比例下降，由 27.5% 下降到 19.3%，再下降到 9.5%。[①] 此外，结婚年龄的提高和提倡晚婚晚育也有一定影响。1950 年颁布的《婚姻法》，规定"男 20 岁，女 18 岁，始得结婚"；1980 年修改后的《婚姻法》，规定"结婚年龄，男不得早于 22 周岁，女不得早于 20 周岁。"再加上提倡晚婚晚育，使实际初婚年龄提高，目前女性平均初婚年龄提高到 23 岁左右。[②] 晚婚必然带来晚育，对生育率的降低产生良好影响。

（2）死亡率。贯彻控制人口数量、提高人口素质计划生育基本国策，必然促使人口死亡率下降。据统计，全国婴儿死亡率已从 1950 年的 174.7‰，下降到目前的 30‰左右。如图 2 所示。[③]

反映总体人口死亡率下降的，是粗死亡率，不过要进行年龄结构标准化后才可作有效比较。按 1964 年人口普查的年龄结构对 1995 年人口年龄结构标准化以及 1995 年的死亡状况，如表 4 所示。[④]

---

① 国家统计局人口与就业司编《中国人口主要数据手册 1995》，中国统计出版社，1995。
② 国家统计局人口与就业司编《中国人口主要数据手册 1995》，中国统计出版社，1995。
③ 《中国人口年鉴 1991》，《全国 1% 人口抽样调查资料 1995》，中国统计出版社，1995。
④ 《中国人口年鉴 1991》；《全国 1% 人口抽样调查资料 1995》。

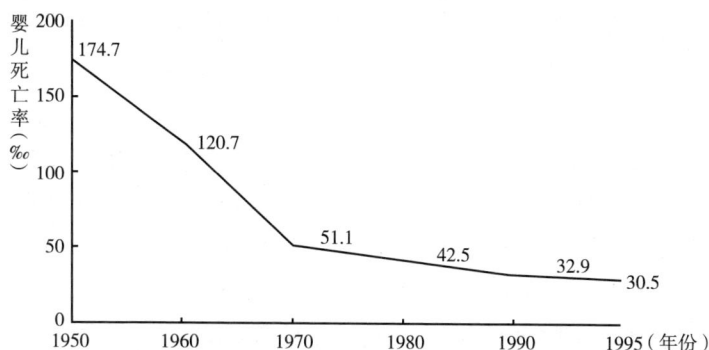

图 2　中国婴儿死亡率下降情况

表 4　1995 年年龄结构标准化（按 1964 年）后死亡状况

年龄组（岁）	人数（人）	死亡率（‰）	死亡人数（人）
0 ~ 4	174535361	7.309	1275679
5 ~ 9	163634471	0.660	107998
10 ~ 14	150553403	0.539	81148
15 ~ 19	108282174	0.943	102110
20 ~ 24	88660572	1.441	127760
25 ~ 29	87933846	1.474	129615
30 ~ 34	81514433	1.557	126918
35 ~ 39	71703632	1.915	137313
40 ~ 44	62135073	2.651	164720
45 ~ 49	53777724	3.999	214573
50 ~ 54	46268222	6.336	293155
55 ~ 59	39364325	10.299	402657
60 ~ 64	31006976	16.779	520266
65 ~ 69	20348328	27.551	560616
70 ~ 74	12717705	45.757	581924
75 ~ 79	6661655	68.752	458002
80 ~ 84	2442420	108.370	262517
85 ~ 89	48448	133.445	6465
90 +	12112	300.000	3633

表 4 按照 1964 年年龄结构进行标准化处理后，1995 年死亡人数变成 5557069 人，粗死亡率为 4.59‰。实际上 1995 年的粗死亡率为 6.56‰，高出 1.97 个千分点；与 1964 年比较，则降低 6.91 个千分点，下降幅度为 57%。标准化后死亡率下降如此之快，最根本的原因是经济的发展和人民生

活的改善，以及医疗、卫生、保健事业的发展，传染性疾病的有效防治。前已述及，人口政策中优生优育为重要组成部分，各级计划生育部门注重妇女围产期保健，采用新法接生，减少母亲围产期发病率和死亡率，新生儿成活率很高。近年来大力开展预防艾滋病和多种性病教育，同时加大对贩卖黄色色情物和卖淫嫖娼打击力度，有力地扼制了艾滋病以及多种性病的蔓延。1970 与 1995 年比较，全国县及县级以上医院由 6030 所增加到 14771 所，增长 145%；卫生机构人员由 179.3 万人增加到 537.3 万人，增长 200%。1995年全国前 6 位死亡原因中均为"现代型"：城市依次为脑血管病、恶性肿瘤、呼吸系病、心脏病、损伤和中毒、消化系统疾病；农村依次为呼吸系病、恶性肿瘤、脑血管病、损伤和中毒、心脏病、消化系统疾病。[①] 20 世纪 90 年代以来，政府又颁布《中华人民共和国残疾人保障法》（1990），《中华人民共和国未成年人保护法》（1991），《全国人民代表大会常务委员会关于严惩拐卖、绑架妇女、儿童的犯罪分子的决定》（1991），《中华人民共和国收养法》（1991），《中华人民共和国妇女权益保障法》（1992），《中华人民共和国女婴保健法》（1994）等，从法律和政策上对妇女、儿童、残疾人等加强保护，降低了风险死亡率，促使总体人口死亡率进一步下降。

（3）迁移和分布。中国现行生育政策在城乡之间、不同地区之间存在的差异，对人口的分布产生一定影响。明显的是，城市生育率低于乡村，仅就人口的自然增长而论，不利于城市化；地区之间也存在着西高东低的差别。但由于受迁移因素的影响，人口城市化在不间断地进行，人口地区分布也未发生大的变动。

关于中国人口城市化和地区分布的历史演变和现状，已如前述，这里主要分析一下人口迁移状况。据国家统计局 1996 年 1.028‰抽样调查提供的资料，1996 年住在本调查小区户口在本乡、镇、街道的人口占 94.5%，住本调查小区半年以上户口在外乡、镇、街道的人口占 4.50%，住本调查小区不满半年离开户口登记地半年以上人口占 0.31%，住本调查小区户口待定人口占 0.63%。[②] 后 3 项可视为乡、镇、街道为地域界限的迁入人口，占居住人口的 5.44%。另据 1995 年 1.02666% 人口抽样调查，以县、市、区为地域界限的年迁入人口，如表 5 所示。[③]

---

① 《中国统计年鉴 1996》，中国统计出版社，1996。
② 《中国统计年鉴 1997》，中国统计出版社，1997。
③ 《全国 1% 人口抽样调查资料 1995》。

表5 20世纪90年代以来以县、市、区为界的年迁入人口

单位：千人

年 份	1991	1992	1993	1994	1995
市	2743	3473	4479	5553	4395
镇	441	556	773	1043	865
县	1274	1594	2277	3100	2848
总 计	4458	5623	7529	9696	8108

　　需要说明的是，上述数字是依据中国特殊的户口制度统计和调查的结果，即人在本地、户口在外地的迁移数量，未包括户口已在本地的迁移过来的人口，实际的人口迁移数量远大于此数。该抽样调查表明，早在1990年全国按现住地分在外县、市、区的人口已达323.7万人。这些迁移人口以流入城市为主，表5显示：1991年市镇与县迁入人口比例为2.5∶1.0，1993年为2.3∶1.0，1995年为1.8∶1.0。市镇迁入人口中又以市为主，市与镇迁入人口之比1991年为6.2∶1.0，1993年为5.8∶1.0，1995年为5.1∶10。正是这种以市镇为主的人口迁入模式，才形成中国人口城市化的加速进行。就地区而论，总体上人口迁移不是由人口密度高的地区向人口密度低的地区迁移，而是相反，主要是四川、河南、安徽、黑龙江、贵州、湖北、湖南、江西等省和自治区，流向广东、海南、浙江、江苏、北京、上海、山东等沿海省份和直辖市，改变着传统的"下关东"（山东省向东北地区迁移），"支援大西北"（上海、北京等以知青为主的向新疆、内蒙古等的迁移）等的迁移模式，出现所谓的"孔雀东南飞"（人才向东南沿海地区流动）现象。这是实行改革开放方针和东南沿海经济率先起飞的必然现象，也是符合人口迁移"推拉假说"的。

　　关于国际迁移，较大规模的始于秦朝的徐福率领一批人东渡日本，其后或出于改变贫困到海外谋生，或出于商贸自由移民，或出于宗教、文化交往，迁出人数累积增多。19世纪中国一步步沦为半殖民地半封建社会，国家经济凋敝，到国外做工的华人增加，到1922年估计超过800万人。1954年全国人口普查，海外华侨及留学生共1174.3万人，1986年增加到2218万人。在109个国家华人中，亚洲占89.4%，达1984.4万人；美洲占7.7%，达170万人；欧洲占1.7%，达38万人；其余澳洲、非洲占

1.2%，达 25.6 万人。① 改革开放以来国内外迁移人口增加，1995 年在国外工作和学习国内暂无户口人数即达 23.6 万人，近些年来每年办理的出国签证在 10 万人以上。而外国在华人员，1990 年达 34.6 万人。② 对于一个总人口超过 12 亿的大国说来，国际间的人口流动还很有限，随着对外开放和交往的扩大，国际间的人口迁移会进一步增加。

（4）人口年龄结构老龄化。人口年龄结构走向老龄化，是世界也是中国人口发展的一大趋势。中国人口老龄化同其他国家相比，具有如下一些特点。

一是老龄化速度比较快，达到的水平比较高。国内外大同小异的预测表明，20 世纪末 60 岁以上老年人口比例可上升到 10%，65 岁以上接近 7%，年龄中位数达 29.9 岁，步入老年型。2040 年达到峰值年份，60 岁以上老年人口比例可上升至 23.7%，65 岁以上上升到 18.3%，年龄中位数上升至 39.4。③ 以 65 岁以上老年人口比例由 7% 上升到 17% 而论，中国需要 40 年，发达国家一般要 80 年，有些国家超过 100 年。2040 年超过 18%，虽然仍低于发达国家老龄化程度，但是在发展中国家属最高水平之列。

二是老龄化在时间上具有阶段和累进增长性质。按照上述预测，1980～2010 年 65 岁以上老年人口比例每 10 年提高 1.0 个百分点；2010～2030 年每 10 年提高 3.1 个百分点，速度加快；2030～2040 年提高 4.3 个百分点，速度最快，2040 年后老年人口比例下降，有所缓解。④

三是老龄化在空间分布不平衡。一为城市人口老龄化提前到来，达到的水平也比较高；二为自西北向东南形成老龄化"等高线"分布，西部、中部、东部老龄化程度逐步加深。

不难看出，上述人口老龄化进程同中国经济和社会发展形成明显"时间差"：按照中国经济和社会发展目标，20 世纪末达到小康水平，21 世纪中叶达到发达国家一般水平，中国必须准备在经济尚不够发达的情况下迎来老龄化严重阶段，不同于发达国家在经济高度发达情况下达到老龄化较高水平。因此，应付人口老龄化超前到来的挑战，基本养老

① 《中国人口年鉴 1997》，李宏规："国际人口迁移与国家政策"。
② 《中国人口年鉴 1997》，李宏规："国际人口迁移与国家政策"。
③ United Nations, *World Population Prospects*, *The 1994 Revision*, New York, 1995.
④ United Nations, *World Population Prospects*, *The 1994 Revision*, New York, 1995.

保障办法如下。

第一，积极发展社会供养和寻求改革。自 1949 年新中国成立以来，养老社会保障从无到有迅速发展，改革开放以来发展更快。1978～1995 年离休、退休、退职人数由 314 万人增加到 3094.0 万人，增长 8.9 倍；保险福利费用由 17.3 亿元增加到 1541.8 亿元，增长 88.1 倍，其中 84% 左右为国有单位①。根据预测，2000 年退休人数将比 1995 年成倍增加，2010 年比 2000 年再翻几番，2020 年还要加翻，退休金将成为国家财政和企业不堪承受的重负，原来的一套办法难以为继，扩大老年社会保障范围更加困难。为此，国家已拿出养老社会保障改革办法，其主要精神是：老人老办法，即原规定应享受养老保障者办法照旧，维护他们的利益；新人新办法，即新参加工作者由个人、企业或单位按月上缴一定比例的养老基金，解决退休等问题。同时广泛开展包括广大农民在内的养老保险，尽可能多一些地扩大老年社会养老范围。

第二，提倡家庭供养与发展社区服务。包括中国、日本等在内的东方国家具有尊老、养老传统，中国应继续提倡家庭子女供养，在现阶段农村发挥主体作用。根据调查，当前 60% 左右的农村老年人口同子女生活在一起，家庭的赡养功能得到较为充分的发挥。不过随着市场经济的发展和人们价值观念的改变，家庭供养存在一定的危机，不赡养父母的子女在增加，因而需要大力提倡并实施法律保护。中国《宪法》就明确规定父母有抚养子女的义务，子女有赡养父母的义务。同时，作为家庭聚居区的社区，普遍将为老年人服务列为社区活动的重要内容，在为老年人衣、食、住、行、医疗等提供服务方面发挥重要作用。需要吸取国外经验，特别是文化传统同中国接近的日本等国的有益经验，加以完善和提高。

第三，组织老年自养和开发老年人力资源。中国同日本接近，目前保持着较高的老年人口再就业率，城市在 15% 左右，乡村则超过 30%，部分养老靠老年人口从事力所能及的劳动收入。实际上，老年人口尤其是较低年龄组老年人口中相当多数具有一定劳动能力，是一支有待充分开发利用的人力资源。而中、日老年人口又有着愿意从事一定劳动的习惯，是老年价值观的体现，适当组织老年再就业自养是于老年自身和社会均相得益的事情。不过，由于中国属于人口和劳动力过剩国家，老年再就业应注意不要同青年人

① 《中国统计年鉴1997》，中国统计出版社，1997。

争夺劳动力市场，主要面向园艺式和技术构成较低的农业，城市主要面向驻车场、商业、服务业等，实现老年再就业适宜的职业转移。

（5）妇女问题。妇女状况怎样，对人口问题和人口政策的实施影响很大。中国妇女状况及发展，可概述如下。

首先，国家明确规定妇女享有同男性完全平等的权利。《宪法》第48条规定："中华人民共和国妇女在政治的、经济的、文化的、社会的和家庭的生活各方面享有同男子平等的权利"。这种平等的权利以《宪法》为依据，以《妇女权益保障法》为主体，包括《婚姻法》《劳动法》《母婴保健法》等比较完整的妇女权益法律保障体系。在这一体系保障下，妇女的权利受到尊重，积极参与国家管理。据统计，妇女在历届人民代表选举中参选比例均在90%以上，八届人大女代表占21.0%，女常委占12.3%，女副委员长占10.5%；在国家机关、企业、事业中，女干部占33%，国务委员1人，省部级领导38人，[①] 发挥着重要作用。

其次，妇女在就业和经济生活中享有平等权利保障。中国妇女就业率很高，目前女性从业人员占社会全部从业人员的44%；1996年城镇女职工人数达5745.2万人，占全部职工的38.7%，几乎涵盖了全部产业部门；基本实现同工同酬，女职工工资增长显著；女性人口受教育程度略低于男性，但从发展上看差距已大大缩小，1996年情况如表6所示。[②]

表6 分性别从业人员受教育程度

单位：%

性别	不识字	小学	初中	高中	大专以上
男	8.1	33.4	42.4	12.7	3.4
女	18.6	37.6	31.9	9.7	2.2

再次，在家庭计划中妇女享有充分的权利。据调查，当前由男女双方自己决定、征求父母意见商定的婚姻占74%，40岁以下的已婚妇女自主婚姻率约为80%，妇女离婚和再婚也享有保障。在生育问题上，妇女的决策权明显高于男子，见表7。[③]

---

① 《中国统计年鉴1997》，中国统计出版社，1997。
② 《中国统计年鉴1997》，中国统计出版社，1997。
③ 《当代中国妇女地位抽样调查资料》（1993），万国学术出版社，1994。

表 7　男女性别的生育决策权

单位：%

	妻　子	丈　夫	夫妻共同	其　他
城　市	14.1	2.5	79.9	3.5
乡　村	6.7	3.9	82.9	6.5

　　国家在有些方面对妇女和儿童实行特殊保护，如《婚姻法》规定："女方在怀孕期间和分娩后一年内男方不得提出离婚"，女方可以提出；《妇女权益保障法》规定："妇女有按照国家有关规定生育子女的权利，也有不生育的自由"，"有关部门应当提供安全、有效的避孕药具和技术，保障实施节育手术的妇女健康"等。《劳动法》还规定了妇女在月经、怀孕、生产、哺乳期间"四期保护"，使妇女的健康和劳动权利受到法律保障，经济地位得到改善和提高。20 世纪 50 年代妇女收入占家庭收入一般只有 20%，目前已提高到 40% 左右，而农村中以妇女为主体的专业户更占到了 60% 以上。妇女经济上的独立极大地提高了在家庭经济和其他事务中的决策权，获得了家庭财产的应有权利和继承权。这一系列权益保障，大大提高了妇女在家庭和社会上的地位，并且建立了全国和各级妇女组织，有了组织保障，同时以多种组织形式和个人积极参与妇女国际事务，如举办第四次世界妇女大会等活动，在国际妇女事务中发挥着应有的作用。

未来中国人口变动趋势及其宏观调节基本思路[*]

中国第四次人口普查的胜利完成及其资料的陆续公布，未来总体人口和各年龄层人口的变动趋势，进一步明确起来，认识和因势利导驾驭这种趋势，对于贯彻落实计划生育基本国策，实现翻两番的第二个战略目标，有着重要的现实意义。

一 总体人口继续增长的趋势

中国自 20 世纪 70 年代大力加强计划生育以来，控制人口增长取得举世瞩目的成绩，以 1970 与 1990 年相比，出生率由 33.43‰下降到 20.98‰，下降 12.45 个千分点；死亡率由 7.6‰下降到 6.28‰，下降 1.32 个千分点；自然增长率由 2.58%下降到 1.47%，下降 1.11 个百分点[1]。根据美国人口咨询局的估计，1990 年不发达地区人口出生率为 35‰，自然增长率为 2.4%；世界人口出生率为 27‰，自然增长率为 1.8%，中国与之相比，不仅远远低于不发达地区，而且也低于世界水平许多[2]。然而受现有人口年龄构成制约，1986～1997 年仍将经历一次新的生育高潮，人口形势颇为严峻。按照年龄结构推移，育龄妇女人数已由 20 世纪 80 年代初期的 2.5 亿人增加到 1990 年的 3.1 亿人，并且要增加到 1997 年的 3.4 亿人，直至 2000 年以前都将有增无减，其中处于 20～29 岁生育峰值年龄的女性人口 1990 年达 1.16 亿人，1991～1993 年更超过 1.22 亿人；处于 23 岁生育峰值年龄的女性人口

---

* 本文原载《人口》季刊，1992 年第 4 期。

[1] 《中华人民共和国国家统计局关于 1990 年人口普查主要数据的公报》；《中国统计年鉴 1991》，中国统计出版社，1991。

[2] Population Reference Bureau Inc., USA, *World Population Data Sheet* 1990.

在这次生育高潮中保持在 1100 万人以上，20 世纪 90 年代前 3 年更在 1300 万人左右，1992 年可达 1320 多万人。尽管这一次生育高潮掀起的波峰可能不及 1953～1957 年、1962～1973 年两次生育高峰高，但随着人口基数的加大，每年出生和净增人口的绝对数量相当可观。加上客观上随着商品经济发展而来的流动人口的急剧膨胀，人口管理难度加大；乡村和城镇个体经济中家庭生产职能的恢复，孩子劳动—经济效益的强化刺激了生育，特别是刺激生育男孩子等因素的影响，使控制人口增长任务更为艰巨。按照中国国民经济和社会发展第八个五年计划和十年规划人口平均增长 1.25% 推算，20 世纪末内地 30 个省、自治区、直辖市人口将接近 13 亿人，稍有不慎就会突破。进入 21 世纪人口还要再增长相当长一段时间才会停止下来，2050 年增加到 16 亿人左右也在意料之中。

面对未来人口数量增长仍较强劲的态势，中国在经济、文化还不够发达的情况下，有效控制人口增长仍需坚定不移地贯彻现行计划生育政策：国家干部和职工、城镇居民除特殊情况经过批准外，一对夫妇只生育一个孩子；在农村也要提倡一对夫妇只生育一个孩子，某些群众确有实际困难要求生二胎的，经过批准可以间隔几年以后生第二胎，无论哪种情况都不能生育第三胎；少数民族地区也要提倡计划生育。其中确有实际困难的农户可以包括独女户，但不要求全国"一刀切"。这一政策既贯彻了从严控制的要求，也体现了从实际出发的实事求是精神，力求融两者于一体。长期以来政府在贯彻执行这一政策中积累了丰富的经验，诸如领导重视，推行人口与计划生育目标管理责任制，坚持"三为主"和纳入法制管理轨道，加强基层建设和基础工作，各部门齐抓共管和综合治理经验等。这一整套虽属生育行为的"外在因素"，但是已经实践检验，证明是行之有效的，具有鲜明中国特色的做法和经验，可以说，当前的中国人口控制舍此别无他途，当然这一整套做法和经验也要在实践中发展，应当不断总结新鲜的做法和经验。

强调我们自己的做法和经验，这是由中国的具体国情决定的，但这并不意味着忽视人类生育率下降的普遍理论和经验，相反，从发展和根本上说，生育率下降的一般规律对中国也是适用的。唯物史观认为，存在决定意识，人口再生产的最终驱动力在于经济的力量，在于人们的利益选择，在这方面，西方微观人口经济学家作了广泛的探究，美国哈佛大学 H. 莱宾斯坦教授，芝加哥大学 G. S. 贝克尔教授，南加州大学 R. A. 伊斯特林教授等创立了比较完整的孩子成本—效益理论。按照这一理论，生育孩子由直接成本，即养育孩子的生活费用、教育费用和婚姻费用等的直接支出；间接或机会成本，即父母尤其是母亲因抚育孩子消耗时间而损失的收入两部分组成，孩子对父母的效益，主要有劳动—经济效益，为家庭提供劳务和增加收入；养老—保险效益，发展中国家老年赡养很大程度上依靠子女；消费—享乐效益，满足父母"天伦之乐"的精神需求。此外，孩子还具有承担家业兴衰的风险效益，维护家庭地位的社会效益，安全保卫的效益等，由此妇女对孩子的数量需求取决于直接和间接投入孩子身上货币成本的成本效益；若净成本为正值，该边际孩子父母不需要；若净成本为负值，该边际孩子父母需要；若净成本为零，该边际孩子是否需要无解，受随机因素的影响。这是静态意义上的考察。在动态意义上，由于经济和技术的发展，家庭财富的增加主要取决于劳动力的质量，而不是其数量，边际孩子劳动—经济效益呈下降趋势；随着经济发展社会和劳动者个人都积累了更多的养老保险手段，社会保障日益健全，边际孩子养老—保险效益也呈下降趋势，其他继承、安全、保卫等效益也有不同程度的降低。在成本方面，用于边际孩子生活费用和母亲怀孕分娩期间的支出，在一定社会生产力发展水平条件下是相对稳定的，可视为不变成本或数量成本；而甩开边际孩子教育、健康方面的费用是随着社会进步不断增加的，可视为可变成本或质量成本。于是发生了父母的选择偏好由孩子数量成本向质量成本的转移，遂使生育率下降。

显然，上述孩子成本—效益理论有其局限性，不同学派之间观点也不尽相同，但它将生育行为同经济利益之间联系起来，说明经济发展引起生育率下降的根本原因，则具有普遍的意义。长期以来，由于中国商品经济不发达，很少对孩子成本和效益作出深入的分析，然而并不等于人们的生育行为不受利益调节的支配。相反"养儿防老""人财两旺"一类格言倒是这种联系链条的真实写照，人们追求"多子"是为了"多福"。因此促使生育率下降治本的办法，是改变"多子"与"多福"之间的因果关系，即通过增大超生子女成本，提高独生子女和计划内生育子女效益两方面措施，逐步实现谁少生子女，谁花费的孩子成本小，带来的效益大；谁多生子女，谁花费的孩子成本多，带来的效益并不大，久而久之，使人们从关心自己的得失即孩子成本—效益变动上，权衡生育子女的数量，自动选择少生优育优教的道路。国家的人口控制机制与此相适应，也应从目前以人口目标行政管理为主，转变到以维护计划内生育子女及其家庭的正当权益，征收必要的超生子女费用等为主的利益调节管理，实现向利益调节机制的过渡。

二　生产年龄人口激增的趋势

与当前生育高潮并行且持续时间更长一些的，是生产年龄人口激增的高潮。1990 年人口普查 15～59 岁生产年龄人口为 72227 万人，占总人口的 63.71%；预计 2000 年可增加到 82262 万人，占 64.29%；2010 年可增加到 92575 万人，占 67.14%。其后所占比例开始下降，到 2020 年下降到目前水平，2030 年可下降到 59.45%，2040 年可下降到 58.76% 左右[①]。

怎样看待生产年龄人口变动的这一趋势？笔者以为既是一个机会，又是一次挑战，是机会，是指随着生产年龄人口所占比例上升，从属年龄人口比（0～4 岁 +60 岁以上/15～59 岁）在未来 20 年内将有一个较大幅度的下降过程。1990 年上述从属年龄人口比为 0.57，预计 2000 年可降至 0.55，2010 年可降至 0.49，然后升高。2020 年可升至 0.58，2040 年可升至 0.70 左右[②]。可见当前和未来 20 年内，正处在由于生育率下降少年人口所占比例降低比老年人口所占比例升高为快，因而从属年龄人口比呈较大幅度下降的特殊人口变动时期，堪称人口年龄结构变动的"黄金时代"。这一时期劳动力充裕且比较廉价，有利于降低产品成本，增加国际市场上的竞争能力；平均每个劳动力社会负担较轻，有利于增加积累，推动技术进步，促进经济成长。事实上，一些国家和地区包括日本、新加坡等亚洲"四小龙"在内的"经济起飞"阶段，无不利用了这一人口年龄结构变动的"黄金时代"，加快发展的步伐。改革开放 10 多年来中国特区、经济开发区、沿海的经济发展也证明了这一点，尽管劳动力已经过剩，但利用好人力资源仍可为加快建设提供一个良机。

是挑战，在一个人口和劳动力本已过剩的国度再来一个生产年龄人口激增，20 年内持续大幅度增加，无疑增加了解决的难度。解决的基本思路，是在充分就业、合理就业、有限就业诸模式中，作出协调人口和经济发展最优抉择的就业发展战略，以及在这一战略基础上合理的就业结构。

确定就业发展战略的核心，是摆正就业率与就业效益的关系。在实践

---

① 参见田雪原主编，邬沧萍、鲁志强副主编《2000 年的中国人口与就业》（"六五"社会科学研究重点项目）。

② 参见田雪原主编，邬沧萍、鲁志强副主编《2000 年的中国人口与就业》（"六五"社会科学研究重点项目）。

中，中国有不少成功的经验，也有若干值得吸取的教训，当前情况怎样呢？一般认为，发达国家就业手段比较充足，人口年龄结构进入老年型，生产年龄人口所占比例比较高，总人口就业率较高，一般占45%以上，又由于教育发达，通常25%~30%的生产年龄人口在校学习，生产年龄人口就业率较低，一般在75%以下。发展中国家情况相反，总人口就业率要低10个百分点，在35%左右；生产年龄人口就业率则要高出10个百分点，在85%左右。中国1990年普查总人口就业率为49.6%，属发达国家类型；生产年龄就业率为77.9%，属发展中国家类型。这种"类型差"，一方面反映出人口成年型年龄结构，以及经济、教育尚不发达的状况；另一方面反映出高就业率指导下的就业政策的作用。改革开放以来就业效益日益受到重视，但是就业效益不够高的问题仍然存在，兼顾人口和经济发展两方面的特征，保证在劳动生产率不断提高前提下的比较充分就业，应成为就业发展战略的基本立足点，并从这一立足点出发，改革劳动制度，建立新的机制，调整就业结构。

调整就业结构，主要是调整就业的所有制结构，产业结构和技术结构。在就业的所有制结构方面，长期以来全民所有制单位职工直线上升，个体劳动者比例迅速下降。改革开放以后情况有很大改观，全民、城镇集体、个体劳动者之比，由1957年的24∶6∶1变动到1990年的15∶5∶1，城镇集体和个体经济在吸收劳动力就业中发挥了很大作用。今后适应生产年龄人口激增形势，在发挥全民所有制经济主渠道作用的同时，适当扩大集体和个体劳动者就业，广开就业门路，是需要长期坚持的一项政策。在就业的产业结构方面，一是要注意第一产业内部的就业转移，主要是由农业栽培业为主向以林、牧、渔、副业为主的转移；二是要加快由第一、第二产业向第三产业的转移，即新增人口就业由以物质生产部门为主向非物质生产部门为主的转移。在就业的技术结构方面，伴随现代化建设高技术产业就业会有较快发展，但吸收劳动力数量有限；大量劳动力就业仍在中间和落后技术部门，适当多发展一些劳动密集以及劳动密集同技术密集相结合的产业，是应付就业压力不断增大所必需的。

三 人口老龄化发展趋势

由于出生率下降和预期寿命的延长，在总体人口、生产年龄人口增长的同时，老年人口也增长很快，2040年前出现人口老龄化加速发展的趋势。

1990 年普查 60 岁以上老年人口占总人口的 8.6%，预计 1995 年可上升到 9.3%，2000 年可上升到 10.0%，即完成由成年型向老年型转变。2010 年可继续上升到 11.7%，其后速度进一步加快，2020 年可上升到 15.0%，2030 年可上升到 20.0%，到 2040 年上升到最高峰值时可占 21.8%。然后转而下降，老龄化程度有所缓解，但水平仍比较高[①]。

这是又一个人口挑战，"银色浪潮"冲击的挑战。应付这一挑战可否采取抬高生育率，通过提高少年人口比例的办法推迟老龄化到来，削减其达到的峰值呢？笔者认为，不可以。因为抬高生育率固然可以降低老年人口比例，但是并不能减少老年人口的绝对数量，从长远发展观点看，则是老龄化的积累，只是暂时的缓冲，以牺牲总体人口数量控制这个全部人口问题核心为代价的缓冲而已，实不足取。必须明确，一定程度的人口老龄化不仅是必不可免的，甚至是必须的，是通向人口零增长的必由之路，不可舍本求末，因噎废食。不过由于中国人口老龄化速度比较快，达到的水平比较高等显著特点，需要未雨绸缪，尽早拿出相应的战略决策。一方面要充分估计到人口老龄化对经济、科技、社会发展的影响，作出适应老龄化发展的若干调整；另一方面，老龄化的到来及其一步一步地加深，社会如何解决与日俱增的老年人口需要，包括满足衣、食、住、行等生存需要，就业、学习、参与社会活动等发展需要，文化、体育、旅游等享乐需要，则是在老龄化到来之前就必须认真做好准备解决的硬任务，尤其是以经济赡养为核心的生存需要的妥善解决。建立起适合中国国情的养老保障制度，是顺利通过人口老龄化严重历史时期的首要任务。

这一养老制度的建立，一要注意到人口与经济发展之间的"时间差"：迄今为止步入人口老年型年龄结构的均为发达国家，其经济已经高度发展起来；我国却要在经济上由温饱过渡到小康阶段时即进入老年型，21 世纪 20 年代以后步入老龄化严重阶段时国民经济发展水平也不可能很高，因而养老保障不可能也没有条件走"福利国家"道路，只能走自己的路。二要注意到城乡之间、地区之间老龄化空间发展上的不平衡，养老保障制度的建立不可能全国"一刀切"，只能分层次地进行。三要注意到目前老年人口的赡养状况，以退休金、子女供给、本人劳动收入为主要经济来源的"三大支柱"，以及城乡之间的差别：城市已进入以退休金为主的工业型养老，乡村

[①] 参见田雪原主编，邬沧萍、鲁志强副主编《2000 年的中国人口与就业》（"六五"社会科学研究重点项目。）

则以子女供给与本人劳动收入并重，基本上滞留在农业型养老阶段。据此，改革现行养老保障制度和建立起新的养老保障体系的基本要求是：积极发展社会供养，这是发达国家应付人口老龄化冲击普遍筑起的一道大坝，也是社会进步的一个方面的标志，我们也要这样做；继续提倡子女供养，这是由人口与经济发展的"时间差"，社会供养发展速度赶不上人口老龄化速度决定的；适当组织老年人口自养，鼓励老年人口继续从事力所能及的劳动，扩大经济来源和提高收入水平。建立社养、家养、自养互相补充、"三位一体"的养老保障体系是一个总的思路，还要依据老龄化在时间和空间上表现出的不同特点，依据经济、文化等发展状况，依据老年人口性别、年龄、技能等自身不同条件，作出合理的选择和调整。

参考文献

［1］ 中华人民共和国国家统计局关于 1990 年人口普查主要数据公报，国务院人口普查办公室、国家统计局编印，1991。

［2］《中国 1990 年人口普查 10% 抽样资料》，中国统计出版社，1991。

［3］ 孙兢新、孟庆普：《十一亿人口的普查》，第四次全国人口普查资料讨论会论文，1992 年 2 月。

［4］ 田雪原：《90 年代的中国人口问题》，《田雪原文集》，中国经济出版社，1991。

［5］ United Nations, *World Population Prospects 1990*, New York, 1991.

［6］ United Nations Population Fund, The State of World Population 1992, New York, 1992.

［7］ Lester R. Brown et al. , *State of the World 1990*, A Worldwatch Institute Report on Progress Toward Sustainable Society, W. W. Nortons and Company, New York, London.

［8］ G. J. R. Linge and D. K. Forbes et al, *China's Spitial Economy*, Oxford University Press, 1990.

21 世纪中国人口发展趋势与
决策选择问题研究[*]

在 20 世纪即将结束和 21 世纪行将来临之际，中国人口形成一些比较明显的变动和发展趋势。认识和因势利导地驾驭这些趋势，深入研究并兴利却弊，不仅对未来人口目标的实现至关重要，而且对建设有中国特色的社会主义，对经济、社会发展以及资源、环境的改善，都将产生相当影响。

一 总体人口变动趋势与生育控制决策选择

依据国家统计局 1996 年 1.028‰人口抽样调查，该年 0~14 岁人口占25.9%，65 岁以上人口占 6.9%，老少比为 0.268①。据此人口年龄构成处在成年型末期向老年型过渡阶段，尚有一定增长势能。国内外相近人口预测表明，20 世纪末全国人口可达 13 亿左右，2010 年可达 14 亿左右，到 2050年零增长时可达 16 亿左右，然后开始缓慢下降。至于达到零增长以后人口目标的选定，笔者以为包括本人在内的许多学者论证的从资源、经济发展等出发的适度人口数量，仍有一定参考意义。不过需要作进一步的考察，结合"三步走"发展战略目标实践，提出更为科学合理和切实可行的适度人口规划。

就 21 世纪中叶人口数量变动预测而言，许多预测都将总生育率（TFR）②的假定由 20 世纪 90 年代的 2.0 左右开始下降，进入 21 世纪即开始回升，很快达到并保持 2.10 更替水平，例如，联合国的预测对总

---

* 原载《中国人口科学》1998 年第 1 期。

① 《中国统计年鉴1997》，中国统计出版社，1997。

② Total Fertility Kate 笔者均称为总生育率。因为它除了表示妇女年龄别生育率之和，即总和生育率意义之外，还表示某妇女（或组群）假定在她的一生中是按照所给年份的年龄别生育率通过她的生育期所生子女数。

生育率的假定为：1950～1955 年，TFR＝6.11；1970～1975 年，TFR＝4.76；1990～2000 年，TFR＝1.95；2000～2010 年，TFR＝1.99；2010～2050 年，TTR＝2.10[1]。

实际情况是，按算术平均数计算的 1990～1996 年的总生育率为 1.91，稍低于联合国的预测。现在的问题是，2000 年中国的总生育率是否已下降到谷底，其后是否需要抬高和能否抬高。众所周知，自 1980 年发表中共中央致全体共产党员、共青团员"公开信"以来，一孩户所占比例不断上升，1995 年 1% 人口抽样调查显示，1994 年 10 月 1 日～1995 年 9 月 30 日全国育龄妇女生育一孩比例为 67.0%，二孩为 25.6%，三孩以上为 7.4%[2]；1996 年，全国育龄妇女平均活产子女数为 1.42[3]。可以大致有这样的概念，目前提倡一对夫妇生育一个孩子，城市基本上做到了，乡村多数则没有做到。"公开信"发表时特别强调"最近二三十年的时间普遍提倡一对夫妇只生育一个孩子"。笔者以为，如能真正做到也就控制了一代人的生育率；因而也就大大减少了下一代人成为父母的数量，从人口再生产角度观察，起到了有效控制人口数量增长的作用。因而笔者非常赞同双方均为独生子女者婚后可以生育两个孩子。事实上当前各省、自治区、直辖市的《计划生育条例》，一般也是这样规定的。所以，提倡一对夫妇生育一个孩子既非权宜之计，实行三年五载不能解决根本问题，时间一长效果还会被冲淡；也非永久之计，如果五六十年以上普遍生育一个孩子，将带来社会无法承受的年龄结构，对发展将产生严重影响。正是在这个意义上，"普遍生育一个孩子"主要是解决一代人的生育率问题，是付出代价最小又能有效控制人口增长的选择。据此，许多人口预测将总生育率在 2010 年以后抬高到 2.10 替换水平是有根据的，也是合理的。现在的情况是，一对夫妇生育一个孩子远未达到"普遍"的程度。如此是否需要在 2010 年将总生育率抬高到 2.10 水平？是值得深入研究的。笔者以为，第一，对于响应一对夫妇生育一个孩子号召的，双方都为独生子女者结婚后可以生育两个孩子，坚持各地计划生育"条例"的这项合理规定；第二，按政策规定本应生育一个孩子而超生的，其子女结婚后还应继续实行生育一个的政策，经过这个必要的一代人，只是代际有所不同而已。这不仅对于控制人口数量增长说来是必要的。而且对全体居民说来也是公平的。如果是这样，2010 年的总生育率不可能上

[1] United Nations, *World Population Prospects*, *The 1994 Revision*, New York, 1995（中位预测）.
[2] 《全国 1% 人口抽样调查资料 1995》，中国统计出版社，1997。
[3] 《中国统计年鉴 1997》，中国统计出版社，1997。

升到 2.10 替换水平,很可能同目前比较接近,在 2.00 以下。如按这样的水平进行预测和规划,达到零增长的时间则有可能提前,峰值时的人口数量当比 16 亿人有所减少。这是一个既关系到 21 世纪人口自身变动,又关系到"三步走"发展战略目标人均水平的一个重要问题,需要进一步研究并对生育控制作出抉择。

二 人口文化素质提高趋势与分配、教育改革决策选择

自 1949 年新中国成立以来,人口文化素质不断提高。以 12 岁以上人口平均所受教育年限计算的总体人口文化素质指数,已由 1964 年的 2.25 提高到 1982 年的 4.21,1990 年的 5.18,1995 年的 5.52[①]。然而这一水平仍然不够高,国家已制定 2000 年基本普及九年义务教育,基本扫除青壮年文盲等规划,21 世纪人口文化素质可望继续大幅度地提高,毫无疑问,增加教育投资是十分必要的,也是每年人大、政协会议代表们讨论的热门话题;不过受国家财政收入增长限制,不可能更多增加。实施希望工程、捐赠办学等都很好,只是这些举措数量和作用有限,不可能从根本上解决问题。笔者以为,实施科教兴国战略基础在教育,发展教育治本的方略,关键在于如下方面。

一是建立激励人们受教育的分配机制。一个时期以来,中小学生流失严重。其中不乏家庭经济困难,无力供养上学;家住距离学校较远,或者山区交通不便;受"重男轻女"思想影响,不愿女孩儿受更多教育等原因,但是最主要的原因,各地调查显示是将中小学生推向市场,由拿笔杆花钱转向拿秤杆赚钱。在这些中小学生家长看来,教书先生的笔杆还不如小商小贩的秤杆,拿手术刀的还不如拿剃头刀的,现实的市场经济使他们滋生新的"读书无用论"和"读书吃亏论"。实际情况怎样呢?据对企业 65912 人和机关 55509 人所作的一项调查,情况如表 1 所示。

表 1 表明,具有中专、高中、技工以上学历职工平均工资,总体上是学历越高工资越高,工资与学历成正比例增加,仅机关大专与中专、高中、技工比较情况略有出入,并不存在工资与学历"倒挂"问题;但初中及以下学历占中专、高中、技工学历比较,无论企业还是机关都存在"倒挂"问题,机关

---

① 根据 1964 年、1982 年、1990 年人口普查和 1995 年 1% 人口抽样调查数据计算。计算方法,参见《田雪原文集》,中国经济出版社,1991。

"倒挂"相当严重。就个人和家庭进行人口智力投资来说，具有硕士及以上学历与初中及以下学历比较：企业仅高出 2972 元，机关则减少 523 元。在家庭孩子成本—效益"天平"上，企业存在潜在的"倒挂"，机关的显性"倒挂"则十分明显。这就不能不在很大程度上影响家庭和个人进行人口智力投资的积极性，影响人口文化素质的提高。

表1　1994年按不同学历分组企业和机关平均工资

单位：元

	企　　业	机　　关
硕士及以上	9538	6138
大学本科	7782	6048
大专	6883	5711
中专、高中、技工	6504	5721
初中及以下	6566	6661

资料来源：《中国统计年鉴1996》。

　　改革的决策选择，就是要坚定不移地逐步扭转这种脑体分配不公和一定程度的"倒挂"现象，确保个人和家庭用在孩子身上的教育、科学、文化投资带来相应和追加的效益。按照马克思的劳动价值论，作为脑力劳动的复杂劳动创造更多的价值，理应在按劳分配中得到体现。即使按照西方经济学效用价值论，具有较高文化素质劳动力创造更多财富，理所当然也应得到更高回报。还应看到，谋求人口智力投资成本—效益平衡的改革，不仅可以提高家庭对孩子进行智力投资的积极性，解决原动力问题；而且由于孩子质量成本部分的提高削减了孩子的数量成本，有利于生育率下降。这种由投入孩子数量成本向质量成本的转移，是实现由高生育率——低人口文化素质——低劳动生产率——高生育率向低生育率——高人口文化素质——高劳动生产率——低生育率循环模式转变的自动器，是将人口、科技、经济、社会发展融为一体走向良性循环的根本性改革。

　　二是推进提高教育劳动生产率的改革。目前，世界每名高等学校教师平均负担14名左右学生，中国仅为7.5人，相比之下教育的劳动生产率很低。造成这种状况有教学设备不足、教学手段落后等多方面原因，但是最主要的原因是未能按专业化原则办学校，或曰某种程度上的"学校办社会"的结果。笔者曾到过美国、加拿大、英国、法国、日本、澳大利亚等发达国家名牌大学进行学术交流和访问，许多学校占地面积、建筑设施同北大、清华等高校规模不相上下，然而其在校学生一般有三五万，多者达七八万，是我们的几倍，教育的劳动生产率很高。窥其"秘密"所在，最主要的一条是"社会办学校"：学校集中力量于教学；行政、后勤一应事务大凡可交由社会办理的一律推向社会。我们的学校则不然，学校各级领导及管理人员除负责教学管理外，还要拿出相当大的精力从事社会上有学校照样有的各种行政管理，还要负担起包括师生员工住房在内的所有后勤保障，一言以蔽之"学校办社会"。一所大学关起门来就是现实社会的缩影。教育改革事情很多，笔者以为，首要的改革是在"学校办社会"向着"社会办学校"道路上迈出步子。当前，一些学校已经在食堂、商店、洗澡、理发等生活服务社会化改革方面取得成效，师生住房市场化开始启动，证明"社会办学校"方向的改革既是教育改革的重点和难点，也是可以大力推进的。

三 生产年龄人口增长趋势与劳动就业决策选择

由目前的人口年龄构成和未来生育控制的目标所决定，笔者的一个小组和联合国经济、社会情报和政策分析部、人口司所作的中位预测，生产年龄人口变动趋势如表 2 所示[①]。

表 2　15～59 岁生产年龄人口变动预测

年　份	方案 I			方案 II		
	万　人	占总人口（%）	从属比（%）	万　人	占总人口（%）	从属比（%）
1995	77675	63.96	56.35	77807	63.7	56.98
2000	82262	64.29	55.55	83241	64.8	54.32
2010	92575	67.14	48.94	92606	66.7	49.93
2020	94070	63.45	57.60	94938	63.8	56.74
2030	91385	59.45	68.21	92159	59.3	68.63

表 2 说明，未来 15～59 岁生产年龄人口绝对数量将一直增加到 2020

---

① United Nations, *World Population Prospects*, *The 1994 Revision*.

年，对比 1995 年方案 I 增加 16395 万人，方案 II 增加 17131 万人，二者相当接近。所占比例要增加到 2010 年，届时两个方案的从属年龄人口比均下降到 50% 以下。社会负担较轻，可称之为有利于经济发展的人口年龄结构变动的"黄金时代"①。其后生产年龄人口占总人口比例下降和从属比上升，老、少从属年龄人口所占比例升高的不利影响显露出来。因此，面对未来一二十年内生产年龄人口比例和绝对数量上升趋势和深化体制改革城市失业人口上升趋势，劳动就业战略决策选择要特别注重以下诸点。

第一，确立合理经济技术结构战略，增强总体吸纳劳动力就业能力。21 世纪面临以生命科学为主导学科的新技术革命，大力发展新兴技术和用新技术改造传统产业，发展资金、技术密集型产业应是坚定不移的方针，是贯彻科教兴国发展战略的体现。不过就社会经济总体而言，高新技术产业及其所能容纳的就业人口数量所占比例较小，比较先进和中间技术产业及其就业人数所占比例较大，半机械化和手工劳动比较落后的产业及其就业人数所占比例更大，将是 21 世纪前一二十年劳动就业的基本格局。这种"金字塔"状经济技术就业结构，一方面要求发展现代经济技术，吸纳相应生产年龄人口就业；另一方面要求发展资金、技术、劳动密集相结合，或者劳动与资金、劳动与技术密集相结合的产业，吸收多数劳动者就业。不同地区在三种密集上应有不同侧重，就是同一地区也不应"一刀切"，要分层次、分步骤地推进经济技术进步。在这种推进中，总体上不是削弱而是增强吸纳劳动力就业能力。

第二，提高就业效益，逐步实现就业率由生产年龄人口向总体人口的转移。就业率是衡量劳动力资源利用程度的一项直观指标，50 年代、60 年代和 70 年代的高就业率常常作为制度优越性来宣传，在很大程度上掩盖了高就业率、低劳动生产率的矛盾。这种低效益的就业不利于就业手段的增强和积累，只能使失业隐性化，使矛盾加深。改革开放后拓宽就业门路，实行灵活多样的就业，使以往积累起来的矛盾颇大程度上得以解决或缓解；但就业效益不高，一直像阴影一样伴随着人口和经济发展，使就业手段赶不上劳动力的增长。因此，合理就业必须正确处理就业率与就业效益的关系，理论上应是不断提高就业效益前提下的尽可能比较充分的就业。就提高就业率而论，也有一个提高哪种就业率的问题，因为不同的就业率体现着特定的人口年龄结构、经济发展水平、技术构成和就业的性质。目前发达国家步入人口

---

① 田雪原：《利用人口年龄结构变动，促进现代化建设》，1983 年 6 月 15 日《人民日报》。

年龄结构老龄化较高阶段，生产年龄人口所占比例高，就业手段充足，以就业人口占总人口比例表示的总人口就业率一般较高；发展中国家情况相反，一般较低。以就业人口占生产年龄人口比例表示的生产年龄人口就业率则不同，由于发达国家大、中学校在校人口比例高，生产年龄人口就业率一般较低，发展中国家则较高。这两种就业率在发达国家与发展中国家间一般相差10 个百分点左右，影响很大。当今中国这两种就业率处于发展中国家与发达国家之间，向发达国家类型过渡，核心是扩大生产年龄人口中在校大、中学生比例。这不但可以减少劳动力供给压力，而且是提高人口素质，落实科教兴国战略务实之举，最终又会为扩大就业创造更多的手段和条件。

第三，深化企业改革，完善劳动力市场。随着改革开放向纵深发展，国有企业下岗职工增多，城市人口失业率上升，将是今后一个时期比较突出的问题。自然不能因噎废食而放弃改革，只有坚持政企分开、还企业为真正市场主体的改革才有出路。按照市场经济优胜劣汰法则，"优胜"的企业可以较好地解决人口就业，"劣汰"的企业使下岗职工进入市场，使劳动力市场的完善和发展有了现实的必要性和可能性。劳动力市场的完善既要像商品、资本、技术和信息市场等一样，建立规范化的市场；也要从实际出发，针对下岗职工特点创立行之有效的各种劳动力市场。北京、上海等城市创造的"托管"，即下岗职工同企业脱钩，加入行业委托管理组织，实施再就业培训和重新走上新工作岗位，在实践中收到良好效果。发展劳动力市场不等于将下岗职工简单推向市场了事，而应帮助他们提高自身能力，为再就业创造条件。

第四，合理选择兼并与破产，加快发展失业保障。面对许多国有大中型企业不景气，实行鼓励兼并和减少破产方针无疑是正确的，对减少社会失业有着明显作用。然而按照经济运行规律，兼并是有条件的，兼并之后能否"起死回生"，也要看实际经营的状况。各地差不多都有兼并后效果不佳、把兼并者拖垮的典型。不能将兼并看做万能的。笔者以为，稍高一些的失业率并不可怕，可怕的是失业后没有相应的社会保障。当前欧美一些发达国家失业率比较高，有的甚至达到 10%；但是由于失业保险金水平较高，并没有因此引发多少严重威胁社会治安问题。某些严重亏损企业靠贷款打"强心剂"度日，不如放弃这种无效的救助，改为向职工发放失业救济金，让企业痛快一点儿破产。可以考虑像建立企业养老基金那样，按照企业工资总额、职工人数，由国家、企业、劳动者个人三方共同出资，建立企业保险基金，待职工失业时发放，提高企业和职工抗风险能力。

四 人口老龄化趋势与养老保障改革决策选择

人口年龄结构老龄化是世界也是中国人口发展的一大趋势，在 21 世纪三四十年代将达到高潮。与世界主要发达国家比较，中国人口老龄化具有速度比较快，达到的水平比较高等特点，同相对不够发达的经济之间形成明显"时间差"。若没有这个"时间差"，如目前发达国家的人口与经济发展状况那样，这些国家构筑全方位社会保障的基本做法对我们颇具借鉴意义；有了这个"时间差"，虽然也要吸取发达国家有益的经验，但是养老体系的框架结构迥然不同，成为东方结构型养老模式。这一模式可概括为：积极发展社会供养，继续提倡家庭子女供养，适当组织老年再就业自养，实行社养、家养、自养三位一体和互相补充的养老保障体系。

积极发展社会供养与寻求改革。中华人民共和国成立后建立了职工退休养老制度，退休金逐年增长，近 20 年来增长更快（见表 3）。

表 3　1978～1996 年离休、退休、退职人员费用状况

年 份	人数（万人）		费用总额（亿元）	
	合 计	其中：国有单位	合 计	其中：国有单位
1978	314	284	17.3	16.3
1980	816	638	50.4	43.4
1985	1637	1165	149.8	119.2
1990	2301	1742	472.4	382.4
1996	3212	2515	1817.8	1537.9

资料来源：《中国统计年鉴 1997》。

未来发展趋势怎样？预计 2000 年离退休人数和费用总额将比 20 世纪 90 年代中期有成倍的增长，2020 年将再翻几番，将成为国家财政和企业无法承受的重负。同时，目前离退休金覆盖面窄，主要为国有单位，也不能适应人口老龄化迅速发展的需要。出路只有改革，建立由企业或单位、劳动者个人共同出资筹集养老基金的改革。1991 年国务院颁布《关于企业养老保险制度改革的决定》，要逐步建立起基本养老保险、企业补充养老保险和职工个人储蓄性养老保险相结合的制度。基本养老保险具有法律效力，单位和劳动者个人必须参加由政府组织的基本养老保险，按时缴纳养老保险费，建立养老保

险基金和个人账户。企业补充养老保险带有自愿性质，依企业经营状况而定，其补充养老保险水平不超过职工工资水平的 15%。个人储蓄性养老保险是劳动者的个人行为，属商业性保险。积极发展社会供养主要指发展基本养老保险，以及经营好的企业的补充养老保险。不言而喻，这在当前许多国有大中型企业不景气情况下，连工资都发不出来，缴纳基本养老金更成了一纸空文。必须强调将企业养老保险纳入企业改革范畴，坚持交费和建立职工个人账户。在广大农村也要积极推行个人储蓄性养老保险，有条件的地方特别是较大的乡镇企业，也应按企业基本养老保险规定实施，建立相应养老保障制度。

提倡家庭供养与发展社区服务。由于中国人口老龄化与经济发展"时间差"，不可能建立起全方位的社会保障制度，还需要继续提倡家庭子女供养。中华民族有着尊老、敬老、养老的优良传统，提倡家庭子女供养有着其他国家不可比拟的优势，至今全国城乡平均老年夫妇、老年单身户仅占 40% 左右，其余 60% 为老年与子女、孙（外孙）子女合住二代以上户，家庭供养仍占一定比例。家庭供养不仅满足老年人口经济生活的需要，还有满足老年精神寄托需要的作用。不过在市场经济和泛商品观念潜移默化的影响下，传统养老观念正受到前所未有的挑战，子女拒不赡养老年人案件增多。为此，一要加强宣传教育，将敬老、养老列在新社会道德风范之内；二要加强法制建设，对遗弃、虐待、不赡养老人触动刑律者依法制裁；三要发展社区服务，充分发挥社区作为"大家庭"在养老和服务方面的功能。多年来，各地已有一批这样的社区典型，需要总结和推广。

组织老年自养与开发老年人力资源。东西方文化在老年价值观上的一大差异，是对待老年再就业的相反态度。一般西方老年人口退休后不愿再就业，表示干了一辈子该歇息了，该旅游了。而包括中、日等国在内的东方老年人口，则还期望继续从事力所能及的劳动，甚至工作到身体状况不允许时为止。中国老年人口再就业首要的目的是满足生存需要，包括中国社会科学院人口研究所在内的许多调查都说明了这一点；但是调查同样表明，老年再就业说明自己还是社会有用之人，不少还可以余热生辉，有益于身心健康，因而又是满足发展需要和享乐需要的手段。随着经济的发展，技术的进步，工资率有其自身的变动规律，老年再就业又是防止老年贫困化的重要手段。从社会角度而言，老年人口中相对年龄较轻、身体健康尤其是学有专长者无疑是一种宝贵的人力资源，应该开发利用好，为社会创造更多财富。不过值得注意的是，在中国生产年龄人口过剩的条件下，老年再就业应尽量避免同青年人争夺劳动力市场，主渠道应是更适合老年生理、心理特征的行业和部门。主要是驻车场、守卫、环卫、商业、旅馆服务和个人服务等第三产业，需作适当的再就业产业转移。

五 人口城市化趋势与农村剩余 劳动力转移决策选择

世界人口城市化已达到较高水平，1997 年城市人口比例上升到占 45%，发达国家为 75%，发展中国家为 38%[①]；依据联合国的预测 20 世纪末将有一半人口居住在城里，进入 21 世纪后城市人口比例将继续上升。中国人口城市化在经过了 30 年的起伏震荡之后，以改革开放带来新的生机和活力为契机，1996 年市镇人口比例上升到 29.4%，比 20 年前升高 12 个百分点，发展实为相当迅速[②]。预计城市人口这种增长势头可持续到 20 世纪末，2000～2010 年间稍有减弱，2010～2025 年间继续稍有减弱，如此以 1995～2000 年市镇人口年平均增长 4.3%，2000～2010 年平均增长 4.0%，2010～2025 年平均增长 3.0%，并以 1995 年市镇人口 36336 万人和占总人口 30.0%（略高于统计数，可能更接近实际）为基期，则 2025 年以前的人口城市化预测，如表 4 所示。

表 4　1995～2050 年人口城市化预测

年份	低方案		中方案		高方案	
	市镇人口（万）	百分比（%）	市镇人口（万）	百分比（%）	市镇人口（万）	百分比（%）
1995	36336	30.0	36336	30.0	36336	30.0
2000	43785	34.2	44850	35.0	45489	35.5
2010	61169	44.1	66389	47.8	69316	49.9
2025	92561	60.9	103432	68.1	111181	73.2

按照中方案预测，目前中国人口城市化相当于世界 20 世纪 50 年代前期水平，2000 年相当于 70 年代前期水平，2010 年相当于 90 年代中期水平，

① Nails Sadik, *The State of World Population* 1997, UNFPA, New York, 1997.
② 《中国统计年鉴 1997》，中国统计出版社，1997。

2020 年达到当时世界平均水平，即用 20 多年的时间消除同世界人口城市化落后 40 年的差距，速度已经很快。如此，1995～2000 年城市人口增加 8516万人，若按 1996 年市镇人口自然增长率 8.8‰计算，5 年自然增长 1627 万人，农村转移进城人数为 6889 万人。如按农民进城两名劳动力带进一名少年或老年人口计算，则"九五"期间只能转移农村剩余劳动力 4593 万人。1994 年《中国 21 世纪议程》发布时称，全国农村过剩劳动力超过 1 亿人，2000 年可达 2 亿人。这样按照上面的预测城市只能吸收农村剩余劳动力的1/4～1/3，其余剩余劳动力向何处转移，需要从实际出发作出合理抉择。

这一抉择首先要建立在对农村资源正确认识和判断的基础上。从总体上说，960 万平方公里的国土面积耕地只占 10%，可利用草地占 32.6%，森林占 13.4%，内陆水域占 1.8%，其他占 42.2%（包括不可利用草地）[①] 而农村劳动力的分配，相当大的比例集中在耕地上，从事粮、棉、油、菜等栽培业生产。显然，人力资源与自然资源的这种配置状况很不合理：一方面人口多、耕地少矛盾突出，农业栽培业劳动力严重过剩；另一方面山场、草原、水面自然资源闲置，等待着劳动力去开发。因此，以农业栽培业为主的农村剩余劳动力的转移，首先应向林、牧、渔业大农业转移一部分，从"源头"上"截流"1/3 过去。实践证明，这样做不仅理论上讲是必要的和必须的，实践上也是大有作为和可以致富的。

向乡镇企业转移 1/3，是消化农业过剩劳动力挤向城市的又一"分流"渠道。在"二元经济"结构条件下，乡镇企业充当"二元"之间联系的杠杆不仅带动农村经济发展，帮助农民致富，而且吸收了大量农村劳动力就业，成为农村剩余劳动力转移的主渠道。当前在经济增长方式由粗放型向集约型转变的过程中，乡镇企业面临升级换代考验。适应技术构成提高后乡镇企业吸纳农村剩余劳动力能力减弱新特点，需要把握时机，建立起适当的经济技术结构，发挥资源、劳动力比较优势，发展深加工和提高附加值，继续发挥吸引农村剩余劳动力转移的作用。

向城市工商业转移 1/3，关键在于建立健全规范化的劳动力市场，提供可靠劳动力供求信息和服务。城市劳动力市场不能向农民收费过高，但管理要严格，坚持验收身份证、外出务工经商证、健康检查证、计划生育证等。这不仅有益于全面了解务工经商农民的基本情况，有助于用工单位进行选择，而且有

[①] 《中国统计年鉴 1997》，中国统计出版社，1997。

益于治安、计划生育等管理，将农民进城务工经商纳入城市社会管理范畴。

六 人口流动增强趋势与开发中西部
战略决策选择

　　翻开中国人口分布图可以发现，临近西北边陲的内蒙古、宁夏、甘肃、青海、新疆、西藏6个省和自治区，占国土面积53%，人口仅占6.3%；濒临海洋的东南沿海9个省、自治区和京、津、沪3个直辖市，占国土面积14%，人口占41%[①]；其余中部13个省和直辖市占国土面积33.2%，人口占52.8%，形成由西部向中部、东南部"三级阶梯"式人口分布，三部分人口密度之比为1：13：25。造成这种人口分布有地形、地质构造、气候等自然环境方面及土质、淡水、森林、草场等资源方面的原因，也有经济发展积累、社会进步程度等现实发展方面的原因，致使人口分布格局百年基本未变。改革开放以来随着商品、市场经济的发展，对内搞活和对外开放的扩大，以"民工潮"为主体的流动人口大军骤起，出现被人们称之为"孔雀东南飞"的现象，使人口地区分布"板块"受到强烈撞击。究竟东南沿海来自皖、赣、豫、鄂、川、新等各路流动人口大军有多少，没有也很难有一个比较精确的统计。北京、上海的调查各在300万人以上，广东、浙江、江苏在数百万以上……如以占总人口8%～10%计算，则全国流动人口当在1亿人左右。流动人口涌向东南沿海情况比较复杂，不同的人可能怀着不同的目的和通过不同的形式进行流动，但是依据人口迁移和流动的"推—拉"理论，最主要的还是经济利益的驱动。这点只要比较一下西部与东南沿海地区农民家庭收入差距的变动，便会一目了然（见表5）。

　　表5清楚地表明，东南沿海与西北部地区农民家庭平均收入的差距拉大了，这是"孔雀东南飞"的根本原因。东南沿海与中部腹地的比较，收入拉大也相类似。流动人口大趋势不仅在其数量庞大，还在于文化素质相对较高。《光明日报》曾经发表署名文章，披露安徽省1991年流出知识分子980人，具有高级职称者24人，中级职称者263人；流入134人，具有高级职称者24人，中级职称者110人，形成严重人才"赤字"现象[②]。这种人才"赤字"与资金短缺、技术比较落后结合在一起，给开发中西部战略带来困

---

① 未包括台湾省和澳门地区人口数，下同。
② 薛昌词：《经济落后地区人才流失的忧虑》，1992年9月18日《光明日报》。

惑。值得提出的是，当前"向中西部倾斜政策"更多看中的是资金和技术，没有把人才倾斜放到应有的位置上。市场条件下的经济竞争归根结底是人才的竞争，面对21世纪以生命科学为主导学科的新的智力革命，人才将更是制约经济发展的关键，开发中西部必须留住和吸引人才。为此，开发中西部要将人才放在首位，树立人才意识，以"千军易得，一将难求"的心态，举贤用能，为开发战略聚集人才。

表5　东南沿海与西北地区农民家庭人均纯收入比较

单位：元

地区＼年份	1978	1985	1990	1996
北　京	224.8	775.1	1297.1	3561.9
天　津	178.4	564.6	1069.0	2999.7
河　北	91.5	385.2	621.7	2055.0
辽　宁	165.2	467.8	836.2	2150.0
上　海	290.0	805.9	1907.3	4846.1
江　苏	152.1	492.6	959.1	3029.3
浙　江	—	548.6	1090.0	3463.0
福　建	134.9	396.5	764.4	2492.5
山　东	101.2	408.1	680.2	2086.3
广　东	182.3	495.3	1043.0	3183.5
广　西	119.5	303.0	639.5	1703.1
海　南	—	—	696.2	1746.1
内蒙古	100.3	360.4	607.2	1602.3
西　藏	—	353.0	649.7	1353.3
甘　肃	98.4	255.2	431.0	1100.6
青　海	—	343.0	559.8	1173.8
宁　夏	115.9	321.1	578.1	1397.8
新　疆	199.2	394.3	683.5	1290.0

资料来源：《中国统计年鉴1997》。

要聚集足够数量人才，就要有相应的政策和机制，创造适宜的外部环境。当前，从总体上说沿海对人才利益倾斜度大，工资较高，重奖发明创造，环境较为宽松；内地倾斜度小，工资档次未能拉开，重大贡献报酬不济，一般限于浮动一二级工资、子女农转非一类；一些单位则将倾斜仅仅停留在口头上，一动真格的便缩了回去。留住和吸引人才必须在专业职务、工资晋升、住房等生活保障方面出台倾斜政策，实施"筑巢引凤"工程。还要创造较为宽松的外部环境，尤其是加快改革开放、民主和尊重科学的氛围，使各方面人才得以施展其才华的社会环境。同时也要创造相应的工作环境，向人才提供必要的展示其才能的机会，使之有用武之地。一些成功的典型例证说明，只要各级领导真正将人才纳入开发战略，并从"硬件"工作条件上予以保证，"软件"生活保障上适当倾斜，就能将流出去的人才吸引回来，将外地人才引到本地来。

迈向 2020 年的中国人口[*]

一　现状分析

目前中国的人口状况和主要特点，可概括为以下几个方面。

1. 人口基数庞大，低增长率与高增长量矛盾突出

中国是世界上人口最多的国家，虽然自 20 世纪 70 年代大力控制人口增长、切实加强计划生育以来成绩卓著，如按 1970 年出生率 33.4‰和自然增长率 2.6% 推算，1996 年全国人口应为 16.17 亿人，而实际为 12.25 亿人，[①]相差 3.92 亿人，中国人口增长率的下降使原来预计的世界 50 亿人口日向后推迟 2 年多，并对未来世界人口变动产生重要影响。但是，迄今为止中国仍是世界上第一人口大国，约占 1996 年世界 58 亿人口的 21%，仅比 20 世纪 50 年代所占比例最高时减少 1 个百分点。与 1949 年新中国成立时 5.42 亿人口比较，净增 6.83 亿人，增长 1.26 倍，人口基数空前增大了，低增长率与高增长量的矛盾凸显出来了。目前的人口出生率为 17‰、自然增长率在 1.1% 左右，大致均相当于 20 世纪 50 年代前期的一半；然而年出生人口约 2100 万人，自然增长人口约 1350 万人，出生人口与 50 年代前期持平，[②]自然增长人数还高于 50 年代前期水平。

2. 人口素质有很大提高，但总体水平仍比较低

关于人口素质，这里只讨论身体素质和文化素质。人口身体素质，从人口学角度观察，最终要在死亡和寿命上表现出来。以婴儿死亡率和预期寿命两项最重要指标而论，身体素质提高相当迅速。婴儿死亡率由 20 世纪 40 年代的 200‰，下降到 1990 年的 32.9‰，目前已下降到 30‰左右；出生时的

---

[*]　原载国家计委政策研究室编《迈向 2020 年的中国》，中国计划出版社，1997。

[①]　为内地 30 个省、自治区、直辖市人口数，未包括台湾省及香港、澳门地区人口数下同。

[②]　《中国统计年鉴 1996》，中国统计出版社，1996。

预期寿命由 40 年代的乡村 35 岁、城市不足 40 岁，提高到 1990 年的 68.6 岁，目前已超过 70 岁。[①] 1996 年世界婴儿死亡率为 57‰，发达国家为 9‰，发展中国家为 63‰；出生时预期寿命为 65 岁，发达国家为 75 岁，发展中国家为 63 岁。[②] 联系到疾病发病率和死亡率，每人每天摄取的营养和食物构成，中国人口身体素质已明显高出发展中国家并略高于世界平均水平，与发达国家比较尚有一定差距。

人口文化素质显著提高。以 1964 年、1982 年、1990 年三次人口普查为例，具有大学文化程度人口由 287 万人增加到 604 万人和 1576 万人，占总人口的比例由 0.42% 增长到 0.60% 和 1.40%；高中（含中专）由 912 万人增加到 6653 万人和 8988 万人，占总人口的比例由 1.32% 增长到 6.63% 和 7.95%；初中由 3235 万人增加到 17820 万人和 26339 万人，占总人口的比例由 4.68% 增长到 17.75% 和 23.30%；小学由 19582 万人增加到 35534 万人和 42021 万人，占总人口的比例由 28.33% 增长到 35.40% 和 37.17%。可见，无论是大、中、小学人口的绝对数量还是所占比例，均明显上升，尤以大学和初中上升的幅度为大。相反，文盲和半文盲人口由 31526 万人下降到 28368 万人和 20458 万人，占总人口的比例相应由 45.61% 降低到 28.26% 和 18.12%[③]。如将这些指标综合起来考察，抽象意义为人均所受教育年限的人口文化素质指数，1964 年为 2.25，1982 年上升到 4.21，1990 年上升到 5.18[④]，上升很快。但是这一水平还比较低，不仅比发达国家不如，而且比不上某些发展中国家。20 世纪 90 年代以来人口文化素质继续提高，1995 年文盲和半文盲人口占总人口比例已下降到 12.01%；然而要扫除这 1.5 亿人左右的文盲和半文盲，基本普及九年义务教育和大大提高高等教育人口比例并非易事，任务相当艰巨。

3. 人口年龄结构处于由成年型向老年型过渡阶段，但仍具有一定增长势能

特定人口群体年龄对未来人口变动具有决定性影响，人口学依据少年、

---

① 《中国人口年鉴 1995》，经济管理出版社，1995；1997 年 1 月 18 日《人民日报》。

② Nails Sadik, *The State of World Population*, Excutive Director United Nations Population Fund, New York, 1996.

③ 《中国统计年鉴 1996》，其中 1964 年文盲和半文盲人口为 7 岁以上，其余为 12 岁以上。

④ 人口文化素质指数为笔者 10 年前提出并计算，以 C 代表，其计算公式为：

$$C = \frac{Uy_1 + Hy_2 + My_3 + Ly_4 + Iy_5}{U + H + M + L + I}$$

式中 U、H、M、L、I 分别为大学、高中、初中、小学、文盲和半文盲人口数，y_1、y_2、y_3、y_4、y_5 分别为其平均所受教育年限，本式中令其分别为 16、11、8、4、0.25 年。

成年、老年人口所占的一定比例，将人口群体区分为年轻型或增长型、成年型或稳定型、老年型或减少型三种基本人口类型。一般认为，三种类型划分的标准如表 1 所示。

表 1　人口年龄结构三种类型的划分

项　目	年轻型	成年型	老年型
0 岁 ~ 14 岁（%）	40 以上	30 ~ 40	30 以下
65 岁以上（%）	4 以下	4 ~ 7	7 以上
年龄中位数（岁）	20 以下	20 ~ 30	30 以上
老少比（65 + /0 ~ 14）	0.15 以下	0.15 ~ 0.30	0.30 以上

按照表 1 所列划分标准，中国人口年龄结构在 20 世纪 80 年代中期完成向成年型过渡并开始向老年型过渡。到 1995 年 0 ~ 14 岁少年人口所占比例下降到占 26.7%，65 岁以上老年人口比例上升到占 6.7%，已接近老年型结构。问题是中国生育率下降始于 20 世纪 70 年代，少年人口比例大幅度降了下来，成年人口所占比例大幅度上升，有生育能力特别是处于生育旺盛期人口所占比例仍比较大，1995 年 20 ~ 24 岁所占比例为 8.7%，25 ~ 29 岁为 10.2%，30 ~ 34 岁为 8.8%，20 ~ 34 岁合计占 27.7%，绝对数为 33550 万人，决定着总体人口仍旧具有比较强的增长势能[1]。国内外大同小异的预测表明，到 21 世纪中叶中国人口总量增长到 16 亿人左右时，才有可能实现零增长。

4. 人口城市化速度缓慢，城乡结构比较落后

城市化是世界人口变动的一大趋势，联合国估计目前世界城市人口比例上升到占 43%，发达国家为 72%，发展中国家为 35%，20 世纪末世界城市人口比例将上升到 50% 左右[2]。由于 1949 年以前中国是一个落后的农业国，城镇工商业不发达，人口城市化水平很低。中华人民共和国成立后，50 年代随着工业化的推进人口城市化速度加快，城市人口比例由 1950 年的 11.2% 上升到 1960 年的 19.8%；其后随着国民经济大起大落，国家对城市人口采取调整政策，60 和 70 年代人口城市化处在徘徊状态，1980 年仍停留在 1960 年的水平。改革开放以来为人口城市化加速发展时期，按照国家统

[1] 《中国统计年鉴1996》，中国统计出版社，1996。
[2] United Nations, *Urban and Rural Areas* 1995, New York.

计局公布的数字，1995 年城市人口比例上升到 29.0%①。尽管学术界对这一数字存有异议，可能比实际的城市化水平偏低一些但是按照现在的定义，即经国家批准建制的市和经省、自治区、直辖市批准建制的镇按常住人口划分的辖区的全部人口，还是比较可信的。中国人口城市化不仅低于世界总体水平，而且低于发展中国家水平。

5. 人口地区分布失衡，迁移调节难度很大

中国人口多，但是地区分布很不平衡。西北部内蒙古、宁夏、甘肃、青海、新疆、西藏 6 个省和自治区，面积约 508 万平方公里，占全部国土面积的 53%；1995 年人口 7617 万人，占全国人口的 6.3%，人口密度每平方公里 15 人。濒临海洋的东南部北京、天津、河北、辽宁、山东、江苏、上海、浙江、福建、广东、广西、海南 12 个省、自治区、直辖市，面积 133.4 万平方公里，占全部国土面积的 14%；1995 年人口 49599 万人，占全国人口的 40.9%，人口密度每平方公里 372 人。其余 13 个省、市中部腹地，面积 319 万平方公里，占全部国土面积的 33.2%；1995 年人口 63905 万人，占全国人口的 52.8%，人口密度每平方公里 200 人。以人口密度而论，西北、中部、东南"三级阶梯"式分布之比为 1：13：25。一般看来这种疏密悬殊的人口地区分布似乎很不合理，也确实有其不尽合理之处；然而特定人口分布格局的形成有其地理环境、历史沿革、民族构成、经济发展状况等原因，非人们的主观愿望所能迅速改变。实践证明，中国人口多且主要集中在东南部半壁河山，形成自沿海向内地呈辐射状的高人口密度带，利用迁移改变的难度很大。

二　发展图像

从上述人口现状出发，谋求人口与经济、社会的协调发展和可持续发展，20 世纪末和直至 2020 年以前的人口变动和发展的基本图像，可描绘如下。

1. 人口的数量控制

尽管控制人口增长已列入中国的一项基本国策，人口出生率和增长率持续下降，然而目前的年龄结构影响仍具有一定增长势能，2020 年以前人口

---

① 《中国统计年鉴 1996》，中国统计出版社，1996。

数量将有一个较大幅度的增长在所难免；其后增长速度减弱下来，但一般认为，2050 年前后方能完全停止增长，参见表 2、表 3。

表 2 1995~2020 年人口数量变动预测

单位：亿人

方　案	项　目	1995	2000	2010	2020
方案 I	男	6.22	6.54	7.02	7.52
	女	5.94	6.26	6.77	7.31
	总人口	12.16	12.80	13.79	14.83
方案 II	男	6.29	6.60	7.10	7.57
	女	5.92	6.25	6.78	7.31
	总人口	12.21	12.85	13.79	14.88

表 3 1995~2020 年人口出生率、死亡率、增长率预测

方　案	项　目	1995~2000	2000~2010	2010~2020
方案 I	出生率（‰）	17.16	15.27	15.39
	死亡率（‰）	6.48	7.77	8.09
	增长率（%）	1.07	0.75	0.73
	总生育率（TFR）	1.85	1.90	2.10
方案 II	出生率（‰）	17.3	15.2	14.9
	死亡率（‰）	7.1	7.3	7.9
	增长率（%）	1.01	0.78	0.69
	总生育率（TFR）	1.95	1.99	2.10

注：方案 I 是笔者的一个小组所作预测，为内地 30 个省、自治区、直辖市人口数；如加上香港、澳门回归后人口总数，2000 年在 12.9 亿人左右；方案 II 为联合国预测（中位），参见 United Nations, *World Population Prospects*, *The* 1994 *Revision*, New York, 1996。

表 2 中的方案 I 与方案 II 相当接近，2020 年预测年人口总数相差在 1000 万人以内；2020~2050 年相差大一些，但仍比较接近，故以方案 I 加以分析和说明。这一方案是积极同时也是可行的一种预测。是积极的，体现了控制人口增长基本国策的要求，总的趋势是出生率和自然增长率有所下降，可以保证"九五"计划和 2010 年远景目标纲要规定的 2000 年全国人口控制在 13 亿人以内，2010 年控制在 14 亿人以内的要求。方案 I 中 2000 年

人口数量 12.80 亿人未包括台湾省、香港、澳门特区人口数，如考虑到届时香港和澳门回归后人口应计算在内，可达 12.90 亿人左右，仍可保证"九五"人口计划的完成，同时也是可行的，经过努力是可以达到的。"九五"出生率年平均 17.16‰，死亡率 6.57‰、自然增长率 1.107%，同 1995 年出生率 17.12‰、死亡率 6.57‰、自然增长率 1.06% 十分接近，其中出生率和自然增长率还略高出一点，死亡率略低一点，即基本保持目前的生育水平便可达到，还留有一点小小的弹性。而如前所述，"九五"期间人口年龄结构潜在生育高潮期基本过去，年龄结构压力相对减轻。2000 ~ 2010 年进入生育峰值年龄人口为 70 年代中期至 80 年代中期生育低潮期间出生的人口，即一次潜在的生育高潮被抑制下去同前 10 年生育低潮基本持平的人口，年龄结构对生育的压力也相对减轻。因此，虽然目前的人口年龄结构还具有一定的增长势能，低生育率与高增长量矛盾突出；但是已平衡渡过前 10 年生育率有可能大幅度升高的最困难时期，为向着低出生、低死亡、低增长再生产类型的转变创造了人口自身的有利条件。当前最大的困难或潜在的威胁是人口生产的外部条件，在人口与经济关系上，表现为接近发达国家的人口再生产类型与处于发展中国家经济的矛盾。这种矛盾反映在孩子成本效益上，家庭主要是农村家庭生育第二个、第三个孩子有着明显的经济效益，这是超生的基本原因。孩子的成本效益理论和中国的实践表明，随着经济的发展和家庭收入的提高，这种不利的倾斜会随着改变，向着有利于生育率下降的方向转变。因此，只要经济不断发展，控制人口增长基本国策不动摇，做到稳中求进，上述人口数量控制目标是能够实现的。

2. 人口素质的提高

其一，身体素质的提高。可从如下三个方面描述发展图像。

（1）出生缺陷儿的比例和绝对人数下降。目前，每年出生人口中约有 2% 为缺陷人口，先天性致残在残疾人口中占有一定比例。随着优生优育的进一步开展，医学的发展，出生缺陷儿比例可望有一个比较快的下降。低、中、高三种预测如表 4 所示。

表 4 中低方案出生缺陷儿占出生人口比例下降最快，实现的难度很大；高方案直到 2020 年还保留年出生近 30 万缺陷人口，显然偏高；中方案出生缺陷儿比例和绝对人数下降比较明显，又不过于急速：1995 ~ 2000 年年平均下降 0.08 个百分点，2000 ~ 2010 年年平均下降 0.04 个百分点，2010 ~

2020 年年平均下降 0.03 个百分点，经过努力是可以做到的，是比较现实的。

表 4　出生缺陷儿占出生人口比例预测

年份	低方案		中方案		高方案	
	人数（万人）	百分比（%）	人数（万人）	百分比（%）	人数（万人）	百分比（%）
1995	46.66	2.0	46.66	2.0	46.66	2.0
2000	29.04	1.5	30.98	1.6	34.85	1.8
2010	21.25	1.0	25.50	1.2	31.88	1.5
2020	13.67	0.6	20.50	0.9	27.34	1.2

（2）婴儿死亡率的下降。中国婴儿死亡率下降较快，这同大力开展计划生育、优生优育、围产期保健有很大关系。预计婴儿死亡率由目前的 30‰ 左右下降到 2020 年接近或达到发达国家 9‰ 的水平，是可能的。低、中、高三种预测如表 5 所示。

表 5　婴儿死亡率的下降预测

单位：‰

年　份	低方案	中方案	高方案
1995	30.3	30.0	30.0
2000	24.5	25.0	26.0
2010	15.5	17.0	20.0
2020	8.5	10.0	13.0

1995 年全国 1% 人口抽样调查，全国婴儿死亡率下降到 31‰，联合国人口基金执行主席沙迪克博士估计为 28‰，从这一起点下降，至 2000 年年平均下降 1 个千分点，2000~2010 年年平均下降 0.8 个千分点，2010~2020 年年平均下降 0.7 个千分点，即中方案到 2020 年接近发达国家水平，是有可能的。

（3）预期寿命的延长。按照国际人口预期寿命提高一般规律，结合中国经济和社会保障事业的发展，人口预期寿命在 70~75 岁期间取年平均提高 0.2 岁的中方案比较合适。该中方案以及低方案、高方案的预测，如表 6 所示。

表 6 人口预期寿命预测

单位：岁

年 份	低方案	中方案	高方案
1995	70.0	70.0	70.0
2000	70.8	71.0	71.2
2010	72.1	73.0	73.4
2020	73.2	75.0	75.4

其二，人口文化素质的提高。20 世纪末基本扫除文盲和半文盲，基本普及九年义务教育，小学、中学入学率进一步提高，高中、大学文化程度人口比例提高。2020 年农村在完全普及九年义务教育基础上，一半左右青年达到高中毕业，城市基本普及高中教育，具有大学文化程度人口所占比例进一步提高。总体人口文化素质指数，可望由 1990 年的 5.18 提高到 2000 年的 7.58（按年平均提高 0.24 计），2020 年的 10.78（按年平均提高 0.16 计）。

（1）扫除文盲和半文盲。1995 年 1% 人口抽样调查 15 岁以上文盲、半文盲人口所占比例降至 12.01%，约为 14546 万人。20 世纪末进一步下降到 5% 左右，即 6400 万人的样子，年平均扫除文盲和半文盲 2909 万人，任务艰巨。但一是政府重视，将其列入“九五”计划，当做一件大事来抓；二是群众要求迫切，在现代化和市场经济不断发展的形势下，再也不愿为不识字所困扰。到 2010 年除极少数老年人口外，文盲、半文盲现象将历史性地从人口中消失。

（2）普及初中和高中教育。2000 年可基本普及初中九年义务教育，即在占总人口 85% 的地区开展普及，重点是农村；普及小学 6 年教育的面要占到 95%，其余地区要普及小学 4 年教育。2020 年农村完全普及初中九年教育并有一半左右达到高中程度；城市则基本普及高中 12 年教育，全国人口的平均受教育年限可达 11 年左右。

（3）具有大学文化程度人口所占比例大幅度提高。低、中、高三种方案预测如表 7。

表 7 假定的条件是：20 世纪 90 年代低方案具有大学文化程度人口所占比例平均升高 0.06 个百分点，中方案升高 0.08 个百分点，高方案升高 0.10 个百分点；2000～2020 年年平均低方案升高 0.05 个百分点，中方案升高

0.07 个百分点，高方案升高 0.09 个百分点。按照过去特别是改革开放以来高等教育发展情况，上述中方案预测是可以做到的；如果科教兴国战略实施力度加大，实现高方案也是可能的。需要看到，虽然具有大学文化程度人口所占比例上升不很快，但是绝对人数增加量很大。以中方案为例，1995 ~ 2000 年年平均增加 127.2 万人，2000 ~ 2010 年年平均增加 118 万人，2010 ~ 2020 年平均增加 134.4 万人，在教育劳动生产率不变的条件下，形成对教育规模扩张的强大压力，达到绝非易事。

表 7   大学文化程度人口增长预测

年份	低方案		中方案		高方案	
	人数（万人）	增长（%）	人数（万人）	增长（%）	人数（万人）	增长（%）
1990	1576	1.40	1576	1.40	1576	1.40
1995	2059	1.70	2180	1.80	2301	1.90
2000	2560	2.00	2816	2.20	3072	2.40
2010	3448	2.50	3996	2.90	4550	3.30
2020	4449	3.00	5339	3.60	6229	4.20

3. 人口年龄结构老龄化

至 2020 年进入老龄化严重阶段，笔者的一个小组预测（方案Ⅰ）和联合国的预测（方案Ⅱ）比较，如表 8 所示。[①]

表 8   人口年龄结构老龄化预测

年份	方案Ⅰ		方案Ⅱ	
	65 岁以上（万人）	占总人口（%）	65 岁以上（万人）	占总人口（%）
1995	7398	6.12	7450	6.1
2000	8648	6.76	8806	6.7
2010	10542	7.65	10552	7.6
2020	15093	10.18	15624	10.5

---

① 参见前面方案Ⅰ、方案Ⅱ预测，假设条件相同。

表 8 中方案 I 与方案 II 很接近，两个方案同时表明，中国人口老龄化具有速度比较快、达到水平比较高的特点，大致在 2000 年接近或达到 65 岁以上老年人口占 7.0% 的老年型结构，2020 年超过 10.0% 达到严重阶段。老年化峰值年份在 2040 年，届时 65 岁以上老年人口比例可达 17% ~ 18%。此外，由于西部、中部、东部多年来出生率差别较大，人口老龄化严重程度将形成由西向东逐级升高的阶梯式结构，老龄化的到来和走向严重并非全国"一刀切"，各地应因地制宜地确定相应的老龄化政策。

4. 人口的城市化

由于划分市、镇人口标准几经变动等原因，目前公布的市镇人口比例略为偏低，故将 1995 年市镇人口比例抬高 1 个百分点，人数相应增加 1162 万人为基期。如此低、中、高三种预测如表 9 所示。

表 9 人口城市化预测

年 份	低方案		中方案		高方案	
	市镇人口（万人）	百分比（%）	市镇人口（万人）	百分比（%）	市镇人口（万人）	百分比（%）
1995	36336	30.0	36336	30.0	36336	30.0
2000	43785	34.2	44850	35.0	45498	35.5
2010	61169	44.1	66389	47.8	69316	49.9
2020	82206	55.2	95474	64.2	102605	69.0

表 9 中方案预测 1995 ~ 2000 年市镇人口年平均增长 4.3%，即相当于改革开放以来的市镇人口增长速度，预计持续到 20 世纪末是有可能的。2000 ~ 2010 年年平均增长 4.0%，略有降低；2010 ~ 2020 年年平均增长 3.7%，又稍有下降。主要考虑，一是中国城市化水平不高，在经济高速增长过程中人口城市化速度应比较快；二是经过改革开放 20 多年市镇人口持续大幅度增长后，进入 21 世纪速度会适当放慢一些。低方案和高方案预测给出一定的弹性，一般情况下不同时期人口城市化水平不会低于低方案，也不至于高出高方案。需要说明，这里的市镇人口为经国家批准设置的市和经省、自治区、直辖市批准设置的镇的常住人口，与其他国家相比有一定的非可比性。例如，美国的城市人口定义为：人口规模在 2500 人以上，人口密度在每平方公里 400 人以上（不包括农地、铁路站场、大型公园、大型工厂、飞机场、公墓、湖泊等）的人口集中区。1984 年世界银行在对中国经济进行考

察后所作的系列报告中，就对在中国数千人的人口集中区，其中许多人实际上从事非农业劳动却列为农村人口很不理解，当时即估计中国城镇人口比例已达到 34%。该报告在回答为什么这部分人不能列为城镇人口时，归结为"中国经济结构非同寻常"。① 按照表 9 中方案预测，目前中国人口城市化只相当于世界 20 世纪 50 年代初期水平，显然偏低；然而发展很快，2000 年相当于世界 70 年代初期水平，2010 年相当于 1995 年水平，2020 年联合国的预测是世界城市人口比例为 62.0%，届时中国将高出这一水平 2.2 个百分点，开始步入人口城市化较高水平国家行列。②

5. 人口的地区分布

预计西北、中部、东南人口密度按 1∶13∶25 "三阶梯式"分布，在2020 年前不会有大的改变。虽然"九五"计划和 2010 年远景目标纲要提出"要更加重视支持内地的发展，实施有利于缓解差距扩大趋势的政策"，但是在市场经济规律作用下，尚不能从根本上扭转流动人口"民工潮"主要由四川、安徽、湖南、湖北、河南、贵州等省流向东南沿海开放城市的基本格局。目前这部分流动人口估计在 8000 万～1 亿人之间，20 世纪内呈基本稳定的"孔雀东南飞"趋势。21 世纪前 20 年会有所减弱，一部分人可回到原籍经营自己的产业；然而按照人口移动的"推拉理论"，又会产生新的流动人口，基本的趋势不会有大的改变。

三 决策选择

1. 以数量控制为重点的人口发展战略

上述 2020 年人口发展图像涉及人口的数量、素质、结构等诸多方面，基本的要求是控制人口的数量，提高人口的素质，调节人口的结构，实行控制、提高、调节相结合的战略。然而这三个方面不是并列的，数量控制是重点和关键，是全部人口战略的核心。从人口与经济、社会发展之间关系角度观察，所谓人口问题，首先是人口的数量增长问题，它关系到国民经济的积累和消费，劳动力的供给和就业，实现小康和 21 世纪发展目标的人均水平，给经济、科技、教育、卫生以及社会保障事业等的发展以重要影响。从人口

① 世界银行对中国经济考察的背景材料《城镇化：国际经验和中国的前景》，气象出版社，1984。
② United Nations, *World Urbanization Prospects 1990*, New York, 1991.

自身角度观察，控制、提高、调节之间不是孤立而是相互影响和制约的，人口的数量控制具有主导的作用。人口的数量控制有利于减少未成年人口的消费和增加积累，有利于增加健康特别是人口的智力投资，从而有利于人口素质的提高。人口的数量控制有利于提高劳动生产率，而农业劳动生产率的提高是农村剩余劳动力转移和人口城市化的前提。人口的数量控制和生育率的下降是正常情况下调节人口年龄结构的唯一途径，是老龄化速度的调节器，也是调节人口地区分布的平衡器。人口的数量控制至关重要，但人口素质的提高和结构的调节也不是消极的。如目前不同文化程度人口的生育率差别较大，总的趋势是生育率同人口文化素质成反比，因而人口文化素质的提高就是生育率的降低。又如，目前城乡生育水平差别也很明显，城市低于农村许多，人口城市化的推进也就是生育率的降低。全面推行控制、提高、调节相结合的人口发展战略，当前要以数量控制为重点，以数量控制的有效推进，带动人口素质的提高和不合理的结构的调节。

大力控制人口的数量增长，贯彻落实计划生育基本国策，自20世纪70年代以来已经积累了一套成功的做法和经验，近年来更有不少新的发展。诸如既定人口控制目标不变、各级领导亲自抓和负总责不变、现行的生育政策不变的"三不变"经验，以宣传教育为主、避孕节育为主、经常性工作为主的"三为主"经验，农村计划生育同发展农村经济相结合、同农民勤劳致富奔小康相结合、同建设文明幸福家庭相结合的"三结合"经验等，需要继续认真贯彻执行，坚持稳中求进，2000年、2010年、2020年人口控制目标的实现有比较大的把握。值得重视或带有危险倾向的问题，主要有如下三方面。

一是出生性别比问题。由于中国封建社会长达几千年，子嗣观念、重男轻女思想在部分居民头脑中还相当顽固，性别偏好驱使其采用B超等手段进行性别选择，某些地区特别是某些农村新生儿性别比偏高值得重视。解决的办法，首先要做好思想教育工作，大力宣传"时代不同了，生男生女都一样"的道理；其次，要帮助女儿户解决实际困难，使这些户带头走上致富道路，计划生育"三结合"已在这方面树起了一面旗帜；再次，要坚决杜绝B超等胎儿性别鉴定的违法行为，给予违者以法律制裁，排除人为选择干扰。

二是防止生育率政策性变动反弹。20世纪70年代以来中国生育率的大幅度下降，有经济的发展、社会的进步等人口再生产客观条件变动的影响，然而主要归功于大力加强计划生育工作。这就出现一种矛盾的现象：接近发达国家的人口再生产类型和典型的发展中国家经济并存于一体。这意味着，若独生子女和计划内生育家庭再生育一个孩子，仍具有一定的边际效益，他们按政策生育实在是家庭和个人利益的一种牺牲，当然社会对这种牺牲在精神和物质上也应尽量给予补偿。这就存在再生育的潜在威胁，一旦政策松动，就有可能出现生育率反弹升高，那是无论如何都要避免的。因此，保持生育政策的相对稳定至关重要，任何收紧或放宽的变动，都会产生莫大的冲击。因为控制了一代人也就控制了一代作父母人口的数量，又使老龄化和社会负担等问题不至于过度严重，兼顾人口和社会发展的合理选择。

三是人口控制机制转变问题。当前正在进行的市场经济体制改革，给人口控制和计划生育工作带来不容忽视的影响。如前所述，从实际出发，现阶段的人口控制还必须继续运用以往的一套成功的做法和经验，不能盲目地将人口控制"推向市场"走西方国家"家庭计划"的路子。同时也不可置市场经济体制改革的影响于不顾，而应抓住这个机遇，结合计划生育工作实际，积极探求由行政手段为主向以行政手段与利益调节相结合，再过渡到以利益调节为主的改革。近年来，吉林、四川、浙江、江苏等省率先开展的农村计划生育"三结合"，四川等省开展的独生子女"两全保险"及其父母养老保险举措，有效地增大了独生子女和计划生育家庭孩子的效益，将少生同快富结合起来，起到了很好的利益导向作用，闯出了利益调节与行政手段结合起来开展计划生育工作的新路子。着眼于 21 世纪的人口控制，还应从国外"家庭计划"中吸取积极有用的成分，从我国的具体情况出发，探索人口控制由行政手段为主向利益调节为主的改革思路。

2. 提高人口素质要选准突破的重点

从人口、经济、社会发展的实际出发，提高人口的身体素质和文化素质，要强调抓住重点，着力推进改革。

（1）提高身体素质。

其一，降低出生缺陷儿比率，大力开展优生优育。要建立和健全出生监测系统，通过检查和登记，查清出生缺陷的结构和分布，有针对性地开展防治。在以往取得成绩的基础上，严格婚前检查制度，根据遗传病患者具体情况，确定不得结婚者、可以结婚但不得生育者。加强对艾滋病和性病的监测和检查，确定不得结婚或准予结婚但不得生育者，这在至 2020 年的一段历史时期内尤为重要。禁止近亲结婚，在边远山区努力发展交通事业，扩大通婚圈，减少低能儿比率。

其二，提高营养水平，改善食物结构。目前处于由温饱向小康过渡阶段，但仍有 5800 万人处于贫困状态，就是处在温饱状态下的也有相当一部分水平不高，需要在大力发展经济的同时提高营养水平，这是身体素质提高的基础。当前中国谷物、肉类、蛋类、水产品等的生产量已跃居世界首位，然而由于人口众多，人均占有量仍旧比较低，特别是人均鱼、肉、蛋、奶的消费量低，提高全体国民动物性食品所占比例，是改善食物结构的一项基本任务。特别值得引起重视的一个问题是，近年来一些独生子女少儿肥胖症及高血压等相应病症有上升趋势。这主要是由于家长溺爱和缺少营养知识，长期摄入过量的巧克力、饮料等高热量、低营养一类食品引起。因此，在提高营养水平和改善食物结构的同时，需要普及营养学知识，使之既吃得好，又吃得科学。

其三，发展医疗卫生事业，推进妇女生殖健康。除了一般意义上的增加医疗卫生投入，提高预防和医疗水平外，结合人口老龄化趋势，要特别加强老年性疾病的预防和治疗，加强养生康复和老年保健，积极兴办老年临终关怀病院。结合 2020 年以前育龄妇女人数增加趋势，要特别强调妇女的生殖健康。生殖健康是一个新概念，世界卫生组织解释为：生殖健康不仅是生殖过程没有疾病和失调，而且是一种身体、心理和社会的完好状态；有生殖能力妇女安全地妊娠和分娩，婴儿存活并健康成长；人们能够调节自己的生育，且不危害健康和享有安全的性生活。结合中国实际，要在加强生殖健康宣传教育的同时，组织研制和生产高效、方便、无害避孕药具的生产，加快妇幼保健、计划生育网络建设的步伐，开展包括青春期教育、避孕节育、优生优育等生殖健康服务，建议将推进生殖健康列入医疗、计划生育和妇女发展规划的一项重要内容，在医学院开设专门课程，培养专门人才。

其四，开展全民健身运动，增强人民体质。生命在于运动，增强人民体质，治本的方略是发展体育运动，开展全民健身运动。改革开放以来体育事业发展很快，许多专项体育已同市场接轨，促进了运动水平的提高。相比之下，普及工作滞后，需要着力加强，从提高全民族身体素质出发，扎扎实实地开展全民健身运动。

（2）提高文化素质。提高人口文化素质，增加国家财政在教育、科技上的投入，动员社会力量办学，组织"希望工程"等，都收到良好效果，需要在总结经验的基础上不断改进。然而增加教育、科技投入受到财政增长的限制，不可能增加过多，提高全民族的教育水平还需另谋改革出路，特别是旨在提高教育劳动生产率的改革，改变脑体分配不公、旨在提高个人和家庭智力投资积极性的改革。

其一，深化提高教育劳动生产率的改革。教育主要是高等教育劳动生产率不高，是制约教育事业发展和人口文化素质提高的重要原因。1995 年全国高等学校教师与学生之比为 1：7.2，而 1987 年世界平均为 1：14.4，1992 年美国为 1：17.3，英国为 1：15.4，澳大利亚为 1：20.7，日本为 1：10.1，均比我国高出许多①。原因何在？最主要的是因为，我们是"学校办社会"：政府和各种群体组织应有尽有，学校要用很大精力解决师生员工的住房及一切后勤保障，学校关起门来就是社会的缩影，行政和后勤工作占去学校相当大的人力、物力、财力和领导的精力。西方国家则不然，行政和后勤负担减少到最低限度，实现了社会化，属典型"社会办学校"性质，学校集中主要人、财、物力量和领导的精力办学，创造了颇高的教育劳动生产率。因此，教育改革的方向就是要变"学校办社会"为"社会办学校"，将行政、后勤等非教学管理和经营社会化，提高学生对教师的比率，走内涵式提高教育劳动生产率道路。

其二，推进旨在提高个人和家庭智力投资积极性的改革。一个时期以来，中小学生流失严重，最主要的原因是弃学经商奔市场。为什么会出现这种现象？归根结底是脑体分配不尽合理。这种新的"读书吃亏论"严重挫伤个人和家庭对子女进行教育投资的积极性。改革的根本办法，就是改变这种脑体分配不公，实行复杂劳动是简单劳动倍加的按劳分配原则，确保个人和家庭用在教育方面的人口质量成本能够带来相应的效益，提高进行智力投资的积极性。

3. 建立可靠的养老保障体系

人口老龄化加速到来并在 2020 年开始步入严重阶段，要求建立与之相适应的养老保障体系。从实际出发并吸取国外老龄化国家正反两方面的经验，这一体系可概括为积极发展社会供养，继续提倡家庭子女供养，适当组织老年再就业自养，建立起社养、家养、自养互相补充，融"三养"于一体的养老保障体系。

积极发展社会供养是迄今为止西方国家应付人口老龄化冲击最主要甚至是唯一的手段，我们也要这样做。然而由于老龄化超前来临的时间差和以往养老社会保障完全由国家和企业包下来的弊病，20 世纪末全国退休职工比现在成倍增加，2010 年、2020 年还将继续成倍增加，老年退休金要接连翻上几番，使国家财政难以为继，必须改革。改革的基本路子，是由劳动者、

① 参见《中国统计年鉴 1996》。

国家、企业或事业单位共同出资筹备养老基金，专款专用，待职工退休时按期发放。这一办法实施起来效果颇佳，特别是建立起退休基金个人账户的地方，职工对老有所养有了信心。

继续提倡家庭供养不仅为社会供养水平低、覆盖面窄所决定，而且为中华民族具有尊老、敬老、养老的传统所决定。由于全国人口70%居住在农村，从总体上观察，目前家庭供养在全部老年供养体系中仍扮演主要角色。当前值得引起重视的是，随着市场经济的发展，商品经济和泛商品观念的影响，价值取向和价值观念的改变，传统的敬老、养老受到挑战，子女拒不赡养老人案件增多。对此，一方面要加强宣传和教育，弘扬中华民族尊老、爱老、养老的光荣传统，树立孝敬老人的社会道德风范；另一方面需要强调法律保护，对遗弃、虐待、拒不赡养父母触犯刑律者，给予依法制裁。

适当组织老年再就业自养，是社养、家养的必要补充。20世纪80年代后期的调查表明，在老年全部供养中，城市来自老年再就业收入部分占7%左右，农村占到26.2%。这除了维持老年养老需要外，也是防止因通货膨胀引起老年贫困化的重要手段，并有助于消除老年人于社会无用的失落心理。当前遇到的难题是：2020年以前生产年龄人口有增无减，就业压力大，老年再就业市场狭小。解决的基本思路，是寻求老年再就业的职业转移。即老年再就业主渠道，应是一般青年人不愿意做，更适合老年人的体力、心理的行业，如仓储保管、机关收发、停车场、公园、环卫、餐饮等服务部门，面向第三产业。

4. 人口城市化与解决流动人口问题的战略选择

这是一个问题的两个方面：从人口城市化角度讲，是如何吸纳来自乡村的流动人口进入城市；从流动人口角度讲，是怎样科学地将一部分流动人口移入城市。前已述及，人口城市化是世界也是中国人口变动的一大趋势，而且从现在起至2020年将是中国人口城市化加速发展时期，这是经济、社会发展的客观需要。现在的问题是8000万～1亿人的流动人口大军是否同现阶段的经济、社会发展相适应，如何兴利去弊合理解决。在认识上必须明确，当前以农村剩余劳动力为主体的流动人口大军的形成，是市场经济体制改革和国民经济持续、快速发展的必然结果，是劳动力市场形成中的自然表现，是改革和发展的需要。同时也要清醒地看到，一是流量过大，二是流向单一，主要流向沿海开放城市，已经超出现阶段交通运输、城市基础设施等负载能力，造成盲目流动劳动力的巨大浪费和城市治安情况恶化。毫无疑问，用行政手段把农民限制在土地上不仅做不到，同时也不应该做。解决的战略笔者赞成第三种选择，提出农业剩余劳动力转移"三三制"分流建议，即在目前农业剩余劳动力（约 1.5 亿）主要集中于农业种植业的情况下，向林、牧、副、渔分流 1/3，向乡镇企业转移 1/3，向城市"农转非"1/3。

向种植业以外的大农业分流 1/3。目前广义农业就业结构不合理，80% 以上的农业劳动力集中于土里刨食的种植业，而在全部农业资源中耕地仅占国土面积的 10%，其余可利用草地占 32.6%，森林占 13.4%，内陆水域面积占 1.8%，具备发展林、牧、副、渔业的巨大潜力，如开发利用得当，从农业剩余劳动力源头上截流 1/3 过去，是完全有可能的。各地经验表明，只要政策对路，农业剩余劳动力在大农业上大有作为，可以较快地致富。因此，引导农业剩余劳动力不要把眼睛一味地盯在进城上，首先在山地、草场、河湖上寻找致富门路，政府在政策上予以适当倾斜和扶持，实是缓解流动人口冲击和寻求可持续发展道路的治本的一项战略抉择。

向乡镇企业转移 1/3。乡镇企业异军突起，在吸纳农业剩余劳动力过程中发挥了很大作用。当前，在经济增长方式由粗放向集约化转变的形势下，乡镇企业面临升级换代，技术构成提高后对吸纳劳动力产生排斥，农业剩余劳动力向乡镇企业转移需要另谋出路。最主要的就是要发挥当地资源、原材料的比较优势，发展农、林、牧、渔产品深加工工业，提高其附加值，这在广大农村有着广阔的潜力。

向城市工商业转移 1/3。农业剩余劳动力在作了向广义农业、乡镇企业分流之后，其余 1/3 转向城市工商业，成为事实上的城市人口。农业剩余劳动力进城，如何人尽其才，充分发挥他们在城市建设中的作用？关键是建立和健全规范化的劳动力市场。目前这类劳动力市场一是数量少，二是管理混乱，供求双方都感到很不方便，许多农民工进城谋职到处乱闯，带有很大盲目性，也容易导致犯罪率上升。一些办得较好的劳动力市场，对农民工要求出示身份证、外出务工经商证、健康检查证、计划生育证等，不仅便于掌握劳动力供给方面的情况，而且向需求方面提供一定的信息，逐步走上有序管理。培育数量足够多，质量比较高的劳动力市场，是实现农业剩余劳动力向城市转移的关键，需下大力气做好。

人口科学研究

20 世纪人口科学发展一瞥[*]

自 1662 年被誉为"人口学之父"的约翰·格兰特（John Grant）《关于死亡的自然的和政治的观察》一书发表以来，人口学脱胎而出，成为立于众学科之林的独立学科。不过在其后的 200 多年里，原本统计意义上的人口学进展不很大，而从经济学、社会学角度的人口研究却兴旺起来，特别是 1798 年马尔萨斯（Thomas Robert Malthus）《人口原理》（*An Essay on the Principle of Population*）的发表，其后 28 年内连续出了 6 版，产生巨大影响，引起广泛论争。著书立说，严加抨击，成为马尔萨斯主义反对派有之；依据新情况发展《人口原理》，成为新马尔萨斯主义者也有之，论争一直延续下来。当历史掀开 20 世纪新一页以后，这种论争虽未止息，但人口科学研究伸向更广阔的领域，取得了新的突破，开辟了人口科学发展的新时代。

20 世纪人口科学的发展，大致以二次世界大战结束前后或以 20 世纪 50 年代开始为界，分成前后两个时期。前期人口学研究取得广泛突破，后期人口学向纵深不断深入，可以说是两个时期表现出的不同特点。

一 前期人口学研究的广泛突破

如果说马尔萨斯《人口原理》轰动一时得益于工业革命后欧洲人口的猛烈增长，那么进入 20 世纪情况发生了很大变化。尽管从总体上看世界人口经历着前所未有的巨大增长，但是欧洲特别是西欧和北欧，人口出生率和自然增长率则处于持续下降状态，进入低增长阶段。于是，人口转变理论应运而生。1909 年法国的兰德里（A. Landry）发表《人口的三种主要理论》，20 多年后又发表了《人口革命》专著，将人口生产分成原始、中期和现代

---

* 原载《人口与经济》1996 年第 5 期。

三个发展阶段，事实上提出并初步探讨了人口转变。美国的汤普森（Warren Thomson）则有异曲同工之妙，他将世界人口生育率与死亡率的变动分成三种类型和地区分布，表现出不同的发展阶段，成为人口转变理论的先驱者。

适度人口论。围绕马尔萨斯人口论的争论，使一些人口学家、经济学家思考一个问题：人口数量和规模以多大为宜。一般认为，1914 年英国经济学家坎南（Edwin Carman）发表的《财富论》，最先阐述了适度人口的理论，即使工农业生产达到最大收益点的人口数量。其后有桑德斯（Cart-Saunders）的《人口问题》等许多论著面世，桑德斯的一大贡献是提出按人口平均的最大收益值时的人口数量为适度人口，后又增加使居民获得最高生活水平的人口密度。由于 20 世纪初工业化达到一个新的阶段，第一次世界大战等因素造成的影响，人口多一些好还是少一些好变得扑朔迷离，折中的适度人口论便格外受到青睐，成为二三十年代风靡一时的理论。

经济学派人口理论。古典经济学派、庸俗经济学派多把人口作为因变量，纳入经济发展体系；到 20 世纪前叶一些经济学家则将人口作为一种自变量考察经济增长，是一项巨大进步。这一时期最有影响的考察当属凯恩斯 1936 年发表的《就业、利息和货币通论》为主要代表作。他的逻辑思维是：1929～1933 年的经济危机和长期的经济不景气，产生于资本有效需求不足；资本有效需求取决于人口、消费水平和资本技术构成，有效需求不足由这三个因素造成，特别是人口增长率的持续下降。如此凯恩斯阐述了人口在经济发展中的决定性作用，成为他的"经济停滞论"的核心部分。继凯恩斯之后，美国经济学家汉森（A. H. Hansen）、英国经济学家哈罗德（R. F. Harrod）等进一步阐发了这一基本观点，成为颇有影响的人口经济学说。

社会学派人口理论。从社会学角度研究人口，这一时期取得很大突破。法国社会学家杜蒙特（A. Dumont）于 20 世纪初提出著名的"社会毛细管理论"，认为人们追求向上的发展有如毛细管作用一样，不过这种个人的追求与满足孩子的需求是用 U 型管连接在一起的，此消彼长，加大社会毛细管作用即可有效降低生育率。杜蒙特的这一观点，实际上提出了人们在个人发展和生养子女之间的利益选择问题，给人们以重要启迪。这一时期社会学家的人口观，强调从社会多角度分析人口问题，拓宽了生育率、人口转变、适度人口等的研究视野。

数理学派人口理论。原本具有统计意义的人口学经过 200 多年沉寂之后，到 20 世纪初一改旧颜，取得革命性突破。最主要的，一是洛特卡

（A. J. Lotka）的稳定人口理论，他运用数学推演，导出稳定人口模型的基本公式，论证了在封闭人口群体年龄别生育率和死亡率不变条件下，经过足够长的人口再生产周期，达到稳定人口年龄结构的必然性。二是珀尔（Ragmond Pearl）和里德（Lowell J. Reed）的"逻辑斯蒂曲线"论（Logistic Curve）。他们使 19 世纪已经提出的"逻辑斯蒂曲线"得以复活，赋以系统新义，用以说明长期人口变动由低增长到高增长，再到低增长呈 S 型发展过程，从统计和数学角度揭示了人口转变过程，提供了新的方法论。

二 后期人口科学的深入发展

20 世纪后半叶的人口科学发展的最主要特点，是在前半叶开阔领域基础上，不断向纵深发展，更体现人口学的边缘和交叉学科性质。

二次世界大战结束后，出现了带有补偿性质的世界"婴儿高潮"，人口增长速度进一步加快，贫困、失业、饥饿、污染等问题突出出来，马尔萨斯人口论又有了新的土壤。被称为现代马尔萨斯主义代表人物的皮尔逊（F. A. Pearson）、哈珀（F. A. Harber）等在 20 世纪 40 年代中后期即发表了一系列论著，提出"世界的饥饿""世界人口危机"等命题。进入 20 世纪 70 年代更有泰勒（G. Taylor）的《世界末日》、麦多斯（D. H. Meadows）等的《增长的极限》，被称为"悲观派"人口理论，产生一定影响。

"人口转变论"的完成。兰德坦克和汤普森提出和初步论述了人口转变理论，美国人口学家诺特斯坦（F. W. Notestein）则在他们的理论基础上，创造了人口转变理论模型，使这一理论趋于完整和系统化，《人口——长远观点》和《人口变动的经济问题》的发表，标志着人口转变理论的完成。其后柯尔（Ansley J. Coale）和胡伟（E. Hoover）《低收入国家人口增长和经济发展》一书的出版，将人口转变理论推演到发展中国家，使其成为公认的一种人口理论。

人口经济学的新发展。人口变动与经济发展的关系，一直是人口学诞生以来关注的焦点，第二次世界大战后取得新的进展。在宏观方面，当代杰出人口经济学家之一的斯彭格勒（J. J. Spengler）在 20 世纪 50 年代发表了《经济学与人口学》等著作，分析世界人口与食物供应之间的矛盾，论证了只要收入弹性（需求量变动百分率与收入量变动百分率之比）为正数，收入增加拉动食物上升，人口继续增长下去就会造成粮食、耕地、水、矿物资源等严重问题，因此必须抑制人口膨胀。发展经济学与人口学的结合，给人口经济学的发展开辟了新的领域。柯尔研究发展中国家人口与经济增长的关系，论证了资本在投入与产出之比为 3∶1 的情况下，人口增长 1%，储蓄与投资需增长 3%，说明人口增长对经济的影响。刘易斯（W. A. Lewis）分析传统产业的劳动力转移和现代产业吸收的能力，将人口、劳动力置于现代发展经济学体系之中，发展了宏观人口经济学。在微观方面，莱宾斯坦（H. Leibenstein）提出并论证了孩子的成本—效益理论，他将孩子成本分成直接成本和间接成本两部分，孩子的效益分成劳动—经济效益、消费—享乐效益等 6 种，考察了不同社会背景一定家庭经济条件下的孩子成本—效益变动情况，并以此说明家庭的生育决策。贝克尔（G. S. Becker）在分析中引入不变成本或数量成本、可变成本或质量成本概念，并且论证了孩子数量成本与质量成本的可替代性，以及对孩子数量需求的有限性和质量需求弹性增大的一般规律。正是这一规律导致人们由投入孩子的数量成本转向质量成本，遂使生育率下降。在微观人口经济学中，还应提到的是伊斯特林（R. A. Easterline）的孩子供给——需求理论，考德威尔（J. C. Caldwell）的"代际财富流理论"，以及舒尔兹（T. W. Schnlty）的家庭经济学理论等。

人口社会学的形成和发展。从社会学角度研究人口，尽管前期有"社会毛细管"等学说，但是并未形成人口社会学。第二次世界大战后在人口科学发展中吸引不少社会学家，试图对人口的数量、素质、结构等的变动，给予社会学的理论解释。戴维斯（K. Davis）、豪泽（P. Hauser）等就是典型代表。20 世纪 60 和 70 年代，戴维斯发表了"人口城市化""世界人口危机"等多篇论著，从社会学角度分析了人口与稳定、人口与城市发展的关系。

数理人口学的兴起。一方面人口学家广泛采用数理分析方法，并借助于计算机手段对传统的研究方法论加以更新；另一方面一些数学、系统动力学等自然科学家进入人口研究行列，或与人口学家结合，形成数理人口学交叉学科。这一学科的发展，使人口数据资料的来源和修正、人口预测和人口定量分析发生革命性变革，大大促进了人口科学的全面发展和学科体系的形成。

人口与可持续发展研究的加强。人口与发展研究源远流长，20 世纪后半叶借助系统动力学方法将多种变量关系加以量化，建立了人口与粮食、资源、环境、经济、社会发展的多种理论模型，1972 年麦多斯等的《增长的极限》就是很好的例证。这一年在斯德哥尔摩召开的世界环境大会上，提出

"连续的或可持续的发展"概念。1987 年世界环境与发展委员会在《我们共同的未来》报告中，将可持续发展定义为"既满足当代人需要，又不对后代人满足其需要的能力构成危害的发展"。其后，经过 1992 年在巴西里约热内卢召开的世界环境与发展大会，1994 年在埃及开罗召开的国际人口与发展大会，1995 年在丹麦哥本哈根召开的国际社会与发展大会等，掀起世纪转换之际的"可持续发展"研究热，而人口在可持续发展中居首位，人口与可持续发展研究正在许多国家深入展开。

20 世纪人口科学经历上述近百年的发展之后，已逐渐形成了自己特定的研究对象，有一套比较成熟的方法，有自己一定领域的学科。目前学科体系初步形成，人口统计学、人口经济学、人口社会学、人口地理学、发展人口学、数理人口学等分支学科比较齐备，构成独立的学科。不过，发展永无止境。人口学必将随着经济和社会的发展，科学技术的进步而不断发展，去迎接 21 世纪的到来。

参考文献

［1］ 田雪原主编，翟振武、李竞能副主编《人口学》，浙江人民出版社，2004。

［2］ 李竞能主编、吴国存副主编《当代西方人口学说》，山西人民出版社，1992。

［3］ 杨中新:《西方人口思想史》，暨南大学出版社，1996。

［4］ John R. Weeks, *Population*, Wadsworth Pubising Belmont, California 1994, USA.

［5］ Philip Hauser and Olis Dudly Duncan, *The Study of Population*, Chicago vniversity Press, 1972.

人口研究动态[*]

改革开放以来人口科学研究发展很快，一方面是党和政府高度重视，另一方面得益于联合国人口基金的支持，目前大小规模不等的研究所有100个左右，专业和半专业人员逾千人。今年除一般性的活动外，中共中央、国务院将召开第七次计划生育座谈会，据悉，"九五"期间每年在"两会"召开之际开一次人口座谈会，总书记、总理将发表讲话。1997年10月11～17日将在北京召开第23届国际人口科学联盟大会（IUSSP），届时预计有100多个国家、2000多名学者参加，联合国将派员出席，我国也将有领导人出面演讲。国际人口科学联盟是纯学术性质的人口学家的组织，每4年召开一次会议，称之为人口学界的"奥林匹克大会"，这次是20世纪最后一次盛会。中国已经组成由国务委员彭珮云为主席，国家计生委、中国人口学会、北京市政府有关领导和学者为副主席的组织委员会，筹备工作正在加紧进行。10月12日举行为期一天的"中国人口论坛"，这是向世人展示中国人口科学研究成果、人口控制取得卓著成就的良机，也是吸取国外有用研究成果的很好机会，中国组委会学术委员会已做了许多工作。在确定专题和征集300多篇论文基础上，1996年9月在长沙召开选拔论文研讨会，确定8个专题共50篇论文入围，目前正准备出版中、英文文集，提交《论坛》交流。10月13～17日为国际会议，其中正式会议30个专题，非正式会议32个专题，囊括了当今人口研究和人口科学发展涉及的主要方面。

当前人口研究主要围绕这次会议，特别是《中国人口论坛》展开，同时也有一些实证研究的"热点"问题，可归纳为以下几个方面。

1. 关于人口调查与统计，特别是人口数据准确性问题

中国进行人口普查、人口抽样调查的能力很强，国家统计局有专业

＊　原载《经济学动态》，1997年6月。

队伍，人口研究单位也有一批专业人才，手段也较先进，取得很大成效，得到国际称赞。问题是对普查和调查取得的数据资料开发、利用不够，有待加强。

对于人口数据的准确性，常有人提出疑义。国家计生委主要领导对这个问题极为重视，近几年每年都抽出一定力量，到两个省（市）直接进村摸底核实和调查，强调实事求是，反对弄虚作假。从检查情况看，计生单位填的报表漏报率在25%左右，故不采用。现今公布的人口数字一般采用国家统计局抽样调查的结果，如总人口、出生率、死亡率、增长率、年龄构成、城乡构成、性别构成、就业人数、失业人口等，总体上还是比较可靠的，有的可能稍偏低。

2. 人口数量控制和计划生育

中国人口控制取得世人公认的成绩，其中固然有经济发展、社会进步、人口再生产环境的作用，但主要是大力加强计划生育、认真贯彻控制人口增长基本国策的结果。国际上少数人用人权攻击中国的计划生育，写出"屠杀无辜"之类的报告；更多人是不了解情况，看到一些蛊惑人心的材料，产生疑虑。也有一些友好人士和学者，奋起反击和论战。中国政府和学术界做了许多工作，在很大程度上澄清是非，据理以辩，收到良好效果。但是做得还不够，有时也受到语言限制。同时在工作中应提出更高要求，加强法制观念，改进服务，不发生授人以柄的事件。

近年来农村计划生育工作创造出同发展农村经济、农民勤劳致富奔小康、建设文明幸福家庭"三结合"的经验，收到良好效果。同时强调现行政策、领导亲自抓负总责、既定人口控制目标"三不变"，宣传教育、避孕节育、经常性工作"三为主"，在坚持"三不变""三为主""三结合"做法下，逐步实现由就计划生育抓计划生育向人口问题综合治理，由以社会制约为主向以利益调节与社会制约相结合的工作思路和工作方法的"两个转变"，达到控制人口数量，提高人口素质，促进人口与经济、社会可持续发展的目的。

3. 人口流动和城市化

目前8000万~1亿流动人口大军如何看待，存在不同甚至相反的观点，可谓仁者见仁，智者见智，流出地和一些部门从自身得益出发，阐述"必然规律"好得很；一些流入地和有关部门，从问题多、不好管理出发强调困难一面，呼吁"采取措施"。无疑，不同观点均可找出大量论据，不过难以摆脱受困地区、部门利益和利益驱动的影子。学术界一般观点比较公允，多用人口学"推——拉"理论解释，但也有"打开城门让农民进城"与向广义农业、乡镇企业、城市工商业分层次转移的区别。

4. 人口老龄化与养老保障

老龄化是世界也是中国人口发展的一大趋势，中国更具有速度较快、达到水平较高的特点。人口老龄化对经济、社会发展的影响，研究有所深入；更现实的是如何应付老龄化提前到来，即相对经济不够发达老龄化提前到来形成的"时间差"的冲击，如何建立可靠养老保障体系是第一位的问题。经过多年讨论形成一定共识，主张积极发展社会供养的同时，继续提倡家庭子女供养和适当组织老年再就业自养。不过在市场经济和泛商品观念作用下，家庭子女养老受到威胁，老年再就业遇到生产年龄人口增加的矛盾，需要深入研究解决。

5. 当前的婚姻与家庭

在市场经济和价值转型时期，传统的道德、伦理、观念受到强烈震撼，离婚率急剧上升，婚育观念悄然改变，婚姻、家庭不稳定因素增多，金钱色彩变浓，给人口控制、优生优育、人口流动带来许多新问题，需要深入研究。

6. 人口与可持续发展

这是近几年不断升温的一个问题，在可持续发展概念的内涵与外延，人口在可持续发展中的地位和作用，人口自身的可持续发展，人口与经济、社会、资源、环境的可持续发展等方面的研究，取得新的突破，也有较有影响的论著问世。然而毕竟研究时间不长，关于可持续发展指标体系的确定，如何进行实际的量化，寻求现实可行的科学方法，有待深入。

7. 女性人口问题

以1996年世妇会为契机，掀起一股女性人口研究热。比较集中的问题是：结合现实妇女在社会、家庭中的地位是上升还是下降了，妇女在社会经济、政治、文化发展上的作用是增强还是削弱了，妇女权利、地位与生育的关系，妇女的就业和解放问题。这些研究多侧重国际上国家之间的比较，以及历史不同时期的比较。

8. 生殖健康问题

这是近年新兴的一个研究课题，它不仅包括怀孕、分娩、围产期保健，而且包括生育心理、社会环境、优生优育优教等一系列内容，关系到人口素质的提高。随着经济的发展和文明程度的增强,围绕生殖健康的服务不断改善,相比之下,中国在这方面存在不少需要解决的问题。

9. 生产年龄人口增长与就业问题

未来二三十年由生产年龄人口绝对数量和可占比例将有较大幅度增长,国内外相近的预测:15~59 岁生产年龄人口绝对数量和可占比例可由 1995 年的 77675 万人、63.9%,增长到 2000 年的 82262 万人、64.3%,2010 年的 92575 万人、67.1%,2020 年的 94070 万人、63.5%,就业压力增大。当务之急,一是要处理好农村剩余劳动力的转移,上策是三个层次的截流和转移;二是城市以国有大中型为主的企业亏损、职工下岗和失业严重。解决的治本方略,不是放弃而是坚定不移地推进企业改革,使之完全成为"没有上级"的市场主体,必然有一部分"起死回生"使矛盾得以解决;另一部分被兼并,就业问题随之解决;还有一部分破产,靠失业金解决。只要失业救济金解决得好,稍高一些失业率并不可怕,出路在于改革。

10. 人口控制中的城乡差别问题

目前城乡生育率差别较大,1995 年市镇出生率 14.8‰,乡村 18.1‰,相差 3.3 个千分点;自然增长率市镇 9.2‰,乡村 11.1‰,相差 1.9 个千分点。一般认为,造成的原因主要是在"二元经济"结构情况下,边际孩子成本—效益不同的反映:乡村计划外生育某边际孩子还具有明显效益,特别是明显的经济效益;城市则不然,边际孩子成本多数情况下已为正值。从这个意义上说,逐步完成家庭由投入孩子的数量成本向质量成本转移,乃是完成人口转变或人口革命的基础。

论孩子社会附加成本—效益[*]

　　中国自 20 世纪 70 年代大力加强计划生育以来，控制人口增长取得举世公认的成绩。同时国内外各界也有一个共识，即成绩的取得主要是贯彻落实人口增长政策，80 年代更将其提到基本国策高度的结果，那么人口政策为何具有如此巨大的力量，能够左右广大民众的生育行为和生育子女的数量；在现在社会主义市场经济条件下，这一政策作用的发挥沿着什么样的走向变动，如何适应这种走向谋求生育率的继续下降和逐步实现人口与经济、社会发展的良性循环，成为当前人口问题中普遍关注的"热点"。"热点"的突破需要新的理论。本文在借鉴已有科研成果特别是在总结中国生育率下降实践经验基础上提出的"孩子社会附加成本—效益"理论，就是为这一目的阐发的。

　　西方孩子成本—效益理论之所以能够比较科学地解释发达国家的生育率下降，是因为这些国家生育下降过程中有两个前提：一是社会的经济结构为自由竞争的市场经济，家庭消费限制线、无差异曲线、消费者均衡等具备存在和发挥作用的条件，足以影响人们的生育行为和家庭的生育决策；二是家庭生育行为和生育决策纯属家庭的自主行为，没有或很少受到来自社会外来力量的干扰，亦即很少有政府干预生育的政策。然而二次世界大战后，发展中国家政府干预生育行为的政策越来越明显，许多国家制定了旨在控制人口增长的计划生育政策，并且取得显著成效。这就给西方一般孩子成本效益理论出了一个难题，这些经济尚不发达国家的生育率下降难以由这一理论作解释。中国就是这样的典型：从 1971～1981 年，总生育率（TFR）由 5.44 下降到 2.63，下降幅度达 51.7%，即 10 年间下降一半有余，这在世界人口史上实为少见。在此期间国民经济和人均收入有所提高，按当年物价计算的人

＊　本文原载《中国人口年鉴1993》，经济管理出版社，1993。

均国民收入由 240 元提高到 397 元，增长 65.4%；但扣除物价上涨因素影响，实际增长 46.5%，增长不高。[①] 显然，处于由饥馑型向温饱型过渡的低水平经济和不高的经济增长率，带给家庭的孩子成本—效益变动，从总体上看不可能发生有利于生育率下降的倾斜，主要还是导致生育率上升的不利倾斜。然而中国生育率却奇迹般地降了下来。1981～1991 年，按当年价格计算的人均国民收入由 397 元提高到 1401 元，增长 2.5 倍；按可比价格计算增长 1.1 倍，可谓 40 多年来经济和人均收入增长最快的 10 年。而人口方面的总生育率仅由 2.63 下降到 2.25，下降幅度为 14.4%[②]，与人均收入的上升显得颇不协调。于是国内外普遍将 20 多年来中国生育率的下降主要归之于贯彻落实人口增长政策的结果，这无疑是正确的，但有人由此引申到"人权"上去，对其横加指责，仅从理论上而言，则是陷进将一定的人口政策同孩子成本—效益割裂开来，对立起来的误区。走出误区需要将人口政策同孩子成本—效益理论联系起来，通过对人口政策的具体分析看其怎样左右着孩子成本—效益的变动。这就需要产生新的理论及其结合具体实践的具有说服力的分析，这就是社会附加成本—效益理论及其在中国的实践。

"社会附加成本—效益"概念，可以定义为按照一定的社会规范特别是生育政策规定，因超过或满足计划内生育子女数量而增加或减少的孩子成本与效益。它相对于个体家庭来说，是社会附加上去的成本与效益。这里有两种情况，对于实行旨在控制人口增长为目的的生育政策来说，增加的是超过生育政策规定的孩子成本和政策规定范围内孩子的效益；减少的是政策规定范围内生育的孩子成本和超过生育政策规定的孩子的效益。对于实行旨在鼓励人口增长为目的的生育政策来说，增加的是没有达到生育政策规定数量的孩子的成本和超过政策规定数量孩子的效益；减少的是超过政策规定数量的孩子的成本和没有达到政策规定数量孩子的效益。就当今世界现状而言，主要是前一种以控制人口增长为目的的人口政策，后一种鼓励人口增长为目的的人口政策屈指可数，且引起的成本与效益的变动也不显著。不过在概念和理论的完整性上，后一种情况是不可忽视的，构成社会附加成本—效益不可分割的组成部分。

---

① 《中国人口年鉴 1986》，社会科学文献出版社，1987；《中国统计年鉴 1992》，中国统计出版社，1992。

② 《中国人口年鉴 1986》，社会科学文献出版社，1987；《中国统计年鉴 1992》，中国统计出版社，1992。

结合中国实际，以下着重对旨在以控制人口增长为目的的"社会附加成本—效益"作出具体的分析和阐述。

纵观中国实行以控制人口增长为目的的"社会附加成本—效益"，包括减少按政策规定计划内生育子女特别是独生子女成本、增加其效益，增加按政策规定计划外子女成本、减少其效益两方面的内容。减少或增加的成本，又可分成直接的经济成本和间接的精神成本或心理成本；增加或减少的效益，亦可分成直接的经济效益和间接的精神效益或心理效益。

"社会附加成本—效益"中直接的经济成本，是指按照生育政策数量规定，增加或减少家庭支付某孩子的货币成本和其他实物成本现值。如中国提倡一对夫妇只生育一个孩子，一些经济发达地区实行了独生子女入托、入学、医疗等的减免政策，直接减少了家庭对孩子支付的经济成本。各地按照规定，对超生子女父母征收一定数额超生子女费，直接增加该孩子的经济成本。

"社会附加成本—效益"中间接的精神成本或心理成本，是指按照生育政策数量规定，增加或减少父母因生育某孩子带来的精神上或心理上的价值。如对计划外生育子女父母除收取一定的超生子女费外，还要进行批评教育，情节严重者要作一定的行政处理，使超生子女父母承受一定的名誉损失，为该超生子女付出更多一些的精神成本或心理成本。

"社会附加成本—效益"中直接的经济效益，是指按照生育政策数量规定，增加或减少某孩子提供给家庭的货币或实物收入现值。如目前普遍实行的每月 5 元 ~ 10 元的独生子女父母奖励费，父母从领取"独生子女证"之日起即可享受，直接增加独生子女经济效益。一些地方实行的超生子女在户口农转非、就业等方面的滞后政策，即在同等条件下优先解决独生子女和计划内生育子女，使得该超生子女可能提供家庭的经济效益受到影响。

"社会附加成本—效益"中间接的精神效益或心理效益，是指按照生育政策数量规定，增加或减少某孩子提供家庭在精神上或心理上的价值。如对只生育一个孩子的夫妇发给"独生子女光荣证"，一些单位还通过多种形式进行表彰，使独生子女父母充分享受到响应政府控制人口增长号召作出贡献而获得的一种荣誉，产生足够大的精神上的价值。

"社会附加成本—效益"中的直接经济成本和间接精神成本或心理成本，直接经济效益和间接精神效益或心理效益，是互补的并且也是可以计算的。一般地说，生育政策可以仅有直接经济成本单项规定，或者间接精神成本单项措施，或者直接经济成本与间接精神成本相结合的规定措施；以及直接经济成本、间接精神成本、直接经济效益、间接精神效益多项组合的规定措施。试以下二例说明它们之间的替代关系。

[例一]：某地区控制人口增长的生育政策总成本为 Ct，直接经济成本为 Ce，间接精神成本为 Cm，则：

$Ct = Ce + cm$ 现假定该地区生育政策规定独生女户可生育第二个孩子，但无论哪种情况都不允许生育第三个孩子。如生育第三个孩子，则征收超生子女费 2000 元，且对超生子女父母进行批评教育，并给予一定行政处理。经过科学调查（最好是随机抽样），计算出增加的直接经济成本即 2000 元的超生费，占到放弃生育第三个孩子全部生育政策成本的 40%，另外 60% 被间接精神成本或心理成本占据，说明人们不再生育第三个孩子经济损失与名誉损失呈"四六开"，精神成本是主要的。如此：

$$Cm = Ct - Ce = 3000（元）$$

[例二]：假定某地区奖励一对夫妇只生育一个孩子的总政策效益为 Bt，以独生子女父母奖励费为主要形式的直接经济效益为 Be，发给"独生子女光荣证"等表彰的间接精神效益或心理效益为 Bm，则：

$$Bt = Be + Bm$$

经过科学调查，该地区人们放弃生育第二个孩子每月 10 元独生子女奖励费，14 年共获得 1680 元，在人们心理上的效应仅占 1/5 的分量；其余 4/5 主要是响应国家控制人口增长号召，以实际行动为贯彻落实计划生育基本国策作贡献，即精神或心理上获得的效益。如此：

$$Bm = Bt - Be = 6720（元）$$

以上二例精神成本和精神效益的计算并非从生育政策本身上能够得到的量值，它的取得，是通过具体政策本身能够得到的量值，它的取得，是通过具体时点、具体政策在人们精神或心理上引起的效应，是用科学调查方法取得的。显然，这种间接的精神成本、精神效益在不同的时间和空间跨度，会有较大差异。据估算，其具有"影子成本"和"影子效益"的性质。①

———————————

① 影子成本和影子效益：估算生育政策间接精神成本或心理成本，间接精神效益或心理效益的一种方法。这种间接的精神成本或效益本无明确标价，但可通过科学调查找出其与生育政策直接经济成本、经济效益之比的办法加以确定，由生育政策直接经济成本、经济效益投影出来的价值。

加大孩子直接成本—效益调节分量

将上述社会附加成本—效益并入孩子成本—效益分析一般公式之中，如以 Cd 代表生产某边际孩子的直接成本，Ci 代表边际孩子的间接成本，仍以 Ce 代表边际孩子社会附加直接经济成本，Cm 代表间接精神成本或心理成本；Bt 代表该边际孩子的劳动—效益、养老—保险效益等全部主要效益，并仍以 Be 代表该边际孩子生育政策直接经济效益，Bm 代表间接精神效益或心理效益，则该边际孩子总净成本 Cn 为下式：

$$Cn = Cd + Ci + Ce + Cm - Bt - Be - Bm$$

由该公式看出，这里提出的边际孩子总净成本概念同 G. S. 贝克尔的孩子净成本有所不同，贝克尔的净成本不包括社会附加成本—效益部分。这里的孩子总净成本，是贝克尔净成本概念基础上，再加上因生育政策规定的直接经济成本、间接精神或心理成本，直接经济效益、间接精神或心理成本，直接经济效益、间接精神效益的现值。为此，上式在中国现实人口控制中，有着如下两方面的意义。

首先，若孩子为鼓励生育对象，例如当前独生子女，就要尽量增大孩子总净成本的负值，使 $cn < 0$，则：

$$Cd + Ci + Ce + Cm - Bt - Be - Bm < 0$$
$$Cd + Ci + Ce + Cm < Bt + Be + Bm$$

结合中国实际，确保不等式成立并增大不等式绝对值，加大独生子女直接成本—效益调节分量可有下列考虑：

一是 $Ce + Cm < 0$ 的确立和在实践中的兑现。由于国家大力提倡一对夫妇只生育一个孩子，没有社会附加直接经济成本和间接精神成本，即 $Ce + cm = 0$ 不存在问题；但使之变成负数，减少独生子女总成本，一些地方已有对独生子女入托、入学、医疗优先的直接成本，并减少父母为此而奔波的时间，也相应减少了间接成本。现在的问题是，这样的规定有待规范化，更需要强有力的法律保障和管理运行机制，保证 $Ce + Cm < 0$ 在实践中得到贯彻落实。

二是有效增大 $Be + Bm$ 的量值。目前作为社会附加直接经济效益出现的 Be，是每月 5 元～10 元的独生子女父母奖励费。继续增大量值不失为良方，但多数地方受到经济发展水平和收入增长的限制，难以增大。而在通货膨胀下，每月增加几元钱实难起到有效增大独生子女直接经济效益的作用。中国社会科学院人口研究所和四川省计划生育委员会、中国人民保险公司四川省分公司、四川省人寿保险公司合作开展四川省独生子女两全保险及其父母养老保险，开辟了一条新路。即将每月 5 元的独生子女父母奖励费不发给本人，转入保险公司作为子女伤、亡保险金，如果孩子因故致伤或死亡，可领取相当数量的保险金，到 60 岁以后按月或按年支付老年父母养老金，每月可得 160 元以上，基本解决了经济生活保障。此举在四川获得良好效果，巩固和提高了独生子女率，从根本上解决了广大农村生育一个孩子家庭的后顾之忧，是提供 Be 价值增大的一种有效途径。

增大 Bm 价值各地有不少办法，除在独生子女和计划内生育子女家庭强化宣传和精神效应外，还在同等条件下对独生子女招工、就业、户口农转非等实行优先政策，增大独生子女劳动—经济等效益，起到一定的作用。

其次，若该孩子为违反生育政策规定对象，如为第三个孩子或为违反政策规定的第二个孩子，就要尽量增大该孩子总成本值，使 $Cn > 0$，则：

$$Cd + Ci + Ce + Cm - Bt - Be - Bm > 0$$
$$Cd + Ci + Ce + Cm > Bt + Be + Bm$$

结合中国实际，确保不等式成立并增大不等式绝对值，加大超生子女直接成本—效益调节分量可有下列考虑。

一为增加超生子女直接经济成本 Ce 和间接精神成本 Cm，使不等式成立并增大其绝对值。增大直接经济成本 Ce，主要体现在征收超生子女费上面，着力解决"有钱不怕罚"——"花几千元买个议价儿值得"；"无钱罚不怕"——"反正缴纳不出，由你罚去"两种情况。因此 Ce 值的确定并非越大越好，而是要适度；既有效地增大超生子女成本，又使绝大多数群众负担得起。早在 1989 年，中国社会科学院人口研究所人口对策课题组提出，超生子女罚款每年罚款额大体上要相当于当地年人均收入水平，连罚 14 年，同奖励独生子女时间取齐。由于各地人均收入水平相差较大，不要搞全国"一刀切"，由省、自治区、直辖市根据地区差别具体制定。现在看来，这一办法是比较切合实际和可行的。关于增大超生子女社会附加间接精神成本 Cm，各地实施办法颇多，要在认真总结经验基础上，使之制度化。原则应是既要起到抑制超生的作用，又比较合情合理，符合法律规范。

二为减少超生子女社会附加直接经济效益 Be 和间接精神效益 Bm，主要是在相同情况下，对超生子女就业、乡村责任田分配等实行滞后政策。所谓相同情况下，主要指超生子女与计划内生育子女在身体素质、文化素质等处在同一水平线上，离开这一点搞滞后政策是不利于发展，也是不利于人口问题的最终解决的。

三为增大超生子女一般的直接成本 Cd 和间接成本 Ci；减少其对父母的一般效益 Bt。所谓一般的成本或一般的效益，即西方微观人口经济学中的孩子成本与效益。前已述及，实现这一成本—效益的转变，在于经济的发展水平以及由此决定的生育观念的转变。就利益导向而论，关键是真正实施复杂劳动是简单劳动倍加的按劳分配政策，确保个人和家庭用在教育上面的人口智力投资能够带来相应和追加的效益。显然克服分配不公特别是脑体分配不公，是问题的症结所在。只有从根本上解决脑力劳动与体力劳动的合理分配，才能诱导家庭由投放孩子的数量成本向质量成本转移，生育偏好由追求孩子数量向追求孩子质量过渡，生育观念由多生多育向少生优育优教转变。

上述由孩子总净成本公式引发，通过调节孩子成本—效益促使生育率下降的种种思考，满足了公式理论完整性上的要求。然而这些思考不是平列的，当前尤应引为重视的是：在社会主义市场经济体制下，孩子直接成本—效益特别是生育政策中直接的经济成本—效益，其地位和作用呈增强的趋势；在过去20多年生育率大幅度下降的过程中，孩子间接成本—效益尤其是生育政策中间接的精神或心理成本—效益，通过以行政手段为主的卓有成效的运用，其作用得到充分的发挥。虽然当前仍要继续坚持行之有效的一套办法，但是就发展趋势而言，其地位和作用的强度则有减弱之势。因此，上述思考中增大独生子女社会附加直接经济效益 Be，增大超生子女社会附加直接经济成本 Ce，包括效益支付方式和成本征收方式的改革，是关键之所在。不过这两个"增大"都离不开一个共同的基础，即经济的发展，技术的不断进步和家庭人均收入的提高，促使家庭由投入孩子数量成本向质量成本转移。虽然就全国而论这个基础既有刺激人口增长的一面，又有抑制人口增长的一面，正处在以刺激为主向以抑制为主的转变阶段；但由于市场经济体制的确立，企业和商品竞争背后是人才的竞争，科技的竞争，驱动人口智力投资的杠杆正被强有力地拉动起来，在改革开放地区，已经涌现出一批由投入孩子数量成本转向质量成本，集少生、优生、优教于一体的典型。这是全面解决中国人口与发展问题最终希望之所在，是使孩子成本—效益转到有利于生育率下降的治本的方略之所在。

参考文献

［1］刘国光等：《80 年代中国经济改革与发展》，《关于进一步有效控制我国人口增长的报告》，经济管理出版社，1991。

［2］田雪原：《论孩子成本—效益理论和人口控制》，《田雪原文集》，中国经济出版社，1991。

［3］彭松建编著《西方人口经济学概论》，北京大学出版社，1987。

［4］李竞能主编《当代西方人口学说》，山西人民出版社，1992。

［5］H. Leibenstein, *A Theory of Economic – Demographic Development*, Princeton University Press, 1954.

［6］G. S. Becker, *An Economic Analysis of Fertility*, Princeton University Press, 1960.

［7］R. A. Easterline and E. M. Crimmins, *Fertility Revolution：A Supply Demand Analysis*, Chicago University Press, 1985.

［8］J. C. Caldwell, *Theory of Fertility Decline*, London Acadmic Press, 1982.

论"传宗接代"生育观及姓氏改革[*]

《中国人口报》开展关于"女儿能不能传宗接代"的讨论，大家各抒己见，推动了研究和认识的深化。笔者认为，在一些基本理论问题上，有必要从理论与实践相结合的角度，作出进一步的分析。

由来与发展

在人类进化发展的历史长河中，当父系氏族历史性地取代母系氏族后，多子观念的形成有着深刻的经济原因：在自然力摆布人力的上古社会，人力特别是男性人口的增加就是生产力的增加，是人类自身力量增长的主要手段。有军事方面的原因，氏族或国家出于战争需要，竭力鼓励生育，尤其是生育男性人口。有宗教方面的原因，这在当时一些进化较早的东方文明国度显得更为突出。如古雅利安人《拉马蒂尼》（*Lamartine*）诗中说："死人的棺椁，创造了祖国"，多子国家才能兴旺；在古印度，波罗门教义视女子为不洁，只能由男子主持祖先的周期祭祀，否则祖先就会由快乐世界掉入苦海；在古代埃及，第一位以神的化身出现的埃西斯（Isis），是一位怀抱婴儿的女子，将人们对神的崇拜和对生殖的崇拜连在一起。

中国作为世界文明古国之一，在完成由母系氏族向父系氏族过渡之后，到殷商时期仍盛行"以弟及兄"，即"弟及"为主、"子继"为辅的继承制度，予嗣观念尚不浓厚。到了西周，以农业为主的社会生产力获得新的发展，剩余产品增多了，财产继承问题突出了，封建意识形态开始萌长，随后则出现春秋战国的诸子百家争鸣，封建意识形态框架逐渐形成，"传宗接代"生育观念从此扎下根来。无疑，当时各诸侯国出于发展经济扩充军士的

* 本文原载《人口·家庭》1993 年第 2 期。

需要，希望增加人口，特别是增加男性人口，同时这一时期思想异常活跃，各种主张无不具有理论和宗教的色彩，"传宗接代"生育观亦如此。诗文三百篇歌颂圣王多子颇多，这说明人们对以多子作为吉人天相，上天给予善报的信念是相当深刻的。孔子将这种生育观并入其思想体系，形成融奉先思孝与生殖崇拜于一体的孝文化。《论语》中说："生事之以礼，死葬之以礼，祭之以礼"。孔子论孝有"事""葬""祭"，即生前的孝和死后的孝，而"葬""祭"死后的孝是最重要的仪式，是世代维系的根本，是人类世代相传最根本的使命，不废祖祭是行孝的基本准则。孟子发挥了孔子的这一思想，提出"不孝有三，无后为大"经久不衰的教条。如果女子无子，丈夫纳妾无可非议，甚至可以休妻，被列为"七出"之首。在孔孟学说中，有无子嗣成为孝文化的核心，而"孝"又是他们全部学说的灵魂，足见"传宗接代"生育观在孔孟学说体系中的特殊地位。

随着秦统一，中国封建社会几经变迁后被推向鼎盛时期，孔孟学说被奉为封建统治阶级意识形态之经典，特别是经西汉董仲舒，北宋程灏和程颐，南宋朱熹等人的不断深刻化、系统化、规范化，演进为君为臣纲、父为子纲、夫为妻纲和以仁、义、礼、智、信为道德准则的"三纲五常"，以及未嫁从父、既嫁从夫、夫死从子和妇德、妇言、妇容、妇功的"三从四德"等完整的封建宗法制度和封建礼教。"传宗接代"生育观在这种封建宗法制度和封建礼教网织中，男子的地位进一步得到加强，享有对女子的绝对支配权，是"传宗接代"的真正传人：女子的地位进一步削弱，成为丧失做人权力的男子的附庸，单纯的"传宗接代"的工具。正由于这种生育观念根源于包括封建社会在内的私有制经济，畅行于封建政治制度和伦理规范庇护之下，千百年来上受封建统治阶级称道，下则渗透到广大民众意识之中，才得以流传下来而不衰。这在历史唯物主义看来并不奇怪，而且由于传统观念相对独立的性质，即使在其经济、政治基础消亡之后，也很可能存在相当长一段时间。

性质与作用

从上述"传宗接代"形成和发展的考察中，看到其受二重规律支配的情况：一方面作为人类种的延续，受人口再生产自身规律即生物规律支配。在长达数千年的封建社会，从总体上看人口再生产处于高出生、高死亡、低增长阶段，一个较大的例外是博朝"乾隆盛世"前后180多年时间接连出现两个人口倍增，奠定了中国人口众多的基础。古代的人口高出生率立下不朽的功勋，人们凭借大量出生的人口，取得同各种险恶环境作斗争的胜利，使人种得以生存，并且不断繁衍壮大。另一方面，"传宗接代"作为生育观，必然受到特定历史条件下生产方式及其上层建筑规律支配，构成社会占统治地位意识形态的一个组成部分。其实，在古汉语象形字中，"宗"字寓意为对男性生殖的崇拜，"传宗接代"本意即为以姓为链条的种的延续。这种延续的历史记录，就是子孙后代作为神灵供奉的祖先家谱和族谱。这里人口再生产自身规律被置于特定历史生产方式及其上层建筑规律支配之下，"种的延续"变成"宗的扩大"的承载体被掩盖起来，"传宗接代"生育观反映的是占统治地位的意识形态，特别是浓厚的封建性质的意识形态。这点也可从该生育观的历史作用中明显地反映出来。

其一，维护私有制经济的作用。随着生产工具的改进和生产力的提高，原始氏族社会发生游牧部落从其他野蛮人群分离出来、手工业从农业中分离出来和只从事商品交换的商人单独分离出来的三次社会大分工，使私有制和奴隶社会确立起来，把财产首先是天子的财产继承问题提了出来。中国奴隶社会天子即以"宗主"身份将土地分封给诸姓小国或同姓大夫，再分到士。作为"率土之滨"国家级大地主的帝王，面对满朝王子，只好规定长子继承制，是私有制经济的最大维护者。而作为人口再生产基本单位的一般家庭户，家产自然一代一代地传给子孙，使得家庭私有经济世代有所继承。当然，上自帝王下至平民百姓，这种继承权只属于男性而不属于女性后代。女子一是要出嫁，二是出嫁后便失去自己的名字，改变成以丈夫姓为第一姓，自己父姓再加上一个"氏"组成的新的名字，根本谈不上什么财产继承权。不仅经济上丧失这种继承权，甚至知识产权的继承也被剥夺，祖传"秘方""绝活"传子不传女。"传宗接代"维护的是以父子关系为轴心的私有制经济，这种私有制经济随着"宗"和"代"的传接，实现着简单再生产、扩大再生产。

其二，维系宗法统治的作用。"传宗接代"提倡孝道，每个人都要清楚自己的列祖列宗，一个直接的后果，是社会大大小小聚族而居的"宗"的细胞的膨胀和族权的加强。在一个宗族内，族长一般由大地主担任，享有对族人进行人身和财产干预和处罚的多种权力，强迫人们按照孝、悌、忠、信，"三纲五常"等一套封建伦理行事，并使之与土政策"族规"结合起来，将族权、夫权和封建皇权、神权捆在一起，修身、齐家和治国、平天下捆在一起，变成世世代代奴役劳动人民的宗法统治枷锁，起到恶劣的作用。

其三，刺激人口增长的作用。前已述及，既然"传宗接代"将有后无后提到至高无上的孝的高度，那么不断"香火"、生育儿子就成为人们拼命追逐的目标。怎么办呢？办法主要是三条：一是拉长生育周期。因为拉长生育周期，尽量早婚早育，可以通过增加出生人口数量，提高生育儿子的概率。二是实行"过继"和领养。人们慑于"绝户"的恐怖，如果10年、8年不生儿子，就要想方设法、不惜钱财，或者讨要，或者将侄子、外甥"过继"为子。三是变相的多妻制。皇帝"三宫六院七十二嫔妃"和官宦的三妻四妾且不论，就是一般的乡绅也常常以子嗣为借口纳妾，形成几代同堂、人丁数十口的大家庭。显然，无论是拉长生育周期，还是"过继"、领养，娶小纳妾，都大大提高了人口的出生率和增长率，只是由于人口死亡率很高，人口增长率的提高受到很大限制。同时，在经济落后和文化不发达条件下，生产孩子的成本比较低，而孩子的劳动—经济效益、养老—保险效益、继承—风险效益等却比较高，多子和高生育率对国家兴衰至关重要，对家庭贫富作用更为突出，"多子多福"是来自实践的总结。

取舍与改革

自《中国人口报》开展"女儿能不能传宗接代"的讨论以来，发表了数篇颇有见地的文章，立论准确，观点鲜明。一种意见以陈煦同志的"传宗接代未必就是封建思想"为代表，主张让女儿也能传宗接代，解决纯女户存在的实际问题，不再计划外生育，有利于人口控制。另一种意见认为，"传宗接代"是封建糟粕，让女儿"传宗接代"已失去原来的本意，应当摒弃。第三种意见认为，不同的社会有不同的"传宗接代"观，可以借用原有的词语，赋予符合现实的新的含义。不难看出，这三种意见都有一定的道理，各具所长，同时也都存在若干值得商榷的地方。笔者认为，在20世纪90年代，在我国公有制经济占据主体以及反映这种主体的新的公私观占据意识形态主导地位，在人们的生育观已经有了巨大转变的新的历史条件下，从理论上说，"传宗接代"生育观作为一个总体应予否定，只是对其自然和社会两种规律的作用要作具体分析；从实践上说，由于这种生育观影响很深，具有相对独立的性质，应从实际出发，还女儿在人口再生产中应有的地位，寻求易于为广大群众接受的取而代之的新的生育观。具体意见是：淡化"传宗接代"意识，更新生育观念，改革父姓传统。

关于淡化"传宗接代"意识。从上述"传宗接代"产生的源流到其性质和作用的分析中，可以明白无误地说，这一概念反映的是奴隶社会特别是封建社会占统治地位的意识形态。今天，一是社会的经济基础、上层建筑发生了根本性改变，使这一概念失去原有社会规律支配的基础；二是这一概念沿用下来在当今具有很强的刺激生育的作用，同现行严格控制人口增长、贯彻落实计划生育基本国策背道而驰，因此在理论上应予以否定，不宜提倡。有的同志提出"传宗接代"是历史的概念，可以赋予新的含义，借用其外壳装上现在需要的东西。其实，既然是"历史的概念"，就应当随着特定历史阶段的结束而使之成历史，没有必要穿旧鞋走新路，赶着马车上高速公路。如果现在仍然沿用"传宗接代"概念，又怎样分清何为奴隶社会、封建社会、社会主义社会的"传宗接代"呢？怎样做到让人们去掉旧的而换上新的概念的含义呢？这种"外壳"的借用势必造成概念和理论上的混乱，而理论上的混乱又导致思想上的混乱。人们会问："传宗接代"到底是要肯定还是要否定？过去批判"传宗接代"是否批判错了？为此折腾起来会带来什么样的影响，尤其对生育控制会带来怎样的后果，是应予以充分估计的。

当然，我们对理论上的否定不应该采取简单的方法，扣上一顶"封建思想"的大帽子了事，而应当具体分析，讲清道理，明确这一概念的内涵和外延，从它的由来、发展、性质、作用等方面，历史地分析其受人口自身生产的生物规律支配和受特定生产方式社会规律支配的二重性。前一重性通行于任何社会形态，人口生产世代相传，现在同样如此；后一重性以维护私有制经济基础，支撑反动的宗法统治，策动人口盲目增长为己任，是需要批判和扬弃的。不过说到批判和扬弃，鉴于多年来的历史教训，也鉴于有的地方已经开展了让女儿"传宗接代"的试验，不宜搞大张旗鼓一类做法，甚至也不必过多地去争论，着眼点在于讲清道理，分清是非，一时讲不清、分不清也不要紧，让其随着时间的推移，社会的进步，世代的更替而逐渐淡化下去。对历史的传统包括传统观念，时间是最大的销蚀剂和最公正的裁判员，只要不去升温，相信"传宗接代"意识会一代不如一代，呈江河日下之势淡薄下去。

关于更新生育观念。对"传宗接代"理论上的否定和实践上的淡化，均属于"破"的性质，还必须在"破"的同时有所立，不断更新生育观念，以求逐步取而代之。笔者认为，新的生育观念至少应包括以下几点。

为公的生育观。"传宗接代"追求的是"宗"和"代"的延伸和扩大，说到底是家庭户和家族利益的反映，是私有的生育观。今天虽然全民、集体、个体、合资、独资等多种经济成分同时存在，但是公有制经济已成为国民经济主体，相当数量家庭已无生产资料继承可言，社会正呼唤公有的生育观或融私有生育观于公有生育观之中的新的生育观的诞生和发展。目前，由于我国经济和科学技术水平发展不高，分布也很不平衡，落后地区多生多育特别是多生育男孩子有着显著的经济效益，使得独生子女和计划内生育子女家庭实际上损失部分可能从孩子身上得到效益。我们实行以控制人口增长为目的的计划生育，一方面需要运用经济的和行政的手段，力图通过奖罚谋求孩子成本—效益新的平衡；另一方面在多数情况下，并不能真正实现这种平衡，这就需要人们做出一定的利益牺牲，响应国家号召，只生育一个孩子并按计划规定生育。这就要大力提倡以国家和民族公共利益为主的公有生育观，其中的纯女户尤其需要冲破"传宗接代"私有生育观的束缚。

平等的生育观。前已述及，"传宗接代"后面隐藏种种男尊女卑、妇女受欺凌的罪恶，有人说它是悬在妇女头上的一把精神利剑，并不为过。古往今来，不知有多少善良的妇女葬身此剑之下。其实除极少数妇女不能生育外，生男生女并不由女性决定。可惜这个一般的生育常识懂得的人并不很多，至今尚有众多姐妹背着"不能生男孩儿""前世作孽报应"等沉重精神包袱艰难度日。解除的办法是靠女儿也能"传宗接代"的精神安慰，还是靠科学说明生男生女的根本道理。依笔者看，只能取后者。更为重要的是，要真正认识"时代不同了，生男生女都一样"的历史趋势，解决好社会的妇女价值观。妇女在经济上的平等是社会平等的基础，而妇女的社会平等又是生育平等的主要前提。因此要创造男女平等的生育观，就要从根本上提高妇女在家庭和社会上的地位，提高生育女儿的效益，尤其是女孩的养老—保险效益。

进步的生育观。"传宗接代"生育观对历史发展起到过某种推进作用，主要是在产生和形成的早期。然而历史发展到20世纪90年代，新的技术革命的浪潮方兴未艾，经济的成长越来越多地依靠科学和技术的力量，越来越少地单纯依靠人的体魄的力量。人口问题说到底是经济问题。人口生产大体上适应物质资料生产方式，当前经济发展和技术进步要求人口素质，特别是人口文化素质迅速提高，实现家庭由投入孩子数量成本向质量成本的转移，由追求孩子数量向追求孩子质量的转变。即树立起优生、优育、优教的强烈意识。

小议姓氏改革

关于改革父姓传统。古往今来生儿育女随父姓被视为天经地义，有女无儿，这一家庭户从此便"断了香火""绝了后"。男到女家落户古已有之，被称为"入赘""倒插门""养老女婿"，由于受到各种歧视，所占比例一直微乎其微。看来淡化"传宗接代"意识，更新传统生育观念，一个关键性的问题是要打破家庭和家族内父姓一统天下的传统。打破这一传统，将母亲姓氏同父亲姓氏一样记入下一代的姓氏中去，也就敲开了树立男女平等生育观的大门，故提出改革父姓传统，实行子女姓父母复姓的办法。例如夫姓赵，妻姓钱，所生女儿为赵钱；另有一户夫姓孙，妻姓李，所生儿子姓孙李。赵钱和孙李结婚后，按照政策双方为独生子女结婚可生 2 个孩子，假定生一子一女，一个可姓赵李，另一个可姓孙钱。如下图：

父·赵 + 妻·钱 → 女·赵钱　　孙女·赵李

父·孙 + 妻·李 → 子·孙李　　孙子·孙钱

由此女儿同样起到了延续子孙后代父姓，并同时延续了母姓的作用。其实，子女姓父母姓早有提出，并作为解决重姓重名的方案之一。一家报纸曾披露：某工厂一车间有 3 个叫王红的女青年工人，男朋友打电话来常常搞错，闹了不少笑话；某校一班二重名学生，老师点名时只好加上 1 号、2 号，以示区分。我们要还女儿在人口再生产世代延续中应有的地位和作用，实行复姓制便使女儿站到了同儿子一样的高度。传统是历史的惰性力，复姓制实施起来会感到不习惯，甚至碰到阻力，我们要以锐意改革精神推行复姓制，对改变世俗"传宗接代"生育观将起到革命性作用。

关于"人口文化"[*]

将人口与文化联系在一起并且作为一个不可分割的集合概念，甚至作为一门独立分支学科提出，是一个值得重视的饶有兴味的课题。不过，这需要经过百家争鸣和较长时间的形成过程。作为一家之言提出，以推动讨论和研究的深入。

一 "人口文化"概念

既然将"人口文化"作为一个概念和形成中的新的分支学科提出来，首先就需要认真探讨一下这一概念的实质、特定的内涵和外延。

"人口"一般解释为某一特定地域的全体居民。如指部分居民，则必须给出明确划定界限，如生产年龄人口、老年人口等。英语中"人口（Population）"一词系指由个体组成的总体而言，强调具体的规模。生产年龄人口、老年人口等，确切说属于"分人口（Sub-Population）"。

对于"文化"的解释，口径有很大不同，大致可从三个层次上把握。广义的文化，指一定历史时期社会物质财富和精神财富的总和，如古埃及文化，中国的盛唐文化；一般意义上的文化，指社会的意识形态以及与之相适应的其他上层建筑，如封建文化，资本主义文化；狭义的文化，指基本人文和基础自然科学知识水平，即文化程度，如小学毕业、大专二年等。根据不同学科和所要说明问题的性质不同，在选取文化层次上有所不同：研究古代史，多选取广义文化；研究现代问题的思想渊源，较多联系一般意识形态意义的文化；而说明人口智力素质时，仅取狭义的文化。

在对人口和文化作出上述说明后，定义"人口文化"还需明确两点：

---

* 原载中国人口文化促进会编《人口文化论》，大象出版社，1996。

一是不能简单地将"人口"与"文化"定义相加，"人口"与"文化"不同于数学 1 + 1 = 2 的关系，而在于二者之间本质的内在联系，否则不能成为一个科学的概念。二是要选择区位，"人口"没有选择问题，"文化"要在广义、狭义还是一般意义层次上作出抉择。依笔者所见，狭义自然在其内，本身既是衡量人口文化程度的一项指标，无须多加赘述，并且一般意义人口文化和广义人口文化亦包括狭义人口文化在其内，人们只是为了说明特定的问题才使用狭义的人口文化概念。那么在广义和一般意义上作何取舍呢？由于广义文化集物质财富、精神财富于一体，重在揭示人类社会特定历史阶段的特征，不适于单独抽象出人口活动特征，故不宜选用，将"人口文化"中的"文化"定义在一般意义上比较恰当。如此，"人口文化"可以表述为：人口与文化相互作用和渗透，抽象出人口活动的本质特征的意识形态及其他相关上层建筑。它包括下述几重含义。

其一，人口与文化的相互作用与渗透。据科学家考证，地球的形成已有 47 亿年的历史，地球有生物存在也在 20 亿年以上，最早的人类诞生于200 万年以前，总的说来是物质资料生产的发展推动人口再生产，并产生不同历史时期的文化。伴随人口生产的代际更替，人的智力发达起来，形成人口生产与文化进步相互作用、相互渗透的演进历史，"人口文化"就是在这种演进中形成和发展起来的。如"生殖崇拜"作为古代的一种人口文化，将生育行为披上一层神秘的色彩，成为一种宗教信仰，而这种文化差不多在古代各民族中都曾普遍存在过。

其二，是人口活动本质特征的抽象。按照唯物论的反映论，认识来源于实践，概念是对事物内在本质的合理抽象，是事物发展中无数次带有规律性现象的总结。"人口文化"作为一种特定概念，它反映的是人口活动，包括出生、死亡、迁移人口变动，年龄、性别、地区、城乡等人口结构，婚姻、家庭等人口特征演变活动发生、发展规律在文化上的体现，是这些人口活动表现出的本质文化特征。因此，"人口文化"不是人口的现象描述，而是对人口现象的一种本质的抽象，一种文化上的、观念意义上的抽象。

其三，是意识形态以及政策、法律、宗教等上层建筑中的一种形态。"人口文化"属上层建筑意识形态范畴，是文化学中的一个分支学科，反映的是人口活动规律的意识、观念、道德、传统、习俗以及同意识形态直接相关联的政策、法律、宗教等的上层建筑。

基于上述认识，"人口文化"概念的内涵旨在揭示人口活动的本质；

"人口文化"概念的外延，为人口变动、人口结构和人口特征演变的基本领域，并由此决定着人口文化的框架结构。

二 "人口文化"体系

按照上述定义，"人口文化"作为一门完整的体系或分支学科，可分成人口变动文化、人口结构文化、人口特征文化三个基本的组成部分，每一部分又可分成若干人口文化系统。

第一，人口变动文化。依据人口学理论，人口变动由出生、死亡、迁移三要素构成，人口变动文化亦可分成生育文化、死亡文化、迁移和流动文化三个子系统。

生育文化在人口文化中最为引人关注，因为它直接关系到人口数量变动这个全部人口问题中最为重要的问题，关系到人口总体这个人口学研究的基本问题。众所周知，自古希腊的亚里士多德（Aristotle）到18世纪的马尔萨斯（Thoms Robert Malthus），自重商主义至当代麦多斯（D. H. Meadows）等人的《增长的极限》，无不围绕着人口数量多少、规模大小展开，陈述了各自的生育文化。中国早在春秋战国时期就有孔子与韩非子关于人口多少的不同主张，2000多年来关于人口数量多少一直是不同生育文化论争的主旋律，只是"庶矣哉"的众民主义始终占据上风，对上策应着封建王朝统治者的人口政策，对下驱动着广大民众的生育行为，成为居于统治地位的生育文化，从而使节育文化处于泯灭边缘状况而已。当前中国大力控制人口增长，艰巨任务之一在于改变那种多生多育的传统文化，树立起新的生育观念和符合时代潮流的生育文化。

死亡文化在人口变动文化中，也占有比较重要的位置。孔子在《论语》中不仅主张"生事之以礼"，而且要"死葬之以礼，祭之以礼，"如何"葬"和如何"祭"，构成长期以来中外人口死亡文化的基调。现代死亡文化有了新的发展，像"安乐死"一类如何死，为死亡文化增添了新的内容。

迁移和流动文化。如何看待人口的迁移和流动，农业社会和工业社会有着截然不同的文化观念。农业社会流行"故土难离"，甚至构成封建道德规范的组成部分，所谓"父母在，不远游"是也；工业化社会在大量商品和资本流通的同时，需要劳动力的流动，产生适应人口迁移和流动的文化，改变了传统的人口流动观念。

其二，人口结构文化。人口结构可以开列数十种，一般认为，最重要的是人口、年龄、性别、民族、地域、城乡、职业结构及其相应的文化。

人口年龄结构文化，系指按年龄组区分的人口文化抽象。如农业社会尊老、敬老、爱老、养老的传统文化，当今西方发达国家普遍存在的年龄歧视文化等。需要指出的是，固然人口年龄结构文化的形成同特定国家和地区的传统文化有着密不可分的关系，然而究其根源，还在于社会的生产力发展水平及其生产关系的性质。"敬老文化"的形成源于以手工劳动为主的农业落后生产力，在那样的社会里年龄就是经验、技术、地位的象征；同样在现代社会高度发达的社会生产力面前，老年沦为落伍者，遂出现排斥老年人口的年龄歧视文化。

人口性别结构文化，从一个特定侧面强烈揭示出人口文化的巨大反差。中国重男轻女源远流长，孔子提出"惟女子与小人为难养也"，[①] 孟子则用"不孝有三，无后为大"作了高度概括，这里的"后"专指男子而非指女子。时至今日，这种性别偏好文化仍有一定影响，尤其在比较落后的乡村。现代社会逐步走向性别结构文化平等化，随着经济的发展和人们性别价值观念的转变，传统的重男轻女文化正逐渐退出人口文化舞台，只是这个退出需要一个较长时期的发展过程。

人口民族结构文化，反映的是不同民族的心理素质和文化传统。这是由该民族人口再生产长期共同的生活环境和习俗形成的，构成全部民族文化中的一个有机组成部分。对于不同民族的人口文化作具体分析，实事求是地评价其在历史和未来发展中的作用。

人口地域结构文化，表现的是地域人口在文化上的特点。如同退休后的老年人口，在中国和日本多数愿意继续从事力所能及的劳动，甚至直到身体健康状况不再允许时为止；而在欧美发达国家，绝大多数老年人口不愿意再去从事劳作，他们会说已经劳动一辈子了，该去旅游和颐养天年了。一个国家内部的不同地区之间，也会呈现人口地域文化的某些差异，且这种差异常常同人口民族文化交织在一起，形成颇具特点的民族地域人口文化现象。

人口城乡结构文化，从一个侧面反映出人口文化诸方面在城乡之间的表现。人口城市化是世界人口发展的一个趋势，也是中国人口的一种发展趋势，伴随这一趋势而来的是城市人口文化与乡村人口之间形成的差别。这种

---

① 参见孔子《论语·阳货》。

差别是多方面的，生育、死亡、年龄、性别诸方面都会有所体现，总的状况是乡村传统的人口文化所占分量相对多一些，城市化推动着传统人口文化向现代人口文化的转变。

人口职业结构文化，是人们因从事不同性质的职业活动带来的文化色彩。在当代，西方发达国家一般将职工分成"白领"与"蓝领"两大类，两类职业有一定的共同文化基础，但也有着明显的不同，有着不同的文化追求，演变成"白领文化"与"蓝领文化"。中国封建社会素有"万般皆下品，惟有读书高"的说法，这一说法除却官宦读书人自恃清高一层意思之外，确也形成对社会文化发展颇具影响力的所谓"书香门第"文化。

其三，人口特征文化。这里的人口特征，主要指婚姻、家庭和代际关系，并具有一定的文化特征。

婚姻文化。这是最具有人口文化特色的典型代表之一。一是起源早，从原始群婚制、对偶婚制到一夫一妻制，经历了漫长的历史发展过程；二是内容和形式丰富多彩，从指腹为婚、娃娃婚到相亲订婚，从订婚到结婚，不同国家、地区、民族、种族五花八门，各有不同的文化内涵。国家政策、法律以至于宗教不同程度地介入婚姻，形成多层次的婚姻文化。

家庭文化。人口再生产的基本单位是家庭，家庭是婚姻和血缘关系的产物，是生儿育女的港湾，家庭文化与生育文化、婚姻文化有着天然的联系。人类从母系氏族过渡到父系氏族，从原始公社家庭过渡到封建时代联合式大家庭，再过渡到现代以核心家庭为主的小家庭，形成不同历史时期的家庭文化。每一种家庭文化都影响着家庭的经济活动、社会活动和生育行为，影响着社会的人口再生产。

代际文化。人类生息繁衍，依靠一代人一代人像跑"接力棒"一样传递下去，人口文化的延续和发展也靠代际传递。这种代际传递可以是加强式传递，如孔孟的重男轻女文化观在封建时代不断得到增强，中经宋朝程（程灏、程颐）朱（朱熹）的发展和系统化，成为"三纲五常""三从四德""忠孝节义"信条，构成封建礼教的重要组成部分，对中国的人口变动和性别偏好产生莫大影响。也可以是减弱式甚至是相反式传递，如"多子多福""四世同堂"一类人口文化，在新的世代更替中正迅速减弱下去，少生和小家庭文化兴旺起来，甚至出现少数不婚不育文化。在相当长的时期内代际人口文化上的差别可能不大，如中国的封建社会；而在历史转型时期，即使一、二代人之间差别也是明显的，当前就是如此。从发展看，人口代际文化颇显重要，新一代人口文化观的塑造是解决人口问题的一项战略任务。

三 "人口文化"发展观

"人口文化"作为人口与文化交叉形成的分支学科，紧紧同发展联系在一起，既是发展的产物，又影响着发展。

首先，人口和文化的发展，决定着一定时间和空间的人口文化。按照人口转变理论，人口再生产分成高出生、高死亡、低增长，高出生、低死亡、高增长和低出生、低死亡、低增长几个阶段，并同社会经济发展的历史阶段相适应。在人类发展的初期，由于人口死亡率异常之高，只有依靠高出生率来维持，高生育率在人类繁衍壮大过程中立下不朽功勋，否则种的延续就会发生问题。适应人口生产的这种状况，以"生殖崇拜"为代表的人口文化，居于统治地位。随着经济的发展和社会的进步，人口死亡率有所下降，但直至工业革命前仍旧维持在较高水平。同时在以手工劳动为主的农业社会和工业社会初期，由于社会生产力不发达，生产工具简陋，技术落后，劳动者的手臂就是他们的力量，社会经济的发展主要依靠劳动者数量的增加，产生人口、文化、发展循环的基本机理是：低劳动生产率要求文化素质不高的劳动者，而满足社会劳动力不断增长的需求，只好求助于高生育率；由于家庭父母将投入孩子的成本主要用在数量方面，孩子质量特别是文化质量不能得到应有提高，但却容易为技术构成低的手工劳动生产所吸纳，于是形成"高生育率——低人口文化素质——低劳动生产率——高生育率"的循环。在这种循环规律作用下，人们追求的是生育的数量，形成以追求生育数量为轴心的人口文化。诸如在生育方面，有"多子多福"一类人口文化；在性别偏好方面，有"重男轻女""男尊女卑"一类人口文化；在年龄结构方面，有尊老、敬老、爱老、养老一类人口文化；在婚姻方面，有男性纳妾、女性"从一而终"的人口文化；在家庭方面，则有几代同堂"大家庭"人口文化，等等。这诸多人口文化均被纳入占统治地位的统治阶级的文化体系之中，构成统治阶级文化大厦的一个组成部分，并成为其舆论统治工具之一。中国封建社会的人口文化在这方面表现得淋漓尽致，充分反映着封建时代的人口再生产状况，反映着以"忠""孝"为核心的封建统治阶级文化的本质。

生产力是最积极、最革命的要素。工业革命发生后，从手摇纺车跨入纺纱机，从以人畜为动力发展到蒸汽机的广泛应用，技术革命极大地提高着社会的劳动生产率。随着由蒸汽机到内燃机、电动机、核动力等一系列动力革命而来的一个又一个技术革命的深入，社会劳动生产率一次又一次地发生着惊人的巨大增长。据统计，20 世纪初劳动生产率的提高约有 20% 来自科学技术进步，到了中期上升到 30%，目前上升到 70% ~ 80%，个别部门甚至达到 100%。在这种情况下，对人口和劳动力质量，尤其是文化素质提出了更高的要求，使得人们由投入孩子的数量成本更多地转向质量成本，由追求孩子的数量转变到追求孩子的质量，遂使生育率降低，转变到低生育率——高人口文化素质——高劳动生产率——低生育率的循环。在这种循环规律作用下，追求的是生育的质量，是以少生、优生、优育为核心的新的人口文化。这种新的人口文化对上述传统人口文化而言，其中不乏某些继承，但是在主导方面，则是对以鼓励生育数量为核心的人口文化的否定，是适应新技术革命时代要求的新的人口文化。不言而喻，建立这样的新的人口文化，包括在全民族树立这样的人口文化意识，也包括在科学界建立这样的分支学科，正是我们为之奋斗的目标。

其次，作为观念形态的人口文化一经形成，对人口和文化的发展具有不容忽视的影响。这种影响可从两个层面加以考察：

一为狭义人口文化，即一定人口组群具备的人文和自然科学基础知识水平的影响，特别是对生育的影响，笔者在分析《中国 1987 年 60 岁以上老年人口抽样调查资料》时，曾经提出并规范定义"人口文化素质指数"，其意义为代表一定人口群平均所受教育年限。但是由于缺少现成资料，故取近似值，取名"指数"，其公式为：

$$C = \frac{Uy_1 + Hy_2 + My_3 + Ly_4 + Iy_5}{U + H + M + L + I}$$

式中 U 代表具有大学文化程度人口数，H 代表具有高中和中专文化程度人口数，M 代表具有初中文化程度人口数，L 代表具有小学文化程度人口数，I 代表文盲半文盲人口数，y_1、y_2、y_3、y_4、y_5 分别代表具有大学、高中和中专、初中、小学、文盲半文盲人口平均所受教育年限。依据中国 1990 年人口普查提供的数据，并分别令 $y_1 = 16$，$y_2 = 11$，$y_3 = 8$，$y_4 = 4$，$y_5 = 0.25$，代入公式，则 1990 年全国人口文化素质指数为 5.18。高于这一水平并在 6.0 以上的有 6 个省市，它们是：北京 7.65，上海 7.25，天津 6.29，辽宁 6.28，吉林 6.17，黑龙江 6.05。低于全国平均水平并在 5.0 以下的有 8 个省、自治区，它们是西藏 2.23，云南 3.98，贵州 4.08，甘肃 4.29，安徽

4.40，青海 4.48，福建 4.91，江西 4.92。生育水平同人口文化素质指数呈负相关关系，人口文化素质指数越高，生育率越低，相反则越高。对应上述人口文化素质指数，1989 年全国总生育率（TFR）为 2.25，人口文化素质指数较高的 6 个省市分别为：北京 1.33，上海 1.33，天津 1.66，辽宁 1.51，吉林 1.81，黑龙江 1.71，不仅大大低于全国平均水平，而且低于 2.10 替换水平许多。人口文化素质指数低于全国水平的 8 个省、自治区则相反，其总生育率分别为：西藏 4.22，云南 2.59，贵州 2.96，甘肃 2.34，安徽 2.51，青海 2.47，福建 2.36，江西 2.46，高出全国水平不等。观察当今世界，人口文化素质指数同生育率成反比是一个带有普遍规律的现象。这给我们以重要启迪，人口文化素质的提高就是生育率的降低，大力提高人口的科学、技术、文化水平，不失为降低生育率和控制人口增长的治本方略之一。

人口文化素质同人口城市化、人口职业构成、家庭规模等，也有着比较密切的关系。总的趋势是：人口文化素质指数越高的地区，人口城市化水平比较高，科技含量较高的职业所占比例高，家庭规模相对要小一些。可见，狭义人口文化对人口再生产的影响相当广泛，几乎涉及人口的数量变动、结构和特征的一切方面，只是影响的程度大小不同而已。

二为一般意义人口文化，即社会的意识形态及其其他相关上层建筑的影响。这种影响又可分成两个方面：传统人口文化的制约作用，新人口文化观的导向作用。人口文化学实证研究的重要任务，在于继承传统人口文化的优秀部分，并抑制其消极部分的作用；同时倡导符合时代发展规律要求的新人口文化，充分发挥其在解决人口问题，促进文化发展，推动社会进步中的作用。

对于传统人口文化特别是中国传统人口文化，不宜全盘肯定或全盘否定，而应当用发展的观点作出具体分析。其实，任何传统文化的形成，都有其特定的历史背景，对当时的人口生产、文化以及社会的发展，起到过一定的推进作用。如"多子多福"传统生育文化，像一块巨大的精神广告牌高悬于历代封建王朝之上，对于促进古代的人丁兴旺，封建帝国的强盛，起到莫大的作用。"父母在，不远游"传统封闭人口文化有其弊害，但对于稳定人口、发展农业也曾起到过积极的作用。尊老、敬老传统年龄结构人口文化的形成，反映了适应农业社会生产力水平劳动力使用规律，今天看来仍有需要继承和保留的一面，特别是在人口老龄化加速到来的情况下，需要继续发扬这一人口文化传统，在大力发展社会供养的同时，继续提倡家庭子女供养。但是必须明确，传统人口文化在本质上是传统社会，主要是适应农业社会落后生产力条件下人口再生产意识形态上的反映，隶属于封建的意识形态范畴，本质上是需要革新和扬弃的。无论是"庶矣哉"的生育文化，"葬之以礼，祭之以礼"的死亡文化；还是"男尊女卑"的性别文化，"门当户对"的婚姻文化，无不渗透着封建主义的人口文化观，同现代工业化社会的发展格格不入，同人口的现代化格格不入，同科学、技术、文化的发展，包括人的自身的发展和解放格格不入。如果说这些传统人口文化在历史进程中起过某种作用的话，那么在其主要方面，当今已变成历史的惰性力，阻碍着人口、文化和社会的发展与进步，理应扬弃，旨在建立起促进发展的新的人口文化。

新人口文化的建立之所以必要，是基于社会物质资料再生产和人口再生产的质的飞跃。人类在18世纪后半叶经历了工业革命之后，19世纪经历了化工、电力等技术革命，每一次革命都将社会生产力带入一个新的时代。进入20世纪特别是二次世界大战结束后，以微电子技术为先导的新的技术革命，包括微电子与计算机技术、电信技术、生物技术、宇航技术、新材料技术、能源新技术等方兴未艾，科学技术发展的步伐逼近自然界诸多领域的"极限"，传统产业技术受到革命性改造，并不断产生新的技术产业，从而对人口生产提出新的要求。这一要求将提高人口智力和发展科技教育提到前所未有的高度，而人口流动的增强，城市化进展的加速，职业的非固定化，不仅同社会生产力的发展密不可分，还同市场经济体制的建立和发展共生。在这种情况下，包括人口文化在内的整个传统观念都要发生变革，变到适应物质资料生产和人口生产现实上来，铸造出新的人口文化。我们高兴地看到，这种变革已经发生，并有增强之势，某些方面已显现成效。例如"多子多福"传统生育文化信条开始被打破，有的地区已为"少生快富"所取代；男女不平等的人口性别结构文化，在城市已基本退避三舍，让位于"生男生女都一样"的新的观念，经济变化比较发达的乡村也在经历这一转变；旧式婚姻文化，大家庭文化已基本不复存在，反映婚姻自由、小家庭观念的文化居于主导地位。在总体上说来，我们正处在由旧的传统人口文化向新的人口文化转变之中。加速这种转变，一要发展经济，深化改革，为人口生产现代化创造条件。二要继续贯彻计划生育基本国策，推行控制人口数量、提高人口质量、调节人口结构相结合的战略，提供现代人口文化生成之源的人口前提。三要加强人口文化学研究，合理吸收中外已有成果的科学成分，摒弃旧意识形态的糟粕，在深入实际，加强理论与实际相结合的研究中，创立现代人口文化学。

参考文献

［1］吴希庸：《人口思想史》，北京大学出版社，1936。

［2］梁方中：《中国历代户口、田地、田赋统计》，上海人民出版社，1980。

［3］宋健主编、惠永正副主编《现代科学技术基础知识》，科学出版社、中央党校出版社，1994。

［4］《田雪原文集》（二），中国经济出版社，1995。

［5］张敏如：《简明中国人口史》，中国广播出版社，1989。

［6］周冼然主编《经济文化发展研究》，中国社会科学出版社，1995。

近年来人口科学研究取得的新进展[*]

纵观 4 年多以来的人口科学研究，较过去在更大的范围展开，所涉及领域更为宽阔。邓小平人口思想研究，人口学理论，人口普查和抽样调查数据开发，人口统计和分析技术，出生、死亡、迁移人口变动，年龄、性别结构，城乡、地区分布，婚姻和家庭，就业和人力资源开发，人口素质，少数民族人口，市场人口学，计划生育"三结合"，生育健康，人口与发展，人口史，人口思想史，人口信息与网络建设等，取得新的进展。比较而言，下述一些研究取得的进展要更突出一些。

1. 人口控制理论与实践相结合的研究

控制人口增长、实行计划生育是中国的一项基本国策，也是人口科学研究的"重头戏"，在全部人口研究中占有很大的比重。关于这一基本国策的理论基础，20 世纪 70 和 80 年代，曾有"计划经济决定"论、人口和物质资料"两种生产"论，近年来有论著提到这"两论"在历史上起到过相当的作用，但是中国控制人口增长和实行计划生育的理论基础，是可持续发展论，是人口要适应资源、环境、经济、社会发展必然的选择；一些学者研究孩子成本—效益理论，提出加大计划生育利益调节分量，寻求利益调节机制改革思路，并深入到计划生育"三结合"实地考察，进行科学论证，总结经验；结合人口预测，探讨人口控制目标，有的研究对 2010 年总和生育率提高到 2.10 更替水平及 21 世纪中叶达到零增长，提出不同见解，推动着 21 世纪生育率控制研究的深入。

2. 人口与可持续发展研究

从可持续发展提出的背景，概念的含义，发展战略的理论和方法论，到指标体系的建立，结合中国实际进行研究，成为近年来研究的"热点"。其

———————

* 本文为笔者在 1998 年第七次全国人口科学讨论会暨会员代表大会上所做的报告第一部分（一）片断，参见会议《文选》，1998。

中对 1994 年联合国开罗人口与发展会议通过的《行动纲领》中关于"可持续发展问题的中心是人"的提法，引起学术界很大兴趣，展开人口在可持续发展中占有什么样的地位和作用的讨论，推动了研究的深入。理论为实践服务，有学者在全国计生委主任班等应邀作学术报告，发挥了很好的作用。人口学界同志积极参与社会科学界、自然科学界关于可持续发展的讨论，通过交叉研究得到提升。

3. 女性人口研究

以第四次世界妇女大会在北京召开为契机，女性人口研究大大向前推进一步，推进到从社会性别差异角度研究。几个研究单位做过规模不等的女性人口调查，取得第一手资料；在分析研究中，对女性人口在家庭和社会中的地位，包括政治、经济、文化、婚姻、生育等的地位，提出新的观点；对改善脆弱女性的地位，保护女性人口的合法权益，消除在婚姻、就业、教育上的性别歧视等提出建议，具有较强可行性。

4. 市场经济体制下人口理论和现实人口问题研究

中国确立市场经济体制改革目标，包括人口控制在内的人口问题的解决，是"推向市场"走西方"家庭计划"道路，还是沿用以往的做法，曾经有过一段争论。经过讨论，多数主张既不能简单地"推向市场"，也不能无视市场经济的影响，而要在运用以往成功做法和经验的同时，探讨市场取向的改革；在婚姻方面，关于婚外恋、离婚率升高、买卖婚姻增多等研究取得新进展；在低生育率条件下，人口负增长、城市职工下岗和失业人口婚姻、生育等的研究，有了新的成果；市场人口学研究开始起步，将人口因素纳入市场经济体系加以分析，论证人口数量、质量、年龄、城乡结构变化等对消费、储蓄、投资、经济增长的影响，人口作为市场要素之一的研究向前推进了一步。

5. 人口流动与人口城市化研究

继 20 世纪 80 年代和 90 年代前期研究之后，90 年代中期以来主要侧重人口流动和城市化新问题研究。如城镇外来流动人口数量与城镇基础设施承载力的矛盾，流动人口就业和城镇劳动力市场的发育，城镇犯罪率上升和社会治安整治，流动人口计划生育管理等。而从根本上说来，必须面对乡村 2 亿左右过剩劳动力，面对城市改革减员、增效、下岗大背景，谋求人口流动和城市化治本的方略。在这方面，已有研究成果提出：乡村剩余劳动力首先应从栽培业狭义农业向林、牧、渔业广义农业转移一部分，然后再向乡镇企业转移一部分，最后才是转入城镇的这部分，实行从源头"截流"和中间"分流"相结合的策略。而转移到城镇工商业的部分，应同总体产业结构的调整相适应。

6. 老年人口科学研究

在过去大规模老年人口调查基础上，继续开展新的调查，取得老年人口新的数据资料；养老保障研究不断深入，针对城乡出现的新问题，提出实证研究报告；人口年龄结构老龄化对储蓄、投资、生产、消费等的影响，引起重视，发展适合老年人口增长需要的产业，也已提了出来；人口老龄化对经济技术进步的影响、传统文化观念的改变、家庭关系的变动等的研究，均取得一定的进展。

7. 生育（殖）健康研究

1994 年联合国开罗大会强调生育（殖）健康，1995～2000 年《中国计划生育纲要》也将其列为重要内容，近年来的研究颇为活跃。在避孕、节育、性健康、母婴保健、计划生育服务、计划生育评估等方面，取得新的进展。就人口研究而论，在妇幼保健、社区服务、妇女参与、部门合作等方面，取得的成果引人注目。一些研究成果提出的对策建议，有一定实际应用价值。

8. 人口学理论研究

20 世纪 90 年代中期以前出版了多种人口学专论和教材，对这门科学的发展起到一定的作用。近年来启动深化研究项目，国家社科基金列入的人口学理论和人口学体系两个课题，已取得中期研究成果。最近，《中国现代科学全书》600 多卷组织各方面撰著，《人口学》位列其中，可望推出新作。经过努力，全国哲学社会科学规划办已将人口学列为独立学科，同经济学、社会学等学科一样，作为 21 个学科之一单独申请立项，无疑会对学科建设起到直接的促进作用。

附　　录

中华人口奖复选结果揭晓

15 名候选人进入最后遴选

本报讯 （记者 李晓明）第二届中华人口奖遴选活动已完成提名、资格认定工作，并于 12 月 5 日经过初选、复选、选出 15 名候选人进入最后遴选阶段。这 15 名候选人是邬沧萍、肖碧莲、董殿华、孙兢新、杜宜瑾、和志强、赵玉茹、秦振华、李顺强、田雪原、许行贯、李瑞麟、崔兴亭、罗秋月、王志勇。这 15 名候选人将提交由国务委员彭珮云任主任的第二届人口奖遴选委员会进行最后表决。

第二届中华人口奖遴选活动《通知》下发以后，全国各省、自治区、直辖市和中央有关部门对本次活动十分重视，积极提出和推荐候选人，经统计最后正式上报的受奖候选人为 43 人。这 43 人经各省、自治区、直辖市级主管部门及人口奖组委会二次审核，都通过了资格认定，成为有效提名。

12 月 5 日，由中宣部、国家计生委、国家科委、中国计生协、中国人口福利基金会及中组部、国家教委、人事部、卫生部、公安部、国家统计局、全国妇联、人民日报社、中央电视台等主、协办单位组成的第二届中华人口奖组委会举行全体会议，以无记名投票方式。经过初选、复选，按照得票多少，选出得票最多的 15 名，作为提交遴选委员会表决的受奖候选人。

这 15 名进入遴选的候选人，按照第二届中华人口奖的设奖类别分类。其中工作奖候选人 7 名、科学奖候选人 6 名、荣誉奖候选人 2 名，这里面，有在人口与经济、社会协调发展方面作出突出贡献的党政领导干部，有在本地区人口控制及积极推行计划生育"三结合"工作中成绩卓著的计划生育

＊ 原载 1995 年 12 月 8 日《中国人口报》。

实际工作者，有从事人口科学研究取得重要成果的科学工作者，还有长期从事或领导计划生育工作现已离休的德高望重的人士。

12 月 5 日的会上还通过了关于增设中华人口奖提名奖的建议，在进入遴选的 15 名候选人中未获奖的授予提名奖，此建议将提交第二届中华人口奖遴委会批准。

第二届中华人口奖遴选揭晓[*]

本报讯 （记者 范又）1 月 12 日，由国务委员彭珮云主持的第二届中华人口奖遴选委员会召开全体会议，对经多次遴选而入围的 15 名获奖候选人进行最后投票表决，评出这一我国人口领域最高奖项的本次获奖者 10 名。其中获工作奖的是：安徽省副省长杜宜瑾，湖南省计划生育协会会长罗秋月，天津市政协常委赵玉茹，江苏省张家港市市委书记秦振华，吉林省计划生育委员会主任董殿华；获科学奖的是：中国社会科学院人口研究所所长田雪原研究员，全国政协常委、中国人民大学人口所邬沧萍教授，中国工程院院士、国家计生委科研所名誉所长肖碧莲教授，四川省生殖卫生学院院长李顺强教授；获荣誉奖的是：浙江省人大常委会副主任许行贯。

第二届中华人口奖遴选委员会决定，从本届开始增设中华人口奖"提名奖"，本次获提名奖的有 5 人。他们是：河北省平泉县计划生育局局长王志勇、原国家统计局副局长孙兢新、云南省省长和志强、陕西省区中地区政协工委主任崔兴亭、上海市计划生育科研所李瑞麟研究员。

---

* 原载 1996 年 1 月 14 日《光明日报》。

第二届 "中华人口奖" 颁发[*]

本报北京 2 月 8 日讯　记者艾笑报道：第二届 "中华人口奖" 颁奖仪式，今天在人民大会堂举行全国人大常委会副委员长王光英、国务委员彭珮云、中国人口福利基金会会长谷牧及马文瑞等有关领导，向 10 位获奖者分别颁发了证书、奖杯和奖金，并向 5 位提名奖获得者颁发了证书和奖杯。

"中华人口奖" 是我国人口与计划生育领域里的最高奖。设立这个奖的目的，是为了增强全社会的人口意识及人口与经济、社会协调发展的观念，激发从事人口与计划生育工作的广大实际工作者和科学工作者的光荣感、使命感和奉献精神，调动各有关部门和社会团体综合治理人口问题的积极性。1993 年颁发的首届 "中华人口奖"，在国内外产生了很好的影响，对我国的人口与计划生育工作起了促进作用。

彭珮云在颁奖仪式上欣喜地向大家报告了我国 "八五" 期间人口和计划生育工作取得的显著成绩：人口自然增长率已由 1990 年的 14.39‰ 下降到 1995 年的 10.55‰，全国人口增长速度过快的势头得到了有效控制，她说："更重要的是我们已在实践中积累了一些宝贵经验，探索出了一条具有中国特色的解决人口问题的道路"。

中华人口奖由中共中央宣传部、国家计生委、国家科委、中国计生协、中国人口福利基金会主办。中共中央组织部、国家教委、人事部、卫生部、全国妇联、国家统计局、本报和中央电视台协办。本报副总编辑李仁臣出席了今天的颁奖仪式。

田雪原，男，1938 年 8 月生，中共党员，现任中国人口学会副会长，中国社会科学院人口研究所所长、研究员、博士生导师。从事人口科学研究以来，他提出和发表了许多重要观点和论著，有些成为国内人口研究的奠基

＊　原载 1996 年 2 月 9 日《人民日报》。

作，有些为政府部门决策提供了依据。

田雪原 男，58 岁，中共党员，中国社科院人口研究所所长，自 70 年代后期从事人口科学研究以来，发表《新时期人口论》、《2000 年的中国人口与就业》（主编）等专著 8 部，《市场经济体制下的人口控制》等论文 150 余篇，研究报告 20 余篇，本人独立撰写在 260 万字以上，他力主为受批判的马寅初新人口论翻案；论证了控制人口数量、提高人口素质、调节人口结构相结合的人口发展战略；主编中国老年人口、经济、社会专著 3 卷，被誉为超前研究、填补中国老年科学空白的奠基作；提出孩子社会附加成本—效益理论，探求人口与经济、社会协调可持续发展的新思路。获国家科技进步一等奖，首届中国人口科学优秀成果特别荣誉奖等多项奖励，曾被剑桥传记中心授予"国际知识分子名人"。

原载《第二届中华人口奖光荣册》，1996

彭珮云同志在第二届中华人口奖
颁奖大会上的讲话[*]

（1996 年 2 月 8 日）

同志们、朋友们：

今天，我们在这里隆重举行第二届中华人口奖颁奖仪式。首先，我代表国务院和第二届中华人口奖遴委会，以及各主办、协办单位，向获得第二届中华人口奖的同志表示热烈的祝贺。

中华人口奖是我国人口与计划生育领域里的最高奖。设立这个奖的目的是为了增强全社会的人口意识以及人口与经济、社会协调发展和可持续发展的观念，激发从事人口与计划生育工作的广大实际工作者和科学工作者的光荣感、使命感和奉献精神，调动各有关部门和社会团体综合治理人口问题的积极性。1993 年举办的首届中华人口奖，在国内外产生了很好的影响，对于我国人口与计划生育工作起了促进作用。第二届中华人口奖是在"八五"计划胜利完成、"九五"计划刚刚开始的重要时刻举办的。它必将推动我国人口与计划生育工作深入发展。

"八五"期间，我国的人口与计划生育工作在党中央、国务院正确领导下，经过各级党委、政府和广大干部、群众的艰苦努力，取得了显著成绩。人口自然增长率由 1990 年的 14.39‰下降到 1995 年的 10.55‰，人口增长速度过快的势头得到控制。更重要的是在实践中积累了一些宝贵的经验，探索了一条具有中国特色的解决人口问题的道路。

这次获得"中华人口奖"和"提名奖"的 15 名同志，都为我国人口与计划生育事业作出了突出贡献。他们中有的是省、地、市、县的党政领导干部，他们对人口与计划生育工作高度重视，自觉地加强领导，真抓实干，并不断提高领导水平，使本地区的计划生育工作成绩卓著或者较快地改变了被

* 参见彭珮云《十条探索与体会》，中国人口出版社，2006，第 736～737 页。

动落后的局面。有的是计划生育部门和其他部门的领导干部，他们敬业乐业，勇于进取，在工作中做出了优异的成绩，创造了新鲜经验。有的是计划生育协会的负责同志，长期以来坚持党的群众路线，在积极倡导和建设计划生育协会的工作中作出了很大成绩。有的是科学家、专家和学者，在人口科学研究和计划生育科学技术研究方面作出了重要贡献，有的在国际上也赢得了声誉。这些同志的业绩，从不同方面反映了我国人口与计划生育事业的新发展、新经验。我们应当广泛宣传他们的先进事迹。

去年九月召开的党的十四届五中全会，把十几亿人口作为我们考虑经济社会发展问题的一个基本出发点，把控制人口增长、提高人口素质，正确处理经济建设和人口、资源、环境的关系，实现经济与社会协调发展和可持续发展摆到了十分重要的战略地位。五中全会通过的《关于制定"九五"计划和2010年远景目标的建议》，既提出了经济发展的人均目标，又提出了人口数量的控制目标。要求到2000年把全国人口总数控制在13亿以内，2010年控制在14亿以内，这是历史赋予我们的光荣使命，也是一个艰巨的任务。

实现社会主义现代化建设第二步战略目标，要求有一个与之相适应的良好的人口环境。我们不仅要控制人口数量，还要努力提高人口质量，注意研究与改善人口结构，着眼于人的全面发展，促进人民生活质量的提高和妇女的进一步解放，促进人口与经济、社会、资源、环境协调发展和可持续发展。这就要求全党、全社会更加重视人口问题、各有关部门、有关方面齐抓共管，采取综合治理措施解决人口问题，要求从事人口与计划生育工作的同志既要坚持多年来行之有效的基本经验，又要不断深化改革、努力提高计划生育工作水平。希望通过本届人口奖的颁发，激励更多的实际工作者和科学工作者，为我国人口与计划生育事业积极奉献、建功立业，进一步调动各有关部门、有关方面对人口问题实行综合治理的积极性，为实现党的五中全会提出的跨世纪宏伟蓝图共同奋斗。

田雪原获第二届中华人口奖
2万元奖金全部捐赠人口所[*]

  第二届中华人口奖经过初评、复评和遴选委员会最后投票，于日前正式揭晓，我所田雪原研究员为10名获奖者之一，颁奖大会于2月8日在人民大会堂举行，田雪原已将2万元奖金全部捐赠给人口科学事业。

  "中华人口奖"是1993年设立的国家人口最高奖项。一是规格高，由中宣部、中组部、国家计生委、国家科委、国家教委等14个部委级机构联合举办，国务委员彭珮云任遴选委员会主任。二是属综合奖性质，是对长期从事人口事业业绩的综合评价，不同于其他单项奖。三是名额少、层次高，第一届10人中人口科学界1名（刘铮，已去世），本届10人中人口科学界2名（另一名为人大邬沧萍），工作奖和荣誉奖中有一半为省部级领导。遴选结果出来后，中央电视台在"新闻联播"播出，《人民日报》、《光明日报》等在第一版作了显著报道。颁奖会又作了报道，《人民日报》、《中国人口报》等作了事迹介绍。主要是：自20世纪70年代后期从事人口科学研究以来，发表《新时期人口论》、《2000年的中国人口与就业》（主编）等专著10部，"市场经济体制下的人口控制"等中、英、日、俄论文160余篇，研究报告20余篇，本人独自撰写在260万字以上，代表作收集在《田雪原文集》、《田雪原文集》（二）中，并在日、澳、荷、比等国作学术演讲受到好评。在这些论著中，他力主为马寅初新人口论翻案，对人口理论拨乱反正起了重要作用；论证了控制人口数量、提高人口素质、调节人口结构相结合的人口发展战略，在人口政策制定中发挥了应有作用，受到当时中央主管领导的赞扬；主持国家"七五"重点项目"中国老年人口调查和老年社会保障改革研究"，编辑出版全国抽样调查资料，主编中国老年人口、经济、社会

  * 原载社会科学院人口研究所1996年2月9日《简报》。

专著 3 卷, 被宋平等中央领导和著名专家誉为超前研究, 填补中国老年科学空白的奠基作; 主持国家"八五"重点项目"生育率微观分析与人口控制机制转变研究", 从中国具体国情出发, 借鉴西方微观人口经济学合理成分, 提出孩子社会附加成本—效益理论, 探求人口与经济、社会协调发展的新思路。近年来同时致力于人口与可持续发展研究, 发表了一系列成果受到社会各界重视, 他的这些独立的观点和论述引起国内外学术界和有关部门的关注, 并给有关领导和计生干部讲人口理论课, 受到普遍好评, 发挥了理论对实践的指导作用。1984 年被授予首批国家级有突出贡献的中青年专家, 1988 年获国家科技进步成果一等奖, 并获首届中国人口科学优秀成果特别荣誉奖等多项奖励。1991 年享有国际权威的英国剑桥国际名人传记中心授予"国际知识分子名人"并颁发证书, 表彰其在人口学、经济学、老年学研究中作出的突出成就, 《成功的人》介绍了他的业绩。田雪原表示, 如果说过去在人口科学研究中取得一点儿成绩的话, 是院领导指导和帮助, 所内和学术界同志支持的结果, 荣誉归于集体。他考虑, 2 万元奖金怎样才能发挥最大效益? 最佳选择是用在支持人口科学研究上, 决定全部捐赠给研究所, 作为人口科学奖励基金, 以鼓励出优秀科研成果和优秀人才。他还表示, 成绩已是昨天, 今天仍需站在零起跑线振奋精神, 潜心钻研, 清醒地看到缺点与不足, 发扬我所"九五"提出的"敬业、团结、奉献"精神, 为建立学科优势和发展人口科学进行不懈的努力。

Men of Achievement

The Illustrated Plaque is awarded to

Tian Xueyan Professor

for distinguished services to Demography · Economics · Gerontology

which are the subject of notice in the Fifteenth Edition

of Men of Achievement

Signed & Sealed at the

International Biographical Centre

CAMBRIDGE, ENGLAND.

Date January 1991

Authorized Officer

The International Who's Who of Intellectuals

International Biographical Centre, Cambridge, England.

This Certificate of Inclusion
has been awarded to

Tian Xueyuan · Professor

in recognition of distinguished
achievements which are recorded in the
International Who's Who of Intellectuals

Signed & Sealed in Cambridge, England.

Date April 1991.

Authorised Officer of the
International Biographical Centre

FIVE THOUSAND PERSONALITIES OF THE WORLD

Edition Four

The American Biographical Institute, Inc.
5126 Bur Oak Circle
Post Office Box 31226
Raleigh, North Carolina 27622 U.S.A.

FIVE THOUSAND PERSONALITIES
OF THE WORLD

TIAN, XUEYUAN oc/Professor, b/Aug 1. 1938. h/Room 702 Building 22. Xi Zhi Men Net Dajie. Beijing. China. ba/Beijing China. m/Wu Hufen. c/Wu Wei p/Tian Yin and Gao Jinlan (dec). ed/BA. Dept Econ. Peking Univ 1959 – 64. Jr Sch & HS 1953 – 59. Liaoning. Prm SCh. Liaoning. 1947 – 53. pa/Prof & Dir. Inst Pop Studies 1983. Rschr Inst Econ 1979 – 84. Chinese Acad Social Scis. Res Fellow. E-W Cltr. HI USA. 1982 – 83. Ofcr. Min Ed. 1964 – 79. VP. Chinese Pop Soc. Standing dir. GerontoLogi-cai Assn China. Expert Com. st Fam Planning Comm. Others. Cw/4 Books incl'g Population Theory in the New Period. 1982. Num Articles incl'g "The Thud Population Boom and Corresponding Macro-Policies. " Chinese Jour Pop Sci Eng ed. VOL 2. #2. others, hon/Nat Mid – Aged & Yth Experts w Outstg Contbn. 1984. Winner of Top Prize of Nat Sci Technol Improvement for Edit. "Population and Occupation in China in 2000 Years" (part of "China in 2000"), 1988.

立足现实 着眼未来[*]

——记饮誉海内外的人口学家田雪原研究员

20 世纪 70 年代末在成都举行的全国人口科学讨论会上，一个为马寅初先生新人口论翻案和人口理论拨乱反正的发言，博得全场经久不息的热烈掌声，发言者就是刚刚跨入不惑之年的田雪原。田雪原 1959 年考入北京大学经济系。他跨进校门不久，就赶上对老校长马寅初的批评，他找来马老的文章细读，越读则共鸣越多。党的十一届三中全会以后，他毅然拿起笔来撰写文章，力主为马老平反。1979 年 8 月 5 日《光明日报》发表他的"为马寅初先生的新人口论翻案"长篇文章并加了"编者按"，成为早期为马寅初平反文章中最有分量、最有影响的一篇，为人口理论拨乱反正，打开人口研究"禁区"、推动人口科学的发展起了历史的作用。随后他参加了中办召开的人口问题座谈会，积极献策，并参与有关报告的起草工作。"六五"期间主持国家社科重点项目《2000 年的中国》首篇研究报告"2000 年的中国人口与就业"，立足我国人口现实，着眼未来发展，同课题组同志一道明确阐述了控制人口数量、提高人口素质、调整人口结构相结合的发展战略，描绘出这一战略 2000 年实施的图像、特征和达到的途径，获 1988 年国家科学技术进步成果一等奖。主持"七五"国家社科重点项目"中国老年人口调查和老年社会保障改革研究"，在有关部门协作下弄清全国老年人口现状，出版全国老年人口抽样调查资料基础上，主编并已出版《中国老年人口》、《中国老年人口经济》、《中国老年人口社会》3 部专著，受到中央有关领导和著名专家学者的高度评价。主持"八五"国家社科重点项目"生育率微观分析与人口控制机制转变研究"，面对改革开放和社会主义市场经济，积极吸取国外有关研究科学成分，深入四川等地进行科学试验，探讨新形势下的孩

* 原载 1993 年 7 月 26 日《中国人口报》。

子成本—效益变动，提出生育政策成本—效益理论，寻求加大人口控制利益调节分量的改革和机制的转变，谋求人口与经济、科技、社会发展的良性循环。

　　他立足现实、着眼未来，年复一年孜孜不倦地探索，取得丰硕成果：累计发表专著 8 部（含主编和合著），中文和英、日、俄文论文 150 余篇，研究报告 20 多篇，个人独自撰写并发表的成果在 160 万字以上。他的研究成果得到社会的普遍认同，1984 年被授予国家级有突出贡献的中青年专家，权威性的英国剑桥国际名人传记中心 1991 年授予"国际知识分子名人"并发证书，《成功的人》第 15 版介绍了他在人口学、经济学、老年学研究中取得的突出成就。现在，田雪原研究员除担任中国社会科学院人口研究所所长、学术委员会主任、《中国人口年鉴》和《中国人口科学》主编外，还兼任中国人口学会副会长，中国老年学学会副会长，国家计生委专家委员会委员等职。

　　田雪原常说：科学家应当把眼光投向未来，但不要忘记，需脚踏实地地从现实做起。面对社会主义市场经济，人口科学怎样作出卓有成效的研究？他的回答是：立足现实，着眼未来，从理论与实践的结合上不断拿出开拓性研究成果。

让中国走下人口生育巅峰[*]

——访人口学家田雪原

本报记者　张　焱

在 7 月 11 日世界人口日到来之际，记者走访了中国社会科学院人口研究所所长田雪原教授。

今年 54 岁的田雪原，自 20 世纪 70 年代末从事人口科学研究。所著《新时期人口论》，被公认为"是 1957 年马寅初发表《新人口论》以后，第一本全面研究我国现代人口问题的专著"。

田教授对记者分析说，1986～1997 年，我国仍将经历一次新的生育高峰，而今年又是建国以来第三次人口生育高峰的峰顶，育龄妇女总数达 3.18 亿人，处于 20～29 岁生育旺盛期的妇女达 1.23 亿人，处于 23 岁生育高峰值年龄妇女达 1325 万人。控制人口的任务颇为艰巨。

如何完成这一艰巨的任务，让中国走下人口生育的巅峰呢？田教授认为，第一要坚定不移地贯彻执行被实践证明行之有效的现行计划生育政策。但从长远看，从发展的眼光看，还应积极寻求生育率下降的内在规律。唯物史观认为，存在决定意识，人口再生产的最终驱动力在于经济的力量，在于人们的利益选择。生育孩子由直接成本，即养育孩子的生活费用、教育费用和婚姻费用等的直接支出；间接或机会成本，即父母尤其是母亲因抚育孩子时间消耗而损失的收入两部分组成。孩子对父母的效益主要有劳动—经济效益，养老—保险效益，消费—享乐效益等。因此，妇女对孩子的数量需求取决于直接和间接投在孩子身上货币成本的成本效益。长时期以来，由于中国商品经济不发达，很少对孩子成本和效益作出深入的分析，但并不等于人们

　＊　原载 1992 年 7 月 12 日《经济参考报》。

的生育行为不受利益调节的支配，"养儿防老"、"人财两旺"等即是这种联系链条的真实写照。因此，促使生育率下降治本的办法，即通过增大超生子女成本，提高独生子女和计划内生育子女效益两方面的措施，逐步实现谁少生子女，谁花费的孩子成本小，带来的效益大；谁多生子女，谁花费的孩子成本高、带来的效益并不大。久而久之，使人们从关心自己的得失即孩子成本—效益变动上，权衡生育子女的数量，自动选择少生优育优教的道路。国家的人口控制机制与此相适应，也应从目前以人口目标行政管理为主，转变为以维护计划内生育子女及其家庭的正当利益，征收必要的超生子女费用等为主的利益调节管理，实现向利益调节机制的过渡。

中外学者共同探讨
中国文化与人口发展[*]

张孟仪

最近在澳门举行的"中国文化与人口发展国际（亚太地区）学术讨论会"上，中国社会科学院人口研究所所长田雪原教授发表的富有远见的观点是：展望 20 世纪最后 10 年和 21 世纪，受中国文化影响较大的亚太地区的发展将格外引人注目，这一地区很可能成为继欧洲、北美洲之后新的发展崛起地区。崛起的原因之一，在于人口同粮食、资源、工业化、环境之间的协调发展，而人口数量、素质、结构的变动在这种协调发展中，具有举足轻重的作用。他的这一观点也是这次学术讨论会的主旋律。

这次讨论会是由中国国际文化交流中心、中国社会科学院人口研究所、中国中外社会文化交流协会、澳门社会科学学会、澳门东亚大学澳门研究中心共同举办的。

人口问题是 20 世纪各国人民，尤其是第三世界各国人民十分关心的问题。专家们认为，在影响人口发展的诸多因素中，文化因素较少引起人们的注意。会议提出的这一鲜明的议题吸引了来自美国、日本、韩国、法国、澳门、中国海峡两岸等国家和地区的 50 多位学者的浓厚兴趣。学者们提供的论文不仅涉及的领域广阔，而且不少论文颇有建树。这里只摘其主要方面加以概述。

生育观念：传统文化中的一根支柱

人口、资源、粮食、工业化、环境构成影响当代发展的一些基本因素，

* 原载《瞭望》周刊（海外版）第 6 期，1991 年 2 月 11 日。

而人口居其首，同其他因素密切相关。人口变动的终极因素在于经济，而社会上层建筑对人口变动有深刻影响，其中文化更有着千丝万缕的联系。这种联系对具有悠久历史的中国，包括接受中国文化影响较多的国家和地区，表现尤为明显、深刻，并在很大程度上策动着社会的发展。

基于上述的共识，不少学者认为，传统文化对人口变动的影响就主导方面说是鼓励多生多育、重男轻女、男尊女卑、重农并把农民相对地稳定在土地上，形成自给自足的自然经济条件下的封闭式人口等。

田雪原认为，多子多福的生育观点是传统文化的必然产物。他指出，作为二千多年封建文化支柱的孔孟学说和后来规范化的程朱理学、众民主义思想和重男轻女的子嗣观念，成为以"仁"为轴心的学说和以"孝"为支撑点的伦理道德的重要组成部分。这种生育观不仅无形地渗透到民众的意识之中，且左右着历代封建统治者的人口政策，成为中国人口一步一步膨胀起来的重要原因。他认为，尽管这中间有从韩非到洪亮吉的节制主义种种说教，但它在中国传统文化的历史长河中，只是偶然出现的几处旋涡而已，始终不占主导地位。他的这一见解受到与会者的重视。

然而，在何谓传统文化问题上，与会者在论文中作了不同的解释。中国人民大学邬沧萍教授指出，中国文化是在传统文化和社会主义新文化以及改革开放后吸收的新文化相互结合而形成的。因此把中国文化伦理仅仅解释为传统文化，甚至把儒家文化看成中国文化，是不全面的。他认为，如果认为传统文化都是鼓励多育倾向的话，则无法解释当前中国文化圈国家和地区在20世纪中后期生育率有较大下降的事实。邬教授以为，中国文化中重视群体意识和"天人合一"的哲学思想，中华民族自强不息的精神和重教育、重道德修养与社会主义新文化配合等传统，对中国生育率产生直接或间接的效果。因此，他主张利用积累起来的文化财富加速生育率转变的进程，批判其阻碍发展的因素。

现代文化对人口变动的影响

现代文化对生育率的影响是举世公认的，学者们提供的数据证明：一般来讲，文化程度越高，生育率越低；文化程度越低，生育率越高。这无论在中国或在其他国家或地区，都是如此。究其原因，除了文化程度同人们的生育观念直接相关外，还同社会经济发展有关。在以手工劳动为主的农业社会和工业社会初期，由于生产技术落后、劳动生产率低，经济发展主要依靠活劳动力增加。学者们还指出，人口、文化、经济发展的基本循环模式是：高生育率——低文化素质——低生产率——高生育率。中国传统文化中"多子多福"就是这种模式的写照。工业革命以后，尤其是现代科技发展以后，生产发展主要不是劳动者数量的增加，而是劳动生产率的提高，这对劳动者的质量提出了新的要求，促使人们由投入孩子的数量成本向质量成本转移，从而过渡到低生育率——高文化素质——高生产率——低生育率的高级循环模式。但这两种模式的人口问题具有不同性质：前者表现为人口过剩，目前发展中国家和中国属这类性质；后者表现为劳动力不足，目前发达国家不同程度地反映出这类问题。

学者们提出的上述论点从以下数据可以得到证实：1987 年低收入国家（不含中国和印度）总生育率为 5.6，其小学入学率为 76%，中学入学率为 26%，大学入学率为 3%；中等收入国家总生育率为 3.9，其小学入学率为 104%，中学入学率为 54%，大学入学率为 17%；高收入国家总生育率为 1.8，其小学入学率为 102%，中学入学率为 93%，大学入学率为 39%。这种反差在中国也同样存在。

促进生育文化转变的条件

基于上述分析，不少学者认为在文化范畴内目前尚有两大战略任务：一是继续大力破除旧的生育观念影响，发扬如敬老、养老等优秀传统文化；二是努力发展教育，逐步改变某些脑力劳动和体力劳动报酬不合理状况，激发人们更多地投入提高孩子素质成本的积极性，提高全民族的科学、文化、技术水平。

有些学者认为，在这方面，中国台湾的一些做法值得重视。据台湾中兴大学教授李朝贤介绍，台湾 1968 年开始把义务教育由 6 年改至 9 年，1988年学生总人数占人口总数 24%。自 1969 年起农业人口已开始下降，而现在农业生产反而过剩，政府放松生育管制，人口增长率反而下降，目前每对夫妇平均生育孩子数为 1.7，低于替换水平。学者们认为，同是受儒家思想影响的台湾省由于教育水平的提高和工业化而解决了人口问题，同时也由于人口结构的改善和人口素质的提高而促进了经济的发展。

根据联合国人口司的预测，从现在起到 2000 年，中国文化圈的国家和地区生育率仍将下降,中国、香港特区、新加坡、韩国等生育率在 2000 年以后将低于替换水平,那些兼容中国文化的近邻国家预计 2000 年后生育率下降会快些,总和生育率接近或略高于更替水平,其他发展中国家和地区未来生育率也将出现下降趋势,但下降速度不会太快。

然而,中国专家认为,目前内地人口形势仍然严峻。虽然 20 年来在人口控制方面取得了卓有成效的成果,但忽略了人口供给与需求两方面相互制约的运行机制。当前中国人口需求运行的机制是:一方面主要通过扩大劳动力的投入获取经济效益,另一方面出现了结构性人口过剩,即高技术岗位就业不足和一般就业过剩状况,在就业中注重社会安定效益,而把经济效益放在第二位,其结果是:对就业人口数量无限制,就业人口质量无要求。一方面费尽力气控制人口,另一方面无限量的农村自然就业机制又刺激农民抢生劳动力,多生一个孩子,多一份分配,投入培养费又低,又能多争一份就业机会。

如何促使生育文化的转变?学者们从教育制度、就业政策、人力资源开发利用等诸多方面提出了对策。四川省学者许改玲提出,要使中国生育文化得以较快转变,必须在完善人口控制的同时,以人口疏导论为导向,从增大劳动力数量投入转化为增大劳动力质量投入,建立求质量的人口需求体系。在广就业中应规定就业的法定条件:必须完成九年义务教育,身体健康,并经过职业训练等,建立相应的考试达标制度。在收入分配上逐步适当拉大技术工种与一般工种的差距,按贡献大小建立分配差异等级制等,以刺激教育事业的对口发展,刺激生育向少生多投入养育费的方向转化。

美国学者谢文逊、日本学者佐藤龙三郎认为,中国生育率下降应归之于人口政策。因此,今后中国在继续贯彻计划生育国策的同时,应大力发展教育,提高人口科技文化水平,促使生育率进一步下降。

市场经济与人口控制机制[*]

——中国社会科学院人口研究所所长田雪原访谈录

本报记者　方朔

田雪原是出生于本溪的一位在京著名学者。他从本溪高中毕业后考入北京大学，之后曾在教育部工作。现任中国社会科学院人口研究所所长、研究员、人口专家委员会委员、中国—联合国人口基金合作方案专家组成员和《中国人口年鉴》、《中国人口科学》杂志主编。

他在中国人口发展战略、人口和国民经济综合平衡、人口对现代化建设的制约和影响及老年人口科学等方面有突出建树。主持国家"六五"、"七五"、"八五"有关人口发展的社科重点项目，曾获国家科学进步一等奖，他被评为"有突出贡献的中青年专家"。发表著作 200 余万字，有的被译成英、美、日、俄多种文字发表，具有权威性的英国剑桥国际名人传记中心将田雪原列为"国际知识分子名人"并发给证书。

今年初秋，田雪原研究员回本溪探亲，记者有机会进行一次关于在今后市场经济条件下如何搞好人口控制机制转变的专题采访。

记者：十四大之后，国内有些人对市场经济条件下的人口控制问题，提出许多不同的观点。听说您已在研究这个课题，请谈谈您的观点。

田雪原：市场经济的建立，必然影响到上层建筑和社会生活的一切重要方面。目前大致有如下三种观点。

第一种观点，认为社会主义市场经济与人口生产、计划生育属于不同的范畴，后者不受市场规律和市场活动的支配。

第二种观点，认为人口生产尤其人口控制应纳入市场经济体制，人口管

---

* 原载 1994 年 9 月 26 日《本溪日报》。

理同市场经济接轨，推向市场。

第三种观点，认为人口生产和计划生育本身虽属非市场范畴，但市场经济的制约和影响不可低估，需要寻求改革，逐步建立同市场经济相适应的人口调控机制。我主张这种观点。

市场经济体制下政府对经济调控，一般不直接干预。而对人口生产，政府既直接出面，如制定人口规划，党政一把手负总责，实行目标管理责任制，计生委直接负责计生领导工作等。也有非政府组织如计生协会、中心户等开展宣传教育、服务等活动，正是这样，有效控制了人口过快增长。

市场经济对人口控制，具有积极作用和消极作用两个方面。有利方面主要表现在：随着生产力发展，为人口问题解决创造新的物质条件；劳动力市场的形成和发展，人才竞争的加剧，已引导家庭由注重孩子的数量成本向质量成本转移；养老保险制转变"养儿防老"传统观念；激烈的市场竞争，减少了养儿享受天伦之乐的兴趣；加速人口城市化进程，把人口控制和其他人口问题的解决，引入一个新阶段。

消极作用主要表现在：边际孩子劳动—经济效益升值，农村对男孩子形成劳力的需求加大；个体经济使孩子继承家业的效益上升；发生了生育观念和生育行为市场化的偏向；管理跟不上市场经济和人口变动的新情况等。

记者：您近年在国内外发表许多论"孩子社会附加成本—效益"的文章，具体内容是什么？

田雪原：刚才是从宏观上分析市场经济与人口控制的关系。我提出的"孩子附加成本—效益"概念，是属于微观人口经济学的一个理论问题。

美国哈佛大学莱宾斯坦教授创立"孩子成本—效益"理论，他提出家庭规模的确定，由父母对子女的选择完成，而对子女生育与否的选择取决于孩子预期的成本效益。这一理论将人的生育行为同家庭的经济利益联系起来，有其科学道理。但这一理论是以西方市场经济和一些实施"家庭计划"国家为背景的。我是在这一理论基础上提出"孩子社会附加成本—效益"概念及其理论模式的，即按照国家或地区的一定的控制或鼓励生育政策规定，因超过或满足生育子女数量要求而增加或减少孩子成本与效益。

这里有两种相反的情况：一种是控制生育的，一旦超过政策规定生育子女数量，则增加其成本的损失效益；另一种是鼓励生育的，达到政策规定生育子女数量，则减少成本和增加效益，在我国大部分是前一种情况。

所以这样提出，是因为中国国情不同于外国。发达国家由于经济和文化的原因，家庭已经由追求孩子数量向追求孩子质量转变。我们不能完全依靠这种由经济发展决定的"自然而然的转变"。

记者：我很赞同您的观点。改革开放以来，我国各地在人口控制方面，已经逐渐由单纯的强化行政管理转向与经济利益引导相结合的路子上来。本溪许多农民提出"养儿防老不如致富防老"，有的村给独女户栽养老林，给独生子女户建养老保险金等，效果很好。

您认为如何在市场经济条件下实现人口控制机制的转变？

田雪原：根据国情，我认为可以提出这样一些具体改革思路：

其一，有效增大独生子女和计划内生育子女效益。可行办法有二：一是在落实独生子女奖励费基础上，开展独生子女伤亡保险并在 15 岁停发后，转为父母养老保险基金。二是对独生子女和计划内生育子女，在入托、上学、医疗、住房分配、就业等方面落实优惠政策。

其二，适当增加超生子女成本，并实行某些效益滞后政策，并建立规范化的相应管理制度。

其三，在分配上逐步向脑力劳动倾斜的政策，使优生、优育同优教真正结合起来。

这样，可以在行政管理的同时，从根本上转变家庭"多子多福"的状况，逐步转到谁少生孩子谁付出的成本少、获得效益高；让人们从关心自己得失上权衡生育子女的数量。当然，对于一些富裕户，要强化法制化和教育，单纯利益引导不行。

记者：您在文章中提出，无论运用行政手段还是利益导向的办法，目的都在于控制人口数量，提高人口质量，改善人口结构，以求逐步走向人口与经济、社会发展相协调。您认为我国如何实现这种协调？

田雪原：依据孩子成本—效益和孩子社会附加成本—效益理论，实现这种协调根本在于发展社会经济，同时贯彻执行人口政策的作用也不可低估，这可以加快持续发展的进程。

事实上，人口与经济、社会发展存在两种模式：一种是在技术构成和劳动生产率较低情况下，经济发展不得不依赖不断增加的劳动力，边际孩子效益增值，表现出高生育率——低科技文化——低劳动生产率——低人均收入——高生育率的特征。

另一种是在技术构成和劳动生产率较高的情况下，经济发展主要依赖劳动者技术水平提高，边际孩子效益不断下降，表现出低生育率——高科技文化——高劳动生产率——高人均收入——低生育率的特征。

前一种可称之为人口与经济、社会发展的初级循环，后一种可称之为高级循环。

目前，从总体上看我国正处于由初级循环向高级循环转变。某些经济、文化发达地区，已经基本上实现了这种转变。

1994 年 3 月，国务院第 16 次常务会讨论通过了《中国 21 世纪议程——中国 21 世纪人口、环境与发展白皮书》，1995 年将在北京召开世界妇女大会，1997 年将在北京召开国际人口科学联盟第 23 届世界大会。我们正在切实开展计划生育，控制人口增长，为逐步实现人口、资源、环境的良性发展创造条件，这也是对世界和平与可持续发展作出的实际贡献！

面向新世纪的我国人口对策[*]

编者按：人口众多是我国最突出的国情。面向 21 世纪，作为一个人口多、耕地少、资源相对匮乏、经济相对落后的发展中国家，要摆脱贫困，步入发达国家行列，我们在人口与经济、社会可持续发展方面究竟面临哪些问题，怎样认识，如何解决，这是每一个渴望国富民强的中国人都十分关心的问题。为此，《群言》编辑部于 7 月 16 日举办了《面向新世纪的我国人口对策》专题座谈会。（其他专家发言略）

田雪原：我想就解决中国人口问题的根本立足点谈几点意见，即从可持续发展战略高度认识中国人口问题，寻求相应的解决思路。

1. 关于人口政策及各种对策的理论基础

20 世纪 70 年代中国大力加强计划生育工作，对于控制人口增长以何种理论作依据，曾有两种比较流行的观点。一曰"两种生产"论，即人口生产要与物质资料生产相适应，我国人口过多，控制人口增长有利于发展经济；二曰计划经济"决定"论，即社会主义国民经济有计划、按比例发展规律，决定着人口生产也要有计划地进行。"两论"在特定历史条件下，起到过很大作用，推动了人口控制理论的研究和计划生育实际工作的开展。然而随着研究和实践的深入，也显露出一定的缺陷：前者仅顾及人口与经济，事实上影响人口变动的不仅是经济一个因素，还牵涉到资源、社会等许多因素；后者同当前旨在建立社会主义市场经济体制的改革不相协调，"计划"与否并非问题的本质。那么中国控制人口增长和实施计划生育的理论基础何在呢？在于寻求人口与经济、社会等的可持续发展，可持续发展论应为其理论基础。

---

　　* 原载《群言》1996 年 10 月。

2. 可持续发展是世纪转换之际最重要的命题

人口学自 17 世纪中叶诞生以来，很长时间就其原本统计意义的人口学研究进展并不很快，而从经济学、社会学角度的人口研究却获得长足进步。涉及人口与发展诸多领域。明确提出可持续发展（Sustainable Development）是 1972 年在斯德哥尔摩召开的国际环境会议上。1987 年世界环发委员会在《我们共同的未来》报告中，对可持续发展作出了带有定义性的解释。1992 年有各国首脑出席的国际环境与发展会议在巴西里约热内卢召开，通过了《21 世纪议程》和《里约宣言》两个文件。1994 年国际人口与发展会议在埃及开罗召开，会议通过的《行动纲领》提出"可持续发展问题的中心是人"的重要观点。1995 年在丹麦哥本哈根召开的国际社会与发展会议，在中国北京召开的世界妇女与发展会议，都重申了促进全球可持续发展奋斗目标。可持续发展作为世纪转换之际最重要的命题，提到世人面前。

中国政府履行国际承诺并率先垂范，于 1994 年推出《中国 21 世纪议程——中国 21 世纪人口、环境与发展白皮书》。中共十四届五中全会通过的文件，全国人大八届四次会议批准的"九五"计划和 2010 年远景目标《纲要》，都将可持续发展作为一项基本的战略确定下来。从这个意义上说，面向 21 世纪包括人口在内的各项事业的发展，都要纳入可持续发展轨道。

3. 将人口问题的解决纳入可持续发展战略

什么是可持续发展？经过讨论，《我们共同的未来》报告的解释取得更多的共识：可持续发展是既满足当代人的需要，又不对后代人满足其需要的能力构成危害的发展。可持续发展涉及人口、资源、环境、经济、社会发展诸多因素，而以人口为其首，其他问题都同人口变动有着内在的必然联系。因此，实施《中国 21 世纪议程》应当将重点放在人口上。一是要建立人口自身的可持续发展战略，基本点是控制人口数量，提高人口素质，注意调节人口年龄、城乡、地区的结构，实行以数量控制为重点的"控制、提高、调节"相结合的方针。二是要谋求人口与资源、环境、经济、社会的协调发展。从中国现实情况出发，谋求人口与资源的可持续发展，在肯定中国自然资源比较丰富，可以主要依靠本国资源建立起独立经济体系的前提下，要看到资源总量的相对不足，人均资源水平较低，人口作为分母的"加权效应"，树立起资源的稀缺意识和合理开发利用的思想。谋求人口与环境的可持续发展，要明确人口增长、城市化、追求高消费等对环境的影响，唤起民众的环境意识，摆正人类在自然界的位置，摒弃以牺牲环境质量为代价的发展。谋求人口与经济的可持续发展，需要清醒地认识短缺经济与过剩人口矛盾的长期性质，必须主要建立在自己力量基点上，满足众多人口的基本消费需求；未来一二十年内生产年龄人口比例上升提供的机遇和就业压力，要求妥善地处理好劳动力就业重点的转移；人口素质同现代化建设的矛盾，使发展教育提高劳动者素质更具有迫切性；人口老龄化同经济相对滞后的"时间差"，提出很有必要建立社会供养、家庭供养、老年再就业自养"三养"结合的养老保障体系；人口城市化进程要同产业结构调整相协调，实现农村剩余劳动力的合理转移；探索人口密度同经济发展的内在联系，寻求人口地区分布与生产力合理布局的协调发展。谋求人口与社会的可持续发展，首先需要有一个科学的方法论，在这里，我提出人口社会分层论：社会分成社会调控主体、社会调控媒介、社会调控客体 3 个系统，人口分成领导层、执行层、承受层、结合层 4 个层次，结合层又可分成不同交叉的 4 个层次，从这种人口与社会相对应的分层中找出制约可持续发展的症结所在。其次要结合实际，解决人口与社会可持续发展的关键或"热点"问题。当前突出的问题是：领导层人口的素质需要提高，全心全意为人民服务的政治素质尤为重要；执行层人口数量过大，机构臃肿、人浮于事仍然严重；承受层和结合层人口，总体上存在着数量过多与质量不够高的矛盾，"科教兴国"重点应放在加快教育的改革和发展上。

学海有舟[*]

——记著名人口学家田雪原

银河摘星　杨铭铭

　　4月的一个雨天，我来到中国社会科学院人口研究所田雪原所长的办公室，请他向《人生》的广大读者介绍一下自己。他中等身材，面容清癯，一副普通的近视眼镜更增添了他彬彬的学者风度。然而交谈之下，我却感到他温雅的外表下所掩藏的智慧的力量。正如窗外的春雨，虽无滔滔之势，但那润物细无声的力量却足以滋润干渴了一冬的土地。

　　1959年9月，田雪原从家乡辽宁本溪考取了北京大学经济系。入学不久，正赶上对北大校长、著名经济学家马寅初先生的批判，把马寅初的《新人口论》说成"中国的新马尔萨斯主义"，带着疑问和困惑，田雪原找来马老的著作认真地读起来，读罢掩卷沉思，他感到马老的观点并没有什么不对，"中国最大的矛盾是人口增长得太快而资金积累得似乎太慢"，"过多的人口，就拖住了我们高速度工业化的后腿，使我们不能大踏步前进"，"控制人口，利国利民"……马寅初的观点在田雪原的脑海里留下了深刻的印象，这是田雪原第一次接触人口学，也为他以后走上人口学研究的道路埋下了一个伏笔。

　　党的十一届三中全会以后，学术界迎来了又一个春天，然而对马寅初先生的错误批判依然得不到平反，田雪原奋笔疾书，写出了《为马寅初先生的新人口论翻案》的长篇论文。1979年8月5日，《光明日报》予以全文发表，并加了编者按语，这是较早公开为马寅初先生人口论翻案的文章，其科学的态度、严谨的论证、犀利的笔锋，赢得了学术界和社会的赞扬，在国内

---

　　* 原载《人生》1997年9月。

外引起了强烈的反响。接着，他又搜集整理了马寅初先生的有关人口问题的谈话、文章等资料，编辑成《新人口论》出版。这是田雪原进入人口学界后所做的第一件事，为人口学研究的拨乱反正、正本清源作出了很大的贡献，他也从此与人口学研究结下了不解之缘。

1980 年，中国社会科学院成立人口研究中心后，田雪原从经济所转到该中心，专心致力于人口学、人口经济学的研究。1982 年初，他的第一部专著《新时期人口论》出版了，论证了以控制数量为重点的人口发展战略。从此，他不断拿出新的科研成果，并逐渐形成了自己独到的人口学思想体系。

"六五"期间，国务院发展中心组织研究"2000 年的中国"，这是"六五"期间国家社会科学研究的重点项目，由田雪原主持并作为主要撰稿者之一完成的《2000 年的中国人口与就业》是其中的首篇报告，他在主持这一研究的过程中，主张一切从实际出发，向国家拿出经得起实践检验的成果。如对未来人口发展预测、对生产年龄人口变动的估计和对人口老龄化进程的估计，都比较现实，所提对策具有较强的可行性、可操作性。1988 年《2000 年的中国》获得国家科学进步一等奖。

"七五"时期，田雪原认为在战略问题已解决的前提下，应该在战略思想的指导下，开始对其他问题的研究。于是他开始主持国家社会科学重点项目"中国老年人口调查和老年社会保障改革研究"，1987 年完成了全国除台湾、西藏以外的 60 岁以上老年人口抽样调查，这是国内外迄今为止规模最大的一次老年人口调查。1988 年出版了《中国 1987 年 60 岁以上老年人口抽样调查资料》，他在此基础上撰写和主编《中国老年人口》、《中国老年人口经济》、《中国老年人口社会》三本专著和一篇长篇报告，受到宋平、李铁映和有关领导同志的赞誉，获得国内外学术界的高度评价，认为"是超前研究的一项成果，是对我国人口老龄化研究的一项重要贡献"，他在调查研究基础上提出的"积极发展社会供养、继续提倡家庭子女供养、适当组织老年人口自养"的"三位一体"的养老模式，是符合中国国情而又切实可行的老年供养途径，对中国老年社会保障制度的改革，具有理论意义和实践意义。

"八五"期间，田雪原科学研究的重点转入微观领域，他主持的国家重点项目"生育率微观分析与人口控制机制转变研究"、首先进行了全国 10 个省市家庭经济与生育调查，他借鉴西方微观人口经济学合理成分，提出孩子社会附加成本—效益理论。他指出，在经济比较落后的地方，人们愿意多生育孩子，归根结底是因为多生育孩子有明显的边际效益。所以，在我国的人口和经济发展还存在一定矛盾的情况下，要积极地探讨市场趋向的改革，这个改革的基本思路就是要削减计划内生育子女的成本，增加其效益，削减计划外生育子女的效益，增加其成本，让人们感到少生孩子、计划内生育不仅精神上光荣，而且经济上也能得到最大的效益，以此引导人们少生优生。

上述宏观和微观研究完成后，"八五"后期开始，田雪原又开始了对人口与可持续发展的研究，展开迈向21世纪的新课题。他写的《人口与可持续发展》在《人民日报》理论版头条发表，主笔、主编了一系列有关人口与可持续发展的专著，如《中国沿海人口与经济的可持续发展》、《中国人口与资源的可持续发展》、《中国人口与社会的可持续发展》等，受到社会各界的重视。

近年来，田雪原不仅承担着大量的科研任务，而且还担任着中国社会科学院人口所所长、《中国人口科学》和《中国人口年鉴》主编、中国社会科学院学位委员、中国人口学会常务副会长、国家计生委专家委员会委员等职。这几年在他的主持下，中国社会科学院人口研究所不断取得新的研究成果。在所内和学术界，他的格言是"扶老携幼"，尊重老年专家学者，注重发挥他们的作用，同时寄希望于青年学者，充分发挥他们的聪明才智，使他们尽快成长起来，他说："中国有12亿多人口，人口学研究的力量却相对不足，特别需要学术界同志的团结互助。"正是在这种思想的指导下，他坚持开门办所，在重大科研项目中加强横向联系，建立了与10多个部委和20多个省市有关研究单位的研究网络，以及与10多个国家的交流和合作研究关系，共同发展中国的人口科学。

辛勤的耕耘，换来了丰硕的成果，1984年他被评为首批国家级有突出贡献的中青年专家，1988年获国家科技进步成果一等奖，并获首届中国人口科学成果特别荣誉奖，1995年获第二届中华人口奖和精神文明建设"五个一工程"奖，另外还获中国社会科学院第一届、第二届优秀成果奖、中国老年学学会优秀成果一等奖和部委级奖多项。1991年享有国际权威的英国剑桥国际名人传记中心授予他"国际知识分子名人"称号。并在书中介绍了他在人口学、经济学、老年学研究中获得的突出成就，1995年美国名人协会又授予他证书，将他列入世界五千名人。

田雪原之所以能在人口研究领域取得如此丰硕的成果，和他对生活、对工作的执着态度是分不开的。搞科学研究无疑是一件相当辛苦、相当枯燥的事情，但无论做什么，他都是投入全部的精力全力以赴。他很赞赏"活着像条龙，不能像条虫"这句话，他常说："人生在世几十年，一代又一代人往下传，犹如跑接力赛一样，每个人都应奋力跑完自己这一棒。"搞科研20多年来，他节假日几乎没有出去玩过，他说那是他不受干扰搞科研的最好时间，辛苦虽辛苦，但看看自己这些年来的科研成果得到了社会的承认，对国家的发展、社会的进步起到了积极的作用，他觉得辛苦没有白付出，人生是很有意义的。"书山有路勤为径，学海无涯苦作舟"，对他来说，没有休息、没有娱乐的学者生涯虽然使他付出了很多很多，但他却因此在人口科学的天地里拥有了一方无限广大的天空。

中国人口控制之路[*]

本刊记者 付若诗 海 东

人口控制，全世界一个沉重的话题
中国决策层和专家学者如何缜密
论证那些相关问题？

第 23 届国际人口科学大会在北京召开前夕，我们冒雨前往中国社会科学院人口研究所所长田雪原的寓所，就中国人口控制的发展历程与相关问题的研究与实践对他进行了专题访问。

中国人口控制的历程

田雪原介绍说："中国人口多，是基本国情中的最主要特点之一。从历史上看，从清朝康熙到道光大约 180 年时间里，人口从 1 亿增长到 2 亿，以后又增长到 4 亿，奠定了中国人口众多的基础。1949 年，内地的人口 5.42 亿，到现在又增加了 6.7 亿。"

新中国成立时，人口高出生、高死亡，所以增长不很快；从 1953～1957 年，出现了第一次生育高潮，人口增长率达到 2.4%；1958～1961 年，由于经济困难，食物不足，死亡率上升，出现生育低潮；1962～1973 年，经历了长达 12 年的生育高潮，出生了 3 亿人口，现在还健在的接近 3 亿，人口年平均增长 2.6%；1963 年出现了一个生育的峰值年份，出生率 43‰，增长率 2.9%；20 世纪 70 年代中期以来，强调人口控制纳入经济计划，所以迎

---

* 原载《中华英才》第 174 期，1997 年 1 月 8 日。

来生育低潮。1986 年以后，进一步加强了人口控制，所以将本来应出现的生育高潮压了下来。

20 世纪五六十年代，政府提出过控制人口的政策，现在回过头来看，当时没有认真抓起来；田雪原回忆：在人口理论方面，马寅初的"人口论"，曾提出"控制人口增长"，"人口发展应与经济发展相适应"。但是这些理论在当时受到了批判。70 年代人口增长过快，经济受到文化大革命冲击比较落后，人口同经济发展的矛盾暴露了出来。1973 年以后，国家对人口控制开始重视，并将此纳入国民经济发展计划。国务院成立计划生育办公室，但受人口增长惯性影响，到 70 年代末以后，人口增长与经济发展的矛盾日益突出。十一届三中全会恢复了实事求是的思想路线之后，为马寅初"人口论"平了反。田雪原说："为马寅初的人口论平反，是我多年的夙愿，1979 年《光明日报》发表我的文章《为马寅初先生新人口论翻案》，加了编者按，是早期有分量平反文章之一，在理论上进行了拨乱反正。1980 年 3 ~ 5 月，中央书记处委托中办召开人口问题座谈会，参加座谈会的有来自中央和国家机关有关部委负责同志 60 多人和部分从事人口研究学者，共商解决我国人口问题大计。我作为参加者，受命起草向五届人大三次会议报告（后改为向中央书记处报告），在起草、讨论、修改中几乎是通宵达旦地度过了一个月；有机会直接参与国家决策，使科研成果派上用场，兴奋也就驱散了疲劳。"也就是从那次座谈会以后，国家制定了科学的人口控制措施，并加大了工作力度，使人口控制真正抓出了实效。

相关问题的研究与实践

"那次座谈会讨论很好，在大的问题上取得共识；也有一些异议，特别在要不要提倡一对夫妇生育一个孩子，以及生育一个孩子期限以多长时间为宜问题上。这其中讨论到几个问题：在中国百姓中有一个说法，第一个孩子憨，第二个孩子聪明，第三个孩子机灵，如果只生一个孩子都变得憨起来怎么办？"

田雪原谈到这儿，我们都笑起来："后来结论如何呢？"

他接着说："经过讨论，经过查阅材料，认为这种说法没有可靠科学根据。而且在商品经济条件下，对人的思想意识有很大影响，包括对生育观念影响很大。传统生育方法逐步改变，生下的孩子不一定是第一个。有了这两条，得出结论，生育一个孩子，智商不会下降。"

　　还有一个问题，就是"四二一"结构（即四位老人、一对夫妇、一个孩子）问题。田雪原反问道："这个结构是否存在？为了负责起见，领导要我在起草的报告中单加了一个附件，首先说明 4 位老人是不可能存在的。因为按年龄分别死亡率推下来，4 个老人不可能从生到死都达到老年期。其次，所谓'四二一'本质问题是提倡一个孩子的期限以多长时间为宜。我在《附件》中提出一对夫妇生育一个孩子既非权宜之计，如实行 5 年、10 年收到效果甚微；也非永久之计，若实行 50 年、100 年，人口年龄结构就会形成'倒金字塔'，那种超高龄化是社会无法接受的。"田雪原的结论是，在一代人中间提倡一对夫妇生育一个孩子，因为控制了一代人的生育率也就控制了下一代作父亲人口的数量，可以有效地控制人口增长；同时独生子女再结婚可以生育 2 个孩子，可以避免过度老龄化引起的社会负担及劳动力供给等问题。据此，提出一对夫妇生育一个孩子可以实行 25 年左右，主要是 20 世纪内的事情，最多不超过 2010 年。这一建议不仅为当时绝大多数同志认同，而且成为现实生育政策的一个组成部分：各省、市、区计划生育条例都规定了双方都是独生子女者结婚可以生育 2 个孩子。

　　当时还提出了劳动力的供应问题，是否会发生短缺？结论是不会。因为当时青少年人口占的比例很大，他们要四五十年以后才能退出劳动年龄。

　　最后一个问题，就是年龄结构老龄化，能否承受？一定的年龄结构老龄化不可避免，而且是必然经历的阶段，要想实现人口的零增长，那就必须经过一定的老龄化，青少年人口占的比例少一些，老年人相对增加一点儿，到 2040 年，人口年龄结构"金字塔"立起来，这时就基本差不多可以实现人口不再增加。

　　经过多年实践，这个政策很成功。田雪原举例说："第一，它起到了有效控制人口增长的作用，如目前人口出生率 17‰ 多一些，自然增长率小于 1.1%；第二，政策上不仅控制人口增长，最近几年来，强调计划生育同发展农村经济、农民勤劳致富奔小康，建设文明幸福家庭结合起来，逐步走出一条新路子；第三，探索了一条在市场经济条件下，逐步实现由行政手段为主，向以行政手段和利益调节相结合，再发展到以利益调节为主这样一个与市场经济相联系的新的改革思路。应该说成绩是突出的。"有一种估计，就是如果按照 1970 年生育率，到现在全国人口接近 16 亿。所以有人讲，计划生育少出生了 3 亿多人口，这种说法虽不十分确切，因为即使不实行计划生育，出生率、增长率是否会维持 70 年代的水平呢？我想也不会。但事实无可辩驳地说明，生育率下降，主要归功于计划生育基本国策的实施。

人口学如何有所作为[*]

本报记者　李晓明

　　面对将中国人口科学研究提高到一个新水平的历史重任，中国人口学会将如何加强自身建设？在第七次人口科学讨论会期间，记者就此采访了中国人口学会常务副会长田雪原。

"有为才能有位"

　　他说，长期以来人口学虽然十分重要，但是一直没有成为单列学科，前不久，经全国哲学与社会科学规划委员会批准，人口学已被正式纳入 21 个社会科学单列学科之一，成为一类学科。他说，过去我们一直强调人口学研究的重要性，希望纳入单列学科，现在正式纳入了，值得欣慰，但不值得骄傲，因为我们还有大量工作要做。人口学要想作为独立的学科，在社会科学研究中占有一席之地，必须具有独立完整的学科体系。过去人口科学研究的主要领域在实证研究方面，这与社会现实需要相符，无可厚非，但要作为单列学科而立足，就必须在重视现实人口问题研究的同时，加强人口学基本理论的研究。田雪原认为人口学研究的发展方向是"以理论研究的深化推动实证研究的深入，以深入的实证研究发展人口学理论"。再具体一点说就是人口学的研究对象、研究方法、学科体系要具有其他学科所无法替代的鲜明特点，否则人口科学就没有单独存在的价值。用一句话来讲就是"有为才能有位"，不能光一味地要求重视，关键是要通过自身建设体现出人口学自身的价值。

---

　　*　原载 1998 年 6 月 8 日《中国人口报》。

"按照学会的规律办学会"

田雪原说，《中国人口学会章程》明确规定，学会是"研究人口科学的群众性学术团体"，因此，学会首先要找好工作定位，为其所为，为其所能为。学会作为组织人口科学研究的群众性学术团体，它的主要任务是"了解、沟通和交流"，它不同于政府机构，不能按政府机构的性质来要求它。学会所具有的作用主要是组织学术活动、交流学术成果。实际上，新一届学会有大量工作要做，比如随着人口学界研究理论和实际工作的人员的变动，人口学会需要确定新的个人和团体会员，按照章程健全手续，分享权利和义务；学会《章程》随着形势的发展也需作一定调整；学会理事会的日常工作程序及与省级学会的联系需要进一步规范。建议到 2001 年学会成立 20 周年时召开一次全体理事会，对学会建设进行一次全面总结。

"立足自力更生，增强自助能力"

这次人口科学大会首次提出学会"自助"的问题，十分引人注目。田雪原说，学会属学术性群众团体，按照社团法规经费自筹。目前的经费主要来源是国家计生委拨款，中国社会科学院按照一般学会标准拨给少许，经费拮据已影响到学会活动的开展，也增加了计生委的负担。按政策，学会可以从事一定的合法经营活动；论条件，我们有较充分的人才资源，具有自助潜力。需要看到，在市场经济条件下能否增强学会"自助"能力，关系到学会的生存和发展。我们应以改革开放精神扩大办会视野，通过自办经营实体创收、合作研究、办会取得资助、与企业合作取得资助等多种形式开辟财源，改变完全依靠单一渠道拨款现状，为繁荣和发展人口科学创造必要的物质条件。

西部开发中的人口问题[*]

西部大开发是否需要伴随较大幅度的人口增长，包括当地人口的自然增长和外来移民的机械增长？从历史和实践的经验看，不但不需要，相反还要继续有效地控制人口增长。

提起西部，人们很自然地想到这是一个地域辽阔和人烟较为稀少的地区。但如果不加分析地认定西部"地广人稀"，并由此得出西部开发需要大量增加人口和劳动力，恐怕就是认识上的一个"误区"，实践上的一种误导。

西部 10 个省区市土地面积 546.2 万平方公里，占全国 960 万平方公里陆地面积的 56.9%，可谓"地广"。然而具体分析可知，首先，喜马拉雅山、昆仑山、天山、阿尔泰山"四大山系"主脉和横断山脉，号称"世界屋脊"的青藏高原，以及云贵高原、秦晋高原大部分位于西部，这里还有大面积的戈壁、沙漠和沼泽地，因而无法垦植的不毛之地所占比例很大，耕地所占比例很低。其次，耕地中质量较好的一、二等地比例较低，高山、高寒和干旱、半干旱耕地居多，严重地制约着耕地的利用效率。第三，地上水资源严重失衡。西南各省区市单位面积水资源（m^3/km^2）均在 37 万以上，高出全国平均水平；西北除陕西在 21 万左右稍高一些外，其余均在 10 万以下，低于全国平均水平。第四，地下矿产资源比较丰富，但分布很不均衡，某些省区市的矿产资源较贫乏。

同东部沿海和平原地区比较，西部地区"人稀"无疑也是一个客观存在。1998 年全国人口密度（$km^2/人$）为 130，西部地区为 52，相当于全国平均水平的 40%。但西部不同省区市之间也相差很大：重庆市人口密度 371，贵州 208，大大高于全国平均水平；甘肃 55，新疆 10，青海 7，西藏 2，则同全国平均水平相去甚远。这后 4 个省区面积合计 406.4 万平方公里，

---

* 原载 2000 年 8 月 31 日《人民日报》。

占西部总面积的 74.4%，一下子将西部地区的人口密度拉了下来。但这 4 个省区正是高山、高原、戈壁和沙漠所占比例高，可利用土地所占比例低的典型地区。因此，我们在看到西部"地广人稀"因而自然资本蓄势较强、人均水平较高的同时，必须看到西部人均占有的质量较高的耕地并不多，人均水资源西北与西南严重"贫富不均"，矿产资源分布不平衡的一面。如果站在全球角度观察，目前世界人口密度为 44，我国西部还要高出 18% 左右，不在需要增加人口密度的"地广人稀"地区之列。

西部开发不仅不需要大量增加人口，相反有效控制人口增长是开发的必要前提和推进器，开发与控制人口增长相辅相成。

控制人口增长是维护和发挥西部人均自然资本优势的需要。现在国际上流行用自然资本、产出资本、人力资本、社会资本评价财富状况。尽管我们强调要对西部"地广人稀"作具体分析，避免陷入盲目性，但在"四大资本"中西部的比较优势仍在自然资本。1998 年全国人均生物量（吨/人）10.6，西部 20.1，高出约 90%；45 种矿产资源潜在价值全国人均 4591 元，西部 7692 元，高出约 68%。产出资本中，当年全国人均资本形成额 2436 元，西部 1808 元，相当于全国的 74.2%；人均 GDP 全国 6362 元，西部 4053 元，相当于全国的 63.7%。人力资本积累（人力资本积累 = 人口数量 × 人均受教育年限。单位：万人/年）全国 785055，西部 161481，西部占全国约 20.6%，比人口数量占全国 22.8% 低 2.2 个百分点。社会资本中，从总体上看，西部在改革开放、制度创新、经营管理等方面较为滞后。显然，要保持并发挥西部地区人均自然资本的比较优势，继续有效控制人口数量的增长是治本之策。

控制人口增长是保护和改善西部环境的需要。保护好生态环境，建设西部秀美山川，应是西部开发的基本目标。现实的情况是，西部的环境已经变得相当脆弱，自然植被破坏严重，高山积雪在退却和消失，沙漠化、石漠化在吞噬绿洲和良田沃土，沙尘暴肆虐加剧，珍稀物种数目在减少……环境破坏的原因是多方面的，其中人口增长是一个重要因素。西部人口自 1949 年以来已经增长 1.4 倍，为了养活日益增长的人口而毁林开荒、变牧为农、围湖造田等已对环境造成严重破坏；而且事实上人们追求高生活质量的愿望是无限的，因而随着工业化和城市化进程的加速，新增人口的资源消耗表现出很强的"加权效应"。综观现代化建设中的人口与环境问题，人口是关键，有效控制人口增长是环 422 境保护的前提。

控制人口增长是西部地区逐步走向人口与经济发展良性循环的需要。当今社会的人口与经济发展存在两种截然不同的循环模式：高生育率——低劳动生产率——高生育率；低生率——高劳动生产率——低生育率。我国东西部之间差距很大：东部基本上进入了后一种模式，西部多数地区尚滞留在前一种模式。鉴于西部地区贫困人口所占比例相对较高，前一种模式又常常表现为"贫困——多生——贫困"式循环，"贫困会产生人口"的规律还在顽强地发挥作用。要从前一种模式过渡到后一种模式，"人口下来"与"经济上去"具有同等功效，是相辅相成的两个方面，走"少生"与"快富"相结合的道路是必然的选择。

实施西部开发战略必须切实控制人口数量，贯彻落实计划生育的基本国策。同时，也不能忽视人口素质的提高，以及人口年龄结构、城乡结构、地域分布结构的调整，但当前的重点是控制人口数量。

控制人口增长有利于人口质量的提高。西部开发需要大力增进人力资本，核心是提高人口的文化教育素质。就人口而言，如果生育率得到有效控制，社会则可因出生率的下降、出生人数的减少而增加积累，支持经济建设和科教事业的发展。西部地区新生儿出生缺陷率和地方病发病率较高，控制人口增长和加强计划生育工作，开展少生优生服务等有助于人口身体素质的提高。多年的经验表明，生育率的下降就是人口质量的提高。

控制人口增长有助于人口结构的调整。人口年龄结构的调整，主要取决于出生率。目前全国人口年龄结构开始进入老年型，西部地区仅重庆、四川老年人口比例稍高于全国水平，其余均低于全国水平，多数处在成年型向老年型过渡阶段，有的自治区还处在年轻型后期，有着较强的人口增长势能。西部地区要消除人口增长的势能，只有依靠出生率的持续下降来完成。对居住在高山、高寒或严重干旱地带不适合人类生存和发展的居民组织并村移民，在新的移民点开展计划生育和优生优育服务，腾出原来的荒山荒漠植树种草，也是一项控制人口增长、保护生态环境与开发相结合的综合治理举措。

《大国之难》在日翻译出版[*]

　　本报讯　我院人口经济学家田雪原的《大国之难——当代中国的人口问题》日前由日本学者筒井纪美翻译成日文，并由日本新曜社出版发行。这是日本首次翻译出版中国人口学方面的专著。日方称该书是日本学者"了解、研究当代中国人口问题最具参考价值的著作"。据悉，该专著已被列为日本农工大学研修中国问题学生的专业教学参考书，成为日本年轻一代了解中国人口与发展的一个窗口。

　　《大国之难》原为《中国问题报告》系列丛书之一，于1997年9月由今日中国出版社出版。该书一经问世，就在社会上引起较大反响，第一次印刷12000册，市场销售看好，遂于1998年5月加印一次，次年3月又出了第2版，称得上是学术著作中的"畅销"书。

　　该书是一部研究中国人口问题的学术专论。全书从历史人口到人口现状、未来发展趋势，就人口变动与粮食、就业、养老保障、科教兴国、中西部开发，以及人口与资源、环境可持续发展等"热点"展开论述，几乎涵盖了人口学研究领域的各个方面。作者把枯燥艰深的理论和晦涩难懂的公式，化成具体生动的事例和幽默朴素的语言娓娓道来，使人口学理论这曲"阳春白雪"走出学者的书斋，落入"寻常百姓家"，为更多的普通人所接受。

　　该书立论新颖，资料翔实，结构严谨，方法得当，结合国情，条分缕析，入情入理。既有对历史的观照，也反映出现代研究的最新动态和作者的独到见解；既注重内容的科学性、严谨性，又兼顾语言的通俗性、生动性。这样的撰写，正如作者在该书"绪论"中所言，"对于做惯学术研究的学者而言，在一定程度上，比写纯学术专著更难"。天道酬勤，这本同样倾注作者心智、学力、热情和社会责任感的作品，既得到读者青睐，也受到国际学

　　*　原载2000年3月20日《中国社会科学院报》。

术界同行以及关心中国未来发展人士的重视。真正实现了作者在书中提出的"立足科学，面向大众，走向市场，国际认同"的撰写宗旨，取得了良好的社会价值和经济效益。在当前学术著作销售不景气的情况下，《大国之难》一书在国内再版、国外翻译出版的成功例证，给我们的启示是值得研究的。而资深学者能够面向大众，普及科学知识，在当今中国社会，其意义似并不亚于其纯学术研究成果。